翻译美学教程

（选择性课题集）

Aesthetics and Translation: A Textbook

(An Anthology of Topics on Aesthetics & Translation)

刘宓庆　章艳　著

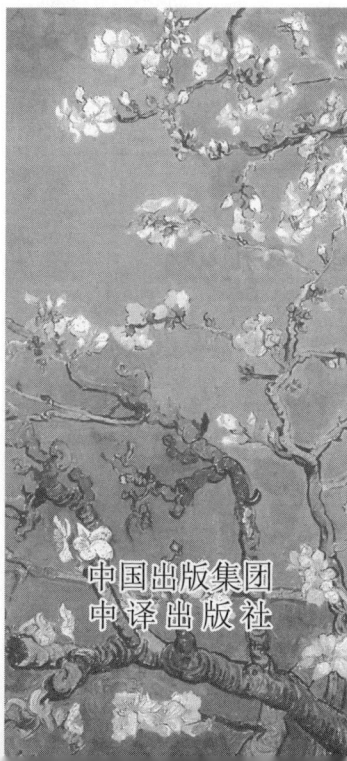

中国出版集团
中译出版社

图书在版编目（CIP）数据

翻译美学教程/刘宓庆，章艳著. —北京：中译出版社，
2016.2

ISBN 978-7-5001-4586-8

I. ①翻… II. ①刘… ②章… III. ①翻译理论-美学-教
材 IV. ①H059

中国版本图书馆CIP数据核字（2016）第019488号

出版发行/中译出版社
地　　址/北京市西城区车公庄大街甲4号物华大厦6层
电　　话/（010）68359827，68359376（发行部）；53601537（编辑部）
邮　　编/100044
传　　真/（010）68357870
电子邮箱/book@ctph.com.cn
网　　址/http://www.ctph.com.cn

责任编辑/胡晓凯
特约编辑/章婉凝　梁　斐

封面设计/潘　峰
排　　版/竹页图文
印　　刷/保定市中画美凯印刷有限公司
经　　销/新华书店

规　　格/700毫米×960毫米　1/16
印　　张/27.5
版　　次/2016年3月第一版
印　　次/2016年3月第一次

ISBN 978-7-5001-4586-8　定价：55.00元

言语之美，穆穆皇皇。

——《荀子·大略》

The beauty of language is the earliest and finest
beauty that the human race has ever made.
语言美是人类所创造的最初始也是最精妙的美。

——公元前约300年爱琴海边的迈锡尼古庙墙壁
上发现的刻字，原语是爱琴海古希腊语。

本书出版及使用说明

（一）本书是一本适用于课堂教学及自学或研究的翻译美学教程，是刘宓庆教授所著《翻译美学导论》和《翻译美学理论》（与章艳合著）二书的深化和提升，适用于外语本科高年级及外语硕士及博士研究生教学与研读；也同样适用于有翻译实践基础的专业人士择需或择题自学或撰写研究论文。《翻译美学导论》、《翻译美学理论》及《翻译美学教程》是从学习、研究到教学的三件式配套丛书：

（1）《翻译美学导论》（初阶理论，刘宓庆著，第二版，中国对外翻译出版有限公司，2012）

（2）《翻译美学理论》（进阶理论，刘宓庆、章艳合著，外语教学与研究出版社，2011）

（3）《翻译美学教程》（教材及自学研究课题集，刘宓庆、章艳合著，中译出版社，2016）

（二）为便于翻译教学或择需自学，本教程取"选择性课题集"（Selective Topics）体式。全书由 76 个课题（Topics）组成，其中：

第一类为概论性课题，共 11 个，包括 24 个次课题；

第二类为语言审美与翻译审美课题，共 30 个，包括 38 个次课题；

第三类为审美表现论课题，共 26 个，包括 28 个次课题；

第四类为翻译审美心理结构和价值论课题，共 9 个，包括 15 个次课题。

从课题分布可见这是一本注重"从翻译实际出发学习语言（语内—语际）审美理论"的教材。很多课题有相对的独立性，以便自学者择需钻研，或撰写论文。第四类课题比较难，只适宜于高年级学生研习。

（三）本教程采取"课题集"体式的目的是：第一，给主讲教师以充分的"择题而教"的灵活性、自主性和针对性，这是翻译美学教学达致预期效果的关键之一；第二，翻译美学跨翻译学、美学、语言学、文化学等主要领域，它本身的基本理论又有审美认识论、审美价值论和审美再现论等三个维度，因此起点很高，很多理论问题本身就是多维度的、相互关联的。考虑及此，本书采取了"有集中、有分散"的论证、阐释办法，力图将比较复杂的道理从不同视角讲清楚、讲透彻。这样一来必然因观察视角不同而在叙述上出现重复（如审美价值观、语言审美、模糊性等），望教师理解书中的课题分布立意，在制定教学计划时善加选择，以保证教学效果。

（四）精心选择课题非常重要。毫无疑问，主讲教师有权根据学生的实际情况和自己的理念及经验选择课题，决定自己的教学法及如何布置作业。本书作者建议教师因材施教、采取课堂讨论式，由教师选择课题，要求学生在上课以前按教师指定的课题预习有关语言审美或翻译理论的内容，在课堂上提出自己的见解或疑问，在教师指导下进行各抒己见的批判性讨论，而不仅仅流于复述性温习。如学生很多，则可分组讨论，再由各组推举代表向全班作"讨论报告"，由教师主持全班的自由发言。

（五）针对研究课题进行有针对性的翻译审美表现实践（包括语言审美及审美语际转换）极为重要，自不待言。为配合理论教学，建议教师尽可能配置有针对性的翻译实务（语言审美品评练习或翻译练习）；领悟语言和翻译审美课题的最佳方式是多做练习和多加讨论，即所谓"实践出真知"。

（六）学习和研究翻译美学需要培养审美语感（语言的审美感应力），因此教师的悉心观察、耐心启发和引导非常必要。期盼教师多多运用汉英语言对比法对已出版的原作表现法与译作再现法进行比较研究，以慧眼慧心关注并努力发展学生对语言美的感应力，发展他们的语际交流和语言再现艺术的感性潜质，培养他们成为翻译专才或翻译美学领域的研究专才。

翻译美学理论是一门仍待进一步开发、拓展、深化、系统化的学科。因为时代在迅速发展，社会对翻译的质、量要求都在不断提升，我们对翻译的认知也在逐步深化。翻译研究界和翻译教学界必须面对的基本现实有三点：

第一，语言本质上是人文的，要求充分人文化的认识论和方法论；

第二，语言运用（包括翻译）要求很强的审美感性和审美经验；

第三，翻译具有很强的技艺性，但不能因此而舍弃理论，舍弃科学思维和逻辑分析。

因此，我们的翻译研究思路应该摒弃空泛的、不知所云的"非人文性思辨"，应该力求接近翻译的本质特征和内在、外在因素作用于翻译理论和实务的发展规律。沃美的人文土壤就是翻译要接的"地气"。可以预见，翻译美学研究必然会在进一步发掘出中外美学尤其是语言美学的思想资源的基础上，取得更大的整体性进展，以利翻译实务质、量的大幅度提升。百年树人，我们必须不失时机地关注翻译美学教学这个全新的也是早应提到大学教学日程的课题，使之肩负起培养翻译通才和专才，培养翻译美学的实践者、传播者和开拓者的任务，以推动中国翻译事业的全面发展。本书作者欢迎国内外学习者和研究者与我们一道探讨本教程中提到和未提到的问题，以及在翻译美学理论建设和教学实践中遇到的种种疑难与困惑。欢迎读者对本书提出宝贵意见。

前　言

翻译美学教学的目的和目标

　　有人可能要问：为什么要教"翻译美学"、学"翻译美学"呢？难道教一教、学一学一般的翻译通论、翻译理论还不够吗？

　　对这个问题，我们必须先将道理说一说，之所以要将道理言之在先，依据就是我们的先辈说，"人必知其何故为之，然后知其何以为之"（清代顾炎武语，意思是：人必须知道为什么要这样做，才能明白该采用什么办法去做），也就是说，方法取决于认知和目的。认知和目的明确，方法正确，加上自己和众人的不懈努力，就一定会成功。

　　下面我们先讲讲"何故为之"，就是翻译美学教学的目的和依据。

　　大家都知道，原始人温饱难求，无所谓审美。审美能力是人类认知和感知进化的产物。审美认知和审美感知使人产生了审美意识，审美意识经由审美经验的积累而日益得以强化、自觉化，人类于是知道什么叫作"美"、怎么做到"美"。这样，经过世代相传的历时积淀和提升，人类细胞里就有了审美基因。进入文明社会以后，每个人生来就有了某种源于母体的审美基因，因而具有潜在的审美意识，比如每天都要洗漱干净，衣衫整洁，仪态自然，言谈有礼，举止节度有方，等等。一开始，人的审美意识是潜在的，是不自觉的、有待开发或发展的。在日常生活中，我们不时看到有人衣冠不整、词不达意、举止失态，甚至于语无伦次——这种种状况，就叫作"审美意识失常或缺失"。不过，一般说来，这种失常或缺失只是暂时的，被称为"审美意识的自在状态"（"蒙昧状态"或"潜在状态"）。在一般情况下，随着年龄的增长、长辈的调教、教育的熏陶以及社会的引导和约定，人的潜在的审美意识会慢慢从"苏醒"中得到发展，慢慢知道该怎做才叫作体面，才叫得当，才叫作"有教养"。这时他（她）的审美意识才变得一天比一天自觉，即进入到了所谓"自为状态"。这个演进过程就叫作"自觉性审美意识"的开发和发展过程。

　　语言交流（当然也包括语际交流）也一样。没有人生来就出口成章，做到词句妥帖、分寸得当、话语感人，等等。我们甚至可以说，绝大多数人并没有意识到，自己使用的语言实际上经历了，也必须经历一个从"非自觉性审美"到"自觉性审美"的过程，没有意识到语言交流的基本技能和效果都是人们在努力习得（开发和持续学习）中获得的：这中间，"自觉的努力"和教育的引导这两点是你能达到你自己期盼达到和社会期望你达到的语言审美水准的关键！你一定注意到了，你周围有不少人写文章、讲话都有条有理、用词得体、语句意思明白、词语发音也很清楚；另一些人就不然了，写文章、说话、甚至写个短信都拖泥带水、词不达意，甚至产生歧义，常常使人莫名其妙。这前一类人就是具有语言审美意识的人（尽管他们自己并不一定意识到）；而后一类人就是没有语言审美意识的人了。当然在文明社会里，没有人会经常地、有意地嘲笑这后一类人——人们宁愿相信他们潜在的审美意识会慢慢得到开发。严重的问题在于，这后一类人如果不努力学习，就会自己拖累自己、伤害了自己：在人际交往中、在社会生活中、在职场竞争中、在事业追求中，他们将会屡屡败下阵来，而自己却懵然不知，究竟败在哪里?! 德国的思想家马克思说"语言是生存斗争的武器"，这句话是很有道理的。

　　简单地说，上面说的道理，就是我们要给学翻译的人讲授翻译美学的基本理据：尽最大努力，唤起翻译学习者的语言审美意识，使他们能从朦胧的语言"非自觉审美状态"自我完善，循序渐进，有效地将自己提升到"自觉审美状态"——逐步懂得如何去优化自己的修辞、语句和表达法，以强化语际语言交流的效果——这也可以说是强化了他们的求生、谋生本领，更好地为国家、为社会服务。其实，这正是翻译教学的基本目的和宗旨。

　　下面我们再谈谈我们的教学目标。有了上面所讨论的教学目的，我们就可以据此设定翻译美学的教学目标了。概括地说，翻译美学的基本教学目标有三点：

第一，要求学习者初步建立语言（语内—语际）审美认识论

　　通俗地说，首要目标就是：循序渐进地引导学习者认识语言中的美、把握语言中的美。毫无疑问，语言美总是有它的表现形式的，其中包括语音的、修辞的、意义的、句式的、句段的、篇章的；意象的、意境的、意蕴的；文本内和文本外的，如此等等。很显然，把握了文本中这些语言美的信息，你就有了认识语言美的物

质依据和非物质依据。比如说，老师出了一道题让学生指出来句子美在哪里："花褪残红青杏小，燕子飞时，绿水人家绕"（苏轼《蝶恋花》）。有的学生说"残红"中的"残"字用得好（属于词语美），有的说"绿水人家绕"里有 SOV 倒装（动宾倒装，即"绿水绕人家"的倒装）很美（属于句式美）。老师再问"最美在哪里？"有个聪敏的学生说"诗中透出来的暮春田园意境"（属于超文本非物质形式美）。老师和全班的同学都很赞同。

第二，要求学生逐步理解语言（语内—语际）审美价值论

审美价值是审美需求的标志，是审美判断的标准，是审美再现的依据。通俗地说，翻译美学教学的第二个目标就是：循序渐进地引导学生界定、判定语言中的美，也就是用什么标准来判定和界说语言中的美。这里就涉及审美价值问题了。正因为这样，英美学界一直在争论"Good English"究竟是什么样子。这是很有意义的争论，因为它也涉及到翻译的审美价值论。比如，翻译教师出了一道汉译英的题目，要求学生翻译："他把一大堆衣服一件件叠放得整整齐齐"。学生 A、B 和 C 分别翻译成了以下的英语句子：

学生 A：He has folded the clothes piece by piece in a good condition.
学生 B：He folded the clothes in a neat pile.
学生 C：Lots of clothes were neatly folded into a pile by him.

学生要选出的是"Good Translation"。经过全班学生的讨论，老师引导全班判定学生 A、B、C 的句子都没错，但是学生 B 的句子优于学生 A、C 的句子，为什么呢？因为 B 句：第一，意思比较准确也比较简洁；第二，用词更为得当（"in a neat pile"比"in a good condition"好）；第三，能省略意义已经包含在句内的词（messy, piece by piece），可以看出学生 B 有一定的审美技能意识。学生 C 的句子叫作"被动式主谓句"，它其实是在回答一个问题："是谁把那堆衣服叠好的呢？"但原句没有这个语境提示，因此也就没有必要译成被动句了。这里涉及语言审美价值判断的关键问题：译语的多层面语言优化，也就是如何实现"择善从优"。

第三，要求学习者初步掌握语言（语内—语际）审美表现—再现法理论

通俗地说就是：引导学生先领会母语语言审美表现方式，并以此为基础展开探索，循序渐进地学会语际语言美再现式，进而从"实"到"虚"，领悟并逐步精通语际转换的种种再现理论——个中的道理是，审美具有经验性（empirical），

母语语言审美经验是人们具有复制潜势的重要智力资产，不容忽视；这里涉及双语语言审美对比的教学艺术，同样不容老师忽视。因此教师要引导学生熟悉多姿多彩的语内和语际表现—再现手段，比如直陈式表现法与隐喻式表现法、正说法与反说法、句式变换法、并句拆句法、顺叙倒叙法、表层翻译及深层翻译法、文体及风格表现—再现法，如此等等，并且注意引导学生，在学习表现—再现法的同时运用审美价值观，使学生通晓运用表现—再现法通则，就是在什么具体情境下如何依据、如何彰显与此有关的语言审美价值观念。总之，翻译美学教学的基本教学思想是从"实"到"虚"，从实践到理论，目标是引导学生从有针对性的审美实践中认识到审美认识论、审美价值论和语际审美再现论三者是一个辩证的整体。可以肯定，教学相长，教师也会从教学中发现和领悟更多、更深的理论问题，进一步做深层研究，为翻译美学的理论发展做出贡献。

最后还有三点要注意：

（1）感性体验是审美的基础

翻译美学既重视理性认识、理性分析，更重视感性认识、感性体验；翻译美学教学也一样，老师要引导学生严格把好理性分析（尤其是语言结构分析、意义结构分析和语言逻辑分析）的关，同时要努力激发学生的感性体认能力、情感表现能力、移情再现能力；

（2）重视审美的个性特征

在美学中，"一切都不能忽视个性化"（黑格尔）。因此，教师必须密切关注每一位学生的审美个性发展和个人独创能力的开发，通过教学看到每一个学生独特的聪明才智；

（3）审美离不开想象

西方当代美学有学者认为美是"真实的"又是"虚拟的"，因此"要容许更要鼓励人们有充分的想象空间"。这种见解是很有道理的。具体到翻译教学，我们就不能忽视翻译要有一定的原语文本或超文本依据，翻译不是一般意义上的文艺创作，翻译的审美想象不是天马行空，而是有原语依据的神形兼备。翻译美学的语言相对论观念是非常重要的，"是"与"非"常常不是非此即彼，而是在"此"与"彼"之间、"真实"与"虚拟"之间的择善从优。这也正是翻译艺术的令人神往之处。

翻译有一定的技术性，技能操作有一定的经验性。但精美的翻译则无疑是一种语言艺术品，高层级、高品位的翻译更是一个值得人们为之奋斗终生以求企及的艺术境界。这已经是中外古今翻译界的共识了。我国美学家、翻译家、美学教育家朱光潜说："翻译学是绕不开美学的，做翻译是绕不开翻译审美的——你可以不知道'美学'，也可以完全不提'美学'这个词，但翻译的审美实质尽在不言之中。"这既是大师的经验之谈，也是他对翻译的科学规律的切身领悟。这本为学习翻译、研究翻译的专业或非专业翻译人员编写的教程，正是秉承朱光潜先生等大师生前所指出的翻译语言审美要旨编制的。让我们共同努力建设、发展中国的翻译美学，为世界翻译学做出贡献。

目 录

Part One
翻译美学简介

要旨	翻译学的美学模式是它的核心模式。从翻译实践的整个过程和步骤来分析，语际语言审美（**意义定夺、斟词酌句、句段组织、篇章构建和风格体现**）占全过程约三分之二。因此翻译学应该名正言顺地回归美学。翻译美学的基本理论由三个部分组成：语言审美的认识论、语言审美的价值论和翻译语言审美的再现论。

Topic 1.1　学科定位：翻译学归属于美学

翻译（指翻译活动或翻译行为）伴随人类文明的发展和人类文化的交流而诞生。但研究翻译的翻译学（指研究翻译的科学，Translatology 或 Translation Studies, 简称 TS，西方较常用后者）究竟属于什么学科？到目前为止，中外翻译界为数不少的人对此并无共识，认为翻译学这个"学科归属问题"还没有解决的人至少占业界人士的一半。"翻译学"应该属于哪个学科领域？应该属于普通语言学还是应用语言学？应该属于美学还是语言哲学？国外很多大学只是将"翻译学"（Translation Studies）归属到"人文学科"列入"人文学院"（The Humanities）。很显然，这个基本定位问题不应当长期悬而不决，否则必然影响翻译学的发展。应该说，"翻译"之所以一直没有赢得应有的社会地位与学术地位，绝不是因为它没有做出世人瞩目的贡献，而是与它本身的"**定位失落**"（Lost in Siting/Placement）有密切的关系。"定位失落"招致社会认同的失落几乎是不可避免的后果。欧洲中世纪行将结束的时候，有位意大利翻译家从西班牙回到佛罗伦萨时曾经凄凉地感叹说，他多么希望"漂移不定的翻译业"（"the drifting trade of translation"）能够找个"落地生根之地"！今天来看，他讲的就是翻译的学科归属问题。

　　不言而喻，对任何一门学科来说，定位问题——也就是学科归属问题——牵涉到发展前景，显然是至关紧要的。世界上很多"结论"，其实都还是胡塞尔现象学所谓的"未结待论"，但世人却很可能不假思索地拿它当"当然结论"。比如，正是由于不少人过于自信地认为"翻译学当然属于语言学或应用语言学科"，因而使翻译学的发展（特别是理论的拓展）不可避免地受到影响。有些翻译自学者急于提高翻译水平而埋头研究语言学，结果越学越糊涂，这就是因为他们登错了堂、入错了室，因为语言学只告诉他们认识语言的认识论，语言学中没有他们需要的基本方法论——语言学是不讲语言审美的。事实上对"翻译属于语言学"这个"当然结论"，长期以来，很多翻译教师（包括译界前辈）一直存疑，而且一直在思考、研究，力求科学地论证翻译学的科学定位问题。

　　现在我们不妨从翻译实践及译者本身的感悟出发来审视一下这个问题。下面先将我们日常所从事的具体"翻译"（translation）做一番解构，拆分成两个阶段、一共十三项任务，如下所示：

Phase One（第一阶段）　**SL Analysis**（原语分析）

　　［任务 1］句法结构分析（析出词句结构）

　　［任务 2］语义结构分析（析出意义）

　　［任务 3］语段结构分析（从句到段的理解）

　　［任务 4］篇章结构分析（从段到篇的理解）

　　———————————————————————

　　［任务 5］文化分析（语言文化内涵及价值判断）

　　［任务 6］修辞分析（修辞审美手段扫描及理解）

　　［任务 7］风格分析（文体特征化审美手段分析）

　　［任务 8］意蕴分析（意象、意境及超文本意涵审美分析及理解）

　　———————————————————————

Phase Two（第二阶段）　**TL Structuring**（译语构建）

　　［任务 9］语义转换的择善从优（审美任务之一）

　　［任务 10］句式转换的择善从优（审美任务之二）

　　［任务 11］行文语句组织与铺陈的优化（审美任务之三）

　　［任务 12］风格、气韵的把握和表现的优化（审美任务之四）

　　［任务 13］双语行文逻辑对比分析与审美调节（审美任务之五）

以上剖析表明，在上述翻译全程的十三项任务中只有四项（任务 1—4）与语言学有直接或间接关系，作业时间大约占三分之一左右，其他九项任务（任务 5—13，第 13 项任务包括逻辑分析）都属于语言使用（Language Use）的**审美运筹**（Aesthetic Manipulation），聚焦于语言使用或转换操作以及逻辑表述上的"顺理成章"，可以统称为**审美优化**（Aesthetic Optimization），与语言学没有什么关系，实际上与认知心理学、文化研究、语言美学、修辞学息息相关，作业时间占三分之二（如果是汉译英，花在英语译语上的斟酌时间比重可能还要大）。因此，很显然，将翻译定位为"属于语言学或应用语言学"实在是一个不小的"历史的误会"。就中国大陆而言，大约是上个世纪 50、60 年代由当时研究英语及英美文学的专家教授定下来的，理由是"感觉上翻译靠语言学和文学最近"。这个认知显然受历史条件的极大限制，当时中国尚未开放，学术界对西方现代语言学知之甚少。中国内地大学教育界迟至 20 世纪 70 年代末，才知道"应用语言学"这个词。

按照这个错误的定位，"翻译"在体制上一直隶属于外语系或外语学院，有的地方竟由完全不懂甚至漠视翻译的行政主管掌管翻译教学和"翻译发展大计"。"翻译（课）"实际上被安排在外语系"助阵"，充当为外语打基础的一种技术手段。翻译家董乐山曾将它比喻为"给当家的敲敲边鼓的小伙计"，这种说法不算夸张。翻译学科完全失去了起码的自主性。这种情况在中国大陆一直延续了约二十年。进入 21 世纪以来，翻译系在大陆纷纷成立，但作为外语科系"附庸"的"体制性定位"并没有什么变化，语言学课程在翻译系课表中占支配地位的情况丝毫未变。在中国的大学里，将**"翻译系专业教育"**（以翻译作为专业的翻译教学）与**"外语系翻译教学"**（以翻译作为外语语言基本功训练手段的翻译教学）混为一谈，前者也并没有什么专业特色和自主性，而是守住属于语言学模式的一些课程安排翻译教学。

然而，无论如何，时代在发展。

1976 年朱光潜教授在新版《西方美学史》（商务印书馆，1979）的序言中写的**"美学由文艺批评、哲学和自然科学的附庸发展成为一门独立的社会科学"**的时代已经到来，美学由自己当家做主的时代已经到来。上世纪 80 年代在中国大陆的美学热及随之而起并蔚然成风的美学学习热潮，大大推进了中国人审美意识的觉醒和理论认知能力的提升，知识界和学术界则更得益于美学对认识论和方法论的改进。这些积极因素也促使《翻译美学基本理论构想》（刘宓庆，《中国翻译》，1987 年第 1 期）、《翻译美学导论》（刘宓庆，2005）等初阶理论出版面世，从而强化了翻译教学和翻译美学研究的动力。

　　这期间很多我国外语教育界前辈和美学大师也纷纷发声倡导我们的翻译教学和翻译研究不应忽视美学，他们的言传身教对唤起我们的翻译观"回归美学"（Back to Aesthetics）起着很大的激励作用。其中朱光潜（1897—1986）、宗白华（1897—1986）、钱锺书（1910—1998）、董秋斯（1899—1969）、傅雷（1908—1966）、王佐良（1916—1995）、卞之琳（1910—2000）、余光中（1928—　）、翁显良（1924—1983）、刘重德（1914—2008）、许渊冲（1921—　）等人有关翻译与语言美学的立论和主张对翻译美学理论的建设和发展，影响尤深。

Topic 1.2　语言学对翻译学的意义

　　翻译学的美学模式是翻译学的基本模式、核心模式，它涵盖了翻译学最具本体论性质的基本问题——**语际的语言优化再现**。很显然，翻译学的语言学模式只是翻译学的三大基本模式（翻译美学模式、语言学模式、文化学模式）之一，不属于翻译学的**本体性模式**（Ontological Model），只是**支持性模式**（Supportive Model）之一。当然，如上所述，翻译学的语言学模式也是翻译学的基本模式之一，但比之于美学模式，它仍然处于次要地位。根本原因在于，语言学只是翻译学的认识论、方法论工具之一，它不能解释和解决翻译学的**深层理论问题**，达致**终端的语言优化再现**。具体来说，在理论层面，语言学不能解决翻译学深层研究必须解决的以下七个方面的大问题：

　　第一，词语翻译的意义辨析、定夺和调节，即"意义内涵 vs 表现／再现形式"的多维度语际转换机制：原因是这个机制的本质特征基本上是审美的（aesthetic），而不是语言学的（linguistic）；重交流中的语感和约定俗成的语用规范，而不重语言理论论证和语言结构分析。在翻译中，在什么微妙的情境下，用什么精妙的词语，只有语言使用者在交流实践中获得的**审美感性**才能参与定夺。翻译要把握的是交流中的动态语词意义，而不是语义学中的静态分立意义，也就是我们常说的"词典意义"。

　　第二，语言文本的意蕴（言外之意 meaning beyond the words; significance; implications）的定夺、鉴析、转换和调节：原因是意蕴分析的本质特征常常是超语言的（beyond language），是审美的（aesthetic），而非语言学文字结构（verbal structure）所能企及。"四海皆兄弟，谁为行路人？"（汉代无名氏诗句，《别诗四首》之一，"谁为行路人？"意思是"谁都不是陌生人"）只有十个字却蕴含了超语言的汉唐民族襟怀和情操,这时怎么超脱"形"而把握"神"才是翻译的根本问题。

第三,文本的情感、情思、情态、情志的定夺、鉴析、转换和调节:原因是这些问题都属于文化心理和文化审美范畴(aesthetic categories),与语言学无关。Veni, vidi, vici (I came, I saw, I conquered),叠用三个过去式动词,原文只用了三个词,语言上简单之至,但表现了凯撒一生的征战狂热和霸权淫威,要准确理解与语言学没有什么关系。"一寸相思一寸灰",论语言很简单,但情感意象优美至极,这样的"意象能不能翻译?怎么翻译?"才是翻译的关键。

第四,语言美的文化本质辨析和文化现象鉴析和转换:语言的文化民族性是语言表现的基本特征,因此说"语言基本上是民族的"——语言中充满了民族文化符号。"I think therefore I am"(Descarte,旧译"我思故我在",是根据法文的误译,笛卡尔拉丁语原句的意思是:"通过思考我才认识到自己的存在")这个句子很简单,但却表现了笛卡尔追求完美理性的复杂的文化时代背景和哲学理念。语言学不研究思维,也不研究特定的语言文化现象和语言文化价值观问题,但这却是翻译美学的重要任务。

第五,翻译的社会功能分析以及文化战略价值分析和评估:汉唐的佛经翻译和明清的科技翻译蔚然成风就是时代的战略诉求,与语言学无关。《圣经》的英语翻译更新了至少十七版,每次更新都是地缘的或社会政治的文化需求使然。翻译与社会政治文化的发展、翻译思想与时代的走向即王国维所谓"时势"息息相关,而与语言学的发展并没有什么直接关系。

第六,翻译读者的审美接受和翻译接受的对策论研究:读者的接受基本上受制于外域文化与本域民族文化传统的契合,受制于读者的语言文化审美诉求与译语所反映的语言审美价值观的契合。在这一点上,翻译学的读者接受研究与语言学的相对论是有汇合点的:科学语言学也在寻求语言学本域化的发展路径。现代汉语语法就是以近代—现代—当代汉语为母语的读者接受为基准而进行的语言学本域化研究成果。所谓"雅俗共赏"基本上是个审美价值观问题。

第七,思维方式与风格及翻译审美再现法实务与理论:原因是语言表现法固然与语言特征有关,但在最基本的层面常常更与民族文化心理和审美心理相通、相连。个中道理请参阅上述第六项。汉语说"去也行,不去也行,无所谓"(完整句),英语不可以这样说,一定要确定谁是主语。又如被动式的使用,汉英差异很大:"我深信"(反映汉语的主体化陈述式),而英语则是"I am convinced"(反映英语的客体化陈述式,convinced 实际上是个表语),汉英两式无所谓优劣,而是折射出民族文化心理倾向与语言审美价值观的差异。同时,由于英语具有名词优势,被动意念常常可以涵盖在名词中，如 "his conviction（murder, assassination, etc）"，而汉语就必须说"他的被定罪（被谋杀、被刺杀，等等），这都牵涉到深刻的语言文化心理乃至哲学思维差异，完全超出了语言学的研究领域。

　　在实务（翻译操作）层面，上面（Topic 1.1）已经做了剖析，很多核心问题语言学对翻译学也基本上"爱莫能助"。除了语言结构分析以外，语言学不能解决翻译操作过程中多达三分之二的属于语言审美表现的实际问题。当然，语言学是翻译学在认识论和方法论上的"好朋友"、"好伙伴"，但翻译学绝对不是语言学的附庸，也绝对不是语言教学的"配件"，两者是互补互助的关系，这是毋庸置疑的（见 Topic1.3）！

　　我国美学家朱光潜说过"翻译不能绕开美学"，这应该是一句至理名言。为了论证这句话，我们可以将朱先生翻译的黑格尔《美学》（商务印书馆，1981）与原文做个严格的意义和语句安排对比。对比之下可以发现像黑格尔那样的原文，如果译者不是紧紧把握住**择善从优的审美原则**对译文作审美加工，则今人拿到手里的无异于一部用汉语拼凑的"天书"！宗白华翻译的康德《判断力批判》（商务印书馆，1964）亦复如此。用本雅明（Walter Benjamin）的话说，正是大师们的译作让 19 世纪德国的两大哲人在今日的中国获得了"再生"（after-life）！眼前的这本书——《翻译美学教程》，就是我们对朱先生那句话的诠释，这个诠释虽然未必令人满意，但对我们来说，已是恪尽职守了。其实，它远不止作者个人对那句话的诠释，这本书里每一条精彩例证的译者——古今中外的翻译大师们，都参与了对那句至理名言的诠释。此外，还有为这本书的问世同心协力与我们一起努力工作的同道者，他（她）们都参与了对那句至理名言的诠释。

　　翻译、翻译研究、翻译教学应该在回归到美学的道路上着力重建，那是**整个学科的一种"审美重建"**（Aesthetic Remake），是使"漂移的翻译学"永远不再漂移的现代化重建。看来，翻译学系四年制本科的课程设置应该体现翻译学的三个基本模式：（1）美学模式，（2）语言学模式，（3）文化学模式。翻译学系本科课程应该有一半属于美学及语言审美，另一半属于必要的语言学及其他课程；翻译学硕士课程则应该有三分之二属于美学及语言审美课程。所谓"美学及语言审美课程"包括以下四类课程，其中包括核心课程（Core Courses）和非核心课程（Peripheral Courses）：

翻译学系课程设置建议（Suggested Courses）

（1）实践课程（Practical Courses），例如：

- 语言审美与翻译
- 翻译实务（汉英互译）
- 译文文本比较阅读与分析
- 英语高级写作
- 第二、第三外语

（2）理论课程（Theoretical Courses），例如：

- 美学基础
- 翻译美学理论
- 汉英对比与翻译研究
- 翻译概论（一般中西方翻译理论）
- 认知心理学概论
- 修辞学理论
- 中国及西方美学名著选读、导读

（3）美学史课程（History Courses），例如：

- 中国美学史
- 西方美学史
- 中国思想史与西方思想史
- 翻译美学思想发展沿革

（4）跨学科课程（Interdisciplinary Courses），例如：

A 语言学类

- 普通语言学
- 功能语法与认知语法概论
- 语义学与语用学概论
- 文体学概论

B 其他

- 符号学概论
- 中西方文化研究
- 传播学通论

必须说明，以上课程设计方案只是初步设想和建议，供大家讨论，并非定见。

就现代翻译学而言，**翻译美学模式应该是翻译学基本模式中的核心模式**，很多基础课程都必须围绕这一核心模式设置。其次是语言学模式，围绕语言学模式设置的基础课程无疑也是不可或缺的。除此以外就是几个支持性模式，如文化符号学模式和诠释学模式，也许还可以加上一个传播学模式（尤其是口译）。这说明，翻译学具有广泛的综合性和开放性。但毫无疑义，翻译学的**基本属性是"美学的"**（aesthetic）。

从国际关系力量对比的变化以及世界多元文化发展的愿景来看，21世纪中华文化和汉语的流通版图将大大扩展、大大延伸，这是没有任何疑问的。世界大势斗转星移是历史规律。中国已从公元1500年的"历史沉睡"中奋然苏醒，在全球化大趋势中找到自己的位置，重新掌握自己的命运，中华文化得以全面复兴是一种历史的必然。中国的生产力和技术潜能从明末（公元1644年）开始已积蓄了300多年，蓄势待发，只要有机遇，这股磅礴的生产力潜能肯定会冲决一切障碍，开辟一个新世纪！当然，中国的发展道路还需探索，前面的艰难险阻难以预料。但中国作为历史上伟大强国的复兴愿景，则是清晰而令人鼓舞的！作为中华复兴事业的一部分，汉语在世界多元文化建设中的地位将获得越来越多的人的认同，中国翻译研究和翻译教学也必须为迎接新的时代使命进行必要的改革，这是一次不以人的意志为转移的重大转折——**翻译呼唤回归到它的美学本色**。

Topic 1.3　语言和翻译的交汇点：语言审美

上面我们谈了翻译—翻译学，也谈了语言—语言学，谈了它们各自的主旨（tenor）、职能（task）和本质属性（essential attributes）。从表面上看，我们似乎是在强调"翻译—翻译学"和"语言—语言学"二者"本是无缘莫纠缠"，其实，恰恰相反，我们要揭示的正是它们"有分有合"、"难舍难分"的事实：有语言使用就有语言审美的诉求；有语言审美诉求就有语言使用的规范。于是，语言运用（当然也包括翻译）就有了一个谁也无法回避谁的交汇点：**语言审美**。实际上，人类自从进入到非原始形态（或"后原始形态"Post-primitive）的语言使用，就有了语言审美。从表面上看，语言使用只是句法生成的结果，但实际上，**句法生成**（Syntactic Generation，简称SG）离不开语言**审美优化经验**的"终端认可"，我们称之为**审美认证**（Aesthetic Attestation，简称AA）。人类语言的审美认证，源于经验即行之久远的"约定俗成"即语言"真善美"规范。于是SG与AA之间的关系，就如同"骨"与"肉"之间的关系，这种关系就是古代希腊哲学家所说的"语言生命力之源"。看看下面的例子就能明白：句法生成（指按核心句生成）离开了审美优化（意义审美＋形式审美），则是"一派胡言"（句子不合格），属于毫无意义的"语言非人文"表现式——这也是当年乔姆斯基（Noam Chomsky, 1928-　）受到的最主要的批评和质疑：

①这场无比雄辩的大雨下得好深刻动人。（不合格句）

句法结构（ASVC：定语加主语加"得"字补语结构）正确，但句子不合格，因为缺乏约定俗成的意义审美认证，造成逻辑悖理。

这场酣畅大雨下得真是恰逢其时。（合格句）

句法结构（ASVC：定语加主语加"得"字补语结构）正确，句子合格，因为具有约定俗成的意义审美认证，逻辑上也合格。

②Last year was my religion—I could cry for that. (SVC—SVA)（不合格句）

句法结构上完全没有问题，但句子不合格，理由同上。

Love is my religion—I could die for that. (SVC—SVA)（合格句）

这是英国诗人济慈（John Keats, 1795-1821）的一句名言。

可见"句法"与"意义"二者相比，起决定作用的还是意义。语言生成与语言审美（意义的"真善美"）应该是永远相随相伴、相辅相成的。这个道理，就是本节末尾所引《礼记·祭义》中的那句话——"各有所当"所揭示的深刻道理：语言不应该只要有一方面，即语法上合格，应该各方面（尤其是语义层面）都合格才行。句法正确，但语义不通，仍然无异于"胡言乱语"。这是翻译美学必须及早讨论意义审美（Topic 4.4）的依据。翻译美学强调语言审美的以下几个方面，值得每一位译者特别关注：

第一，将语言审美作为贯穿翻译美学理论学习的主线

语言美学问题千头万绪，本书紧紧抓住语言审美这一切入点，从文字结构、语音结构、词和词句层面、语段和篇章层面以及超语言层级对汉英两种语言的美进行了层层扫描和分析。这种从"实"入手的方法，保证了翻译美学理论学习的实践性和可操作性，便于读者和研究者从对语言的感性认识出发，全方位理解和感受语言之美，并逐渐形成自己的语言审美观。人的审美领悟始于也基于审美经验，因此从语言审美切入，也非常符合美学的基本科学和翻译学作为经验科学的原理。

第二，关注语言审美和翻译审美的价值诉求

关注语言审美是本书的基本特色，这也是翻译美学的教学是否成功的关键，已如前述。与此同时，作者还抓住了一个与语言审美关系最密切的理论问题——审美价值观论。价值是一种关系（主体需求 VS 客体满足），是客体条件相对于一定的主体诉求而言的，因此它是具体的、有条件的。具体来说，审美客体客观存在的美必须通过审美主体的观察、了解、分析、体验、感悟、追问、解释和建构才能够表现其价值，这种价值因审美主体需求的不同而不同。本书明确地把价值观论引入到语言审美（Part Four）和翻译审美（Part Six）的讨论中，这对于形成正确的语际语言观和语际转换规范观具有十分重要的指导意义。

第三，重点问题突出，但采取了分散与集中讨论的不同方法

语言审美问题比较复杂，常常不易一蹴而就，因此我们不得不采取"曲径通幽"的办法。本书在不同部分和课题中对一些重点问题进行了不同角度的讨论，如翻译的"文采论"、翻译"审美价值论"、"意象"、"意境"、"意蕴"和审美表现中的"择善从优"对策论原则等等，我们采取了分散与集中相配合的办法，在不同的课题中，循序渐进，步步深入，便于读者把握。这样做既符合认知理论的思维规律，也符合循序渐进的教学原则。对另一些问题（如翻译的接受理论）则又采取了集中突破、一气呵成的办法，力求重点突出，以加深读者印象。

第四，坚持描写主义理论原则

本书坚持了描写主义，不开处方，不订规则，而是以求实态度直面翻译中的语言现实和人的审美现实，给读者和研究者提供思考途径和运筹操作策略。翻译审美始于语言审美，成于审美表现，是理论与实践的高度统一。现代生活发展很快，语言现象层出不穷，人对美的要求和表现方式也必然在不断翻新。因此翻译美学理论体系永远是一个开放的体系。只要翻译实践还在继续，翻译审美就必然如影相随，人们对翻译美学的诉求、审美研究课题和目标的更新，也就要求我们的思维不断深化、不断突破陈规以求创新，以便承担和解决源源不断地摆在我们面前的新课题。

Topic 1.4　语言审美的普遍性

关于语言审美，本书将有专论（Part Four），这里只是刍议。人们有一些普遍的误解，认为"语言审美是文学翻译的事"，不做文学翻译，不翻译诗歌、小说、散文、剧本等等就不必花什么心思和时间去"审美"。当然，这样想并不是完全没有道理，文学翻译的审美要求确实比非文艺文体要高得多。但这样讲并不等于说任何其他写作就不必付出审美努力，为什么呢？道理其实很简单。人只要一动笔、一开口，就不能"信口雌黄"。语言是人的高级认知活动，语言有语言的"法度"（也就是规范），而所谓"法度"就是不同程度或层面的语言优化——语言审美。

语言审美的基本要求有以下必不可少的五个方面，翻译的语言审美也不例外：

第一，用词（遣词）得当（Proper Diction）

用词得当就是词语用得准确，在具体的行文中该用什么词就用什么词，词语优化就是语言审美，下面这类问题我们几乎时时遇到：

- 戛戛乎怪也——准确的说法是"戛戛乎其难哉"（how unmanageably difficult it is）
- refreshment course ——准确的说法是"refresher course"（进修课程，"refreshment"的意思是"小吃"、"点心"）

翻译中用词不当是"bad translation"最常见的现象，必须留意汉语和英语中的同义词的不同搭配。这时惯用法常常是我们最基本的审美标准。

第二，语句（结构）正确（Correct Syntax）

句子的结构正确首先是语法正确，语法正确是一个人的语言基本功，语法不正确说明语言生成能力和审美判断能力都成问题。

- 我县交管部门多次点名批评——准确的说法是"我县交管部门已被多次点名批评"，"点名批评"应该是被动式"被点名批评"。
- Now she is confronted by an African-American burglar *whom* she realizes is well-educated but desperate——正确的语法应该是 *who* she realizes *is*，因为这里的 SV 结构是 who is，she realizes 只是一个插入式。

第三，文句（行文）顺理（Reasonable Writing）

条理性（有条有理）是行文起码的要求，这里要求既**有条**、又**有理**，才能称得上通顺的文句，叫作"顺理"，否则就叫作"悖理"：

- 现在我们应有这个清醒的认识，不断重复以往的错误只是偶然现象——悖

11

理句：句中所说的道理很奇怪，"不断重复已犯过的错误"还只是偶然现象吗？这样"不断重复"还能"清醒"得过来吗？

- Computer blackout *might have triggere*d outrage for up to 2 million people——悖理句：问题出在与常理不符，在英语中"might have plus past-perfect"的意思是"说不定会"、"没准会"。电脑黑屏是常见的技术事故，怎么可能触发众怒到致使一两百万人上街呢？

第四，谋篇（文本）得体（Appropriate Style）

"体"就是"文体"（"文本体式"）。文贵适体，是自古以来很普遍的审美要求。自己是什么身份，讲话、写文章一定要得体。英国报载有一位自命不凡的利物浦马球师，曾经给很会打马球的英国王储查尔斯王子写了封"邀战书"，其中说："Perhaps I am imperfect，unfinished, inartistic, I am worse than provincial，but could you guys give me a chance to size you up in a polo game?"（也许敝人球术欠精，球经缺缺，球艺平平，还不及那帮乡巴佬小厮，不过很想跟哥儿几个在球场比试比试，你意下如何？）贵为王储的查尔斯看了这份挑战书，当然哭笑不得。好在查尔斯是个很有幽默感和耐性的人，他还曾客串去 BBC 当过气象预报员，举手投足，相当潇洒！与之相反的就是金圣叹说的那类怄气鬼，自诩"贵人眼下皆贱文"，任什么都不屑一顾，只好终日向隅孤愤，大叫"不得体"而伤神自虐了！

第五，说理（逻辑）得当（Sound Logic）

简单地说，逻辑就是"常识"（common sense, B. A. Garner, 2000: 181），人说话、写文章不能"胡说八道"，否则就叫作"非逻辑化"（illogic）。你到国税局去填表缴税，税务员见你收入颇丰，但填的缴税款项很少。这时他一定会问你为什么瞒税？你回答说："先生，我的日常开支太大了，收支相抵，囊中无几，缴税额当然少了！"这就叫作"话语的非逻辑化"，因为缴税额与你的生活消费额根本没有关系，如果这里头有"逻辑关系"，那么生活奢靡的亿万富翁就都不必交税了！其实，人们平时的话语中非逻辑化并不少见。（例如"救火队"，这个队是去救人还是救火？）但一定要力求注意写文章、做翻译的逻辑化要求。有一条美国新闻（发自 *Amarillo Daily News*）说 "The 1993 law, which was invalidated before it went into effect, required pregnant teenagers and their doctors to notify a parent or guardian at least 48 hour before undergoing abortions"，这条敏感的消息曾经使敏感的医生们手足无措——难道他们也必须在 48 小时内与女孩们齐齐去医院"打胎"？

以上这五条都涉及语言的"优化"（optimization，refinement 包括熔裁、提炼、修饰及语法上的规范化）；你看，这不就是**语言审美**吗？你能保证没有 language refinement 就能"出口成章"吗？因此，中国最古老的典籍之一《礼记·祭文》告诫说："夫言岂一端而已，夫各有所当也。"也就是说做事行文都一定要"**各有所当**"，"当"就是符合公认的"规范"。

【思考讨论题】

[1] 为什么说翻译学应该归属于美学，而不是语言学？你能从自己的翻译实践来领悟、解释这个问题吗？

[2] 试具体说明语言学对翻译的重要性表现在哪些方面？为什么说翻译美学不能忽视语言学？

[3] 为什么说任何语体、任何体裁（作品类型）的翻译都绕不开语言审美——也就是说，"翻译学绕不开美学"（朱光潜）？

[4] 你对翻译系课程设置和分布有什么建议？

Part Two
翻译美学的学科结构

要旨　　翻译美学具有广泛的综合性，跨学科性。固然，翻译美学是一门新的学科，但翻译审美与翻译活动自始至终紧紧伴随，源自远古。

Topic 2.1　翻译美学的学科结构

翻译审美古已有之，翻译与美学结缘源自远古。我国东汉时代关于"信言"与"美言"的讨论就是一种翻译审美探讨。概括而言，所谓"翻译美学"(Translation and Aesthetics；可简称为"T&A"）就是翻译学的**美学模式**，意思是用美学来观照翻译。翻译学还可以有很多模式，例如语言学模式和文化学模式，这些都是翻译学的**基本模式**；除此以外，翻译学还有许多**专业性模式**，如学术翻译模式、科技翻译模式、法律翻译模式，等等。翻译美学模式应该是翻译学基本模式中的**核心模式**（kernel model），当然还有语言学模式，它是翻译学仅次于美学模式的**支持性核心模式**（supportive kernel model）。翻译美学旨在用审美理论描写翻译学的各项基本原理、操作原则和发展策略。美学是研究人的感性与理性相结合而以感性为主导的科学，因而具有很强的综合性，它既有审美判断、审美理解，具有智能性、理论性；又是经验的，具有很强的实践性、实用性。翻译美学也一样。翻译美学既关注审美感性在翻译中的关键作用，又重视审美判断和理解在翻译中的引导作用，它既有很强的理论性，有很多令人神往的理论课题需要探讨，又有很多实践性很强的问题，要求我们用实践加以阐述、验证、开发。学科的综合性往往引致学科的多维度跨学科性，与翻译美学关系很密切的学科网络分布于以下七个基本领域：

第一　哲学—美学系统（Pertaining to philosophy and aesthetics）

其中包括哲学、语言哲学、诠释学、美学基础（The basics of aesthetics）、中西美学概论（Aesthetics in China and in the West）、修辞学、美学史和价值理论

第二　普通翻译学基本理论系统（Pertaining to the basics of translatology）

其中包括一般翻译理论研究（Theoretic basics of translation studies）、翻译实务研究（Translation practice analysis）、翻译史

第三　语言学系统（Pertaining to linguistics）

其中包括普通语言学、对比语言学、语义学、语用学、文体学、语段语言学（Text-linguistics）

第四　文化研究系统（Pertaining to cultural studies）

其中包括中西文化研究、文化比较研究、文化人类学概论

第五　语言心理和认知科学系统（Pertaining to the science of cognition）

其中包括普通心理学、认知心理学、审美心理机制、美感研究 (Aesthetic study of perception)

第六　翻译审美与 IT 系统（Pertaining to IT science and technology and aesthetics）

关注翻译审美的信息技术创新与运用

第七　翻译审美与当代传播学系统（Pertaining to the science of communication）

其中包括传播效果问题、读者接受理论，等等

　　以上七个领域的研究，组成一个相互参照的理论矩阵，支撑翻译美学。我们的目标是**整体性整合研究**（holistic and integrative study），即以**语言审美理论**和**语言审美再现理论**为导向，进行**翻译审美实务研究**——这就是翻译美学的全部任务。

　　在翻译学中，翻译美学具有明显的本体论性质。对中国翻译学来说，它更不是什么翻译学的"周边领域"(peripheral area)、"附属部门"(an adjunct part)或"附加科目"(additional subjects)。如上所述，对中国翻译学来说，翻译美学模式是翻译学基本模式中的核心模式。

Topic 2.2　翻译美学对于中国翻译的重要性

下面就来分析一下，翻译美学对中国翻译为什么具有本体论的重要性质？我们可以从以下几个方面来看：

第一，中国传统文化历来"文史哲不分家"，而哲学与美学又不分家

中华文化具有明显的**整体性**（holistic，指各民族文化基本上统合在汉文化中，统称**华夏文化**）和**整合性**（integrative，指华夏文化是各民族文化与汉文化的有机融合但并未失去各自的**特点**、**特色**）。在中国的文史哲中，哲学对"文"与"史"的指导作用也很突出。历代文化大师几乎都是哲学家、美学家，从老庄孔孟，到近代的梁启超、王国维、严复，莫不是"论文、论史、论美、论哲"合流。这既是中国文化、中国译论的"源"，也是中国文化、中国译论的"本"。从老子的"美言信言"论、孔子的"辞达"论到梁启超的"圆满调和"论和王国维的"意境"论这个历史渊源和发展轨迹来纵观中国的译论，"翻译要绕开美学是不可能的"（朱光潜：1965，1986）。

第二，汉语是高度感性的语言

汉语的文字结构属于**几何线条型**，不属于**回环线圈型**，因此不具备形态发生机制。这是汉字乃至汉语的最基本的特征。汉语凭借人的最基本也是最奇妙的语言感性生成构建语言结构和意义结构，而不必与繁复的形态（形式）程式"丝丝入扣"；汉语的语法范畴基本上是个"以意义为核心、以词语为载体"的词汇表现系统（lexical representation），它总是让意义"左右逢源"而无需什么形式或程式来给它平添掣肘。最后，汉语的文字系统奇妙无比，它的每个字都具有表意的优美四声声调（以元音／韵母的抑扬顿挫变化为基础），从而形成了以"音—义"为轴心的句法程式，它本质上是一个审美认知心理过程。

第三，翻译思想的发展只能继承和发扬，不能替代或取消

人类人文思想和学说都有其历史发展的规律或轨迹，即老子所谓的"道法自然"。以中国哲学—美学为渊源和理论依托的中国传统译论，只能而且理应在新的历史条件下得到继承和发扬，而不能依靠任何外域学说来将它推倒、重起炉灶。近百年来所谓"西学为体、中学为用"的教训我们必须吸取，坚持以"中国价值"和"中国国情"为依据，以西方译学的成果为参照和借鉴，创建、发展科学的翻译美学，为世界译学做出贡献。

Topic 2.3　翻译美学的关注中心 (Focuses)

翻译美学是一个系统结构，涵盖三个层次的基本课题：第一个层次的中心任务是语言的审美分析；第二个层次的中心任务是揭示语言审美的理论原则；第三个层次的中心任务是语言审美运作的心理机制。因此，用最简单的话来说，**翻译美学关注的中心就是语言审美**。现在，我们按"从实践到理论"的渐进顺序将这些层次（1—3）的主要课题表述如下：

第一个层次——关注的中心是语言审美

课题组合 1——语言中的审美结构

（1）语言（包括文字）的共性美

（2）语言（包括文字）的异质美

课题组合 2——翻译与审美：语际语言审美价值观问题

（1）翻译审美的社会目的性：强化语际交流的效果

（2）对策论分野：对应（equivalence）vs 代偿（compensation）

（3）"情"（emotion）与"理"（reason）：翻译审美永远是"情理交融"

课题组合 3——翻译审美再现法问题

（1）模仿（imitation）vs 原创（creation）：一切取决于交流效果和目的性

（2）中西表现法差异及初步分析

第二个层次——关注的中心是语言审美的基本理论原则与范畴

课题组合 1——翻译表现法论

（1）翻译审美表现中的主体与客体

（2）翻译美学审美调节论（aesthetic modulation）

（3）审美可译性研究：翻译审美和表现的相对性（relativity）

课题组合 2——翻译审美价值观论

（1）审美态度与审美判断

（2）审美价值观的"目的论"、"整体论"、"相对论"（即"综合平衡论"）

课题组合 3—— 翻译审美对策论研究：对翻译审美表现取向的理论探讨

第三个层次——关注的中心是语言审美的心理机制

课题组合 1—— 对翻译审美的认知分析（翻译审美心理过程、特征和程式模式）

课题组合 **2**—— 感知（语感）对翻译的重要意义

课题组合 **3**—— 文化审美心理（审美意识系统）分析和比较研究

除了基本理论以外，翻译美学还应该关注以下三个非常重要的通论性理论课题：

1. 语言审美对翻译的重要意义
2. 翻译美学的学科构架问题
3. 翻译美学模式与翻译学其他理论模式的关系

可见我们面临的任务很复杂：一共三个层次，大的研究项目就有十几个。因此我们必须加倍努力，一个一个研究，一个一个解决。翻译学是经验科学，离不开翻译实践（包括翻译审美实践），从实践中领悟理论，从实践中探索理论。我们的教学也一样要紧扣实践，希望大家从实践性最强的第一层级切入研究，一步一步展开理论探索。

Topic 2.4　翻译美学研究的两种路子 (Approach)

对翻译美学的研究有两种可供选择的基本路子：**从美学理论出发**也就是说根据美学理论的系统序列来选择课题，展开研究，此其一 (Approach I)。其二 (Approach II) 是从**翻译美学的要求出发**，同时顾及学习者的翻译经验、理解水平或研究目标来选择美学课题。

Approach I——以"美学基础"（审美基本理论）研究为取向

（1）以中西美学的理论框架为依据，对本学科课题进行布局，优点是顾及了美学理论体系的主体性和完整性，缺点是难以顾及翻译学基本理论的需要，不可能保证翻译基本理论的相对系统性。

（2）对语言审美这个经验性（empirical）、实践性很强的课题可能产生冲击，而语言审美恰恰是翻译美学的基本任务和核心课题；此时，美学理论固然学了不少，但对如何以审美理论来审视语言美并进行语际转换这一基本任务却可能达不到要求。

（3）实际上，这样一来，不仅仅翻译审美的目标难以达到，而且从美学中能学到多少都很值得怀疑。因为，中西美学范围很宽，基本课题很多，在选择上很难做到全面系统。

(4) 对翻译美学而言，美学的认识论意义和方法论意义远远大于它的本体论意义，任何学科看待它的相关学科都离不开"相关性"这个本位功利观。如果舍"本"求"利"，这个"利"也是相当有限的。

Approach II—— 以翻译研究为基本取向

(1) 以语言审美及语际转换的审美理论需要为目标，对中西美学理论进行扫描分析，分清中西美学中林林总总的美学观点、理论、模式、流派等等，按与翻译美学理论和实务的相关性选择课题。

(2) 在课题选择上按译学的实际需要对美学进行深入、全面的扫描和探索研究，既具有对美学进行整体的、系统的观照的优势，又能充分顾及翻译的基本需要，因而可以使译学研究者对美学的认识论和方法论意义有循序渐进的把握，对美学的本体论问题也有一个大体的了解，又没有损及翻译学的系统性，从而使译学与美学二者做到互释互补、相得益彰。

(3)"翻译美学"设置的目的和目标是以美学为认识论和方法论来观照译学，也就是说，"翻译"是"体"，美学是"用"，而不是相反。将审美理论与翻译实践相结合，终极目标则是建立翻译美学，而不是像有些人误解的那样"以翻译为手段去研究美学"。

据此，本书采取了 Approach II 为编撰原则，同时力求顾及审美理论的循序性和系统性。这是一种尝试，希望就此总结经验，编出更加符合实际的翻译美学初阶和进阶教材及理论专著，以应翻译教学改革之需。

Topic 2.5　翻译美学的研究方法论

研究方法是十分重要的，尤其是对初创的学科而言，好的方法可以使事半而功倍。为此，这里提出几点原则性的意见，供研究。

第一，坚持从翻译实践中学习翻译审美

如上所述，从语言审美切入研究翻译美学比从学美学理论切入更有效，更符合科学规律。

翻译植根于实践，翻译学植根于对语际转换实务的理论描写之中，翻译审美活动属于衍生性活动（derivative activity），不是原生性活动（primitive activity），它衍生于语言审美。翻译之美是语言审美的过程和成果，而不是美学理论的组成部分；**美学理论所起的作用在于提供优化（Optimization）手段**，包括（a）理解优化（Interpretative optimization）；（b）表现优化（Representational optimization）；（c）接受优化（Receptional optimization）。因此，很显然，从语言审美切入的做法比较科学。美学是研究感性的科学，翻译美学也不例外。为了培养语言美感，应该鼓励学习者研究自己最喜爱的范文（model essay; model writing），而且最好是双语对照的范文。精心研究 10 篇范文就会有极大收获。

第二，审美理论研究要紧紧跟上

必须明白，从语言审美切入研究翻译美学有一个"预设条件"，即：研究者已经具有相当程度的中西美学基础知识，而基础知识则是完全可以靠自学获得的。学习者如果自感眼下美学常识薄弱，也完全可以用三两个月的强化阅读，来弥补本身之不足。当然还可以带着问题来选择审美理论自学。如果是全程自学，制订一项计划是很有必要的。

关键是理论结合实际，这里的实际当然是指翻译中的语言审美实际。从翻译审美的角度看，翻译中可能有这样一些实际的译语审美操控问题：

（1）怎样判断一个词美另一个词不美？有哪些标准可循？"语感"可靠吗？

（2）怎样判定这个句式比那个句式更合适？比如，在哪种情况下被动句式比主动句式更合适？涉及什么审美问题？

（3）怎样保证语言效果？如何判定用这种口气比用那种口气翻译这段话更有效果呢？比如，原文用第一人称说话，译者却把它改成了第二人称，为什么呢？

（4）怎样表现一篇文章里蕴含的情感？你读了译文，感到译者没有把原作者的欢快、喜悦、哀愁、悲愤等等充分地表现出来，他（她）的失误在哪里？你打算怎样重译呢？

（5）怎样决定一篇译文的翻译风格？你打算模仿原作风格呢？还是打算有所改变？翻译风格选择有些什么原则？

作为译者，你必须解决诸如此类的语言审美问题。这时，你必须趁热打铁，阅读理论书。经验证明，这时候你读的理论书，几经努力找到的理论解释，记得牢、看得准，这就叫作"豁然开朗"！

总之，我们必须以语际语言审美为目标、以学以致用的理论学习为主轴来组织整个研究计划。好的学习研究计划是一种保证。中西方美学理论犹如浩瀚大海，有计划我们就不至于"不幸掉落在理论的海洋中而不能自救"（B. Bosanquet, 1895）。

第三，按相关性选择研究课题

"相关性"（Relevance）与"选择性"（Selectiveness）是我们对待美学理论的关键词。

"相关"是指与翻译相关，但美学中与翻译相关的地方很多，这就需要我们"选择"，也就是说要有比较，从比较中选出对翻译意义最大或较大的理论观点。原则是：

（1）Enlightenment（**具有启发性**）：有些美学理论或观点很抽象、很"玄"，似乎没有任何可操作性，但它们对翻译确实具有毋庸置疑的启发性。例如"移情"论不就是日常所谓"换位思考"、"换位体验"吗？

（2）Analogicalness（**具有类比性、类推性**）：有些美学理论和观点与翻译研究者所论，如出一辙。如"审美标准"问题与"翻译标准"问题实际上很接近，美学家的探索性阐发，显然有助于翻译学。

（3）Reformativeness（**改建功能**）：有些美学理论或观点十分深刻，足以改变我们的偏见乃至认识误区。例如，中国文论一向认为"模仿"（Mimesis）不足取，而西方美学传统则素来重视模仿的意义。这就可以使得中国美学"再思考"对模仿的偏颇态度；中国美学中的"意象论"、"意境论"也给西方很多大师启示，对诗歌艺术进行"再思考"。

（4）Applicability（**适用性强**）：有些美学理论实用性、操作性很强，很值得翻译学按本身需求加以借鉴。例如"修辞学"在中国曾一度被错误地认为是"雕虫小技"，而在西方，"修辞学"一直是人文科学的经典之一，研究很系统、很深刻，对词语的使用技巧指导性、适用性也都很强。

"古为今用"、"外为中用"，"本位观照、外位参照"是我们进行翻译研究的最基本的原则，翻译美学当然也不例外。

第四，坚持描写主义的理论研究和发展的原则

"真知来自实践"，而人的实践经验是一个永远不可能一蹴而就的开放过程。因此，翻译美学必须采取务实的、"面对语言文化现实"的态度来描写语言审美，来探索语言应当如何加以优化的问题，包括这一过程的**机制**、**特征**、**条件**、**结果**（product）、**变异**（variation）和**效果**（effect），从而审慎地推衍出"描写性语言优化规律"。从全局来看，我们也必须遵循并贯彻描写主义的原则来创建翻译的审美理论，创建翻译美学理论体系，及至整个翻译美学学科。因此我们在研究中要特别强调：（a）要切实观察语言审美的普遍性和特殊性，审慎鉴别常规实例和特殊实例；（b）关注文化审美价值观的历时发展和共时发展，实际上，世间没有一成不变的文化审美价值；（c）历史地、实事求是地看待美学理论的权威性和相关性问题。迄今为止中西方的审美理论都是审美经验的产物，而审美经验则是一个永远不可能"一蹴而就"或"就此告终"的开放过程。因此不要把中西方美学现成的理论看成规定、规则、定理、公式等等僵化概念。

第五，跨学科研究不可或缺

美学具有很强的综合性，美学中几乎没有一个问题不是与一些毗邻学科相通相连的。因此研究翻译美学必须十分重视跨学科研究。除翻译学与语言学外，与翻译美学相关性很强的社会人文学科还有：

（1）中外哲学与美学（最好读一点语言哲学书）

（2）文论、诗论（最好读一点艺术通论）

（3）文化研究，包括文化审美、文化比较研究

（4）中外语言学理论及修辞学理论

（5）普通心理学及认知心理学

跨学科研究可以为本学科研究打开全新的观察视角，因为这样的视角往往出现在学科的叠区，具有特殊的、重要的参照意义和启示作用。因此，跨学科研究实际上有助于检讨、验证已经完成的本学科研究是否达到了预期的可靠性、准确性、质量和水平。

第六，学习美学的心态应该是"恬淡的愉悦与静谧的和谐"

美学并不难，但它确实是一种非常特殊的人文科学，学习美学（当然也包括翻译美学）要把握它的特点：美学是**关于人的感性的科学**，所以学习者的心态和心境很重要。这里涉及两个问题，其一是不要受到偏见的影响，比如，认为美学"很神秘"、"很枯燥"、"很艰深"等等。对待偏见，中国有句话，"要知道梨子的滋味，必须亲口尝一尝"，道听途说往往很害人。另一个问题是学美学要保持一种愉悦的、恬淡的、逍遥的心情，一切要静静地思考、静静地体验、静静地牢记。欧洲有不少哲学—美学大师研究过"游戏"（games）与美学的关系。维特根斯坦还特别指出翻译就是一种游戏（*Philosophical Investigations,* Part I, Sections 21, 23）。19世纪法国有位美学家说，"美拒斥愁眉苦脸，拒斥意冷心灰"，研究美学"不能纠结于利害、牵挂于得失"，有时确实不妨把它看作为了解闷消愁。研究美学要靠自己来缔造一种内心的淡泊和谐。古罗马的悲剧作家特里西诺说，事实上他总是带着微笑来写悲剧，因为**美的欢愉**（pleasure from beauty），常常是经过**苦的净化**（catharsis via bitterness）后产生的那种欢愉。学习诚然是一个相当艰苦的过程，但是想到学习中你将获得应得的审美经历和美的满足，这份精神的许诺一定会让你品尝到用自己的艰苦努力换取的内心和谐和欢愉，难道你不应该用微笑来迎接那美妙的时刻吗？

我们正是带着一份执着和"恬淡的欢愉"来参与翻译美学理论和教材的建

设——当然这里还有我们的先驱和前辈王国维、苏曼殊、胡适、徐志摩、林语堂、邵洵美、王以铸、朱光潜、宗白华、钱锺书、傅雷、卞之琳、余光中、刘重德、许渊冲等一代又一代翻译界和美学界的大师的精神托付，提醒和叮嘱我们中华文化是培育翻译美学最好的土壤。毫无疑问，我们付出的这份努力对于一门学科的建设来说可能是微不足道的，但它代表着我们对前辈们的真诚的回应，同时，它更预示着翻译美学在新世纪蓬勃发展的契机和愿景。

翻译学的美学模式与翻译学的语言学模式一样，是翻译学的核心模式，这是由翻译的本质特征决定的：翻译既需要有知性分析和判断，又需要有对"言象意"和"知情志"的**感性感悟**和**情感运筹**。因此，伴随时代的推进，翻译研究、翻译理论发展、翻译教学将面临深刻的、世人瞩目的改革，这是不以人的意志为转移的伟大改革。在这里，我们也满怀信心地期盼着翻译学的历史性改革！

【思考讨论题】

[1] 翻译美学对中国翻译学为什么具有特殊的意义？

[2] 翻译美学关注的中心是什么？

[3] 你怎样看待翻译美学广泛的跨学科性？

[4] 你怎样看待翻译美学研究的方法论问题？

Part Three
中西翻译美学思想发展概略

翻译离不开翻译审美（语际语言审美），古今中外概莫能外。但翻译审美思想中外各有千秋，思想发展遵循不同轨迹，各种理论问题应慎作具体分析。

要旨

Topic 3.1　翻译学美学的思想萌芽

无论在中国抑或在西方，美学思想伴随人的审美经验一步一步发展，这一点可以追溯到远古。翻译实践和审美思想的萌芽伴随哲学—美学思想的发展，也很早就进入古代翻译家的审美思考中。可以说中国古代译经大师们从投身于译事之始，就执着于一种朴素的**翻译审美思索**：翻译究竟要谨守"信言"，还是要谨守"美言"？据传我国最早的翻译论述，出自大约公元224年支谦撰述的《法句经序》，里面记载着一段关于翻译审美的议论，可以说就是**翻译美学思想的萌芽**：

> 诸佛典皆在天竺。天竺言语，与汉异音。云其书为天书，语为天语。名物不同，传实不易……仆初嫌其辞不雅。维祇难曰："佛言依其义不用饰，取其法不以严。其传经者，当令译晓，勿失厥义，实则为善。"座中咸曰："老氏称美言不信，信言不美。……今传胡义，实宜径达。"是以自偈受译人口，因循本旨，不加纹饰。

"美言不信，信言不美"出自《老子·八十一章》，反映出老子对语言美的一种谨慎的冷峻态度，在场的经书译者似乎笃信不疑。这也是开译学与哲学—美学结缘之始。在其后发展的数百年中，中国译论始终紧随中国哲学与美学的研究课题，如"美言—信言"论、"辞达论"、"文质之辩"、"形神之辩"、"依实出华"与"依华出实"之辩以及"信达雅论"和"化境论"等等，很显然，这一切都属于中国传统哲学与美学的课题。在西方，历史文化传统有异于中国，但关于翻译的议论亦不乏美学的议论。例如，泰特勒（F. Tytler, 1747–1813）的"翻译三原则"、阿诺德（M. Arnold, 1822–1888）的文化审美论和斯坦纳（G. Steiner, 1929– ）的一些基本译学主张，大体上是语文学性质的审美分析，在西方翻译史上很有影响。

下面，我们将展现中国美学的发展概略，以此显示翻译美学思想的渊源和发展脉络。说到底，翻译美学思想是中国哲学和美学与翻译结缘的产物。展开中华文化中最绚丽的画卷，就可以看到中国翻译美学思想发展的轨迹。

T3.1.1　中国翻译美学之源：中国审美文化史

与世界上所有其他的生灵不同，人与现实世界的关系实质上是文化关系，不是自然关系。人与世界的这种文化关系可以追溯到远古。审美经验的本质是文化经验，因此，人的审美意识的发展过程，是一部审美文化史。中国的审美文化史大致可以分为四个大的阶段：

第一阶段：中原原始文化（公元前 2100 年以前）

原始氏族文化反映先民的狩猎生活和他们原始的农耕生活，因此其主要表现形式是狩猎图腾和神鬼图腾，也就是所谓"原始符号美"（E. Panofsky, *Meaning in the Visual Arts*, 1955），反映原始先民粗犷的审美意象。这就说明人的审美意识发源很早。在中国，原始审美文化发源很早，时间大约是从 18000 年前到 6000 年前，到目前为止，考古界得到的史证是彩陶和甲骨文。彩陶反映出原始人的色彩感，甲骨文则已显示出生动的**形象性**、良好的**平衡感**、恰当的**匀称感**与和谐的**虚实感**。比甲骨文稍晚的是金文（钟鼎文），西周的金文最具代表性，它的整体结构与笔画分布已具有明显的图形美，在《翻译美学理论》（外语教学与研究出版社，2011: 3）中我们引用的是西周武王时期的祭祀器皿上的汉字钟鼎文，也称为"金文"。金文已具有古文字结构上的独特性和艺术性，被视为美轮美奂的华夏语言文明的初始之光。实际上，从现今已发掘的甲骨文（发掘地在今河南省安阳市，是当年殷商第二十五代国君盘庚的古都）来看，其古朴的艺术价值（意象性和结构均衡感）已足以令今人惊叹。汉字发展到篆体时上述艺术特色更添奇彩（参见蓝铁等编著《中国书法的艺术与技巧》，2004: 226）。

第二阶段：夏商周三代文化（前 2100—前 221）

一般而言，宫廷具有较好的文化审美条件和物质条件。中国远古宫廷文化美始于夏而成于周。我们可以通过《周礼》看到初始状态的整合性美学思想的出现，如"礼"（《周礼·大宗伯》）、"文"（《周易·系辞下》）、"中"（《荀子·大略》："王者必居天下之中，礼也。"）及"和"（《礼记·乐记》："乐者，天地之和也"；《尚书·尧典》："神人以和"），这些审美思想后来都成了中国传统美学基本思想的精髓，也是中国翻译美学重调和的思想的千秋万代之源。（梁启超《饮冰室文集》卷十）

第三阶段：自秦代至清代的古代审美文化（前221—1911）

从先秦起中国古代美学的方法论"观"（观览、观照）即已见端倪。其实，早在春秋战国时期，《老子》就谈到"万物并作，吾以观其复"，他讲的是"观天道"，但"观"这个最基本的审美认知方法至秦汉已发展为较为深刻的"静观论"和"动观论"，其核心就是所谓"游目"。魏晋以后宫廷美学日益社会化，与哲学之合流更受哲学激发成为定势。至唐代国力举升，民族心态昂扬，儒道佛合流，士人功于艺术与学术者被视为国宝，中国破天荒具有"吞吐大荒"的自由精神，美学因而具有盛唐的浩气豪情，韩愈的文、李白的诗、张旭的字、司空图的论（《诗品》）都是众多杰出作品中的精华。

第四阶段：清末（19世纪中期）至近现代中国审美文化（1911年至今）

盛唐以后，经宋元明清至近现代，中国审美活动多姿多彩，包括诗、文、画、书、乐、剧都得到了蓬勃发展，到明末和清末更有两次翻译高潮的出现。唐宋以后，中国美学研究的社会背景明显多层次化，形成了以士人美学为中流砥柱，以宫廷美学、民间美学和市民美学为三股分支，汇合为一的壮观局面，而以中国哲学思想为美学思想之源，这既反映出中国哲学命题具有极其强大的理论生命力，具有无远弗届的解释功能，又说明美学思想具备了深刻的哲学思想内涵，美学命题有很强的哲学支撑。

中国审美文化史为我们展示了中国美学的历史发展轨迹，也为我们展示了翻译美学的审美思想渊源。

T3.1.2 中国翻译美学思想之源：中国传统哲学和美学

中国翻译美学的思想源于中国传统哲学和美学。我们可以从古代主要的哲学和美学命题中举出数例，来看译学与它们的相关性：

（1）"象"与"意"：意义的古代符号学观

"象数"之说是《周易》（《易经》和《易传》亦即《周易大传》的合称；传说，周文王作卦辞、爻题、爻辞；孔子作《易传》）的主旨性命题。《周易》重象，在《易传》中有明确的表述，是意象论美学思想的源头。"象数"之说概括起来就是

"观物取象"，目的在于以"象"寓"意"，合而言之曰"意象"，"意"就是意义。魏晋王弼提出"立象以尽意"，进而推出"得意忘象"的论点，以呼应庄子（约前360—前286）"物化"和"物我两忘"的至善至高之审美境界，对后世影响很深。以"意"与"象"为本，来研究意义的符号学美学思想的主旨，进而探讨与表现的关系，正是翻译美学的重要任务。在中国，意象至唐代发展为与"境"结合而成为"意境"。"象"（语义承载符号、艺术象征符号）、意象、意义（意蕴）、意境等等，并由此推展至"言"（言语及语言），都是翻译美学重要的研究课题。

（2）儒家的"和合为美"论

"和为贵"是儒家的主张（《论语·学而》）。这个"和"，代表天地之和、天人之和、人人之和、社会之和，总之，指人与事之间的和谐、和协、和合及至"至和"，可解释为"迭为宾主，刚柔相济，损益相加，是谓至和"（明代徐上瀛《溪山琴况》）。可见梁启超用"圆满调和"（《文学翻译与佛典》）来界定翻译之已属上乘，是非常妥帖的。实际上，"圆满调和"始终是中国翻译思想的主流。此外，孟子还提出了美感共享论，指出"耳之于声也，有同听"、"目之于色也，有同美"（《孟子·告子章句上》）。翻译美学应以"和合论"和"美感共享论"来看待语言与语言之间的关系，把它们如实地看作可以互补、互释而不是互斥、互不相容的语言文化交流工具。这是翻译美学必须建立的语际语言观。

（3）道儒各家的"名实之辩"

名实之辩始于老子（前570—？）的著名论断"名可名，非常名。无名，天地之始；有名，万物之母"（《道德经·一章》），头两句的意思是可以说得出来的"名"，并不是事物天生的"本然之名"，也就是说并非就是"实"。名与实的关系、能指与所指的关系是发展的、辩证的。孔子（前551—前479）针对老子的论断提出了"正名"论，反对"名不正"，认为"名正"才能"言顺"（名实相副才谈得上符合逻辑的叙事论理）。两百多年后，荀子（？前313—前238）提出了影响深远的"约定俗成"论，认为"名无固宜，约之以命。约定俗成谓之宜，异于约则谓之不宜。名无固实，约之以命，约定俗成谓之实名"。"名实之辩"是中国哲学对世界语言哲学最早的贡献，也是开世界语言哲学之始。"名实关系"是翻译学意义理论的重要依据，也是语言审美价值论的重要依据。

（4）文质之辩

始于《论语》的文质之辩一开始就壁垒分明。孔子主张"文质彬彬"，他的说法是"质胜文则野，文胜质则史"。《论语·雍也》就是一种相济相融的审美辩证观，《左传·襄公二十五年》里说"言之无文，行而不远"，其实也是附和"文

27

质彬彬"论。儒家之说到刘安与董仲舒已成定论。刘安认为"必有其质,乃为之文"（《淮南子·本经训》），董仲舒认为"诗道志,故长于质;礼制节,故长于文"（《春秋繁露·玉怀》），认为文质必须参伍互用,与刘向提出的"言（必）文、质（必）美"（《说苑·修文》）是一个意思。这个问题墨子（前480—前420）持对立的见解。《墨子闲话》里提出"先质而后文",主张内容决定形式,反对"华文之色"（《墨子·非乐》）。韩非子（前280—前233）坚决反对文饰（《韩非子·解老》）。其实,儒家的观点也不是铁板一块,到汉代的王充就反对用"文"来掩饰"虚妄",要求为文必"求诚实",在《论衡》中更直接提出《问孔篇》,理直气壮地主张"辩论是非,言不得巧"（《论衡·自纪》）。文质之辩是中国美学思想史上一次意义深远的关于形式美的论争。

（5）**儒家的"辞达"论**

《周易·乾卦》里提出的"修辞立其诚"是中国语言美学中历史最悠久的语言审美价值观,也是中国语言"真善美"最古老的标准,对后世王充的反"巧言"论影响极深。"辞达而已矣"（《论语·卫灵公》）则是中国古代语言哲学史上又一个重要命题,也是语言审美价值论的又一个重要课题,语出《论语》。孔子认为"达意"是语言的基本功能,也是语言美的基本价值观。问题在对"而已矣"的解读。汉代王充的解释为"言不得巧"（《论衡·自纪》）。荀子对语言美的价值审视则更为积极,他在《荀子·大略》里明确提出"言语之美,穆穆皇皇"（意思是:语言应有端庄雅重之美）,是中国乃至世界先哲中第一个明确提出语言美和语言审美价值的人。荀子的这种积极的语言审美价值观在文质之辩中得到很多人的支持,比如汉代刘向就说"雕琢其章,金玉其相,言文质美也"（《说苑·修文》）,这就与刘安的观点有所不同,刘安强调的是语言形式美不能超越内容的美（"文不胜质,之为君子",《淮南子·谬称训》）。对前人的种种论断,翻译美学的语言审美价值论都应当认真研究,给以符合当代文化价值观的总结。

（6）**道家的"玄妙"论模糊美**

老子说"恍兮惚兮,其中有象"（《老子·二十一章》）,又说"大音希声,大象无形"《老子·四十一章》,因此,"大音"、"大象"是最完美的音、象,而"大音"、"大象"则是恍惚模糊的。庄子认为"天地有大美而不言"（《庄子·知北游》）。所谓"大美"就是"至美",那是不能言说的美。战国末年杂家之作《吕氏春秋》里说把握"不见之见,不闻之闻,无状之状"就是认知。道家这种玄妙论模糊美的要旨在于强调人这个主体必须主动摆脱物质世界的形、声、色的干扰,才能在无形、无声、无色的模糊状态中把握世界的本源，体悟事物的客观规律（"道"），分析其实质，领悟其发展逻辑，而不要被动地受制于有形的物欲世界的"客观规律"（"非道"）。实际上，道家这种对世界的深层观察得到了不少当代西方哲学家的认同，他们中有罗素（B. Russell, *Vagueness*, 1967）、布莱克（M. Black, 1949: 31）、耶格尔（R.Yager, 1980: 236）、海德格尔（M. Heidegger, 1892）等等。道家认为，人的主体性价值就在于把握主动，如果听命于象、听命于声、听命于形，听命于言，人就失去了他应有的主体性了，当然什么也干不成。所以老子主张"超然"（《老子·二十六章》）。毫无疑问，"超然于形"，以求不似之似（不似似之）的深刻道理对于我们领悟翻译的实质、领悟词语和篇章的意义和意蕴、领悟语言中的意象和意境、把握文本风格及语言神韵等等"言外之意"（*What is beyond the language*）是极有帮助的。

（7）艺术的情感本体论

没有情感的艺术是不存在的——当然没有艺术的"情"也不能感人。众所周知，"情"与"辞"关系至为密切，《礼记·表记》中说"无情者不得尽其辞"，可见"情志"、"情感"乃至"情趣"对于美学关系都至为密切。对翻译美学而言，"情"既是一个理论的，又是一个实务的本体论基本范畴，把握语言中的"情"（包括情感、情态表现和风格表现）是语际转换表现论的基本要求之一。

中国美学对"情"的关注早于西方美学。最早的文献始于《礼记·乐记》里的"情深而文明"以及《礼记·表记》里的"情欲信，词欲巧"，时间大约在公元前500年。梁代刘勰在《文心雕龙·情采》中说"繁采寡情味之必厌"，认定"情"是语言美的必备条件，为历代文论家所依循。至近代梁启超提出"艺术是情感的表现"（《饮冰室合集》文集之三十九，1941，第37页），认定艺术的本质是美，美感的本质是情感。嗣后，又有美学家吕澄（1896—1989）提出"感情移入"论（《美学概论》，1923，第28页），朱光潜（1897—1986）提出美产生于情趣意象化（《朱光潜美学论文集·文艺心理学》第一卷，1982，第153页）。这些审美情感研究对于翻译美学如何在语际转换中把握语言的和非语言的情感因素具有无可置疑的积极意义。

以上七点只是略备数端。实际上，中国哲学—美学还有许多课题与翻译美学息息相通，而后者则无一不是源于前二者：这是一种源与流的关系。例如，以文与质、言与意的关系等等为二项式的**审美本体认识论**、以通与变的关系等等为二项式的**审美表现策略论**、以情与境的关系等等为二项式的**审美情感体验论**、以"自然为美"为主体的**审美风格形态论**以及人、文与社会文化的关系为三项式的**审**

29

美文化价值论，等等，都是翻译美学的不可须臾忽视的研究课题，而这些课题所涉及的理论思想无不深深地植根于中国哲学与美学。

Topic 3.2　中国传统翻译理论的美学内涵

中国传统译论肩负了总结从无到有、从悠悠远古到现代的中国翻译实务，并对之加以理论描写的历史任务。如果将它与西方传统译论加以对比，我们就可以说中国传统译论跟西方传统译论一样，面对历史的艰辛，毫无愧色地履行了自己的使命。

中国传统译论的显著特色是与美学结缘，这是两个"必然"的结果：一是**历史的必然**，是中国文化思想和文史哲学科发展的必然；二是**翻译的本然之性的必然**，翻译绕不开语言审美。下面我们就从清末的译论说起。

（1）**马建忠的"善译"论**

马建忠（1840—1900）生在天昏地暗的清末。其时中国有进取心的士大夫都寄望于以"新学"挽救民族于内忧外患之危难。马建忠于1894年上书清廷，呼吁以翻译倡新学，以配合革新派的政治运作。他在《拟设翻译书院议》中提出了"善译"的美学性质的主张，强调翻译要确知原文"意旨之所在。而又摹写其神情，仿佛其语气，然后心悟神解，振笔而书，译成之文，适如其所译而止，而曾无毫发出入于其间，夫而后能使阅者所得之益，与观原文无异"。马建忠的这种本乎真善美的翻译审美描写，非常符合当时的士人对翻译"所谓何来"的审美趣味和心理特征，因而颇有振聋发聩之效。

（2）**严复的"信达雅"论**

马氏"善译"论提出四年后的1898年，严复（1845—1921）在其译作《天演论·译例言》提出了"译事三难信达雅"论。严复借传统美学的命题"信"（老子的"美言信言"论）、"达"（孔子的"辞达"论）来解读翻译之难，一以应"历史的必然"，二也是应"翻译的本然之性的必然"。因此"三难"之说一出，风靡中国乃至亚洲译坛长达百年之久。

"三难"之说的特点在"雅"。"雅"显然也是一个美学命题。在刘勰的《文心雕龙·通变》中说，"雅俗"与"质文"相对（"斯斟酌乎质文之间，而隐括乎雅俗之际"）。论艺术功效，雅俗并无高下之分，端赖适境。严复标举"古雅"，完全是出于审美接受论的适境考量。严复对中国翻译影响之深处，也在他的精辟的审美价值论和接受论。

(3) 梁启超的"圆满调和"论

梁启超（1873—1929）是清末维新思想的先驱，也是中国文学翻译的先驱。梁启超在文学翻译实务和文学翻译出版事业上都有不愧为拓荒者的建树。在清末内忧外患夹击、民族存亡堪忧危局的催醒下，梁启超是首先认识到翻译的文化战略意义的翻译论家之一（《论译书》）。在翻译思想和翻译美学理论的建树方面，梁启超的见解也不可忽视。他在《佛典之翻译》和《翻译文学与佛典》中提出直译意译"圆满调和"论，认为鸠摩罗什的新译之见被广为接纳就是调和论的"显证"。"圆满调和"论符合中国"中和为美"源远流长的美学思想。"中和为美"出自西汉董仲舒（前179—前104）的著作《春秋繁露》："中者天之用也，和者地之功也，举天地之道而美于和。"（《春秋繁露·循天之道》）对中国的伦理道德观和文化发展观都有极深远的影响。

(4) 王国维对学术翻译、文学翻译的"涤旧维新"观

王国维（1877—1927）是清末杰出的文艺思想家、文学评论家和翻译批评家，从翻译学的观点看，王国维的主要贡献是他的翻译美学思想——"涤旧维新"观。王氏译著从学术到技术题材广泛，但他的关注重心在文学翻译和翻译批评，可以说王国维是我国最早的翻译批评家。王国维处在清末士人思想浅陋、真知贫瘠、视界狭隘、语言陈腐的时代，因而主张大力引进有利于涤旧扬新的日、欧语言文化因素（《论新学语之输入》，1905)，许多现代汉语的词语、术语、句式就是王氏从日语中引进确立的。王国维强调翻译理解的重要性，要求肃清"扞格"（与原文意义抵触），强调主体的审美判断的重要作用，提出"必先老于己而后知人"（"老"的意思是"熟知"）。对文学翻译，王国维提出"趣味神韵"的审美主张（《译本琵琶记序》，1913)，勉励译者力克"译事之苦"，寻求苦中之乐，这是当时难得的审美态度。

(5) 胡适的"归化异化调节"论

胡适（1891—1962）无疑是20世纪初期中国翻译界的领军人物，他的译著和译论主张在当时及后世都很有影响。20世纪初是中国语言文学界浮靡萎顿、浅薄矫饰的年代，胡适起到了除旧布新的"旗帜作用"。例如，仅他翻译的《最后一课》（A. Daudet, 1840–1897）一篇短文，对全国而言都是振聋发聩、无出其右的"醒世篇"，也非常符合译者本人的翻译思想和政治诉求。胡适是最先提出"归化异化审美调节"论思想的翻译家、翻译理论家。胡适以其深厚的国学功底和对西方语文的造诣提出创建，认为翻译的文化社会功能必然要求"洋学为国学送暖，国学为洋学添衣"，因此翻译中的文化之"隔"必须以进行调节来"打通"。

他认为，新词语和新的表达法之大量引进也是不可避免的。大抵而言，1918年以前胡适的翻译对策以归化为特色，多采用以中华文化为本位的"以中代洋"的翻译法（如用五言七言格律诗译外国诗歌）。1918年以后，伴随新文化运动的推进，胡适在翻译中已明显地采用了外域的表现法。在很多译作中可以看到译者是在自觉地进行着审美调节。胡适的翻译实践对中国的翻译事业起了很大的促进作用。

(6) 鲁迅的"翻译不比随便的创作容易"论

鲁迅（1881—1936）在上世纪20年代末提出"宁信而不顺"的所谓"硬译"论，触发中国译界强烈反弹。这是从反面印证了翻译与审美的结缘——翻译想绕过语言审美是没有出路的。其实鲁迅的本意是出于力求"忠实于原文"的良苦用心，但他没有看到语言表层之间是没有转换通道的，到表层去"硬找"对应（"硬译"），名曰"忠于原文"，实则是"悖于原文"，因为它漠视了意义，漠视了语言的真善美。鲁迅翻译过大量语言生涩拗口的作品，大抵与他的反美学翻译思想有关。但他也提出过一些符合语言美学的见解，例如他认为"翻译并不比随便的创作容易"（1930），这是大体符合翻译的语言审美实际的。但后来又有人立即反诘鲁迅，那么翻译是不是比"不随便的"创作容易呢？

(7) 林语堂的"翻译是一门艺术"论

林语堂（1895—1976）是中国杰出的汉译英—英译汉全能翻译家、以双语写作的散文作家。林语堂以其深厚的中西学底蕴、孜孜不倦的翻译实践，透彻地把握了翻译的审美操作规律，译出了很多在中国翻译文坛上影响深远的作品，如《论语》、《墨子》、《老残游记》、《镜花缘》及《浮生六记》，等等。1944年，林语堂以极为扎实的实务功底为依据，在《论翻译》一文中明确提出了"翻译是一门艺术"的主张以及翻译的三条审美标准"忠实、通顺、美"。他说"谈翻译的人首先要觉悟的事件就是翻译是一种艺术"，翻译的审美对象是文字，"凡文字有声音之美，有意义之美，有传神之美，有文气文体形式之美"，因此，翻译家理应将翻译珍视为一门艺术来操作，"凡艺术的成功，必赖个人相当之艺才，及其对该艺术有相当之训练"。林氏论证说，"翻译艺术所依赖"的，第一是对原文的透彻理解，第二是对译文的语言运作功夫，第三是对翻译的专业训练。林语堂还相当明确地提出了他对译文"忠信"的相对论观点，认为绝对的忠实是不可能的，最重要的是做到"传神"。林语堂崇尚唐代译经的"翻译新风"及其功绩，是中国翻译美学的先驱之一。

(8) 傅雷的"神似重于形似"论

中国翻译家傅雷（1908—1966)提出了他理解中的神形论。中国最早的神、形之议始于庄子。《庄子·德充符》里说"非爱其形，爱使其形者也"，这个"使其形者"就是"神"了。南朝宋刘义庆（403—444）也议论过形似神似问题，所谓"恒似是形，时似是神"（《世说新语·排调》）。清代焦循对此有评论说"文之强弱，不在形而在骨，不在骨而在气，不在气而在神。得乎形者知形，得乎神者知神"（《文章强弱辨》），总之是外在的、一时的形貌受内在的、恒久的精神支配。这个意思用在翻译上就是傅雷所谓的"重神似而不重形似"。这里值得重视的地方有两点。一是"神"的含义，不应"神化"、唯心化；二是不要得出"形似"不重要的结论，例如"神贵于形"论（《诠言训》、《原道训》）就失之偏颇。"神"基本上是道家的命题，指"生命精神"；"传神"指形体外貌体现内在生命精神，"神"也指"神韵"，是一种超越外在的精神气质。必须指出，在艺术表现中，"形似"绝不是不重要的，而要"巧为形似之言"（沈约《宋书·谢灵运传论》），做到"巧似"，"巧似"符合形式的功能观。我们可以参照康德之论"合目的"的形式美。

（9）钱锺书借"化境"以论文学翻译

"化境"是中国传统文论界一个历史悠久的命题，源自佛学，以之喻"通灵妙悟"（谢灵运）。钱锺书借此作为文学翻译的一种价值标高，意在说明文学翻译家孜孜以求者也正是这种"通灵妙悟"，以臻"化入—悟出"的双语转换之至高境界，符合中国传统美学关于"以境论美"的审美理念，即艺术作品要体现"自然大化"的生命精神，使之处在出神入化的状态。清初贺贻孙（？—1637）在《诗筏》中提出文艺家应澄怀思渺，融升意念以至于"搅之不碎，挥之不开"之境，始可谓入于"化境"。清代王士祯（1643—1711）说，"舍筏登岸，禅家以为悟境，诗家以为化境，诗禅一致，等无差别"（《香祖笔记》）。清代陈廷焯（1853—1982）亦有云，"哀艳而超脱，直是坡仙化境"（《白雨斋词话》），也就是所谓身临真如法性的境界，翻译达到了这个至高境界，自然也就"至美无形、至美无声"了。

中国传统译论思想和对策论中的"美学元素"丰富多彩，以上所述，只是荦荦大端。中国哲学与美学自古结缘，哲学的很多重要命题在性质上属于美学范畴，反之亦然，这一点是没有疑问的。比之于外域的相关理论之重语言结构分析和形态分析，中国传统翻译理论可以说自成一派，姿质卓然。但是说它"自成体系"（罗新璋《翻译论集·序言》，商务印书馆，1984；此前罗氏更有专文力倡此说）则在理论上欠缺准确性，因为理论体系必须具备理论上的相对完整性和系统性，其中包括对理论本体的认识论论证以及对对策论、方法论和价值论等等必备范畴的系统阐述。这些方面，中国传统译论的欠缺还很多、很明显。其所如此，是受到历史的局限，自难"自成体系"，西方传统翻译理论也一样。我们也借此机会在此加以澄清。

Topic 3.3　翻译美学需要整体性整合研究：相映成辉

科学的翻译美学反映翻译审美的基本规律，因此必须是跨文化的，更应该是跨国界的。当然，毫无疑问，每一种特定的民族文化可以而且必然会对翻译美学有它富有特征的、有所侧重的审美诠释。

中国哲学和美学对翻译审美的意义可以归结为：（1）**认识论意义**：如上所述，中国传统哲学与美学是中国的翻译美学思想之源，这个"源"给后者提供了认识翻译美学的本体论手段，使翻译美学得以构建和规划出本学科大体的范畴框架；（2）**价值论意义**：中国传统哲学和美学还为翻译美学提供了一个审美价值系统，运用这个系统，翻译者可以赖以判断语言美和厘定文化审美的种种标准；（3）**方法论意义**：中国传统哲学和美学为翻译美学提供了一整套审美方法论，其中包括从"观"、"观览"、"观照"的历代解码到审美表现的一整套发展策略。中国哲学和美学对翻译美学的上述三个维度的意义，也正好支撑了翻译美学理论的三大部分——**认识论、价值论**和**再现论（表现论）**。对中国翻译学而言，美学模式（Aesthetic Model）可以说是翻译学的最重要的模式即"核心模式"，原因是，美学模式能最充分地反映汉语和中华文化的本质特点，中国翻译学绕不开美学。毫无疑问，美学可以解决翻译中的大部分问题（参见本书 Part One)，但不能要求美学解决翻译中的所有问题，例如，美学承担不了语言的历史发展描写、语言生成和结构解析（语义结构分析和句法结构分析）等语言学任务。这就是为什么我们始终强调翻译学需要的是**整体性整合研究**。

另外我们还必须充分认识到，人的知识世界和经验世界是不断拓展、不断发展的。中国哲学和美学目前都处在历史转型期，一方面，它们的发展前景非常广阔；另一方面，它们必然带上转型期的事物的普遍特点——"未定因素"（或"不定性"，Uncertainties）也很多。同时，我们还有一个向西方美学学习和借鉴的重要任务。因此我们必须与时俱进，推陈出新，做到科学地借鉴传统，尤其要科学地超越传统，这样才能建设起**科学的翻译美学**。这里很重要的一点是必须借鉴西方美学中的翻译思想，使东西方美学中的翻译思想达致东西相映成辉。这也就是我们所强调的整体性整合研究。

在创建翻译美学中，我们要面临一项非常重要而又相当艰巨的任务就是借鉴西方美学。孙子有句名言："知己知彼，百战不殆。"要知己，我们就必须看到中国美学的许多不足之处；要知彼，我们就必须看到西方美学的许多长处。取长补短，庶几得之。

其实，从鲍姆加登（A. G. Baumgarten, 1714–1762）首次提出"美学"建议的 1735 年（相当于清代乾隆初年）到现在才 270 多年，从鲍桑葵（B. Bosanquet, 1848–1923）的《美学史》出版的 1892 年（相当于光绪末年）到现在更只有 110 多年，但比之于中国美学，应该说西方美学在笛卡尔（R. Descartes, 1596–1650）理性主义的驱动下，自觉衍生发展，因而具有无可置疑的"现代感"和"成熟性"（"maturity", Bosanquet, 1892），这里涉及东西方文明深刻的历史背景差异，特别是近 100 年来中西方学术发展的宏观境遇不啻天壤之别。就美学本身而言，应该说西方美学具有更明确的"自在意识"和自为努力以实现自身的"体系化"和"范畴化"。当然，应该承认东方美学的隽永魅力并没有因为历史尘埃而失去光泽，但是，**毕竟学术的生命力在于不断创新**。

必须认识到中国传统美学受到历史文化的发展水平的制约，受到人类审美意识和审美认知发展水平的制约，必定具有它的很多薄弱点，需要他山之石，借以琢磨攻玉而成器。

下面，我们将从以上所陈述的这个基本认识出发，来审视一下中国美学不足的一面，所谓"知不足方得以定准绳"。

第一，中国美学的综合性体验式的思维取向拒斥概念分析和逻辑论证的科学性

在中国，传统哲学和美学基本上是合流的，许多命题（或范畴）带有极强的综合性，这里的"综合性"指所谓"无所不包"（All-embracing）。其中有些命题模糊性太强以至于很难给以范畴界定及付诸概念论证。例如"道"、"天"、"天道"、"天人合一"、"心生万物"，等等。哲学家意在通过"悟"（渐悟和顿悟）、玄观体悟、卓然悟性等等来体验、把握诸如气、神、格、韵（神韵）、妙（妙悟）、玄（玄览）、化（化入）等基本命题以及心性、风骨、清逸、色空等等派生概念。但是对综合性太强、语义基本概念过于模糊迷漫的命题来说，个人体验难免流于不着边际的遐想（Reverie），一般凡夫俗子碍难办到。事实上，这种情况下的综合性体验式思维取向往往导致"绝对的主体化"，也就是让主体体验取代一切，一旦主体先入为主地为一切定了位，就不可能留下逻辑论证的余地。

第二，同时，综合体验式思维取向必然拒斥科学的心理结构和知、情、志的科学三分

西方美学向自然、向自然科学靠近始于达·芬奇（Leonardo da Vinci, 1452–

35

1519）。文艺复兴以后不久，西方美学就接受了心理学的引导，较早对人的心理结构做出了基本上符合科学的结构分析，即"认知、情感、意志三分"。其实，中国美学也很早就注意到了"心性"，但受综合式思维取向的牵制，始终没有对之进行科学的结构分析，实际上是**以"情"代替了"知"和"志"**。"情"在人的审美结构中诚然是极为重要的，但让它取代认知和意志，使审美心理结构处于失衡状态，这就很难解释审美态度、审美判断、审美价值观等等一系列美学基本课题。中国美学始终没有充分重视知性理解在审美中的意义。

第三，对艺术审美实践和经验缺乏横向的理性提升和理论概括

中国艺术自魏晋南北朝时代（220—581）起就突破了宫廷的禁苑，士人阶层和与它结合很紧密的市民阶层进入了中国的艺术世界，因而形成了诗、文、画、乐、舞百花争艳的局面，至元明清更有多种戏剧的兴起。这个长达几百年的多姿多彩的艺术实践和审美经验的宝库，竟然没有人进去作深山"探秘"、通盘"淘宝"，出来作个历时的——**特别是共时的艺术理论梳理**。我们看到的只是各个艺术门类的各说各话，只顾"各人自扫门前雪"。应该说，这是中国艺术史和美学史上很大的缺陷。看看西方文艺复兴后美学理论的大发展更加发人深省，不能不使人痛感思维取向问题之攸关性。

第四，对传统的群集性延续感太强，导致理论独创性和创新思维比较欠缺

中国美学长期处在封建帝制的统治下，能呼吸到自由空气的历史机遇很少，盛唐在我国历史的长河中不过瞬间。中国封建政治体制的思维定势对士人的影响很深，导致他们对美学传统具有一种**"群集性延续感"**（朱立元主编《西方美学范畴史》第一卷，第43页），强调传统的稳定性，忽视创新，陷入"六经注我，我注六经"的困局中，有学者将这种局面比喻为大家自我框囿于"同心圆"（同上书，第44页）中难以动弹，更难跳出窠臼，故而清末龚自珍有"我愿天公重抖擞，不拘一格降人才"之叹！

第五，在描写方法上欠缺理论陈述的周密性、逻辑性，感性经验特色较重

中国传统美学中的真知灼见世所共见，很多见解今天看来都是振聋发聩的精辟之议，例如魏晋时代的文风论、唐代以来的意境论、唐宋元的诗词论、魏晋以来的画论、汉末以还的书法论、明清时代的中国小说戏曲艺术论都可以说是难以企及的历史高峰。中国传统艺术话语的共同特点，一是随心、随性、随感，信笔书就，纸墨飘香，才情未曾因岁月而流失于万一。特点之二是无论是命题抑或是论述大抵凭借"零珠碎玉"式的三言两语，妙处是为人留下了广阔的想象天地，但这种"蜻蜓点水"式的"点到为止"的解说对理论陈述却是非常不够的。这种话语陈述最大的缺点莫过于谁也很难就此构成"体系",甚至很难推演出比较周全、比较系统化的理论说明(rationale)。事过境迁,时人澄心披览,往往只能留下满腔遗憾。

与中国美学的综合体验式思维取向不同,西方的"审美论说"从古希腊时代起就与哲学一起处在逻辑思维的制约和"论证规范"(argumentational norms)的严格要求下,从中世纪开始就比较自觉地以"古典学科"(Classic discipline 或 the Classics)自律。尤其是自从 18 世纪上半期鲍姆加登提出"美学"概念以后,我们可以在很多西方美学论述中见到所谓"二元三段"(命题的二元对立式,如"主体—客体";三段指逻辑学的三段式分析)论证。西方美学还有一点非常可贵之处就是勇于向时代的自然科学新进展靠拢,勇于用新思维来解剖"旧自我",勇于创新,这是西方美学有狄德罗(D. Diderot, 1713–1784)、康德、黑格尔、尼采(F. Nietzsche, 1844–1900)、弗洛伊德(S. Freud, 1856–1939)、克罗齐(B. Croce, 1866–1952)、维特根斯坦(L. Wittgenstein, 1889–1951)等等大师可谓"人才辈出"的重要原因。毫无疑问,这些哲学—美学大师都有其本身的重大局限性和严重的不足之处,但不可否认,他们无一不在各自的领域里尽显风华,值得我们学习。

Topic 3.4　西方美学发展的四个时期

"美学"这个概念源自欧洲大陆。回顾长达两千多年的历史,西方美学经历了四个时期:

(1) 古希腊时期　前 13 世纪—3 世纪(代表人物:赫拉克利特、苏格拉底、柏拉图、亚里士多德等人)

这是西方美学思想的**萌芽期**。古典美学论述集中关注美的本体论,许多见解今天仍然是西方审美理论的基础。西方第一位具有审美思想的哲人赫拉克利特(Herakleitos, 544–483)比孔子小七岁,他的著名论断有:"人不能两次踏进同一条河"、"艺术就是模仿自然"、"美的标准具有相对性"等。公元前 300 年古希腊就有七位哲学—美学大师。

(2) 古罗马及文艺复兴时期　4—16 世纪[重要的美学家(派别)有:普罗提诺、朗吉纳斯、奥古斯丁、西塞罗、毕达哥拉斯学派、达·芬奇等人]

这是西方美学思想的**后萌芽期**,"美学"作为一门学科的基本特征待定。审美理论探讨从"论崇高"推引到对审美主体和审美客体之间的关系的初步探索，例如普罗提诺就认为"物体美离不开心灵凭借理性所做出的判断"。文艺复兴广泛的艺术实践和审美经验从整体上提高了人的审美意识，并为审美理论的提高铺平了道路。

　　(3) 从法国古典主义到德国古典审美学说　17—18 世纪（重要的美学家有：笛卡尔、布瓦洛、莱布尼茨、培根、沙夫茨伯里、哈奇森、霍伽斯、休谟、伯克、伏尔泰、卢梭、狄德罗、穆拉托里、维科、鲍姆加登、温克尔曼、莱辛、施莱马赫、施莱格尔、赫尔德等人）

　　这是西方近代美学的**发展期的前奏**，"美学"作为一门学科的基本特征已定。这个时期笛卡尔理性主义对欧洲理性思潮和学派产生了很大的影响，它的积极意义是对神权、神性的意义深远的打击，其消极作用是忽略了情感因素对美学的意义。这个时期英国经验主义审美理论对康德和黑格尔有深刻的影响。鲍姆加登继承了莱布尼茨的观点，提出建立研究感性的学科——美学。

　　(4) 近代—现代西方美学　19—20 世纪（重要的美学家有：康德、歌德、席勒、费希特、费希纳、谢林、黑格尔、叔本华、尼采、里普斯、斯宾塞、克罗齐、科林伍德、桑塔亚那、克莱夫·贝尔、本雅明、**弗洛伊德**、荣格、维特根斯坦、胡塞尔、英伽登、杜夫海纳、黑格尔、萨特、朗格、阿恩海姆、列维－斯特劳斯、罗兰·巴特、伽达默尔等人）

　　这是西方美学**最重要的发展期**，这个时期的西方美学的奠基人就是康德。依据合目的性的研究，康德提出了审美的先验原则。黑格尔则是西方审美理论的集大成者，提出了"美是理念的感性显现"的著名论点。黑格尔美学既是理性主义审美理论的高峰，也是终结。康德、黑格尔、尼采、费希纳等人是 20 世纪西方各种审美理论模式的渊源。叔本华反对黑格尔的理性主义美学观，开启了 20 世纪西方非理性主义的美学思潮。当然，毫无疑问，非理性主义美学思潮不可能取代近代和现代西方美学研究的成果。

　　翻译美学的关注重心是美学与语言审美及语际审美转换的相关性（relevance）。中西方美学文献是一个内容极为丰富的美学思想宝库，它为翻译美学的理论建设提供的是一个极为宝贵的、不可或缺的跨学科参照系统。就翻译美学而言，我们应当认真研究的是中西方美学基本思想与语言审美和语际转换的相关性，以下是几个重要的方面，涵盖翻译美学的三大领域——翻译审美认识论、翻译审美价值论和翻译审美再现论：

第一，意义理论与意义审美理论

第二，形式的审美价值及转换问题

第三，审美主体论与审美客体论

————————————————以上是**认识论**

第四，审美价值论

————————————————以上是**价值论**

第五，审美方法论

第六，论文化审美及转换对策

第七，艺术（尤其是语言艺术）的审美再现论

第八，翻译美学的接受理论

————————————————以上是**再现论**

　　目前是翻译美学的基本理论建设期，与语言审美有关的中西审美思想发展史也是很需要进一步研究的。这方面，中国传统美学（比如中国传统文论）可以给翻译美学提供极其丰富的思想资源。

Topic 3.5　翻译美学学科建设的历史机遇

　　上一节说的是中国翻译美学的外位参照系统。现在我们从本位作一个历时和共时的全局观照，翻译美学的创建和发展今天更适逢一个难得的历史机遇。进入21 世纪，中国美学正迎来了全新的开端。

　　中国美学以中国社会文化发展为依托。中国文化基本上以 19 世纪下半期（1840—1898）为分水岭。19 世纪下半期以前的中国美学自成较完整的体系，有相对独立的思维模式。1840 至 1898 年以后中国被强行打开了门户，中国文化随之发生了蜕变，外域元素不断加强，内部张力加剧。从 19 世纪末到现在，现代中国美学大体经历了五个发展时期（王振复《中国美学史教程》，2004，第282—283 页）：

　　（1）启蒙期（1898—1919）

　　在这个时期，王国维、梁启超、胡适等人本着"中学为体、西学为用"的原则将西方美学中的康德、叔本华、尼采介绍到中国，西方美学思想开始

在中国传播。

（2）**奠基期**（1919—1949）

在当时特定的时代背景下，以马克思主义为主的西方哲学—美学家著作比较大量地介绍到了中国，蔡仪、朱光潜等人的美学思想初步形成。西方现代文艺美学思潮对中国产生了深远的影响。

（3）**构建期**（1949—1966）

从 1955 年至 1964 年中国大陆掀起了一场"美学大讨论"，对 20 世纪中国美学的构建起了很大的推进作用。朱光潜（"美是主客观的统一"论）、蔡仪（"美是客观"论）、吕荧与高尔泰（"美是主观"论）、李泽厚（"美是社会性与实践性的统一"论）等人的美学本体论思想得到阐发，有较大的社会影响。

（4）**停滞期**（1966—1976）

中国大陆发生大规模政治运动，美学受到非理性批判和清剿，美学家们不得不停止著述，而进行所谓"潜思考"与"潜写作"，为期长达十余年。

（5）**发展期**（1976—2010）

中国美学伴随改革开放政策的实施"重新上路"。这一时期大量外国美学翻译著作在中国大陆出版，中国美学家和广大知识分子大受启发，继而掀起了八九十年代的"美学再讨论"热潮，期间审美主体论、方法论、结构主义、解构主义、实践论美学、比较美学以及美学转型等等问题得到了比较充分的讨论，等于做了一次美学知识普及工作。

纵观近百年中国美学的发展历程，可以看到有三大思潮在交织发展。第一股思潮以新儒家梁漱溟、熊十力、王国维、冯友兰等人为代表的**传统美学理念**，集中于讨论"生命美学"、生活与审美、"欲念"与审美、以及审美意象、意境等等课题；第二股思潮以蔡元培、王国维、陈大齐、朱光潜为代表，**受西方自由派思想**——具体说是受笛卡尔理性主义思想激励而投入中西美学理论融汇研究，特别集中于对康德、黑格尔、弗洛伊德等人的研究的中国式解释；第三股思潮以陈独秀、李大钊、鲁迅等中国马克思主义激进派为代表，集中于马克思主义文艺美学研究，形成了以**激进的政治理念为目标**的中国美学。

中国美学在 20 世纪最后 30 年经历了对后来发展具有深远意义的历程。这个时期有三位美学家分别代表三种中国美学研究的特色。第一位是朱光潜，其研究特色是以西方经典美学原理和理念为基础，对现代美学基本问题作出符合历史唯物主义和辩证唯物主义的解释，朱光潜是中国现代美学的重要代表之一。第二位是李泽厚，其研究特色集中于"实践性"与"积淀说"及所谓"自然的人化"，80年代又提出了情感本体论。第三位是宗白华，八九十年代宗白华以生命哲学为理论基础，将中西美学理念融为一体，使美学的诗性智慧与哲学的沉思融为一体，使古代的思想获得了时代的光泽。

一代又一代的中国美学家们用自己的研究为翻译美学的创建和发展提供了本位观照有力的理论武器，无论在认识论或在方法论上都为翻译美学的发展创造了良好条件，使我们今天能够信心百倍地迎接难得的历史机遇。

"知己知彼，百战不殆"——这是克敌制胜之道，学科建设其实也是这个道理。

对于翻译美学而言，研究西方美学的目的性不仅仅是为了学习和借鉴西方的学术成果，**在理论层面**丰富我们的学科体系，使之更完善、更科学；此外，学习西方美学理论更可以使我们**在思想层面**愈加清醒地认识到自身的短处，更加深刻地理解美学的基本原理，提高我们对美学理论的认识深度、广度和领悟能力。从整体来看，西方美学理论具有较高的、较成熟的理性审视水平和理论论证水平，具有较高的、较合理的理论范畴系统性和科学性，学好西方审美理论对于翻译美学的科学建设是至关紧要的。

我们的原则是**学以致用**。比较切实可行的学习方法是按自己的学习目标或研究课题有选择地、有针对性地学习有关文献（包括经典文献和近现代文献），在学习中加深理解，提出创见。毋庸赘述，学习时必须坚持实事求是的原则，多加分析，做到知己知彼。研究外国理论，当然要善于联系实际，但在任何情况下都应避免主观臆断和机械类比，坚持实事求是的科学态度。这里还有必要强调学习者应尽力学习外域的原文文献，以扩大研究视野，加强自己的理解分辨能力。

【思考讨论题】

[1] 请对中国翻译美学的文化思想渊源作一概述。

[2] 请对中国传统翻译理论的美学内涵作一概述。

[3] 你怎样理解美学与翻译学的相关性？

[4] 怎样理解今天我们正面临翻译美学发展的历史机遇？

Part Four
语言审美概论

要旨　　建设翻译美学的基本理论必须找到一个最佳切入点。语言审美正是这个最佳切入点，因为探求语言美是翻译美学的最初始也是最基本的任务。

Topic 4.1　语言审美：翻译美学的最佳切入点

语言历史悠久，语言史伴随人类文明进化史。古代汉语文言体与现代汉语白话体之古今文采可谓交相辉映；英语也一样，它的现代品种比汉语的更多。汉语与英语的语言品级和品类纷繁复杂，可谓鲜花与蔓草争生。语言体式、层级繁多，文言文与白话文、文艺体与公文体文辞迥异，而且文风各有所好，情志有柔有刚，情怀也有高迈清远之分。总而言之，美学之于翻译渊源既深且远，而关系则千头万绪，研究从何入手，论理又谈何容易？

这个问题，我们还需要进一步阐述。从整体上说，语言从诞生之日起，就与美学结了缘：语言追求以美言达意、以怡情感人，中外古今，莫不如此——这就是语言的美学之渊、美学之缘。中西古代先贤都认为人类语言"纯属天籁"。中国最古老的诗歌《诗经》里的许多拟声词就是天籁的记录，后来成了汉语的词汇，成了衍生不竭的构词法，这正好印证了古代波斯诗人莪默·伽亚默所说的，人类的语言美如"风之瑟瑟，水之潺潺，虫之唧唧，鸟之嘤嘤"，无不是天意将声心之美恩授于人，不应视为什么"神明圭臬"（参见 Omar Khayyam, *Rubaiyat,* Random House, 1947）。其实，在地球上所有的生灵天象之声中，最值得造物引以为傲的就是人类赖以生生发展的语言。原因是，人类的语言不仅仅是几乎"无所不能包藏于其内、无所不能表达于其外"的**功能载体**，而且它本身更是一种发之于心的绵延亘古、历久弥新的**审美载体**。语言美（Beauty of Language）是一种既能彰显于外的声象美，又是一种深幽不露的内秀美。正因为这样，平凡的日常言语就成了几乎与人类演进史一样流衍不息的"稀世珍奇"，正像荀子（前 313—前 238）说的"言语之美，穆穆皇皇"（《荀子•大略》）。应该说，荀子是古代第一个正式提出语言美的先贤（更早的老子也提出过"美言"，可惜他将"美言"与"信言"对立了起来）。

大概也正因为将语言美看作一种似乎受到神灵眷顾"得之于手而应于心，口不能言，有数存于期间"（《庄子•天道》）的"天籁之美"，是一种全凭"神会意得"（唐•皎然《诗议》）的"神灵之气"，只可以意会而不可以言传，迄今为止在东西方古代文献中很难找到关于语言美的较详尽的论述，遑论系统研究语言美的著作了。

翻译美学面临这样一个"浩浩乎存于天地之间"的美，我们又从哪里下手呢？从美学理论入手抑或从语言理论入手？从翻译理论入手抑或从翻译审美史入手？这就是我们常常议论的问题——必须找到一个"最佳切入点"。

看来，**翻译美学理论建设和实务教学的最佳切入点是语言审美**。下面我们将从两个方面来论证这个问题，也就是我们把握**语言审美**这个切入点的根据：

第一，探求语言美是翻译审美再现的最初始任务和最基本任务（Topic 4.2)；道理很简单，翻译者如果没有把握他的"工作对象"的"美"，他又怎么能认识它、理解它，怎么能遣词酌句呢？

第二，语言美不是"渺不可及"（intangible）的东西，它的"可及性"（tangibility）必然存在于具体的语言中，比如，它们真真切切地存在于我们的审美对象汉语（Topic 4.5）和英语（Topic 4.6）中。

Topic 4.2　探求语言美：翻译美学的基本任务之一

对翻译学而言，探求语言美是一项绕不开的基本任务——甚至可以说是一项必须认真从事的**首要任务**。在翻译美学看来，孜孜于翻译审美而又不首先着力于研究语言美——包括它的存在形态、信息结构、功能分布等等，则一切议论难免流于徒劳，甚至无异于空谈。在翻译美学看来，"语言美"应该是存在于语言中的**一个可知的审美信息结构**。它既然是一个"可知的结构"，就不仅仅是可以意会的，也是可以言传的——就是说，我们完全可以对之加以扫描、加以解剖、加以分析、加以描写、加以再现，努力提出翻译美学的语言审美理论，并逐步加以完善。

　　语言结构中的美的初始形态，也就是所谓"基质"（或"基元"，stroma; O. Spangler, 1935），产生于**音的组合**并表现为**音节组合**（英语）或**词语搭配**（汉语），后者就是我们所说的"选词择字"。换言之，就汉语而言，最基层的语言美产生于"优化的词语搭配"（Optimized collocation of words）。中国诗话史中有一个著名的例子"春风又绿杨柳岸"。诗人王安石对"绿"字、"到"字、"过"字、"满"字等等再三的替换推敲，就是一种对用词的美的"基质调节（考量）"（stromatic modulation）。"江春不肯留归客，草色青青送马蹄"（唐·刘长卿）中"不肯"与"无意"之间孰优孰劣的选择也是如此。那么，选词择字究竟有些什么具体的审美标准呢？这里涉及到中国辞章美学对语言美的特征认定，是个带有理论原则性的命题。翻译是一种跨语言文化转换，远非一词一字之换的问题。对翻译美学而言，我们需要首先对语言美做一番概括的考察。在翻译美学看来，下面就是语言美的最基本特征，这也是我们在 Topic 5.2（语言美的普遍价值标准）中将要讨论的问题。可以说，语言美的普遍价值正是语言美的最基本特征，读者可前后参照以把这两部分结合起来阅读。本书采取有利于教师选题的分述法，由"虚"到"实"、由普遍性到特殊性，这两部分的论述具有不同的意义和侧重点，这也是"选择性课题集"的特点。

第一，高度和悦的视听感性（Audio-visually perceptive）

　　这是语言美最基本的特色。所谓"视听感性"指语言美都首先要诉诸人的视觉和听觉感性：**看起来悦目，听起来悦耳**。根据现代认知语言学和实验心理学研究，人的视听感应力处在人的语言感应能力的最前沿，语言的意义（meaning）有高达 87%—98% 经由人的视听感应力首先加以接受并加工传达到大脑：这就是为什么语言要讲求**声象美**的原因。语言越是"看起来悦目、听起来悦耳"，也就越具有视听感性，就越有利于被接受。这一点恰恰说明语言**功能**与语言美之相得益彰，说明语言的社会交流审美功利性和意义传播功能性的结合。请注意下例中高度的视听感性（包括音色、声韵、声调、韵律、节奏等）：

- 寻寻觅觅，冷冷清清，凄凄惨惨戚戚。（宋·李清照《声声慢》）
- 你走你的阳关道，我走我的独木桥。
- 长恨此身非我有，何时忘却营营。（宋·苏轼《临江仙》）
- She's beautiful and therefore to be woo'd
  She's a woman, therefore to be won. (*Henry VI, Shakespeare*)

(她因为长得美所以有人追，

她因为是女人所以要遭罪。)

• Eve's Dream

　　In your demeanor there's a dream, dear friend,

　　　　That leads to sorrow. Dreams hold something sad:

　　In dream, a part of Eden is Eden's end,

　　　　And part of Adam is mad.

　　从以上五例看，声韵美的三个基本成分是**音韵和协**及**结构配称**，另外加上**声律节奏**并由音韵美和结构美合共流溢出一种语言的视听美感。李清照的《声声慢》用七对叠音开篇，其中五对属于低调齿龈词，"戚戚"更具有一种入声低回调，与"啜泣"、"哭泣"谐音或近音。七选形成"嗒嗒—嗒嗒—嗒嗒—嗒嗒—嗒嗒**嗒嗒嗒嗒**"的悦耳节奏（第六对"嗒嗒"即"惨惨"是重拍节）。强化的视听感性同时依托着诗人凄苦的情思意境，于是打造出了女诗人失魂落魄的凄怆意象，令世人万分怜悯同情。清代徐辑《词苑丛谈》赞此开篇曰"真似大珠小珠落玉盘也"。一般说来，高度的视听感性大抵为了加强意象性特征，绝不是单单为了悦目及悦耳。上列第五例已近乎玩弄字句的谜语，每行的最后那个字都是由行内的一个字"点化"出来的，但却仍是音调锵锵：dream 来自 demeanor，sad 来自 dreams，end 来自 Eden，mad 来自 Adam，英语常常有这种奇崛的结构配称，中国传统美学称之为"奇趣"（清·何绍基《东洲草堂文钞》）。

　　第二，精致独到的结构形态（Exquisitely structured）

　　这是将"结构"美化加工的结果，它已经高于一般的结构，显示出平衡、对称、对仗、排比、跳脱、省略、复叠、循环、节奏、空间对等等加工过的结构特征，使之在视觉上比之于一般词语更富于感应力度。结构性是形式化很重要的特征，是主体审美意图外化的重要手段。这就是说，要达到"美"的高度，就必须将初始的结构形式"精致化"，使之富含主体的审美意图。（E. Cassier, 1923）一般说来，结构形式的"精致化"始于选词择字，即词语的优化搭配，已如前述。优化了的搭配使词语进入符合语法规范和逻辑意念的"联立关系"（frame of words）中。这时，选词择字的基本审美标准"适境"（Proper word in its proper place 或 Appropriateness），就成了语言美的"基质"。

　　当然，精致的结构形态远不止词语的适境搭配，它可以扩展至句、段、篇，例如：

- 一湾死水全无浪，也有春风摆动时。（元·戴善夫《陶学士醉写风光好杂剧》）
- 人皆养子望聪明，我被聪明误一生。（宋·苏轼《洗儿》）
- 消沉的古伽蓝（片段，冯乃超）

　　树林的幽语，嗡嗡；

　　暮霭的氛氲，朦胧；

　　远寺的古塔，峙空；

　　沉潜的残照，暗红；

　　飘零的游心，哀痛；

　　片片的乡愁，晚钟。

- To be or not to be (*Hamlet*, Act 3, Scene I, Shakespeare)
- And swear

No where

Lives a woman true and fair.

. . .

Yet she

Will be

False, ere I come, to two, or three. (*Go and Catch a Falling Star*,

Lines 16 and 23, John Donne)

　　从以上五例即可见语言美与**结构优化**（指精致化，可以通称为诗化）密不可分，而结构精致化又无不体现在将语言形式的高度优化与主体意图的适度强化相结合上。美国现代诗人艾伦·金斯伯（Allen Ginsberg, 1929–）写过一首长诗《嚎叫》（*Howl*）。在该诗中，诗人连用了 46 个以"who"开头的诗行，全诗中用了不下百个以"who"开头的从句。正因为中外古今的语言艺术家们倾心于织造语言美，语言美才富于历久弥新、推陈出新的魅力。我们今天用的成语"聪明反被聪明误"，就是从苏东坡上面那句诗衍化出来的。多恩（John Donne）是 17 世纪颇负盛名的英国诗人，他上面那首诗利用短促的诗句结构和特异的"空间设计"，衬托诗人敏捷的思维节奏和明快无憾的决断感，使作者那种不吐不快的心情跃然纸上。可见真正的形式美绝不单单是"形式的美"，它总是力图蕴涵尽可能丰富的"内秀"（情怀、情感、情思、情志乃至情绪等等，还包括"文外之义"，刘勰称之为"隐秀"《文心雕龙·隐秀》)，使内外相得益彰。

第三，深刻巧妙的意义蕴涵 (Intensely signified)

上面提到元代戴善夫的诗句"一湾死水全无浪，也有春风摆动时"。诗人的用意很婉曲，同时又非常深刻：那似乎是一湾死水吧？须知一旦有春风吹拂，死水也会掀起波浪啊！元代的政治生态被诗人比作了"死水"，使人立刻想起近人的诗句"这是一湾绝望的死水"，"于无声处听惊雷"：斯所谓语言美的超时空魅力，而魅力则源于深刻巧妙的意义蕴含。又如：

- 砍去桂婆娑，人道是清光更多。(宋·辛弃疾《太常引·建康中秋夜为吕叔潜赋》)
- 留得青山在，不怕没柴烧。
- 投至两处凝眸，盼得一雁横秋。(元·马致远《破幽梦孤雁汉宫秋杂剧》)
- The unexamined life is not worth living. (*Apology*, 38a, 柏拉图)

  (不值得为放荡形骸浪费一生。)
- Between the idea

  And the reality

  Between the motion

  And the act

  Falls the shadow.

  . . .

  This is the way the world ends

  Not with a bang but a whimper.

  (*The Hollow Man,* 1925, T. S. Eliot)

辛弃疾疾恶如仇，名如其人。中秋月夜，朦胧的桂影阴霾翻起了诗人心中的波澜：要是能把朝廷中贪财怕死、攀附求荣的人一扫而净，天下岂不清净太平？这是非常高远的浪漫情怀。上述第三例是马致远感伤汉元帝和王昭君南北相望的恋情。第四例是柏拉图有名的一句警世名言。西方今天还常常有愤世者借柏拉图的话高呼："看这放荡形骸的生活，难道你就这样无耻偷生？！"第五例源自美籍英国诗人艾略特。他是上世纪上半期西方诗坛运筹语言美的高手。艾略特在《空心人》中用非常简洁的诗句描写了世纪初西方在"冷酷的现实"和"现实的冷酷"中人类理想的可悲的泯灭，这里的"shadow"指的是"绝望之影"，"whimper"

47

指的是"唏嘘之声"。在此以前，西方没有人像艾略特这样写诗。可以说这时的语言美大抵是借着情感的闪光才得以使二者相映成辉。中国人把"情思"相提并论是很有道理的。

第四，精心铸造的意象意境（Meticulous imagery）

"意象"被喻为"艺术的精灵"，在中国美学中尤其占有特别重要的地位，是中国美学的一个基本范畴。"意"指艺术构思时的意旨、情志、意趣、感受乃至联想、情思、思绪，等等；"象"指出现在主体想象中的外物形象。严格地说，意象性是一个文学目标（刘勰《文心雕龙·神思》），但达致这个目标的基本手段是语言美，不依托于语言美，凌空虚无的艺术意象实际上是不可取的，也是不存在的。可见，意象性是高层级的语言美的基本特征，语言中"意"与"象"的审美结合的品位，实际上成了语言艺术性高低分野的关键，显然也是翻译表现成功与否的关键。

- 谁知盘中餐，粒粒皆辛苦。（唐·李绅《悯农》二首）
- 安得壮士挽天河，净洗甲兵长不用！（唐·杜甫《洗兵马》）
- 雨巷（片段，戴望舒）

  撑着油纸伞，独自
  彷徨在悠长、悠长
  又寂寥的雨巷
  我希望逢着
  一个丁香一样地
  结着愁怨的姑娘。

- Full many a glorious morning have I seen
  Flatter the mountain-tops with sovereign eye,
  Kissing the golden face the meadow green,
  Gilding pale streams with heavenly alchemy.

  (*Sonnets, 33,* Shakespeare)

- Take most people, they're crazy about cars ... and if they get a brand-new car already they start thinking about trading it in for that's even newer, I don't even like old cars. I mean they don't even interest me. I'd rather have a goddam horse. A horse is at least human, for God's sake.

  (*The Catcher in the Rye,* J. D. Salinger, 1951)

诗人李绅塑造的"盘中餐"意象，见微思著，从他生活的唐代到今天已经足足跨越了1300多年，他那感人肺腑的个人体念，可以说参与打造了中华民族的美德：质朴、勤劳、节俭、不屈不挠、对自然造物的感恩、敬重和自励。杜甫的"挽天河"意象也是功盖千秋，但它却是以艺术的意象注解了道家伟大的"无为而治"的政治哲学思想，"壮士洗甲"的意象，浸润着极其高远而又深邃的浪漫情思，诗人正是用它来激励他所挚爱的民族的心志。《雨巷》是我国现代诗人戴望舒（1905—1950）的一首名诗。"雨巷"是个意象组合，其中有下着霏霏细雨的小巷、忧怨的姑娘、飘香的丁香和油纸伞。这个意象组合绝妙地描绘出了我国江南的一幅典型的风情画——小城之恋和小城之美，当然诗人在这里着意点出的是那个画中人的"愁怨"和她的愁怨引出的无限空间。

语言中的意象美，也被西方论者称为"意义的灵魂"，看似飘忽不定，实际上它存在于情中、景中、理中，即所谓"艺术意象的物态化"（Materialization of the image）。

第五，鲜明独特的文化着色（Culturally colored）

从上节的两个英语的例子可以看出来，不同文化的独特性（任何文化都是独特的，即便是在英美文化之间）对意象的文化审美着色打上了鲜明的印记，这是无足为怪的。意象感性地聚焦于现实世界，描绘出典型的图景呈现在读者面前，而现实世界的图景无不具有特定的文化着色。上节第5例取自塞林格（J. D. Salinger, 1919–2010）。塞林格是当代美国作家，他笔下的"意象色调"（the color of the image）通常都是晦黯的、可悲的、沉郁的、失落的、哀怨的，显然不可能有莎士比亚《十四行诗33》（上节例4）中那种宛如"明媚阳光"的心态。语言美这种因文化时空而异的特色是不容忽视的。因此也可以说，语言美的文化特色是它的第五项特征，见下表。不难看出语言美的以上五项特征是互有联系的，而且常常属于循环性因果关系，见以下图示：

语言美的五项特征循环性相互关联

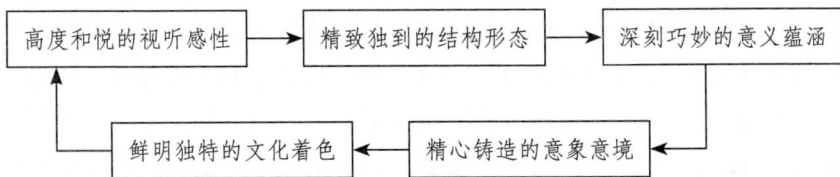

高度和悦的视听感性 → 精致独到的结构形态 → 深刻巧妙的意义蕴涵

鲜明独特的文化着色 ← 精心铸造的意象意境 ← 深刻巧妙的意义蕴涵

至此，我们需要阐明翻译美学为获得准确的语言审美信息而考察语言的**四项原则**：

第一，语言的基本特质不容忽视　把握不同语言的基本特质，从不同语言的不同特质出发，通过科学的对比研究，来描写它的审美特质，而不是将不同语言的不同质的美不分青红皂白地混为一谈，或牵强类比，造成谬误。普天之下语言各有千秋，它们的基本特质往往正好体现在它们之间的差异上。

第二，语言的文化历史背景不容忽视　把握特定语言特定的文化历史（特别是文化审美的）渊源和发展脉络，分析、推导、论证出一套特定的价值标准（E. Shils & T. Parsons, 1998; T. Eagleton, 2000 ；陈望衡，2005）非常重要，发展出翻译美学的审美价值观论是发展翻译美学审美理论不可或缺的。

第三，整体性整合研究不容忽视　在上述基础研究的基础上，进行整体性整合研究，目的在构建语言美的结构体系，从宏观到微观，又从微观到宏观，形成比较符合实际的、比较科学的系统架构，作为翻译美学的基础的研究。（参见本书 T4.5 汉语之美；T4.6 英语的丰采）

第四，描写主义的原则不容忽视　贯彻描写主义的理论原则。语言处在不断发展的社会中，处在不断发展的人文生态和地缘生态环境中，人对语言的考察不可能完结，更不可能达致"终极的完善"。因此，我们必须采取开放的、尊重语言现实和语言事实的态度来审视语言的美。比较准确的观察结论必须建立在比较丰富的观察事实上，这是毋庸置疑的。

毫无疑问，翻译美学的大厦是建立在各项基础研究的牢固基地之上的。语言美的信息搜索原则是确保译者获得准确的审美信息的保证。

Topic 4.3　语言审美信息搜索的途径：神形兼备论

人类语言中的美是审美信息的一种特殊的、复杂的存在形态：它既不同于美术（绘画）中的美、不同于音乐中的美、不同于雕刻中的美，也不同于一般意义上的文学美。事实上，文学美通常可以被涵盖在语言美中。文学美赖语言来呈现，但它显然不能囊括或取代语言美。正因为这样，我们将语言中存在的复杂的审美信息结构和语言中广泛出现的审美现象统称为**语言审美信息复合体**（Complex of Aesthetic Information in Language，简称为 **CAIL**）。

其实，哲学家和美学家对于语言美的"存在形态"的探索，古已有之。但无论是在西方或中国，对"美"的存在形态的探讨，大都沿着悟性论和心性论两条线索进行，在西方是**超验论**，在中国是**二元对立论**，我们可以统称为语言美的**心理学途径**（Psychological Approach，简称 **PA**）。西方哲学家大抵根据个人的观察、思考和体悟，按思辨的方法来认定美存在于"美本身"（柏拉图），存在于"合乎理性"、"合乎情理"（贺拉斯，前 65—前 8）；到近代，认定美存在于"想象的创造性"和"合目的性"（康德，1724—1804），存在于"理念的感性显现"（黑格尔，1770—1831）之中，存在于"完善的外形"（鲍姆加登，1714—1762）之中，等等。中国传统哲学和文论家对于美的存在形态的思考也常常流于思辨而陷入"可意会而不可言传"不可知论。文论家们往往通过主体感悟来论证语言审美信息的存在形式，于是就有了很多"二元对立"式，例如"美与信"、"文与道"、"文与质"、"神与形"、"意与象"、"情与景"、"意与境"、"虚与实"、"美与丑"、"雅与俗"、"达与隔（不达）"，等等。从方法论上看，中国传统哲学和文论大师们认为把"不信不美"、"不全不（纯）粹"的东西提升到"信而美"、"全而粹"，"美"就产生了（《荀子·乐论》）。这当然也是很有道理的。东西方古代哲人对**美的存在形态**的探讨，是一份重要的历史遗产，我们必须继承和发扬。

发源于 20 世纪中期的欧洲结构主义给了现代美学研究很大的推动，特别是以索绪尔（F. de Saussure, 1857–1913）为代表的语言结构主义，确实为多维的哲学—美学研究、为美的形态研究提供了新的视角，成了哲学—美学发展的一道分水岭。索绪尔认为语言研究必须重视"共时关系"、重视"整体横断面"所显示的"结构"，因此，语言研究的任务应该落在这个"静态结构"的"静态模式"上。问题是将论证和考察结果建立在对不断流变的事物（比如历时性、意义等）的分析上，是完全靠不住的。毫无疑问，结构主义这种思维方法削弱了对语言本体论范畴中的很多重大的基本命题（如"意义与形式"中的意义、"所指与能指"中的所指，"历时与共时"中的历时，等等）的关注，显然是片面的。但索绪尔等人对语言结构的深入研究，确实给了现代哲学和语言美学研究很大的启发，推动了当代美学的发展。据此，我们借助结构主义和功能主义的基本观点，来审视审美信息在语言结构中的分布模式和效果发挥过程。很显然，如果我们不知道语言美在哪里、审美信息分布在哪里，不知道它们是怎样发挥审美效能的，那又怎么谈得上语言审美呢？因此我们就把探索语言美**在语言结构中**的存在形态的途径称为搜索语言审美信息的**结构主义途径**（Structuralist Approach，简称 **SA**）。这样，我们面前就有了两个重要的审美信息搜索途径，即 **PA**（特点是凭借"神"）与 **SA**（特点是凭借"形"），有了这两者相结合的方法论，循此努力为之，语言审美信息大抵可以尽收眼底了！下图意在解析"CAIL=PA'神'+SA'形'"这种内在关系：

| 语言审美信息获得的途径——CAIL（PA与SA相辅相成、互证互补） | PA（心理学途径）——关注语言审美信息的心理学探求。凭借主体的"神"以求获得语言审美信息 |
| | SA（结构主义途径）——关注语言审美的结构主义探求，依仗客体的"形"，即结构，以求得语言中的审美信息 |

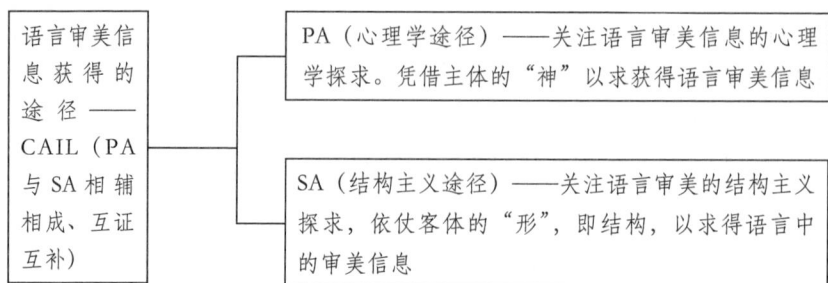

这就是古人所谓"神形兼备"（东晋顾恺之"以形写神"论）的道理。下面我们再进一步具体地分析语言审美信息搜索的结构主义途径，这是一个语言结构范式的示例。

T4.3.1　语言审美分析的结构层级论

应该看到，单凭"心悟神解"是不足以把握语言审美的——主体的感悟很重要，但它不是一个稳定的系统。语言结构层级分析必不可少，因为语言是一个层级（层次）结构，又无时无刻不处在纷繁的社会性语言交流中：结构产生功能，功能伴随结构，各种信息高度富集，因此语言结构的分层分析显然是一种最重要的语言审美信息搜索基本途径。

从语言美学的视角看来，语言审美信息分布在语言结构的五个层级中，发挥各自的功能。很清楚，对翻译美学来说，语言结构中每一个层级所承载的审美信息都是不容忽视的，正是它们构成了语言中的一个整体性（holistic，重在不可分）、综合性（synthetic，重在不单一）审美信息结构和审美功能发挥机制。

第一层级——形式结构层级

在语言美学看来，"文字"这个审美直观体系绝不仅仅是书写符号，而是一种重要的审美信息载体、一个绝妙的形式美结构系统，尤其是汉字，可说是"承载意义的艺术符号"，富含美的"意趣"和"奇趣"（明·谢榛《四溟诗话》），充满文化价值和情感价值：

（1）催人莫骂鸡鸭啼，送人莫看水东西；
　　　留人莫说柴米贵，帮人莫问再归期。（中国南方山歌）

这首山歌用四个"莫"字句、四个"人"字句曲尽了纯清淳朴的人间温情。

（2）日月明朝昏，山风岚自起。

石皮破乃坚，古木枯不死。

可人何当来，意若重千里。

永言咏黄鹤，志士心未已。（宋·佚名《茗溪集》）

八句诗每句中总有二字合成毗邻的一个字。

（3）庐山烟雨浙江潮，未到千般恨未消。

到得归来无别事，庐山烟雨浙江潮。（宋·邵雍《首尾吟》）

这是所谓"掉尾诗"，头尾相同。

（4）Eat to live, and not live to eat. (Benjamin Franklin, *Poor Richard's Almanac*)

（5）For glances beget ogles, ogles sighs,

Sighs wishes, wishes words, and words a letter . . . (George G. Byron, *Beppo*)

（顾盼牵出了脉脉秋波，

秋波牵出了声声叹息；

叹息牵出了缕缕情丝，

情丝牵出了喃喃细语，

细语牵出了情书告急。）

（6）*When Lithography Becomes Mythography*

When lithography becomes mythography,

Photography becomes phytography,

Petrography becomes pyrongraphy,

Micrography becomes macrography,

Iconography becomes ichnography,

And stereography becomes stelography

Then, and only then,

My autobiography will become pornography.

（哈佛大学校园的 travesty，相当于"打油诗"。这首诗每行的第一个词是实在的，最后一个词则基本上是虚构的。）

（7）*Forecast; Chilly*

Time befriends

For brief space

Warm days send;

Clothes in grace
Man and maid,
　This is wot:
Looks must fade,
　Like or not.
One is not
Long here, chums;
　　Cold from hot,
　　　Winter comes.

(这首"诗"的每行第一个词正好组成一句：Time for warm clothes, Man: This looks like one long cold winter. "伙计，得穿多点，漫长的严冬来临了啊！")

　　文字属于语言结构系统中最基本的审美信息有形载体，一般承载**音韵美**（音韵美在以下第二层级中讨论）与**结构美**。西方许多大师如德国的黑格尔、洪堡特（W. Humboldt），美国的庞德（E. Pound）、赛珍珠（P. S. Buck），英国的罗素（B. Russell）和李约瑟（J. T. M. Needham）都盛赞过汉字奇绝妙趣之美。汉字历经几千年沧桑而姿质风韵有增无减，其文化含蕴之充实与声象丰富之美在历史发展的长河中相得益彰，在世界文明史上实在是一大奇葩。论汉字结构，直曲有度，刚中见柔，直曲刚柔结合以至于极致；以形托象，形象相衬已臻于奇趣。对庞德的意象论影响极深的友人 Fenollosa 对汉字之**"寓象于形"、"以形托象"**（image built in the form）做过独到的分析（E. Fenollosa and E. Pound, 2008: 83–84），下举数例：

［舟］	［洄］	［古］
*a boat—people seen riding in it	*water+to revolve in circle =an eddy	*ten+mouth:what has come down through generations of mouths = ancient
［旦］	［伏］	［王］
*sun rising over horizon = morning	*man+dog: a dog crouching at a master's feet	*one who unites the three plains of H. M. & E=the Sovereign (heaven, man and earth)

以形式结构而论，这大概是汉字可以洗净历史尘埃，历世事迁变而尽显风华的根本缘由之一，就是说它本身具有"生命力之美"（柏拉图）。上面例（1）是一首小小的山歌，它利用汉字的"非形态性"，托出一个"变中有不变、不变中有变"的严整结构，寄寓了中国南方山民民俗的淳朴之美。例（2）属于拆字诗，"日"、"月"合成"明"，"石"、"皮"合成"破"，等等。英语是形态语言，受到形态规范限制，而且英语文字的"形"不能承载"意"。因此英语这类作品常常流于打油诗或插科打诨，很难保证有多大的审美意义，上二例还算是有一点审美趣味的。拜伦很讲究诗句的形式美，例（5）利用的是名词的数和句法的结构省略，我们翻译时可以在形式代偿上下功夫。"趣"，属于中国美学史的范畴（宋•苏轼《书唐氏六家书后》论"奇趣"；明•王士贞《艺苑卮言》论"真趣"）。

可以说，文字中的语言美最具直观可感性和视听观赏性，它常常是审美意象的雏形：正是这个审美意象雏形，激发主体的审美意识进入能动状态。

第二层级——语音结构层级

语音美诉诸人的听觉，因此与文字形体美（形美）一样，**以直观可感为基本特征**。正由于富于审美直观性和可感性，因此语音结构层的审美信息不仅不能忽视，而且必须从整体观的角度加以研究，以期落实在表现中。

语音系统汉英同中有异。语言的音美集中于高低、韵律、节奏和声调，汉语最富特色的是**四声声调**。所谓**高低**指声音的**轻重**，以轻重分出轻音、重音，重音比轻音在高度、强度、长度上略胜一筹。当然所谓"轻"、"重"只能相对而言，被称为"相对轻重原则"（M. Liberman, 1975）。按这一原则产生了语言中的**音步**（foot），音步的组合就成了**韵律**（prosodic），音步是基本韵律单元，由韵律表现出**节奏**或**节律**（rhythm），汉语由此而产生"平仄"，还有英汉都有的"**押韵**"（rhyme）。因此，可以看到语音美形成的四条互相关联的基本规律，它们是（箭头表示"产生"）：

规律一　韵母 → 音乐性

语言的音乐性离不开韵母的审美分布和集结，乐音性音节（相同或相似的韵母／元音或声母／辅音）适当的审美组合（集结密度和分布状况）。汉语属于元音占优势的语言，英语居中。

规律二　乐音值 → 声调

音节中的音高（pitch）与音长（length）构成不同的轻重音基本结

构形态。在长期的历史发展中形成了符合乐音的"值"（point），即汉语的声调。汉语具有独特的声调系统，英语阙如。但英语诗歌有各式音步。（请参阅《翻译美学理论》，外语教学与研究出版社，2011，第 53 页）

规律三　音节组合 → 节奏

按音步的构成及切分，可以产生变化无穷的音节组合，产生以高低、轻重、长短为特征的动态分布，构成"音联"（juncture，指发音衔接方式和特征），音联体现音步组合的松紧铺排规律，即节奏。

规律四　韵律周期性 → 格律

由音联的动态分布规律产生符合乐音的韵律和押韵；韵律和押韵形成周期性反复或乐音性对称时，就是格律。

先谈汉语。汉语符合乐音语言的以上四条规律，集中于四项主要的审美形态：

第一，以音节的复迭（"成对集结"）为手段的"赏心悦目"

汉语依仗元音优势，构建了富于音乐性而且有视觉美感的连绵词（坎坷、澎湃、秋千）、叠韵词（葫芦、哆嗦、逍遥）、重叠词（星星、姗姗、哥哥）等，形成了特定的以音美为目标的构词法。（英语中也有一些成对词，如 dilly dally, pumpkin dumpkin, tit-for-tat, matters and manners, chop and change，等等，但并没有形成以音美为目标的构词法。）

第二，以音节的高、低、轻、重分布为手段的"抑扬顿挫"

认为汉语没有重音的观点是错误的。汉语有重音、有韵律才形成了汉语优美的抑扬顿挫。汉语的重音有四种：

（1）语法重音（grammatical stress）：如简单主谓句中的主语重音——"**什么办法**比较好？"；宾语重音——"你别老讲**废话**"；有新信息的定语或状语——"**好人处处有**"；补语一般要重读——"你写得**太好**了"。这些重读音都是句重读音。汉语还有一些词重读音，如：老**子**（人名）、矛**盾**、菜**篮**子、**朋友**们、看**门**的、开**茶馆**的。

（2）语义重音（semantic stress）：语境化语义的相对强化所形成的重音。例如："你说的房子是**坐南朝北**吗？"又如："**时代**变了，人也变了，这很**自然**"。这类重音一般不涉及情感、态度，只涉及意义的宣示或澄清。

（3）语用重音（situational stress）：特定的语用目的要求语义显示出种种情感

色彩和态度的重音，这时重音的重要依托是交流中的语境，例如"你**自己**留着用吧，她才不稀罕**你那一套**呢"的语义重音可因情景语境之变使重音转移："你自己留着用吧，**她**才不稀罕你那一套呢"（也许别人稀罕，但绝不是"她"）。

第三，以声调的平仄组合为特色的"**流转如歌**"

这类语音美之堪称经典者当然是中国的古典格律诗，以近体诗七律（平仄式有四个类型，构成两联）为例：

> 平平仄仄平平仄，仄仄平平仄仄平，
> 仄仄平平平仄仄，平平仄仄仄平平。

这样悦耳的格律被誉为"流转如歌"，实非夸张。下面是白居易的七律《钱塘湖春行》：

> 乱花渐欲迷人眼，浅草才能没马蹄，
> 最爱湖东行不足，杨柳阴里白沙堤。

平仄艺术搭配的主要手段是**复迭**和**交替**。中国绝大多数的人名、地名都是平仄交替。不仅是艺术语言，汉语的日常语言平仄也讲究流转交替，"一平到底"的句子一定会显得"沉平冗慢"；而"一仄到底"的句子则会令说话者感觉到很"吃力"：

- 明天你上班吗？（试比较"一平到底"的句子：明年他们还来租房。）
  平平仄仄平平
- 杭州风景很好，世界闻名。（试比较"一仄到底"的句子：那句话太令我诧异。）
  平平平仄仄仄 仄仄平平

声调的平仄搭配其所以产生"流转如歌"的效果，原因是它符合汉语这种声调语言的气流运动的自然韵律——"道法自然"，语言艺术的平仄律也不例外，汉语声调经千百年的锤炼，已臻完美。

第四，以音节发音频次的不同组合方式显示节奏的"**起伏铿锵**"

汉语是单音节文字，不存在不发音的音节，也没有发两个音的音节。这里"起"

表示"重"，表示"急"；"伏"表示"轻"，表示"缓"。汉语的基本节奏类型有四种：单音节、双音节、三音节、四音节，凭借发音频次在语流中的组合变化，就自然产生此起彼伏的节奏效果。下面是汉语诗歌的六个节奏类型（单音节词未计算在内，从第1到第3是基本节奏类型，第4、5、6属于扩展型组合，括号内数字表示音节数）：

汉语的节奏生成机制：音节的发音频次组合

音节是汉语节奏的基本单位

(1) 双音节组合（2/1+1 无变式，但使用最普遍）如：芳 + 径 / 雨 + 润

(2) 三音节组合（3/2+1/1+2 等变式）如：人 + 道 + 是 / （知 + 音）+ 少 / 下 + （扬 + 州）

(3) 四音节组合（4/2+2/1+3/3+1 等变式）如：（秋 + 光）+ （老 + 尽）/ 春 + 归 + （何 + 处）

---

(4) 五音节组合 (1+4/3+2/2+3/2+1+2 等变式) 如：（吹 + 笛）+ 到 +（天 + 明）/ （往 + 事）+ （知 + 多少）/ （明月）+ 落 + （谁 + 家）

(5) 六音节组合（1+1+4/2+4/3+3/2+2+2 等变式）如：人 + 有 + （悲 + 欢 + 离 + 合）/ （情 + 与 + 貌）+ 略 + （相 + 似）

(6) 七音节组合（3+4/4+3/2+5 等变式）如：（春 + 花）+（秋 + 月）+（何 + 时）+ 了

以上是汉语最基本的六个音节组合及扩展式。在汉语中，词组和句子之间的界线是模糊的，词组可以被视为句子，句子也可以被看作是词组。比如上例（2）中"知音少"单独出现时可以是句子，它的英语字面对应式是"Soul-mates are few"；但到了"莫道是知音少"中又成了名词性词组，是"莫道是"的关涉性宾语（也可以说是表语，表述"是"指向的一个关涉成分），也就是说词组可以**直接嵌入**句中，不必附加任何形式变化；但英语不行，它必须伴随相应的连接成分，如：People say *that* . . . /You know *that* . . . /Isn't it true *that* . . .? 等等。汉语被公认为是很简约的语言，没有形态变化的种种"装置"是构成汉语简约的一个重要因素。但从汉语本位来看，**直接嵌入**（direct insertion）一则可以带来语法模糊美，另一个重要的好处就是**可以利用无附件的音节形成干脆利落的鲜明节奏**。

58

中国学者对诗歌节奏（节律）单元的组合规律也做过一些有意义的探索（吴为善《汉语韵律句法探索》，2006:10–11；刘俐李《汉语声调论》，2003）。非诗歌文体（以下统称"散文体"）的句子字数不拘，很难也没有必要形成上述单元组合式规律性节奏，但也绝不是没有节奏讲究，这时形成节奏的手段是：

第一，利用"散韵"（没有严谨规律的韵脚）

散文体可以利用散韵（即韵的非规律性应和）来加强行文优美的节奏感。请看下例：

- 至若春和景明，波澜不惊，上下天光，一碧万顷。沙鸥翔集，锦鳞游泳。岸芷汀兰，郁郁青青……（范仲淹《岳阳楼记》）
- 那些花朵有些坠下来的，半掩在雪花里。红白相映，色彩灿然，使我们感到华而不俗，清而不寒。……（钟敬文《西湖的雪景》）

第二，利用平仄的乐音集结

所谓"乐音集结"即将两个、三个（或三个以上）平声或仄声的和谐集结和搭配形成起伏，例如：

　　皎月当空，清辉满地，或依窗，或伏几，或辗转床褥，常常会涌起一股或浓或淡的乡思。……（刘隶华《月是故乡明》）

　　仄仄平平，平平仄仄，仄仄平，仄平平，仄仄仄平仄，平平仄仄平仄仄平仄仄仄平平。……

汉语写作中常常会遇到语感欠佳的词组或短句，问题有可能出在选词不妥上，而选词不妥的原因很可能由于平仄没有起伏感。例如，"春天鲜花开"全是阴平，"中华红旗扬"全是阳平，如果改成"春季鲜花开"，声调成了"平仄平平平"，"中华彩旗飘"，声调成了"平平仄平平"，语感即大有改善。汉语中平仄问题大有学问，声调美的奥秘主要在**平仄**之间巧妙的**相袭相间**，如果连用仄声，"沉则响发而断"，如果连用平声，"飞则声扬不还"（刘勰《文心雕龙·声律》），正是清代文论家所谓**"要紧处一平挽怪绝，一仄起沉洳"**（连接用仄声容易形成"怪绝"，连接用平声则气势沉郁不起），历代直至民国期间散文家无不在此用工夫，请多多注意。

　　再来看英语。英语使用拼音文字，因此它的音节结构方式比汉语复杂。根据 K. L. Pike 的研究（1983:78），英语的音节结构方式有以下五种：（C 代表 Consonant 在音系学中的术语 Contoid，即**辅音**；V 代表 Vowel 在音系学中的术语 Vocoid，即**元音**）：

　　　　（1）V——如在 *awe* 中

　　　　（2）VC——如在 *art* 中，即元音开头，辅音结尾

　　　　（3）CVC——（第一个 C 表示半元音），如在 *yes* 中，即半元音开头，辅音结尾

　　　　（4）CVC——（第一个 C 表示辅音），如在 *pin* 中，即辅音开头，辅音结尾

　　　　（5）CV. CV——如在 *battle* 中 CV. CV 中的圆点表示 Contoid 中的分切，即有三辅音连用。

　　可见英语绝大部分词都以辅音结尾，以便于生成形态屈折（Inflexion）。而汉语则不然，汉语没有形态屈折，不必考虑词尾必须是辅音，这也是汉语元音占优势的重要根源。

　　音节是英语语音美的基本构件：

　　第一，以音节为基本构件形成 metrical feet（音步），实际上是一种节奏手段，音节是英语韵律学（Metrics）的基础。最常见的音步有：

　　（1）The Iambic（抑扬格），俗称"弱强格"，如：*deny him not*

　　（2）The Trochaic（扬抑格），俗称"强弱格"，如：*holy father bless me*

　　（3）The Anapaestic（抑抑扬格），俗称"弱弱强格"，如：*Unreturning is time*

　　（4）The Dactylic（扬抑抑格），俗称"强弱弱格"，如：*Alice is beautiful*

　　（5）The Amphibrachic（抑扬抑格），俗称"弱强弱格"，如：*uncertainly walking*

　　现代英美诗歌也有时出现所谓 The Spondaic，即"扬扬格"（俗称强强弱格），用两个或两个以上的重读音节组合，如 Fields streams, skies I know, Death not yet 就是三个扬扬格的组合出现。但古希腊皮鲁斯（Pyrrhus, 319–272BC）国王的那句名言 Such another victory and we are ruined（再打一次这样的胜战，我们就统统完蛋）则只是句型结构上的节奏感，来自结构对称，与扬扬格无关。（Plutarch, *Life of Pyrrhus*）

第二，以谐音音节为基本构件构成韵脚（rhyming foot），即诗行的行尾，例如以下两行诗句中的 up 与 cup：

Inspiration

The bard who Hippocrene for gin gave up

Saw empty couplets gush from empty cup

英语诗歌的韵压法有很多，除了以上的尾韵，还有：(1) **散韵**（Random rhyme），即无规律地挑选韵脚押韵；(2) **行首韵**（Initial rhyme），也叫作"首韵"（Alliteration），如 Care killed the cat，韵在 care 与 killed、cat；(3) **行内韵**（Interior rhyme）；(4) **交叉韵**（Cross rhyme）；以及所谓"假韵"（Sight rhyme），看似有韵，如 bead 与 dead, love 与 grove 等。

与谐音有关的是英语的所谓悦耳音（euphony）与刺耳音（cacophony）。前者就是所谓"beautiful words"，而后者就是"ugly words"，例如：

- Euphonies (Beautiful words)—Pleasing on the Tongue: aroma/aromatic, beetle, ellipse, felicity, fly, glorious, lily, liposome, merry, savvy, sky-high, sweet, serene, suffuse, euphoria, zenith, etc.
- Cacophonies (Ugly words)—Unpleasing on the Tongue: cadswallop, cacophony, coarse, gauge, harangue, hip-hugger, mumpsimus, murky, peevish, rascal, ratatouille, repugnant, rusty, ubiquitous, etc.

在英语中，元音被认为是悦耳音，而辅音中的爆破音（plosives，如 b, p），以及破擦音（affricates，如 ts, ch）则被认为是不悦耳的。其实，很多 ugly words 是由词义联想造成的，不完全是语音问题。

第三，以语音审美为目标的修辞格

英语中各种修辞格很多，与语音美有关的修辞格有：

(1) Alliteration（首韵，首字母韵），如：amendable and amenable; safe and sound; look, listen and learn; Manners make the man; Care killed the cat, 等

等，有意于获得语音之和协美（assonance）则是显然；

（2）Onomatopoeia（拟声），如：bang; beep; bomb; crash; tick tick; pop; puff puff，等等；

（3）Repetition（反复、复叠），如：over and over again; Trust the future; trust the young; Potatoes and marge, marge and potatoes，等等。实际这里也涉及词语的形式美；

（4）Epanalepsis (epidiplosis)（首尾相接），如：Diamond cut diamond; tit for tat; Blood for blood，等等，涉及词语形式美；

（5）Paronomasia（谐音双关），如：More sun and air for your son and heir; Better late than the late，等等。

第三层级——词及语句层级

词语层级高于文字层级，开始具有语法、语义、审美的综合功能。这个层级中承载审美信息的基本语言单位是：

（1）词及词语搭配（**Word and its Collocation**）

词及词语搭配是承载审美信息的最基本的语言结构单位。词是语言音韵美与结构美的最小载体，词和词语又是意象美的基本构建材料。显然，有美感的用词和搭配不在华丽、艳丽、绮丽，或锦上添花，或哗众取宠，也不在奇曲、诡异、古拗，或自作风雅，或故好雕研。唐代李益的名句"开门风动竹，疑是故人来"中，"动"字（词）很平常，却使画面意象活脱而出。针对用词之美，刘勰给出的忠告是："善酌字者，参伍单复，磊落如珠矣。"（《文心雕龙·练字》）刘勰还告诫说用词"忌同"，不要"重出"，就是切忌在同一句中重复用一个词。齐梁时代的钟嵘提出用词一定要注意声律，要求是"令清浊通流，口吻调利"（《诗品序》），就是说上口动听。唐代的王昌龄首次提出用词要"意高"、"格高"，就是要立意格调高远（《诗中密旨》）。这个意见，贾岛非常认同，他提出来要有"三格"："情格"、"意格"与"事格"（就是要言之有物，言物冥合）（贾岛《二南密旨》）。欧阳修讲了一个有关主谓搭配的故事：有个诗人请他的座上客在"身轻一鸟"四字后加一个动词，有人加了个"落"字，有人加了个"起"字，还有加"疾"字的，加"下"字的，莫能定。最后主人找出一个善本来一查，原来是"身轻一鸟过"，"过"字不出奇，但美在"格高"！"格"其实就是今天我们所说的品位（也通"品味"）、格调、格致，等等。我国文学史上还有一个著名的例子。苏东坡的《海棠诗》里有两句诗："只恐夜深花睡去，高烧银烛照红妆"，其中的"睡"字就是一个在声律上、意境上格调很高的词。这个道理也适用于英语。只是比较而言，汉语很重视主谓搭配和动宾搭配中的动词，英语则重视名词以及与名词有关的形容词和介词。历代批评家都认为莎士比亚就是善用名词的高手。他的一段名言"All the world's a stage"（"大千世界就是一个舞台"，语出《李尔王》）就是以妙用名词比喻人生闻名于世。莎士比亚用一个"stage"带出了 50 多个有关的名词，无一不用在妙处。试观察以下例句中名词在搭配中的重要作用，英语中名词在功能上的充实性和不可或缺性正是它的美之所在：

(a) The *superiority* of one man's opinion over another's is never so great when the opinion is about woman. (H. James, *The Tragic Muse,* 1890)

（只要议论起女人来，男人的妙论就一个比一个高明。）

(b) Few rich men own their own *property.* The *property* owns them. (R. G. Inger-soll, 1898)

（财富牵着阔佬的鼻子，很少有阔佬能牵着财富的鼻子。）

以上两句话都是英语名句，用俏皮的幽默说出了深刻的道理。

(c) **Border Line**

I used to wonder

About living and dying—

I think the difference lies

Between tears and crying.

I used to wonder

About here and there—

I think the distance

Is nowhere.　(L. Hughes, 1947)

（我常常迷惘于

生存或死亡——

我想它们的区别只在于

泪水或哀伤。

我常常游荡在
黑人区或白人区
我发现在两者之中
我一样彷徨。)

　　L. 休斯（Langston Hughes, 1902–1967）是当代美国优秀的黑人诗人，我们可以从上面一首诗看出诗人选词搭配之精心。上面这首诗的核心是两个由 about 组成的介宾对偶词组，形式工整，言简意深，属于格调很高的审美修辞。休斯一生写过很多关于 dream 的诗，据说马丁·路德·金的动人演讲辞 *I Have A Dream* 就是受到休斯的诗的"心灵震荡"写成的。

　　以上说的是词和常规搭配（normal collocation）的高品位、高格调使用，也就是说，这时的斟词酌语之美，产生于词和搭配在常规使用中的高品位和高格调。

　　"超常搭配"（非常规搭配，abnormal collocation）含有较强的审美立意，常常可以带来清新脱俗的语言美，这时的美往往产生于奇妙机智、超凡脱俗、乃至乖异诡谲、不同凡响的概念撮合和意象构思。杜甫的诗句"穿花蛱蝶深深见，点水蜻蜓款款飞"（《曲江》二首之二）中的"深深见"与"款款飞"就是两个不同凡响的超常性（abnormalized）偏正搭配（副词加动词）。更多的超常性偏正搭配（形容词加名词）和主谓搭配如：

- 残云：源出隋代炀帝杨广《悲秋》
- 寒梅：源出唐代王维诗《杂诗》
- 百花杀、黄金甲：源出唐代黄巢诗《不第后赋菊》
- 怜芳草、重晚晴：源出唐代李商隐《晚晴》
- poor comfort: from Shakespeare, "King John"
- smiling thoughts: from William Hazlitt, "On Going a Journey"
- foolish blood: from Charles Lamb, "Poor Relations"
- value in scraps: from Jonathan Swift, "A Modest Proposal"
- clean smell: from George Orwell, "Reflections on Gandhi"

　　超常搭配带来的模糊美常常是多维的：有时模糊在结构，有时模糊在概念，更多的则是模糊在词语联立关系上，其共同点是搭配超常可以使意义和意象产生游移迷漫的虚幻感、虚淡美。莎士比亚笔下的"glorious morning"可以是阳光明媚的早晨，也可能是指人在春风得意时感到的那种灿阳普照心头的时辰。有意思的是，好的超常搭配常常具有隽永的魅力，如"芳心"（唐·钱羽）、"闲愁"（宋·辛弃疾）、"孤烟"（唐·王维）、"新月"（宋·黄裳）、"陶然"（唐·白居易）、"幽愤"（南朝·齐王融）、"寸心"（唐·孟郊）等等早已深入人心，成了汉语语言美中恒久的星星亮点。

汉英大多数修辞格都属于这个层级。可以说，一切修辞手段都是为了同一个目的：语言优化，也就是审美。正因为这样，西方有人将修辞学审美手段称为"微观审美手段"。

（2）语句（Phrase and Sentence）

语句是搭配的句法延伸。一般说来，语句的审美信息承载力远远大于词及词语搭配，原因是越向高层级语言结构提升，它所含蕴的景物、意象、情感、思想就越充实、越复杂、越饱满，自不待言。欧阳修的《蝶恋花》有两句说"泪眼问花花不语，乱红飞过秋千去"，其中的景、意、情思层层深入，可谓具有超高的审美信息承载力。女子被深深庭院久锁了，幽怨之中不禁向眼前的繁花倾诉，泪眼汪汪却不得花儿怜惜。花儿不但不言不语，而且自身也在风雨中飘零，还被阵阵狂风吹过秋千——那个她儿时飘荡的爱物和伙伴，这就更触动了她青春不再的悲凉感。在英语中，语句也是比词语容载量大得多的极有效的审美信息载体。典范英语讲究音韵美，只不过在形态上完全不同于汉语音韵。美国作家欧·亨利（O. Henry, 1862–1910）有一句著名的话就可以说音、意皆美：Life is made up of sobs, sniffles, and smiles, with sniffles predominating (1906, *The Gift of the Magi*). 句中一连用了四个"s"作首韵。不少英美现代诗人都关注"音、形、意"三维美。美国女诗人米蕾（Edna Vincent Millay, 1892–1950）有两句诗是这样的：

Gently they go, the beautiful, the tender, the kind;
Quietly they go, the intelligent, the witty, the brave.
（轻轻地，她们走了，美丽，温柔，善良；
静静地，她们走了，聪明，机智，勇敢。）

这是非常优美的诗句，第一行讲的是"外秀"，第二行讲的是"内秀"，集音美、形美、意美、意象美于一身，最美在**多维的超常**。要说这方面，莎士比亚大师实在是高手。下面四句诗取自《无事生非》(*Much Ado About Nothing*)，可谓英语中经典中之经典，这在 17 世纪的英国可以说是一种超常创新：

> Sigh no more, ladies, sigh no more,
>> Men were deceivers ever;
> One foot in sea, and one on shore,
>> To one thing constant never.
>
> (别叹息了，姑娘，别再叹息，
>> 男人总把女人欺；
> 他从来不想长相守，
> 一脚东来一脚西。)

当然，具有这种多维美的语言表达远不限于诗句，典范的散文体语句同样可以具有多维美的魅力。汉英中的很多格言警句不乏多维美，有超常者，也有非超常者。例如：舍得一身剐，敢把皇帝拉下马；打是亲，骂是爱；从小看大，三岁知老；人生一世，草木一秋；你走你的阳关道，我走我的独木桥；To err is human, to forgive, divine; No pains, no gains; Well begun, half done; A straw shows which way the wind blows; 等等。格言警句饱经人世沧桑、时间锤炼，常常是人生经验与艺术经验的语言结晶。

第四层级——语段和篇章层级

语段由句子及句组（句群）组成，篇章则是多个语段的有意义的集结，因此也被称为语篇。语段在篇章中只是相对地独立。从语段到篇章，能承载的审美信息更多了，它的审美功能主要表现为能够构筑尽可能充实、丰满的"综合性语言审美信息结构"，简称为"语言审美信息复合体"（a complex of aesthetic information in language，略称 **CAIL**）。**CAIL** 是一个多维复合体，它的组成要素包括承载语言审美信息的以下七个维度：

(1) 语音美——语音要素的优化运用，集中于（可能）承载意义／情感的语音审美

(2) 词语美——词语使用的审美优化，集中于承载意义／情感的词语优选审美

(3) 句子美——语句组织的审美优化，集中于承载意义／情感的语句组织审
　　　美

(4) 情感美——情感表达的审美优化，集中于容载情感／意蕴的表现手段的
　　　优化

(5) 意象美——意象构建的审美优化，集中于构建意象／情感／意蕴的表现
　　　手段的优化

(6) 风格美——风格表现的审美优化，集中于行文的风格／风姿／风韵表现
　　　手段的优化

(7) 超语言（超文本）审美信息的非言语（non-verbal）优化呈现，集中于
　　　意在言外的运筹手段的优化，常表现为文本的暗含意蕴、神
　　　韵、丰姿等等"画外音"

　　显然，CAIL（其实还应该加上"writing system"即书写文字，尤其是汉语）
之所以成为"复合体"正是因为它以上的**复合形态**。上列七个审美信息的存在复
合形态是按语言层级依次推进，审美信息也据此依次递加，最终构建起一个语言
审美信息结构复合体（CAIL），也就是说，一个典型的 CAIL 具备以上七个维度
的审美信息复合体，**"真善美"尽在其中**，用老子的话说，就是**"惚兮恍兮，其
中有象；恍兮惚兮，其中有物"**（《老子·二十一章》），里面说的**"象"**与**"物"**
就是我们求索的**"语言美"**。实际上，所有七个维度的审美诉求都集中于一个目
的：语言表达效果的最大化（maximization of the effect in language expression），
而且归根结底是意义和情感的表达效果的最大化，即所谓**语言审美优化过程**。显
然，在语言的实际运用中，一个语段同时具有以上七种美是十分罕见的。语言美
是一种自然表现，也就是庄子讲的要**"顺其自然"**（《庄子·应帝王》）。除非刻
意为之，同时具有这样面面俱到的七种多维美也并无必要。（另见 Part Five "语
言审美的价值观论"）下面我们来审视一下汉英两位大师关于月亮的两个语段的
语言审美特色，其一引自中国作家叶圣陶（1894—1988）的《看月》，另一段引
自 A. L. Huxley（1894–1963）的 "Meditation on the Moon"。先看其一：

　　最好的月色我也曾看过。那是在福州的乡下，地当闽江一折的那个角上。
某夜，靠着楼栏直望，闽江正在上潮，受着月光，成为水银的洪流。……月
亮高停在天空，非常舒泰的样子。从江岸直到我的楼下是一大片沙坪，月
光照着，茫然一白，但带点儿青的意味。不知什么地方送来晚香玉的香气。

也许是月亮的香气吧，我这么想。我心中不起一切杂念，大约历一刻钟之久，才回转身来，看见蛎粉墙上印着我的身影，我于是重又意识到了我。

（The best moonlight I have ever seen was that I was once watching in the suburbs of Fuzhou, somewhere in the bend of the Min River. One night as I leaned on a rail and gazed afar, I was astonished to see the flowing tide in the river, under the moonlight, like a glistening current of mercury. . . .The moon, hanging high up in the sky, looked exceptionally serene. From where I stayed a vast sandy beach stretching all the way to the riverside, there was an expanse of white with slight undertones of blue and ash gray. Unexpectedly a sweet fragrance of tuberoses breezed from somewhere. Was it from the moon? I asked myself. For as long as a quarter I stood there falling into a trance freed from all sorts of trouble. When I happened to see my own shadow on the plaster wall, I realized that I finally came to myself.)

下面是其二，Huxley 写的月下沉思和冥想：

Outside my window the night is struggling to wake; in the moonlight, the blinded garden dreams so vividly of its lost colours that the black roses are almost crimson, the trees stand expectantly on the verge of living greenness. The white-washed parapet of the terrace is brilliant against the dark-blue sky. (Does the oasis lie there below, and, beyond the last of the palm trees, is that the desert?)The white walls of the house coldly reverberate the lunar radiance. (Shall I turn to look at the Dolomites rising naked out of the long slopes of snow?) The moon is full. And not only full, but also beautiful. And not only beautiful, but also . . .

窗外，夜在挣扎着苏醒过来；月色中，暗淡无光的花园做了一个梦，梦见了它失去的缤纷；一切是多么栩栩如生，连黑色的玫瑰也几乎变成了深红色，连树木也在期待着染成生机勃发的翠绿。阶台上被刷成白色的墙在深蓝色的苍穹衬托下显得格外明亮。（下面有一片绿洲吗？最远那株棕榈树外就是沙漠吗？）月光在房屋的白墙的衬托下在凛冽中闪闪晃动。（我要转过身，看看多米诺提斯山吗？此刻它正裸露着，从长长的几脉雪坡后面神奇升起。）那是一轮满月，她不仅圆，而且美，不仅美，而且……

两篇月下托景抒怀，都写得很生动自然，情致空灵清逸，月色下美不胜收；月光在他们的笔下似乎格外圣洁，景物也都好像有了灵性。两位大师用的都是很平常的词，但意趣盎然，联想翩翩，又绝无粉饰矫情。可见感物情怀，古今同理。在抒情叙事方式和审美情趣上，中西也似相呼应。论语言美，文中诗情画意已使意象美相当饱满，就不必再去追求什么"多维并举"的形式美了！个中道理，大概就是汉代刘安说的"求美则不得美，不求美则得美"（《淮南子·说山训》），唐代的刘知几说的更明白，"文约而事丰，此述作之尤美者也"（《史通·叙事》）。上面论述的"多维结构"，只是一种范式化理论描写，下面还将谈及。

第五层级——超语言层级

"超文本／语言层级"（beyond the text/language）当然是一个相对概念。所谓"超文本"、"超语言"其实还必须基于原文文本的语言，只不过是在原文文本语言以外去探求语言美罢了，这种语言美的"物质依据"还得凭借文本语言。对翻译美学而言，"超语言美"主要指：（1）文本的行文整体风格、风韵；（2）文本的整体意蕴、情志或言外之意。不过，这两者往往交织在一起，尤其是它往往采取反讽、暗喻、烘云托月、暗度陈仓等等手法时，需要我们由表及里、由此及彼地悉心加以分辨。

文章的风格是一个多层次复合体。如果我们对之加以剖析，可以看到风格有能够"看到"的部分（the seen part），它凭借种种风格标记（如用词、句式、篇章体式等等形式手段）表现出来，我们甚至可以将它们量化。同时，风格更有我们不能"看到"的部分（the unseen part），那就是文章的整体风格。文章的整体风格常常是超语言的、无形的、不能量化的，我们只能通过细读，认真体察、体会它的风貌、风韵、风姿或者神韵、气韵、情采、情态，等等，总之我们必须"神会于物"（文本），"因心而得"（王昌龄《诗格》）。1898 年，英国讽刺作家萧伯纳（G. B. Shaw, 1856–1950）正经八百地写了一篇"告别辞"（*Vale-dictory*）向英国的剧评界和广大读者告别，文中抱怨说多年来他自己是"戏剧界的奴隶"（其实他虽是爱尔兰人当时却是英国戏剧界呼风唤雨的"老大"），活像一只命定要被人宰了做鹅肝酱的笨鹅，被关在周身不得动弹的铁笼里一边活受罪一边吞美食，为的只是等把肝养肥以后被人一刀痛宰！文中萧伯纳一本正经地痛诉自己的戏剧评论生涯之百无聊赖、社会声誉之一钱不值以及英国公众之不可救药。作者文笔激厉，性情乖张，不了解他的人，真以为萧伯纳就是这么一个倍受打击的愤世者，特别是真以为他要告别英国剧坛。其实萧伯纳是别出心裁，他的言外之意是以自嘲来贬斥乌烟瘴气（foul and sooty）的英国和欧洲社会。该文从头到尾充满矛盾，valedictory 是一个十分端重的正式词，但内容却诙谐不羁；作者将自己说成是"弥留病榻的老朽"（"lingering moribundity"），其实他当时方值生龙活虎的 42 岁，还是一名衣冠楚楚出入于伦敦沙龙艺苑的爱尔兰绅士。无独有偶，在中国现代作家中，也可以找到具有萧伯纳风格的作者，他就是《我若为王》的作者聂绀弩（1903—1986）。聂绀弩其人不拘小节，但疾恶如仇。文章作者借"我若为王"的假设，嘻笑怒骂，言外之意无不在针砭时弊，描写了一个"快乐的时候不敢笑，不快乐的时候不敢不笑，悲戚的时候不敢哭，不悲戚的时候不敢不哭"的时代，直到文章最后才说了一句披露真情的话："我若为王，将终于不能为王"，言下之意是："我若为王，则王者必不成其为王"（If I should become a king, I would definitely become no king at all），因为"我做不出王者之所以为王的不仁不义来"（I couldn't do all the wrong doings as a king would do）。因此，几乎可以肯定地说，把握文章的风格，必须联系到它的作者，这就是苏东坡说的"其文如其为人"（《答张文潜书》），法国布封所谓的"Style is the man"也是这个意思。常见的情况是，文本的风格不是很鲜明，或者，作者的言下之意很难揣摩。这时除了深入分析文本本身以外，通常可以采取**人文参照**（the author and the text）和**互文比较**的办法，我们将在后面进一步论述。

这里还要再次指出，以上所述的是对"语言的审美结构"的一种面面俱到的"范式分析"（Canonical Analysis），也就是说，我们将 CAIL 看作充分概括、十分典型的、客观的结构体来审视。事实上，语言实际中的审美结构，通常只具有某些形式上的提示性，**并不具有任何规定性**。在一般情况下，语言实际中的审美信息结构是由不同的审美诉求即不同的审美目的（目标）决定的，与预期的语言审美的效果息息相关，而审美效果又与语言的交流功能的种种不同的期待息息相关。因此，结构主义所热衷的、静态的"结构规定性"在语言美学中是并不存在的。这就可以解释为什么语言中的审美信息分布和强度千差万别，永远不可能雷同：根源就在人的艺术经验和审美价值观千差万别，永远不可能雷同。例如，就是在同一个语种中，文艺文体与论述文体的 CAIL 可以呈现出很大的差别，在不同的语种中，同样是文艺文体，它们的 CAIL 也可以呈现出很大的差别。这就是刘勰所说的"设文之体有常，变文之数无方"（《文心雕龙·通变》），这一点我们还将在语言审美结构特征中详加说明。

T4.3.2　传统美学的语言审美感应论

中国传统美学重主体感悟，一如上述，下面再进一步具体谈一谈。

所谓"审美感应"在中国传统美学中就叫作"悟"或"感悟"。中国传统美学非常重视感悟式语言审美。历代哲学、文论大师屡屡论及语言审美问题，而且锲而不舍者代代有之。从历史上看，对中国人的语言审美观影响最大、最深的有两个见解：

第一是老子的"信言—美言"论。老子在《老子·八十一章》中提出"**信言不美，美言不信**"论，这是中国哲学—语言哲学史上首次提出语言的"**信**"与"**美**"的二元对立命题。王弼为之做出的权威解释是"**实在质也**"（语言美在讲实话，就是"真善美"的"真"），可以说一语中的。老子认为浮夸矫饰的语言不美，质朴实在的语言才是美的语言（河上公注），意在唤醒世人以冷峻的态度看待"美"这种东西，以此抨击时弊、弘扬诚信。老子的这种"信美二元对立"论对中国人的语言审美态度乃至人生态度影响了足足 2500 年，到现在仍然极有现实意义。历史上有人认为"老子恶美"、"宣扬信、美对立论"。对此，刘勰在《文心雕龙·情采》里为之申辩说"老子疾伪，故称'美言不信'，而五千精妙，则非疾美矣。"王充也很支持老子抨击"以美言妄饰虚意矫情"的观点说，"**辩论是非，言不得巧**"（《论衡·自纪》），刘安在《淮南子·说山训》里解释这里的道理是"求美则不得美，不求美则美矣"。李白以意象来诠释老子的"信美统一观"的名句则是"清水出芙蓉，天然去雕饰"（《李太白全集》卷十一）。这些先人的审美感应箴言，实际上早已浸透在中国人的语言审美理念中。概而言之，从中国传统的语言审美感应论来看，"**道法自然**"（《老子·二十五章》）应该是最基本的一条规范。也就是说，真我的自然感受也就是语言美之所在。

第二是孔子的"辞达论"。这是对中国人的语言审美观影响至深的另一个观点——它是孔子的弟子及其门人在《论语》（公元前 436 年？）中提出的。《论语·卫灵公》中提出"辞达而已矣"认为语言美的基本要求和功能就是"达意"，《论语》的一句箴言在中国几乎妇孺皆知。对据说是孔子说的"而已矣"三个字后世也有过争论。宋代大诗人苏轼出来澄清说，这没有什么好争辩的，"辞达而已矣"就是说"辞至于达，足矣，不可以有加矣"（《答王庠书》，《经进东坡文集事略》卷四十六）：把意思说得清清楚楚了，就足够了，就是"语言美之所在"了。总之把"而已矣"看作**基本要求**是对的，把它看作最高要求也未尝不可。

比如汉译英的"天"，它的基本概念是 sky，"蓝天"就是 blue sky，这是达到基本要求，做到"辞达"了，"不可以有加"了。但如果翻译"天兵降"中的"天"

呢？不可能止于不可接受的"sky troops/troops from sky"吧？于是翻译者必须思考再思考——"天兵"很可能是指"an invincible/unexpected army"，还可能是"a shadow army"呢！总之，要做到"达"才能罢休——也就是"而已矣"成了**最高要求**了。

此外，中国传统美学的**语言美感应方法论**还有几个非常重要的指引，其意义至今不衰：

第一，**"乐从和"**（语始出《乐记·乐论》）和**"声一无听，物一无文"**（《国语·郑语》），对汉语的语音美优化影响极深。"乐从和"的意思是各种声音（当然也包括语言）的**声、律**两个元素之和谐组合非常重要，所谓"声以和乐，律以平声"。"声一无听"是西周末年（公元前771年）太史史伯用语，意思是单一的声音产生不了听觉美感，单一的颜色也不会形成美丽的色彩；声音如果没有抑扬顿挫（"宫商角徵羽"相和），色彩如果没有明暗配调（"青黄赤白黑"相称），就不会形成音美、乐美（musicality）。可以说汉语语音的美化（四声、平仄）与"乐从和"及"声一无听"的审美思想有极大的关系。但应该说明，汉语语音美与中古（唐宋）以还**意义的复杂化**有直接的关系，语音审美只是一个积极的形式因素和条件（如中古时汉语声母有36个，在中古以后减为21个，而韵母则出现较大增生和复音化，致使汉语明显乐音化）。

第二，**"取情去貌"**（《韩非子·解志》）是汉语重情感的表现美而轻不承载情感的形式机制的重要理念。按照韩非子的解释，他主张的是在内在真情与外在形式之间，必须取真情而舍形貌。他说："礼为情貌者也，文为质饰者也。夫君子取情而去貌，好质而恶饰。"作为法家的韩非，非常厌恶孔子提出的"克己复礼"，因为在法家看来孔子梦寐以求的那一套周礼根本就是反历史潮流的繁文缛节，人民要求改革现制的"己欲"（"情志"、"情绪"），是积极的社会推动力，根本不必去克制。不过也要看到韩非忽视形式美的积极意义也是片面的，语言也一样，很多汉语虚词并不承载情感，但不能说它们不重要。"取情而不轻貌"就对了。从常规上看，情感美与语言形式美常常是统一的。

第三，**"心物感应"**和**"物我两忘"**都是中国传统美学的审美感应论重主体机制的重要见解，前者出自《乐记》，后者语出《庄子·齐物论》。"心物感应"的要旨是，"人心之动，物使之然也。感于物而动，故形于声，声相应，故生变，变成方谓之音"（《乐记·乐本》），这里强调的是语言审美者的主体积极性，如果译者对原文无动于衷，当然就不可能译出好译文来，因此语言之美要"本于心"。"物我两忘"源出庄子梦蝶中论主体之"化入"（embody）客体，以获取客体的神形，谓之"忘我"，例如翻译哈姆雷特，译者就必须融入丹麦王子的身心，否则断难翻出他的内心纠结来。这时译者如何尽努力去感应莎士比亚的语言美就成了关键。

第四，"涤除玄览"源出《老子·十章》："涤除玄览，能无疵乎？"老子的意思是，做到"物我两忘"谈何容易？但只要排除感性障碍（如反感）、概念障碍（如偏见）、功利障碍（如得失），守静致虚，澄心思渺，把握直观理念，即把握事物（也包括语言）的本质特征和净化过程，就不难忘我而"化入"客体，终而使物我同一而进入"妙境"，犹如游人之陶醉于庐山而不知庐山的真面目。"涤除玄览"其实也就是海德格尔、施莱格尔等人所说的审美沉思（contemplation），也就是对语言的一种深层审美审视。比如诗歌、散文的意境、意象、意蕴把握，缺乏这一步"玄览"，是无论如何把握不了的。严复说，"一名之立，旬月踟蹰"，"一名"尚且如此，超文本意义、意境、意象、意蕴之把握就更要求有"涤除玄览"之功了！

第五，"通变"与"熔裁"都源自刘勰著《文心雕龙》，是中国传统美学认为不可忽视的语言审美功夫，二者都涉及审美主体如何因应时尚之变、体裁之变、作者之变和文本之变来定夺语言美之所在，刘勰认为这里的关键在"参伍因革"，用今天的话说就是不要因袭陈规，要立意创新。维特根斯坦说"翻译是一种语言游戏"，我们固然要遵守游戏规则，但也不要被规则捆死。语言审美尤其要使自己的判断参伍通变，善于熔裁适境。例如卢梭（J. J. Rousseau, 1712–1778）的名言"Man was born free, and everywhere he is in chains"，从表面上看，原语 be in chains 是主动式，于是译者也就跟着翻译成主动式："人生来是自由的，但他却处处戴上了锁链。"读起来人好像是自己给自己戴上锁链。这时译者完全应该想到通变，把句子改成被动式："人生来是自由的，但他却处处**被锁链缠身**"。

T4.3.3　心理美学的语言审美方法论

其实上面说的很多中国传统美学的语言审美对策，也都属于心理学范畴。但西方现代心理学发展了自己的"创造型认知性审美方法论"（S. M. Kosslyn & R. S. Rosenberg, *Psychology, the Brain, the Person, the World,* 2003:380），其中心思想是通过语言认知手段培养学习者以下三个层级的审美能力：

（1）**初始阶段：审美意识（Awareness）的激发**

语言手段对激发人的初始性审美意识是不可或缺的。文辞优美、音韵铿锵、节奏鲜明、意象生动的儿歌是上佳的审美初始意识激发剂，中外皆然。下面是一首英语儿歌：

Carrot Stew

Whenever we have a friend for lunch,

There's just one thing to do.

We pick some berries up and catch a fish.

And make a carrot stew.

Carrot stew, carrot stew, it's our favorite thing to do.

Get a pot and a carrot to tow,

And cook up a carrot stew,

Nothing makes our tummies so full and keeps us happy too.

As a big great pot or a little bitty bowl

Or a spoonful of carrot stew.

So when you come to our little house,

Bring a carrot up if you have a few.

Well, put it in a pot till it nice and hot,

And make some carrot stew!

（2）后续阶段：创造性审美能力（Creativity）的积累

通过游戏、练习、表演、竞赛、野营等等形式的课内外活动要求学生从不自觉到自觉积累审美经验。此外，有"指导的阅读"（guided reading）应该说是这个阶段最重要的积累语言审美经验的有效手段。

（3）成熟阶段：审美的经验性判断力（Empirical judgment）的养成

主要培训手段是"有指导的写作"（guided writing），目的是唤起学生自觉发展自己"对美的事物的慧眼慧心"。例如，一开始可以要求学生有意识地模仿当代及文学史上著名的散文大师传世名作的语言和文本发展"套路"，使学生熟悉从模仿到创造的审美经验性判断力发展路径。在训练初期还有一种常用的语言审美能力练习，就是所谓"语用审美完形法"。下面这首诗取自美国诗人 Christina G. Rossetti (1830–1894)，诗题是 *When I Am Dead* (1862)，左边 (a) 空白处要求学生按自己最佳的审美判断填入审美用语，右边（b）是 Rossetti 的原诗（Unseen，学生不能看，也不让查找）：

(a)

When I am dead my dearest

　　Sing no ＿＿ songs for me

Plant thou no roses at my ＿＿＿

　　Nor ＿＿ cypress tree

Be the ＿＿ grass above me

　　With showers and dew drops＿＿

And if thou wilt, ＿＿＿

　　And if thou wilt, ＿＿＿

(b)

When I am dead my dearest

　　Sing no *sad* songs for me

Plant thou no roses at my *head*

　　Nor *shady* cypress tree

Be the *green* grass above me

　　With showers and dew drops *wet*

And if thou wilt, *remember*

　　And if thou wilt, *forget*.

当我死去的时候

如果我死了，我最爱的人啊，

不必为我吟唱哀歌，

不要在坟头种上玫瑰，

也无需翠柏的浓荫，

只要有茵茵绿草把我覆盖，

滋润着雨水和露滴。

如果你愿意，请把我想起，

如果你愿意，也可以忘记。

　　我们做过多次这样的课堂练习，结果次次不出所料，填入语五花八门，鲜有与原诗全部契合者。当代西方心理学认为美感完全是个个人的感受问题，它可以是超感知的、超认知的甚至是"纯灵感的"，但语言的美感却必然是经验的（empirical），是客体美对"我"的审美投射的经验性反馈。因此语言审美是一种"美的经验的积累或积淀"，翻译审美则大抵凭借翻译者的审美经验和审美认知期待着语际的审美再现。大多数心理学家认为"经验化的语言审美运作"对文学欣赏和写作都是十分必要的。当然，对翻译来说也是如此。

Topic 4.4　语言审美的基础：翻译美学的意义观

　　"意义审美"说的就是翻译美学的意义观。翻译美学认为，对翻译而言，语言系统最重要的莫过于它的深层结构——意义，因为意义是翻译的符号依据，意义是符号的实体（entity）：语言符号凭借意义而进入文本，文本凭借意义化的符号来组合构建句、段、篇，可见，没有意义，就成不了语句篇章，也就无翻译可言。如果我们仔细观察，"意义"本身具有三个要素：（1）**意念（概念）要素**；（2）**逻辑要素**；（3）**审美要素**。其中，前两个要素是必备的，审美要素是非必备的。因此，语言中有些词可能具有美的内涵（如"朝霞"、"无私"），也有很多词可能并不具有美的内涵（如"手续"、"成分"）。正因为这样，语言才有个意义审美问题。然而不论"意义本身"是否具有审美内涵，词语的意义都是**构建审美形象**（意象、意境、景象）或**构成审美陈述**（描绘、描写、刻画）的基本材料、基本手段，它们都以不同形式参与审美信息承载，是语言美基本的构建材料。因此，语际审美**转换最基本的保证**也就取决于成功的**意义审美转换**。比如翻译一首诗，译者即便将原诗的音乐美和语言形式美转换得点滴不漏，却疏于一个基本任务：准确的意义把握，将原语的意思翻错了、翻漏了，有时即便只是一二字之差，仍有失于"真善美"，也难免影响整体效果。特别是，我们专注于表层语言审美，就难免忽视深层的意义转换，一种倾向掩盖住了另一种倾向，顾此失彼，而"失其本意犹失其大体"（鸠摩罗什），这就很值得警惕了。汉末长诗《孔雀东南飞》中的焦仲卿云"今日还家去，念母劳家里"，西方有位知名翻译家译为：

Today I am going back to my father's home,
And this house I leave in Madam's hands.

　　对此，吕叔湘评曰："'念'字'劳'字皆不可省而省"（吕叔湘，1988: 26），只顾译语而不顾原诗的意义，即所谓失真，一旦失真，当然也就谈不上美了。可见意义审美牵涉到翻译的基本功能——语际的达意传情。

T4.4.1　翻译中的"意义审美"

　　"意义"属于语义学范畴，也需要审美吗？

　　当然需要。意义审美不仅需要，而且是翻译审美的基础。翻译美学就是以美学的视角审视所有的翻译理论课题，其中当然包括意义理论。**翻译美学意义理论的核心问题就是意义审美**，而且，意义审美有自己特定的诉求。要知道，翻译面对的审美对象——原语文本是一个具有相对的限制性和规定性的参照体，它的意义也受到**语言结构**和**交流语境**两方面施加的双重限制性和规定性（尽管这种限制性和规定性是相对的）。原语中的"chair"（尽管有各式各样的"chair"）无论如何不能翻译为"衣柜"（尽管有各式各样的"衣柜"）。如何认定它这种限制性和规定性，定夺所指，又如何从"各式各样"的所指中慎择其一，摆脱原语意义的限制性和规定性的掣肘，意义审美问题就这样油然而生！

如上所述，"意义"是译者基本的审美对象。但就整体而言，话语中的"意义"本身是个语言学—语义学概念，有其语言学功能，并不是一个审美概念，不一定有审美内涵，一般的"语义分析"也不是一个审美命题。但是，**语际语言交流使意义处于高度灵动状态**：语言中的能指（语言符号）与所指（交流意义）可以相符，也可以相悖。因此，语句中的意义并不是"随随便便"就被拉进语言交流过程的，它具有相对的限制性和规定性。意义需要人这个主体对之进行择善从优的审美加工。从表面上看，人们遣词造句是在**选择词语**，其实他们是在**选择意义**。译者一旦进入翻译过程，就一定会不断面对意义的审美选择和转换问题，小至词语、语句，大至语段、语篇，译者必然承担起意义的审美选择和转换的任务：琢磨用词、组织和调整句式、优化行文体式和风格，等等。这就是说，译者不得不自始至终进行意义审美。

此外，意义一旦进入语言交流——也就是一旦进入翻译过程，译者就必然进入到一个比词义本身更大的、更复杂的审美判断"困局"中，这里包括语言的形态特征和思维方式与风格问题。例如汉语重意象，汉译英就常常遇到如何处理比简单的比喻更复杂的意象组合问题。"羊毛出在羊身上"就可以有从意象化到意象淡化、从"实"到"虚"的起码三式，究竟哪一式好呢？

（1）Without sheep there can be no wool.

（2）The benefit comes, after all, from a price that one has paid.

（3）Whatever the expense, somebody is going to pay for it.

这还不包括一词多义问题。所以说，一旦进入翻译过程，词语就**从无生命的静态**（static）进入到**有生命的动态**（dynamic），它原有的相对限制性和规定性必须被击碎、被消解、被替代（也就是语际转换），从而迫使译者进入到一个似无休止的审美判断的**能动过程**。这时，语言中的各种因素（文化、历史、民族习性、地缘因素，等等）都"一拥而上"，具有了不同程度的**参与性审美功能**。静态意义进入到能动过程以后，要经历一系列**择善从优**的甄别（screening）、遴选（selecting）、辨析（analyzing）、比较（comparing）、衡量（weighing）、整合（integrating）等语际转换过程，使之具有译者赋予它的新的限制性和规定性，就是说，使它稳定化。这时译者所依据的其实就是经典的审美价值标准——**"真、善、美"**，具体说来就是符合以下三项要求：

意义审美的价值诉求

（1）语义内涵符合原语审美原意（in keeping with the original meaning）→ "真"

（2）译文预期效果符合原文审美诉求（in keeping with the original effect）→ "善"

（3）审美表现水平符合原语文本的定位及艺术水准（in keeping with the original artistry in presentation）→ "美"

英国的名作家塞缪尔·巴特勒（Samuel Butler, 1835–1902) 讲过一句很有意思的话：Life is the art of drawing sufficient conclusion from insufficient premises（生活就是一种从不充分的前提中得出充分结论的艺术）。萧伯纳说巴特勒这句话道出了人的"整个一生的无奈"：人生无非就是从这种无奈中获得一点慰藉、一点欢愉，或者叫作无伤大雅的"自欺"。其实你仔细分析分析，巴特勒那句话没有用一个了不起的修饰性"美言"，它们具有的是一种利用反衬（sufficient-insufficient) 而形成的整体性审美意义和审美效果，实施词语的**参与性审美功能**：缺一字则不成大体。汉语也一样，李商隐说"此情可待成追忆"，每一个词都很平常，但每一个字都具有其参与性审美深意。现代分析美学家将"语言"称为"游戏"，指出"翻译也是一种语言游戏"的原因和依据，即在于此。（L. Wittgenstein, *Philosophical Investigations*, Part 1, Section 23, 11e) 大抵而言，"翻译语言游戏"是这样进行的：交流中的原作者频频"出招"，翻译者则一一"接招"，出招者设局，接招者解码。就在这设局—解码中，言语交流的互动感以及审美诉求频频得到应对的满足感，尽显其中，就像两者的生命潜流和情感脉动之交互冲击。这就是人类所独有的奇妙的语际审美活动——翻译：正是交流中的作者和译者赋予语言以生命的灵动闪光！不管是长篇或是短论，抑或是"你一句、我一句"甚或是看似"前言不搭后语"的插科打诨，语际言语在交流中千变万化，设局与解码轮番上场，"美"与"感"悉在其中矣！这就是翻译的魅力之所在。因此，我们大抵可以这样说，词语的适境审美也就是意义的适境审美（在汉语中还多一个声调和节奏的附加考量）。**意义是语言美的基本的依据。**Mark Nichol 在 100 Beautiful and Ugly Words 中列出了以下词语（http://www.dailywritingtips.com/）：

- 被称为"美词"者有：

  caprice（狂想曲），crystalline（清澈），dulcet（甜蜜），enchanted（着迷），ephemeral（漂浮的），felicity（幸福），idyllic（喜悦），ineffable（难以描述的），resonant（余音缭绕的），sapphire（紫蓝色），serene（宁和的），suffuse（充盈），symphony（交响乐），tranquility（宁静），zenith（穹苍），等等

- 被称为"丑词"者有：

  cacophony（杂音），chafe（烦忧），disgust（讨厌），grimace（苦涩的表情），hoarse（嘶哑的），maladroit（笨拙的），mediocre（庸俗的），obstreperous（嘈杂的），rancid（冒犯的；难闻的），repugnant（乏味的），repulsive（讨厌的），shriek（刺耳的），shun（规避），slaughter（屠杀），tease（揶揄），vulgarism（俗不可耐的谈话、行为等），等等

细看可以发现，Nichol 所谓"美词"或"丑词"的美丑标准实质上、基本上取决于意义，意义积极的词被称为美词，意义消极的词被称为丑词；音与形的因素（比如拟形、拟声）也有，但是比较弱。可见形态语言的"音—形—意"三者之间的关系基本上是任意的，而意义仍然占有核心地位，足以使词语带上由主体操之在我的情感色彩：美与丑、褒与贬、强与弱、隐与显，如此等等。总之，我们可以由此得出一个重要的结论：意义是语言美的基本依据，或者说，**语言美源自意义**（The beauty of language is by and large derived from its meaning），衰败的意义之根不可能长出秀美的词章之芽。这是我们往后在讨论语言形式美时首先要了然于心的。

T4.4.2　翻译意义审美的一般指引

翻译美学中的所谓"意义审美"，就是"审美地看待意义"（take meaning aesthetically）或"意义的审美再造"（remake meaning in an aesthetic way），涉及意义转换的艺术操作问题。下面谈几条基本原则。

第一，准确把握原语的概念意义

这是第一步。"概念意义"也就是译经大师鸠摩罗什说的"本意"。但**交流中的意义**不一定就是概念意义（J. A. Foder et al, 2010: 329），这是问题的关键。单义词的概念意义当然好说，但交流中的语言用的大多数是多义词。这时要确定每一个多义词的概念意义就不是那么简单了：主要是由于指称本身参照因素很复杂（Foder, 2010: 337）。比如"情"字。李白的诗《春日醉起言志》最后两句有"忘

情"，《赠汪伦》最后一句也有一个"情"字：

- 浩歌待明月，曲尽已忘情。（李白《春日醉起言志》）
- 桃花潭水深千尺，不及汪伦送我情。（李白《赠汪伦》）

　　上面两个"情"字怎么理解？第二个"情"肯定是指"友情"，这没有悬念。但第一个"情"字呢？它的纷繁内涵在头脑里可以灵活地闪现不定，它可以指感情、情绪、情思、情态、情调、情志、情致、情爱，当然还可以是友情、亲情、离情、欢情、薄情等等，不一而足。但翻译不能这样"闪现不定"、"不一而足"，译者是要"思定于笔"的，也就是说他头脑里对"情"这个字的概念必须"定于一"，才好措辞（put it in exact wording）。于是我们看到了不同的译者将情"定于一"的理解：Arthur Waley 认为李白指的是"senses"（种种感觉），S. Obata 认为李白指的是"trouble"（烦恼、纷扰），Amy Lowell 认为诗人是指"feelings"（种种感情、百感）。Herbert Giles 的办法则是"隐含化"（implying），他的分析很可能是按李白的诗题已点出了"言志"，所以很难断定这个"情"只是"情感"，很可能是指"情志"，但李白久陷酒意之酣，长期处在恍兮惚兮中，恐怕很难有什么可以清晰定夺的情与志，所以译者并没有"定于一"的十足把握。Giles 的想法是很有道理的，所以他规避了这个"定于一"，而把上两句诗中的"情"巧妙地隐含化：

> And would sing till the moon rises bright—
> But soon I'm as drunk as before.

　　"隐含化"诚然不失为超越意义判断瓶颈的好办法，但它只能是个权宜之计，不可能处处见到矛盾就"隐含"。**翻译美学定夺概念意义的基本对策仍是：**

　　（1）紧紧把握上下文对意义的制约，即"context-bound"（上下文对意义的制约机制）；
　　（2）紧紧把握文本题旨（the theme of the text）对意义的大体的统辖作用；
　　（3）紧紧把握人文互证、文本互证的办法，把原作者"拽进来"为翻译的意义定夺佐证；
　　（4）把词语放在更大的历时和共时文化坐标中加以考察、诠释，即所谓历史文化参证和社会文化参证；

（5）隐含化手段，一般是将"焦点词"的意思融化、融合到相关语句中，本雅明称之为"字里行间的翻译"（*The Task of the Translator*, 1953）。

第二，认真实施意义的审美调节

审美调节是重要的审美表现论基本问题（详见本书 Topic 12.9 论审美调节）。翻译美学中的意义的审美调节，属于语用输出（"pragmatic output", Robyn Carston, 2009: 384）调节，是个必经的审美表现环节，旨在使某个特定的意义雏形审美化，犹如将这个雏形放进一个"优化的模具"（optimization model）里进行美化模压（mold pressing），使之成为译者预期的"优化的意义"。审美调节就是对意义的多维调节，包括：

（1）区别意义的**概念呈现**（conceptual presentation）和**审美呈现**（aesthetic presentation）。同一个概念的呈现方式可能千差万别，但都不外乎以下两大类：前者是非艺术化，后者是不同方式和程度的**艺术化（艺术优化）**，以符合预期的交流。英国诗人 T. S. Eliot（1888–1965）在长诗 *The Waste Land* 将四月称为"the cruelest month"（最残忍的月份），其中这个 cruelest 就是一种审美呈现。另如：

概念（所指）呈现（CP）——→	审美（艺术）呈现（AP）
• jail 牢狱、监狱、牢房	铁窗、铁栅鬼寓
• lotus 莲花、莲荷、水莲	睡莲、云锦、不染云衫
• moon 月、月亮、月球	月宫、月色、桂影之乡
• 残阳 the setting sun	declining sun; the vanishing sun
• 烈日 a scorching sun	a merciless/harsh sun
• 新生力量 fresh recruit	new blood

可以看出来，概念呈现随着审美文化参照因素变化而变化。审美呈现式（也就是译语的语用输出式）可以带有种种个性化态度、情感、色调、品味的，有褒有贬，有雅有俗，端赖译者按其所需而"定于一"，但切忌任意为之，下面再谈。

（2）毫无疑问，意义交流的目的、意向不同，其呈现形式就有区别。翻译美学要研究的是艺术呈现的方式、效果以及更重要的是转换的必要性和依据。因为艺术中很重要的一条是"过犹不及"。例如，在一篇科技论文中将"月球"审美化译为"桂影之乡"，就是过犹不及。同样，在一篇充满谐谑感和调侃口气的原文中，将"牢房"戏称为"那个铁栅鬼寓"就很可能使译文平添色彩，是比较恰当的选择。艺术上**整体的和谐感**永远是一个重要的考量。有一篇文章将 Audrey Hepburn 称为"still the fairest lady"，就不妨译为"风华绝代的淑女"（Richard Corliss 著文，载 *Time*，2007 年 1 月 20 日），比"仍是最美的女士"有力得多，这就叫"笔下生辉"。笔下能否生辉，常常取决于译者的语言文学功力和审美素养。

（3）一般而言，译者可以根据：（a）文本的整体文体特征、题材、体式（样式）、风格等等对词语的概念意义（基本意义）进行调节。例如"moon"（月、月亮），不仅可以艺术化为"月色"，甚至可能带上**为上下文所容许的**（context ensuing）描写成分，如新月、皓月、残月、满月，等等，见上列诸例；（b）根据具体的上下文中的艺术意象、意境对词语的概念意义进行调节（modulation subject to the artistic image or imagery involved）。唐代陈子昂的《登幽州台歌》最后一句慨叹说"独怆然而涕下"，这里的人物意象并不是"坊间小生之多愁善感"，而是一位迷惘失落的诗人在历史感震撼下的凄然感怀，因此有西方译者译成"all tears"（哭成了泪人儿），显然欠妥，许渊冲把它调节为"I shed sad tears"，庶几近之。其实还可以进一步调节"泪下"的深度和强度，找出相应的措辞，译为"My eyes blurred with sad tears"似乎更切。这种**意义的审美微调**常常是很必要的。

可以肯定，审美意义调节是审美翻译中的一项极其重要的基本功，它要求译者具有一种**艺术责任感**，具有活跃的、细及纤毫的**艺术敏感性**，并掌握种种语言艺术加工技巧，尽力做到笔下生辉。

第三，翻译的意义审美不是一种孤立的活动

上面讨论翻译美学定夺概念意义时，已经提到了五点审美对策，下面再作一些重要的补充说明。经常伴随意义审美的因素涉及种种审美心理活动——尤其是形式审美。原因是意义通常受到文化和语言形式的制约，翻译审美不是一种孤立的活动，我们必须综合各种制约因素，择善从优：

（1）**语境制约**

"语境分析"是一种结构分析，凭借的是语义逻辑（semantic logic），但它的目标则是意义审美。最基础的语境制约是上下文，包括**连缀搭配**（collocation）与**呼应搭配**（accordance）。Close *in*（靠近、围拢）与 close *up*（闭合、关拢）的语义之差就是连缀搭配造成的。呼应搭配的意义很宽，可以指一切形成意义前后呼应或局部与全局呼应的语境制约。有一种呼应搭配"前呼"与"后应"在文中相隔很远，以致常常引起误解。例如《哈姆雷特》中为复仇而纠结不已的王子哈

姆雷特说过一句话，后世读者常常搞不清那个"it"究竟指前面哪个词：The time is out of joint, O cursed spite, that ever I was born to set *it* right. 从结构上看，it 可能指三个词：time, joint 和 spite，但从逻辑意义上分析，它只可能指 time："啊，这个阴错阳差的时代，命运多乖的我竟然要挑起重整乾坤的担子！"元代的诗人王冕写过一首"意象有奇趣，情思尤高远"（清代况周颐《蕙风词话》）的名诗：

> 我家洗砚池头树，
> 个个花开淡墨痕。
> 不要人夸颜色好，
> 只留清气满乾坤。

诗中的"清气"究竟何所指呢？应该说它的意义受全首诗的语境制约。这里的"清气"指诗人自己的品德、人格、气节，与"山峦秀美，清气宜人"中大自然的"清气"意思完全两回事。优秀的诗作（其实任何意义完整的文本都一样）常常具有一个"意义网络"，每一个词都是整个意义网络中的一个"语义结点"，牵出一个关键"结点"则全诗意义释然。

（2）修辞性制约

肩负修辞任务的意义常常脱胎于概念意义而又可能完全不同于概念意义。以修辞中用得最多的比喻（包括隐喻、明喻、借喻）为例。美国现代诗人洛特克（T. Roethke, 1908–1963）写过一首诗《醒》（*The Waking*, 1953）：

> I wake to sleep, and take my waking slow.
> I feel my fate, in what I cannot fear.
> I learn by going where I have to go.

洛特克笔下的 wake vs sleep; feel vs fear; learn vs go 等三组常用词都是借喻——借以喻人生，其中"wake"的意思很接近屈原在《离骚》中说的"醒"（"举世皆浊我独清，众人皆醉我独醒"，屈原用了两组借喻：浊 vs 清；醉 vs 醒）。洛氏全诗不妨直译以保留诗人良苦用心的艺术构思：

> 我醒来又复睡去，唯恐匆匆又醒，
> 在冥冥之中，我感受着自己的命运。

走啊，走啊，在走着中我悟出了前程。

人的一生确实是在朦胧懵懂中从不自觉到自觉，一步一步"走"出来的。修辞之用重在"妙"。"妙"来自**有创意的"迁移性意念"**，就是东晋顾恺之（348—409）所谓的"迁想妙得"（《论画》），历来为中国艺术家所追求。才华横溢的苏东坡（1037—1101）就曾经用"一树梨花压海棠"来巧妙地调侃他的诗友张先（990—1078，字子野）的"老夫少妻"之配，传为诗坛佳话。比喻的文化适应性和兼容性相当大，因此，从翻译美学表现的角度看，比喻最好采用直译，以保留其艺术构想而不必直白化。文化适应性和兼容性是我们倾向于直译比喻的依据，而不同文化之间的互动性和相互可感性则是我们可以灵活使用比喻替代来意译的缘由。

（3）历史文化制约

近年来汉语出现了很多新词语，例如"躺枪"（"躺着也中枪"的简化，innocent victim）、"支招"（give somebody an idea）、"靠谱"（reliable, acceptable）、"吐槽"（complain; disclose）等等，这些词无不带有近二三十年来浓厚的中国地缘文化色彩。英语也一样，Facebook（脸书）、low-end/high-end（低端/高端）、getaway（s）（旅游地、去处）、superhero（超级英雄）、transgender（跨性别的）等等，也反映了英语世界的发展变化。从翻译美学的意义观视角来看，特定民族的历史渊源和生态、民族文化发展沿革及当下的生存态势（以下简称"历史文化"），作用于语言意义的形式，大约有以下四种：

（a）框定（defining）

毫无疑问，语言（包括意义）是人在生活实践中创造的，但任何人都处在某种特定的**历史文化格局**中，因此历史文化是词语的概念意义的塑造者、框定者、支配者以及认可者。同样一个意念（概念），在汉语中叫"梦想"，在英语中叫 dream，在法语中叫 reve，在德语中叫 Traum。有的意念（概念）在英语、法语或德语中很相近甚至完全一致，如 illusion（幻想、幻觉）；有些则完全不一样，如英语 home，在法语中叫 maison，在德语中叫 Zuhause；英语 obligation（义务、责任）在法语中叫 devoir 或 obligation，在德语中叫 Verpflichtung。这一切变化或不变化的都是非人为的，它的定夺者、支配者和认可者都只能是历史文化。

（b）着色（colouring）

词义、辞章的色彩常常受制于特定的历史文化。很多词语本身是没有什么色彩可言的，但它们一旦进入一定的历史文化框架，就立即被鲜明地着了色。李白有两句非常性格化的诗：

仰天大笑出门去，我辈岂是蓬蒿人！

"蓬蒿人"就是浪荡求生于草莽之间的人。天宝六年，李白住在南陵（今安徽南陵县），忽然接到唐玄宗诏书要他进京待命。接到皇帝的诏书，才高桀骜的李白也不禁狂喜，立即告别妻儿出门就任。"仰天大笑"是一种心理—生理反应，可以是喜极、乐极，也可以是怨极、怒极，它的深层情感不一而足。但用在上句诗中立即将李白自视极高、不甘平庸、春风得意的本性表露无遗。

语言中有很多词的色彩是三维的：褒义—中性—贬义，维度之变端赖主体赋予它的交流目的。有些词的意念在汉语中一看就是贬义的，但它在西方历史文化中则是中性的，因为它反映的是某种自然规律。比如 mortal（that cannot live forever and must die，不可能永生的、必死无疑的）这个词在英语中有很多中性用法：Man is mortal（人不可能永世长存；贬义化："人都是死定了的"），We are all mortals（我们都是凡人；贬义化："我们都必死无疑"），It's of no mortal use（没多大用处；贬义化"这有个屁用！"），Dreamers are more favored in this world of mortals（在芸芸众生的世界里，梦想家们总是更受青睐；贬义化："大家都浑浑噩噩，就梦想家们吃得开！"）。在这些英语用语中 mortal 只是可观陈述，几乎没有贬义，我们的译语不要把它们贬义化。

（c）借代（borrowing）与替换（replacing）

地缘历史和地缘文化差异常常使语言接触频频发生"借代"与"替换"——"借代"是词义没有变化的替换，"替换"是词义有了变化的借代。汉语中"经济"一词借自日语，意义在双语中都一样，但汉语的"料理"（attend to, take care of）被借到日语中以后意义变了，成了"餐饮"。英语向法语借的词极多（大多数的借代词在发音／拼写上都需本土化），据说多达60%，有的意义变了，有的意义原封未动（比如英语 modern 与语法 moderne 意思完全一样），而变成意义相近词则更多（比如英语的 traverse 意思是"横越，横切，横跨"，而法语 traverse 原本是个名词，它的意义是"横档，横梁，枕木"）。从总的趋势来看，语言接触得越多，它们之间的借代就越多，这中间，强势语言被借代而进入弱势语言的情况就越多，例如当代日语中的外来语有85%来自英语。

（d）包容（containing）与融合（fusing）

从包容到融合既是不同的地缘历史和地缘文化良性发展的结果，也是跨地缘、跨文化良性发展的必由之路。《圣经》之广被于东方与《孙子兵法》之广被于西方，都是翻译传播史中非常具有指标意义的典型。人类社会与文明发展的总趋势是人类思想和智慧的包容与融合。语言和意义也是一样。这是翻译美学意义审美给我们留下的最广阔的空间：它引导我们在本雅明（W. Benjamin, 1953）所说的"字里行间的翻译"中去寻觅**原语意义与译语意义的包容、融合之道**。21世纪之初出现了一个旧词新意，美国一位学者提出用"stakeholder"（利益攸关者）来表述中国和美国之间的特殊关系。Stakeholder 这个词的原意是"a person or company that is involved in a particular organization, project, system, etc. especially they have invested money in it"（*OALECD*, 2005）。很明显，原意给人们留下了原语字里行间丰富的包容—融合义，以此定位中美两个国家之间的跨地缘、跨文化、跨经济、跨政治体制的关系。总之，翻译的意义审美时刻不能摆脱、不能无视历史文化对意义的制约。与此同时，翻译的意义审美又必须时时刻刻关注当下的世界思想文化的进步，以及这种进步给我们开辟的**意义包容和意义融合**的广阔道路。

综上所述，**意义审美是语言审美的基础，其实也是语言审美的关键**——就是说，翻译的成败在很大程度上取决于择善从优的意义优化表现式。说到底，翻译美学意义审美理论的核心问题一共有四个：

第一，"意义"具有相对的规定性、限制性，静态的意义只有进入交流的动态才能消解它原有的规定性和限制性，而具有新的相对规定性、限制性——这就决定了意义审美的必要性；

第二，准确把握交流中的概念意义：按交流情境的制约排除一切似是而非的概念（A. Varzi, *Arguing about Language,* 2010: 507–519），精心做到"思定于一"；

第三，将概念呈现推进到审美呈现：进入审美表现的"最紧要一步"（The Key Link），关键在优化，将自然形态提升为审美形态；

第四，审美优化调节是全局性、全程性的：优美的译文常常不是一蹴而就的产物，而是译者惨淡经营（反复调节）的结果。

本书还将在 Topic 12.9 中全面探讨翻译审美调节问题。

T4.4.3　翻译中的形式审美

翻译中的形式审美与意义审美密切相连，意义离不开形式的体现，形式也离不开意义的承载。用什么词来表什么意是诗人和作家"永恒的纠结",有人甚至发誓"语不惊人死不休"。看来"形"与"意"的伴随远不是那么简单。在中西方美学中,对形式问题争论很多,因为这个问题比较复杂。翻译美学观照中的形式审美及再现问题主要基于广泛的共识,像"形式审美"这样的大课题,我们采取分散、递进(审美现象 → 基本理论 → 再现对策)的办法处理。本书在前面(T4.3.1)的形式审美的层级论中已经谈到形式美的扫描,现在有必要扼要阐述翻译美学关于形式审美的几个深层理论问题,在 Part Twelve 中我们还要谈到形式的表现对策。

(1) 形式的限制性和规定性

语言中,"形式"的限制性和规定性是最强的,因为形式具有很强的视觉和听觉物质结构性,就是所谓"白纸黑字"。中国古代许多公文程式用了上千年的有的是。上文提到原语中的"chair"(尽管有各式各样的"chair")不可以译成"衣柜"(尽管有各式各样的"衣柜"),译者只能凭借交流中的具体语境,在"各式各样"的所指中定夺其一,在"白纸黑字"下搜索"真情实意",然后加以译者认为最适当的再现式——**消解旧的限制性和规定性,确立新的限制性和规定性**:概括地说,这就是形式审美了。英国哲学家罗素说过一句话:"To fear love is to fear life, and those who fear life are already three parts dead"(*Marriage and Morals,*1929)。按意的三要素(Topic 4.4)分析,句中"three parts"不可能是"三个部分",只可能是"四分之三":"惧怕爱就是惧怕生活,那些惧怕生活的人身上的四分之三已经没有生命了",这里"没有生命"就是"死"(原文中的"dead"),用前者比用后者好,因为"没有生命"与"惧怕生活"前后照应,比较匹配,它是译者认为"最适当的再现式"。

(2) 形式审美的价值论——形式是意义的不可或缺的载体

在哲学—美学的发展史中,形式问题屡屡遭到忽视,形式研究屡屡遭到排斥。其实,问题很显然,思维紧紧伴随语言,没有语言形式(form)的语言内涵(content,内容,指概念、意念、思想)是不可思议的,没有内涵的语言形式是没有价值的。汉语中的"扪心自问"、"喃喃自语"、"忖度再三"、"思绪万千"及英语中的 think to myself, think twice, have a hard thinking, mind reading,如此等等的思维活动,莫不伴随语言,只不过它们都是用的"潜在语言"、没有说出口的语言罢了,其实它们**都是有形式**的!爱尔兰作家乔伊斯(James Joyce,1882–1942)的名著《尤利西斯》(*Ulysses,* 1914–1921),就是写的"潜意识"。很显然,"潜意识"如果没有"潜在语言",成了十足的生理上的"意识流",那就根本没有《尤利西斯》问世了！概括而言，形式具有三个最重要的特征，也正是它的价值所在：（a）**物质结构性**，形式都具有视觉和听觉可感性，可以利用它来构建形式美，这是曲赋、格律诗和歌词等等的重要手段，现代的很多视听艺术都是利用形式的物质结构性；（b）**符号性**，形式的物质可感性都是用来承载意义的符号，也可以利用它来构建句子篇章的形式美和隐藏意义的修辞美（如隐喻）。中国书法具有的就是非常精妙的符号美；（c）**共性、可接受性和继承性**，形式的物质结构性和符号性使它必须承袭约定俗成的共性，唯其如此，语言形式一旦诞生，就必然带来继承性，至于它值得不值得"继承"，取决于它的内涵价值。例如汉赋，曾经万户传颂，美极一时。但到了唐宋，它的价值式微，也就慢慢淡出了文坛。

可以肯定的是，形式的物质结构性（物质结构模式）越新颖、越有创意，它的审美价值也就越大；同样，形式承载意义的容量越大、越深或越隐蔽，它的可接受性和可继承性就越大，其审美价值也就越大，越不可限量。

（3）语言形式美的可译性探讨

不同语言（特别是不同族系的语言）的表层结构之间没有通道，只是在深层结构（即意义）之间两者才有转换通道。这样说不等于认定语言形式美是不可译的。美国现代诗人金斯堡（Allen Ginsberg, 1926–1997）写过一首诗《嚎叫》（*Howl*, 1955–1956），诗中用了近 60 个以 "who" 开头的定语从句以及 18 个以 "I'm" 开头的主谓句，在视觉和听觉上恰似"一波未平一波又起"，颇有气势（force），似乎继承了惠特曼（Walter Whitman, 1819–1892）的豪放风格，这就是它的形式美。可惜 "Who-clause" 和 "I'm" 主谓句都是不可能翻译成汉语的。中国古典诗词的平仄格律也不可能译成英语。许渊冲翻译的唐诗也只能说翻译家已经尽力体现出原语的节奏感，尽力用英语的**音节韵**来替代汉语的**四声韵**——其实两者是不能同日而语的，单说汉语入声韵之沉郁凄美、去声韵之悠远高扬，形态语言的"韵"也仅是"聊备一格"而已！

应该说，语言形式美的可译性有一定的限度，但也不可限量，因为我们总可以在语言深层找到语际转换通道——遗憾的是我们不得不舍弃原语的形式美。比较可取的审美态度是"**不执着于形式对应，更寄望于形式代偿**"，例如"爬得越高，跌得越重"译成 The higher one climbs, the harder he falls 就是很好的对应式。消解形式的限制性和规定性的最佳对策当然是形式代偿。包括：

（a）**替代式**（Substitution）：如《论语》里说"君子坦荡荡，小人长戚戚"，

刘殿爵译为 "The gentleman is *easy of mind*, while the small man is ever *full of anxiety.*"

（b）**阐释式**（Interpretation）：下面一首诗取自莎士比亚，哈姆雷特的名言：

Doubt thou the stars are fire;

Doubt thou the sun doth move;

Doubt truth to be a liar;

But never doubt I love.

（你可以怀疑星星是火焰；

你可以怀疑太阳会自转；

你可以怀疑真理是谎言；

可是千万别怀疑我对你的爱恋。）

（c）**移植式**（transplantation）：移植的最常用办法就是音译（transliteration），例如"南无阿弥陀佛"的音译是"Namah Amitabha"（可能后者是原语）。

下面我们将对世界上两个最大的语种——汉语（Topic 4.5）与英语（Topic 4.6）进行一番整体的审美审视。

Topic 4.5 汉语之美

全世界大约有 5000—6000 种人类语言（D. Crystal, *CEL*, 2004: 286）。在世界语言万紫千红的百花园中，汉语可以说是一株始终在吐芳争艳、永不凋谢的灿烂奇葩。它香飘数千载，光辉耀四方，声如清泉下流淌的汩汩溪涧，形似徐风中飘逸的曼妙轻纱。汉语集音美、形美、意象美于一身，"闻之锵锵，阅之皇皇，意之渺渺"，绝对是人类语言的一大杰作。《翻译美学理论》（2011: 40）提到 13 世纪（大约在 1288 年）有位奥斯曼土耳其国王问他一位出使过中国的御前特使"秦人之语其妙异如何"，这位特使思忖良久，除了惊叹竟无以作答。中国历代都有很多书法大师，秦代有李斯（约前 284—前 208）的小篆、汉代有蔡邕（133—192）的隶书，东晋王羲之（321—379）的行书更是典型地体现了汉语语言文字确实是"有生命的形体"，俊才辈出，才得以代代相传而且遒劲有加。

汉语和它的美之最权威的也是最严正的见证者就是历史。汉语是世界上唯一源自古文明而又流衍至今从未中断的语言。从有汉字记载的殷商晚期（公元前 14 世纪）到今天，汉语已绵延发展达 3500 年之久，几乎涵盖了整个中华文明的发展史！然而目前仍然很难断定中华民族的审美意识的初始之芽萌发的确切年代。根据古人对上古文明的追忆，茹毛饮血的华夏先民历经开天辟地的艰辛。据《黄帝内经·素问》记载，"往古之人居禽兽之间，动作以避寒，阴居以避暑"；《尚书·尧典》描写了华夏生灵几被灭绝的洪荒水患："汤汤洪水方割，荡荡怀山襄陵，浩浩滔天"，生存环境极其险恶。但即便在那时，华夏先民也在抗击洪水猛兽以求生的同时，保持着一种对原始状态的淳朴之美的憧憬。《礼记·礼运》中说一次又一次从灾祸中浴火重生的先民共享一种大同的欢愉——"天下为公，选贤与能，讲信修睦"，"老有所终，壮有所用，幼有所长，矜寡孤独废疾者，皆有所养。"这里描写的就是中国古代殷商至西周的大同社会——一个在近乎原始的物质条件下实现了"真善美"的道德规范的社会，大约维持了 500 年。就是在那个时期，与道德和情感上的原始淳美相映衬，华夏先民淳朴的审美意识得以萌生。这一点，可以从西安半坡遗址出土的新石器时代文物中得到印证。属于仰韶文化的陶器、玉器和骨器已有了经过艺术抽象的图案、雕花与纹饰。我们从殷商甲骨文和商周铜器铭文已经可以清楚地看到上古汉语的胚胎已从"类文字符号"进化到了以象形为基础的会意字。（参见《汉字五千年》，2009，国家汉办，第 85 页）

从石刻符号和先后出土的大量甲骨文以及战国时期的石鼓文可以看出来，它们已经具有了若干汉语结构美和意象美的特征。特别是，它们昭示出中国人以直观的感知形象来记录主观意识和概念的思维特征，昭示了中国人如何诉诸意象来呈现自己对世界的认知。尤其是战国时代的石鼓文已经显示出了汉语特有的语言感性表现特征。这实际上是汉语的一部恢宏发展史的序幕，散发出汉语之美的初始光辉。

T4.5.1　汉语的结构美："玲珑飞逸"

"玲珑飞逸"是明代末年汉语书法研究家项穆（生卒年不详）在《书法雅言·神化》一书中对汉字结构美的点睛之评。我们所谓的"汉语结构美"，指汉语语言的形体结构即文字系统加上语音系统，简单说就是汉语的"形"与"音"。语言的结构美是一种"表层实体美"，也就是通常所说的"形式美"，体现为文字形体美与语言音乐美。我们先谈文字。

第一，汉字的文字形体美

汉字（Chinese Script）的历史十分悠久，最早的汉字书写遗迹，大约出现在距今 3100 至 3400 年之前的殷商晚期（公元前 14 至 11 世纪），迄今仍无定论。如果算上"类汉字"，即从原始社会中晚期的结绳记事到最早的象形符号（Pictographic symbols），那么汉字大约有五六千年的历史（J. Norman, 2008: 58）。在所有的人类语言中，汉字是唯一自古至今仍有充分交流活力、而且使用人数最多的书写体系（N. Ostler, 2005: 11–12）。

汉字本身具有十分明显的结构美：

（1）**图形性**（Compositiveness）

汉字的形体结构经历了漫长复杂的蜕变历程，才从象形性（Pictographic）演进为构图性（Compositive），中间经过商代甲骨文（Shang Bone Script）、周代青铜铭文（Zhou Bronze Script）、春秋战国石鼓文（Warring States Stone Script）、秦代篆书（Seal Script）、汉代隶书（Clerical Script），最后发展为始于汉魏晋直至今日我们所使用的楷书（The Standard Script）。汉字经历了三千多年书写使用的变革历练，才具备了今日实可谓"炉火纯青"、"戛戛独造"的形体结构，是中国人书法审美的杰出成就。

汉字构图审美之臻于炉火纯青主要表现为汉字内张力分布的多样化和协调性，采取或对称（如"炎"字）、或饱满（如"国"字）、或凌空（如"半"字）、或分跌（如"人"字）、或偏倚（如"寸"字）等等布局。绝大多数的汉字是取"左右两分、左小于右或右小于左"的构建模式，这个分布模式的意图很明白：或用以暗示"意"（如"缎"、"编"、"纱"等等，都与"丝"有关），或用以提示"音"（如"份"、"粉"、"芬"等等，都与"分"相近），因此汉字构图多样化与它的功能多样化是密切相关的，它的内张力布局的协调性则是与它的形式审美考量密切相关的。汉字是功能优化与形式优化的力臻完美结合的产物。

从整体来看，汉字的独立方块结构固然难以产生连体的形态变化（inflectional）部件（如词的前缀与后缀），汉字不具备形态变化机制，但却便于灵活对接，实现从左到右、千变万化的搭配、延伸。这是汉语词语和句子便于实现优美的对称、对仗、对偶、复选的文字结构条件，如"姐妹"、"上下"、"忐忑"、"叮叮当当"、"冷冷清清"、"春夏秋冬"、"是非曲直"、"昼长夜短"、"张家长，李家短"、"在天愿作比翼鸟，在地愿作连理枝"，等等，在视觉上产生动人的美感。

（2）**形象性**（Graphicalness）

汉字的形象美主要表现为视觉美。经过人的艺术构思的视觉美产生于美感直观和审美经验。经过一代又一代人的优化加工，汉字的外形可以使人产生美感直观，这种直观能在瞬息间产生形象，再由形象进一步唤起人的联想而产生概念。古汉字的象形性，接近于图画（Pictographic），古汉字可谓高度象形化。但高度的象形化必然带来交流和书写的不便，因而必然呼唤改革。纵观汉字的历次改革，改革者的立意都是针对如何将原始的象形性加以改造，使形体简约化、高度提示化，改造象形性但并非取消形象性。因此汉字的形象性这个基本元素仍然尽力被保留在楷体中，只是让图像提示性让位或部分让位给了意义提示性，今天的汉字可谓形象提示与语义提示相辅相成。时至今日我们还可以在许多常用汉字中看到汉语的形象性特征，如："雨"、"众"、"淼"、"马"、"心"、"攀"、"林"，等等。这里还涉及到意象性和汉语的意象美，我们将在稍后论述。

第二，汉字在使用中兼具视觉美和听觉美

汉字的结构美还包括由汉字的审美使用所形成的视觉美和听觉美，汉字的这两种形态的美几乎与汉语的使用如影相随。文字是达意表情的工具，但汉字除了达意表情功能以外，更兼具视觉美和听觉美，这样就大大加强了汉语在交流中的整体效果：视觉美使汉语产生工整、娟秀、神妙、奇趣的悦目感，听觉美则赋予汉语十分优美的动态节奏感。

（1）联边

联边就是连续使用相同的偏旁以加强被改造过的象形指示力度，造成视觉上的美感，在现代汉语中，最重要的是"二度联边"（Double radicals），如：

- 玲珑　鸳鸯　芙蓉　溪流　崎岖　狼狈　叫唤
- 绮缟何缤纷（曹植《杂诗》）
- 洪潦浩方割（张协《杂诗》）
- 一息滋润的水汽，摩挲着你的颜面，……就这单纯的呼吸已是无穷的愉快。

（徐志摩《翡冷翠山居闲话》）

（2）叠字

叠字就是重复使用一个字以造成视觉和听觉上的双重美感，既悦目又悦耳，如：

- 飒飒秋风 粼粼水波 庭院深深 生机勃勃 铁骨铮铮
- 重重叠叠山，曲曲环环路，叮叮咚咚泉，高高下下树。（清·俞樾《九溪十八涧》）
- 风风雨雨，暖暖寒寒，处处寻寻觅觅，（上联）
- 莺莺燕燕，花花叶叶，卿卿暮暮朝朝。（下联）（苏州网师园对联）
- 飘飘渺渺的那里的钟声，也嗡嗡的传了过来。（吴伯萧《山屋》）

（3）回文

回文就是可以顺读也可以倒读的诗句（俗称"杂体诗"），如以下诗句：

• 峤南江浅红梅小，小梅红浅江南峤。（苏轼《菩萨蛮·江南》）

别出心裁的回文具有谐趣，也是一种审美情趣或"奇趣"，多用于对联，如：

• 画上荷花和尚画，书临汉帖翰林书。（谐音）

（4）汉语结构美的句法运用

句子、语段、语篇中的排比、复迭、对称、对仗、对应铺陈等等，实际上也是借助汉字在结构上的视觉结构美和听觉节奏美，这是汉语行文常用的审美表现法，目的在加强语势和效果，古今一脉相承。例如：

• 大方无隅，大器晚成，大音希声，大象无形。（《老子·第四十一章》）
• 心思为谋，集札为文，情见于辞，意验于言。（王充《论衡·超奇》）
• 寂然凝虑，思接千载；悄焉动容，视通万里；吟咏之间，吐纳珠玉之声，眉睫之前，卷舒风云之色，……（刘勰《文心雕龙·神思》）
• 夫礼禁未然之前，法施已然之后。法之所为用者易见，而礼之所为禁者难知。（司马迁《史记·太史公自序》）
• 可是啊，北国的秋，却特别地来得清，来得静，来得悲凉。（郁达夫《故都的秋》）
• 不是什么欣悦，不是什么慰藉，只感到一种怪陌生，怪异样的朦胧。（俞平伯《桨声灯影里的秦淮河》）

显而易见，这样精致的句法结构美没有汉字作载体是根本不能实现的：汉字使汉语的语义容载与语言审美达致了一种近乎完美的契合统一，从而使汉语获得了一种理性与感性的近乎完美的契合统一；毫无疑问，汉字在汉语的达意传情中发挥着任何一种别的语言文字无从也无力表现于万一的直观审美功能，与达意传情相得益彰，使汉语特有的感性素质诉诸恰如其份的彰显。

T4.5.2　汉语的音乐美：清纯柔润，铿锵有致

"清纯柔润，铿锵有致"借自清代学者包世臣的汉语书法文论（《一舟双楫》），

以此来形容汉语的音乐美可谓十分恰当。人类语言既然属于"天籁"，必有音乐性，具有音乐美。在语言学看来，语言的音乐美属于一种语言结构美，不过它只发生、寄寓于语音层，而不在文字层，也不在意义层。有论者认为语言的音乐美虽然只是一种"浅层美"，只作用于感觉，但也能"辐射"到感情。

我们知道，声音有乐音与噪音之分，二者的构成和效果都截然不同。语音审美的基本目的就在于尽可能按语音分布规律与"情"、"意"的巧妙结合，变无序噪音为自然、流畅的周期性乐音（比如汉语的格律诗）。

概括地说，"语音审美信息结构"呈现在以下三个层次上，它们的形态和效果也因分布层级之不同而各有特色，语言美在形式上的**"可直感度"**（Perceptibility）和**"可联想度"**（Associability）则因层级而递减，翻译美学的关注集中于音象、音型与音效，一般而言尤以音效为主：

> **第一层级：音像**——对自然声音的纯粹模拟，以构成"音象"（Sound Image），如语言中的各种拟声成分（Onomatopoeia），即所谓 echoic words, "bump", "blast", "tick tack"；"吧嗒吧嗒"、"唧唧复唧唧"，音象的听觉及视觉可直感度、可联想度都最强。

> **第二层级：音型**——程式化和半程式化声律，或称为"音型"（Sound Pattern），诗词格律、韵律，以体现节奏美和音韵美。如：仄仄平平仄，平平仄仄平。音型可以寄寓微妙的情感。

> **第三层级：音效**——借助于语音的音质特征和组合模式以构成"音效"（Sound Effect），这种音效可以激发人的联想而衍生出某种"情"或"意"。如："寻寻觅觅，冷冷清清，凄凄惨惨戚戚"。音效主要关注"音"与"情"的结合。

> *****上表只涉及语言结构上的审美信息层级，不涉及意义层的审美信息。**

实际上，汉语中的每一个"字"（graph; character）都是一个音节，或称"音节字"。汉语的辅音（声母）在语流中不能独立发音，也是不能独立存在的，同时也没有复辅音（如 tr, tw, sl, cr 等）；而汉语元音（韵母）以及元音与元音的搭配却可以单独成为一个音节，半元音也可以与元音搭配成为单独的音节，因此元音在汉语语音合成中的功能很强。也是由于这个缘故，汉语中纯粹由元音组成的音节多达 16 个，"字"就更多了。例如仅由"o"与"u"组成的双元音"ou"而不带任何辅音的汉语常用字（词）就有 12 个：偶、欧、藕、呕、鸥、殴、瓯、耦、怄、沤、区、讴，等等。在英语中，辅音虽然也不能单独发音、不能单独成词，但纯粹由元音组成的词才三个：a（冠词），I（我），you（你）。这是我们说汉语元音占优势的基本原因，是汉语语音美的基本成因，也是语言结构上的依据。

就音节而言，汉英有异：汉语的音节是三维的，这三维是韵母—声母—声调；而英语则是二维的，即辅音—元音。可见，就音节结构维度而言，汉语比英语复杂，因此音节所容载的审美信息汉语音节也就比英语的音节多得多。下面我们试按中国音韵学传统以韵、声、调三要素来探讨汉语音乐美。考虑到论述的方便，这里先谈"韵"，再集中于"调"，最后谈声象美问题。

T4.5.3　汉语的音韵美："循声至隽"

语言中的"韵"具有音乐美兼及气质美两个方面，因此晚清学者况周颐对此有"循声至隽"的美评（《蕙风词话》）。中国的诗论、文论历来很重视"韵"。明代的文论家陆明雍说："有韵则生，无韵则死；有韵则雅，无韵则俗；有韵则响，无韵则沉；有韵则运，无韵则局。"（《诗镜总论》）可见韵对汉语之重要，它关系到语言的活力、语言的品位、语言的力量、语言的效果。显然，陆明雍这番话主要是在宏观上观照"韵"对汉语的审美的不可或缺性，这时的"韵"既指"音韵"，属于音乐美，又指"风韵、气韵"，例如唐代的李延寿就说过"放言落纸，气韵天成"，属于气质美。因此我们理解汉语之重"韵"，语义涵盖要放宽，不宜太窄。但这里我们谈的是音韵，容后再谈风韵、气韵。

（1）音韵美就是语音的和谐（和协）美

南朝梁（502—557）训诂学家顾野王（519—581）在《玉篇》里说，"声音和曰韵"。《玉篇》是公元 6 世纪我国第一本以释义为主的辞书，很明显，顾野王说的"声音和"指语音的和协、和谐。汉语就整体而言富于和协美、和谐美，这是由于：

第一，汉语以韵母（元音）占优势

韵母是韵之母，是音韵的主体元素，主音的响度（sonority）。汉语有 39 个韵母。声母就是辅音，所有的辅音都是气流受到闭塞、受到阻断形成的声音，与"韵"无关，因此辅音都不是乐音。汉语只有 21 个声母，大大少于韵母，可见汉语中的韵母（元音）优势是很显然的。与英语比较一下就更清楚了。英语有 24 个标准辅音（RP Consonants, RP 指 Received Pronunciation, Daniel Jones, 1926），只有 23 个标准元音，辅音多于元音。印欧语大体如此。这是必然的，因为印欧语都是形态语言，形态变化要求各式各样的辅音参与，没有辅音的参与就派生不出形态来。

　　当然元音优势主要还不是一个"数"的概念。汉语中所有的音节都必须有元音即韵母，元音在音节中具有极强的凝聚功能。事实上，汉语所有的音节都依靠元音才得以拼合构成。由于元音都是乐音，元音优势的直接表现就是韵母在音节中的乐音性（melodious）被强化，同时，相对地，辅音出声被弱化。汉语的音节是以"韵"（或者称为"韵腹"）为核心的完整的板块。我们可以在音节拼读中体会到这一点：现代汉语音节拼读时声母发音必须压低、截短，然后迅速滑到重读、拉长的韵母以实现拼合，即所谓"前音轻后音重，两音连读猛一碰"。（齐沪扬，2007: 82）如果不把声母压低、截短，那么它的"本音"就会变质，从中横生出另一个音节来。此外，韵母也是汉语在语流中构成节奏感（rhythmic）的主要元素，节奏产生于音步，汉语的音步属于节律类型，而音步中的主体则是韵母，韵律（prosodic）中的核心也是韵母。最后，汉语的声调属于非音质元素，它必须主要依附在音节中的韵母身上，韵母才是汉语的声调之本。元音优势造就了汉语的音韵美，自是必然。

第二，汉语声母在流变中或消逝或递减

　　汉语从上古到中古音系屡经流变，而变化最大的是声母。首先是复辅音（即双重辅音）的消失。上古汉语是有复辅音的，也经过不少语言学家的论证，可惜在一些具体的问题上现在还没有形成定论。不过有一点是肯定的，上古汉语有复辅音，但至东汉以后就消失了。（刘晓南，2007: 196）此外，从中古到近代汉语声母也从 36 个递减，主要是与全浊声母相应的清声母，部分字则是丢失了声母，变成了"零声母"字，历经七百余年，到今天的 21 个声母。

第三，普通话的确立加强了汉语的音韵美

　　普通话就是以元音占优势的北方方言为基础的通用语。普通话有 39 个韵母，除去"er"，计 38 个韵母；而声母则只有 21 个，另加一个"零声母"。普通话里声、韵、调之间的拼合具有严密的规律性，音节发音一般都能做到刚柔有度、跌宕有致，从而使得语流节奏清晰、音韵和谐，可以说将汉语韵母的乐音素质发挥得恰到好处。而且，从整体上讲，普通话里没有很拗口舌的音节，如 siu、tiu、nui、xou、kiu、jou，等等。普通话中没有复辅音，因此也就不会产生什么不甚悦耳的音节，而在汉语的许多方言中，很难发出的音和音节则相当多，而且有些正好是该方言的特色音或音节。

（2）汉语中其他旨在强化音韵美的词语联合手段

最突出的是汉语中的双声叠韵词。双声叠韵是汉语的一种旨在强化音韵美的构词方式，这样构成的词被称为连绵词，古称"謰语"。例如：

双声连绵词：联立　仿佛　玲珑　崎岖　流连

叠韵连绵词：败坏　彷徨　外快　迷离　清醒

清代李重华说，"叠韵如两玉相扣，取其铿锵；双声如贯珠相联，取其婉转"（《清诗话》，下册）。双声连绵词无论是"双声"或"叠韵"（其实，音韵学上"叠韵"中的"韵"指的是"韵类"）有不少是古汉语词，因此用今音读起来只是声近音近。由于这样构建的词音韵上很悦耳，因此近代、现代汉语也有很多这样的连绵词，上面列出的"联立"、"清醒"、"外快"就不是古汉语词。

双音节词的大量增多也有助于汉语的增加音韵美。近代、现代汉语出现了显著的双音节词化（disyllabification）。这本质上是汉语词汇语法化（实词虚化或类化）的一种倾向，但给音韵也带来了积极效果。现代汉语将单音节词双音节化的手段是：一、延宕（语音拉长，如"孔"拉成"窟窿"）；二、重叠（语音重叠，如"星"重叠成"星星"）；三、替换（同义替代，如"与"替换为"参与"）；四、添加（近义添加，如"云"添加成"云朵"）；五、压缩（如，"电冰箱"被压缩成"冰箱"）。单音词被扩展成双音词以后，词的长度增加了，词的意义加重了，词的音乐感和节奏感也得到强化。试观察单音词以及将它们双音节化以后的效果：

- 阶前看不见一茎绿草（草），窗外望不见一只蝴蝶（蝶）。（叶圣陶《没有秋虫的地方》）
- 我真可怜那些妇女（女）识见偏狭（狭），使他们错过爱之秋天（秋）的宏大的赠赐。（林语堂《秋天的况味》）
- 这十年中间，一切是有了怎样大的变化（变）啊：衰老（老）的死去（死）了，幼小（幼）的成长（长）了。（林默涵《狮和龙》）

现在试将括号前的那个词换成括号内的那个词，就会明显地感到意义在语流中的被减弱和音乐感的被减弱，尤其是大大有损于语句的节奏感。节奏感产生于"时间"（T for time）加"力度"（F for force）（郭沫若著《论节奏》，1925），单音节音步的 T&F 是（1+0），而双音节音步的 T&F 则是（1+1），后者是前者的一倍。（参见吴为善著《汉语音韵句法探索》，2006:8）这就是双音节词之所以能成为一种"倾向"的缘由。（吕叔湘，1963）不过也不要忽视了双音化的语义学理据是可以使单音词的意义明确化、专指化，特别是对多义单音词而言。单音词"民"有很多意义，双音化为"人民"以后词义立即明确化、专指化。

（3）声韵美与情的结合

前面谈到过"韵"的气质美，清代林纾说，"须知情者发之于性，韵者流之于辞，然亦不能率焉挥洒，情遂见"（《春觉斋论文》）。林纾这里说的就是"情"和"韵"的结合问题，这里的韵已经不是指音韵而是风韵，意思是与声韵伴随的非常微妙的情感、情愫、情思乃至意义。很多人都提到李清照的《声声慢》，"寻寻觅觅，冷冷清清，凄凄惨惨戚戚"，这里一共七对字，其中有五对用的是齿音声母，齿音可以产生一种凄清、凄厉、凄惨的心理和情感效应，被称为语音的象征性表现功能。这种声韵安排的微妙处就在"以音寄情而生韵"，正是刘勰说的"是以声画妍蚩，寄在吟咏。滋味流于下句，气力穷于和韵"（《文心雕龙·声律》）。

先来看辅音的象征性表现功能。在音节中，辅音主"声"的类型，元音主"音"的响度。按人类口腔器官的构造，由元音发出的"音"随气流通过时受到阻碍而发出种种类型的声音，这时，气流的强弱、口腔的发音部位、人送气的方法等三大要素对音节的特质即音色有很大的制约力，同时"情"也就微妙地渗透到了"声"中。比如，发有塞音（爆破音，plosives）的音节的时候，人们往往联想到模拟爆破、爆发而产生冲突感、抵触感、破裂感等等不协和的情愫；发有擦音（摩擦音，fricatives，包括齿音）的时候，人们往往联想到模拟摩擦、闭塞而产生摩擦感、撕裂感、仓促感等等不顺畅的情愫；发有鼻音（nasal sound）的音节的时候，人们往往联想到模拟蒙蔽、沉闷而产生停滞感、迟钝感、失落感、茫然感、落寞感、沉沦感等等晦暗情愫。例如：

- 伐柯伐柯，其责不远。（《诗经·伐柯》，"伐"模拟伐树的声音，"柯"是斧柄，伐柯是模拟砍树的声音）
- 打麦打麦，彭彭魄魄，声在山南应山北。（宋·张舜民《打麦诗》）
- 早则是惊惊恐恐，仓仓卒卒，挨挨挤挤，抢抢攘攘出延秋西路。（洪昇《长生殿》）

作者旨在利用声韵美的意图是很清楚的：凭借相对集中的模拟声来加强声律效果以强化作品中的"情"——尤其是柔情、幽情、怨情、愁情、隐情等等难以言表或不必言表的"情"。拟声还有另一个效果就是生动性：可以用声音引发联想、托出形象或者意象，这样比形貌描写有效得多。

现在再看韵母。韵母的主体是元音。元音受口腔部位的制约，响度差别可以很大。有学者研究，以响度特征来看，汉语韵母十三辙可以分为三种特征：

（一）洪亮级（江阳、中东、言前、人辰、发花）
（二）柔和级（遥条、怀来、梭坡、油求）
（三）细微级（灰推、乜斜、姑苏、一七）

这里的问题集中在韵母微妙的情感音色及其丰富的象征性内涵。根据上面所说的韵母三种音色特征，我们试分析杜甫晚年作的《述怀》的四句诗：

无贵贱不悲，无富贫亦足。
朱门酒肉臭，路有冻死骨。

在杜甫以前的历代文献中，类似的主题也有过。例如《孟子·梁惠王上》："庖有肥肉，厩有肥马，民有饥色，野有饿莩。"《孙子新书》中说："楚庄攻宋，厨有臭肉，樽有败酒，而三军有饥色。"这样的记载也很触目惊心，但都没有像杜甫的这四句诗这样响彻千古寰宇，浸透华夏人心。诗中"富"、"贵"音韵高亢，而"贫"、"贱"则低沉回落，继而是"酒肉臭"连用三个去声字，好似悲愤中的高声抗辩，最后以负重千斤的两个入声韵结束了诗人那一腔不了之情。这四句诗足以写照杜甫一生情怀的至纯至美，也足以使中国古典文学登上最高的人文主义巅峰！

按照前面说的汉语韵母十三辙的说法，"油求"韵属于"柔和级"，这类韵富含绵柔情意，披露风情万种的心怀，却也更常透出难言幽怨、凄苦冤情，还有剪不断的离绪、理不清的愁思。有时那悲天悯人又万般无奈的效应确实使人不忍卒读：

• 汴水流，泗水流，流到瓜洲古渡头，吴山点点愁。（白居易《长相思》）
• 为天有眼兮何不见我独漂流，为神有灵兮何事处我天南地北头？（汉·蔡琰《胡笳十八拍》之八）
• 月儿弯弯照九州，几家欢乐几家愁？愁煞人来关月事？得休休处且休休。

（宋·杨万里《竹枝歌》,《杨万里选集》, 第 180 页）
- 黄鹤楼前日欲低, 汉阳城树乱乌啼。孤舟夜泊东游客, 恨煞长江不向西。

（明·李梦阳《夏口夜泊别友人》）

声韵的象征效应一般游离在词义句意之外, 但肯定与词义句意相呼应, 而所谓"游离", 实际上是"若即若离"。如果两者完全脱离, 就谈不上声韵象征义效应, 美感也就顿失了, 这种例子很多, 不赘述。这说明, 汉语的"声、韵、意、义"的结合有非任意的一面, 翻译美学不能忽视。这一点, 下面还要谈到。

T4.5.4 汉语的声调美: 声中有意, 调中有情

汉语属于典型的声调语言（Tonal/Tonic language）, 那就是说, 每一个汉字（词）都有若干"调"（tone）。英语也有"tone", 也叫作"声调", 但英语的"声调"实际上指的是"句调"（intonation）, 与汉语的字（词）的"声调"完全不同, 英语的词只有重音而无"调"。因此, 英语的"tone"译作"语调"更合适, 即"intonation"。英语的语调也有抑扬顿挫之美, 但与汉语的声调审美功能不可同日而语。汉语的**"声中有意, 调中有情"**（参见晚清诗论家朱庭珍, 1841—1903,《筱园诗话》）, 声调是重要的基本表意表情手段之一, 属于汉语本质的感性审美特征。汉语的声调美是汉语诗词乃至日常语言的审美基本特征。德国的诗人歌德、语言学家洪堡特和哲学家海德格尔都认识到了这一点。

汉语的声调研究迄今已有一千多年的历史, 而声调之用可以说已近三千年。《诗经》中的大多数押韵韵脚声调相同就足以为证, 但远古之人只是"跟着感觉走"。至公元 6 世纪《梁书》沈约才发现了平上去入四个"声调类"（Tonal category）。周颙甚至写过一本《四声切韵》, 可惜已经失传。最重要的是, 经沈、周所标定, 但不知其所以然的"平上去入"四声却流传至今。这期间有过不少印象性解释, 如"平声者哀而安, 上声者历而举, 去声者清而远, 入声者直而促"（撰门神珙《四声五音九弄反纽图》）,"平声平道莫低昂, 上声高呼猛烈强, 去声分明哀远道, 入声短促急收藏"（明代释真空《玉钥匙歌诀》）, 以及"平声长而空, 如击钟鼓; 上去入短而实, 如击木石"（清代江永《音学辨微》）, 但这些都只能说是对声调音感的直觉描写。（Norman, p.52）

从表象上看, 声调具有生理、物理的自然属性; 就功能而言, 声调又具有心理的、情感的社会属性, 因此与意义和情感相连, 这是翻译学关注的重点。根据声调的自然属性, 我国语言学家赵元任首创以调值来表述阴平（Lower level）、

阳平（Upper level）、上声（Rising）、去声（Entering）四个调类（详见《翻译美学理论》，2011: 52—53）。现代汉语普通话将这四个调类中的阴平和阳平归入"平声"，将上声、去声加上入声归入"仄声"。现代汉语中的每一个汉字都可以辨别出是"平声"抑或是"仄声"。平仄之别绝不是任意的，它们之间的区别不仅在音高、在音长，更在音质、音色，即**情感容载特质**和**潜势**。平声语调平和徐缓，仄声语调曲折多变。格律诗正是凭借平仄的对称变化构建抑扬顿挫的音乐美，再加上诗人的情感、情思、情愫、思绪等等，将声调的社会心理属性融入其中，造就了中国语文的独特艺术性，下面是五言绝句的"正格"（指仄起式）平仄律：

> 仄仄平平仄，不向东山久，
> 平平平仄平。蔷薇几度花！
> 平平平仄仄，白云还自散，
> 仄仄仄平平。明月落谁家？
>
> （李白《忆东山二首》之一）

应该看到，诗人选择字的平仄，绝不是任意为之。右边李白的诗选择"仄起式"，表达一种含蕴深沉的情思，诗人用东山（在浙江上虞）的风光来衬托谢安的遗迹，感到世事茫然，内心戚戚。如果用"平起式"格律就起不到弥漫全诗的沉郁效果。翻译时译者就不能不顾及这一层微妙的审美信息，要避免用高调词语，尽量采用英语低调词。汉语声调的象征性表现功能是翻译美学必须研究的课题。下表可以起到一个提示作用：

		音质特点描述	可能激发起的心理活动/状态
平声	阴平	平缓、从容	安适平和 Easy & Calm
	阳平	自然、舒张	舒坦满足 Simple & Lively
仄声	上声	清厉、高扬	娴畅豁亮 Elated & Enlightened
	去声	清幽、明快	期盼向往 Eager & Anticipating
	入声	短促、急收	伤感落寞 Moody & Depressing

汉语声调的两个基本要素是音节内的"相对音高变化"和"相对音长变化"，

正是这两个要素的变化，为人的情感提供了容载空间，也必然带来其所容载的情感的变化。汉语声调美的奥秘悉在于此。例如，上声的清厉高扬之美，尽在孟浩然的一首几乎家喻户晓的诗《春晓》之中，仅二十个字胜似一幅幅充满闲适气度、风雅情怀的写意画：

> 春眠不觉晓，处处闻啼鸟。夜来风雨声，花落知多少？
> （平平仄平仄，仄仄平仄平。仄平平仄平，平仄平平仄？）

自唐代以来，《春晓》吟遍了九州和东亚大地，其意象、意境之闲适清雅当然是重要条件，这中间，声调适切善用，与意象意境相得益彰，应该说是主要原由。我们似乎可以这样说：汉语声调美之最奥秘处在于将意象、意境与意义的微妙整合，具体说来就是清人周济所作的一段结语：

> 东真韵宽平，支先韵细腻，鱼歌韵缠绵，萧尤韵感慨，各具声响，莫草草乱用。阳声字多则沉顿，阴声字多则激昂。重阳间一阴，则柔而不靡；重阴间一阳，则高而不危。(《宋四家词选目录序论》，《词话丛编》)

周济这番话言之在理，行之有效，是精准的审美经验之谈，令人折服。

T4.5.5 汉语的意象美："神用象通"

汉字脱胎于象形文字（Pictographs），说汉语具有意象基因，实非夸张。汉字绵延发展了五千年，到今天有许许多多字有意象的影迹，例如马、山、弓、羊、丝、水、日、月，等等。如果我们翻开《说文解字》，查查汉字的"家谱"，那就更清楚了。据估计，至少有一小半的常用汉字源自它们的原始图形。汉字的形体蜕变，完全是基于两个考量，一是功能考量，二是审美考量。但无论汉字怎样蜕变，它们都没有背离自己的源头。

不过我们今天之论汉语的意象美，主要还不是关涉到文字本身，而是汉字的意象美构建功能。

中华民族崇尚意象，源远流长。《周易·系辞上》提出"立象以尽意"，意思就是寓"意"于"象"，指以"形象"（以形成象，也泛指天象、物象）为手段来表达"意念"，当时旨在阐发《易经》的神蕴。东汉王充（27—97？）在《论衡》以及刘勰（465—520）在《文心雕龙·神思》中都曾提到"意象"。唐代以后"意象"正式成为中国美学命题。在中国语言文学中"意象"就像人的经络，语言的"生命密码"赖以传递，因此《周易》的论象，成了汉民族文化审美的源泉，《诗经》和《楚辞》的审美核心就是意象。刘勰说"**神用象通**"，在古人的审美意识中"神"（语言生命）与"象"（语言符号）相通，就是说"互为表里"，因此刘勰点出了现代语言符号学的基本原理。

意象作为艺术的哲学方法论对汉语的意象美起着关键性的作用。在翻译美学看来，意象的艺术哲学方法论的意义在于：

第一，汉语文字体系的意象性广泛参与了意义的构建与传递

文字是意义传递的工具，意义赖文字来传送、传播。文字是怎样传递意义的呢？概括说来有两种方式：一种是任意性的，也就是利用"音—形"与"意"之间的约定俗成的联系来传递意义，例如印欧语的"音—形"与"意"之间的关系基本上是任意的。另一种方式是利用非任意性（或相当程度上的非任意性），约定俗成地传递意义。汉语基本上属于后者。汉语的"音—形"富含意象美，已如上述。基于此，汉语可以通过汉字的意象美来加强意义的传递，例如汉字中以形表意的字如淼、森、众、林、垚，等等，以及以音示意的字如爆、瀑、破、泼、拍、碰、扑、撕，等等。现代汉字是一种表音度相对较低、表义度相对较高的文字。据统计，在 2500 个常用字中，有 2270 个带偏旁的合体字，其中有 70% 的字的义符仍有提示性辨义功能。例如，以下的字带有"与（手的）动作有关"的意义：打、捧、拍、掰、拌、撕、扛，等等，以下的字带有"与水有关"的意义：流、泛、淋、浴、波、深、浅，等等。总的说来，汉字的意义信息量大大超过拼音文字，这与汉字的意象容载功能很有关系。

第二，汉语文字体系的意象性是意义解码的有力凭据

意义解码比意义辨识更深一层，但彼此有关：辨识以后就便于解码了。比如我们可以运用意象来实现意义解码：

- 投袂（陆机《文赋》）——"投"表示手臂的动作，"袂"指古代人的长袖。据此，意义应该是"甩袖起舞"。
- 骥騄（曹丕《典论》）——二字均有"马"字偏旁，料为马类，不可能是草木虫鱼。按上下文应指千里马。
- 一棒一喝（梁启超《论小说与群治之关系》）——"一棒"意思应该是"打人一棒"，"一喝"应是大喝一声之略，意思大概是喝令某人清醒。

当然，这时的意义解码，只做到了求其大体。汉字的意义显示功能本来就只具有提示性质，做到提示性也属难能可贵，并为汉语所独有。意义解码的完成取决于知性的理解，理解才是审美心理活动的终极追求。

第三，汉语文字体系的意象性广泛参与了艺术意象的构建

应该说，意象的主要功能是一种艺术手段，它以直观可感的"象"（物象、形象、景象、现象、貌相、外貌，等等）容载了经过艺术化了的"意"，为审美客体提供艺术效果，为审美主体提供感应对象或"access"（进入通道）。白居易的《长相思》云，"泗水流，汴水流，流到瓜洲古渡头"，共十三字就有九个字与"水"有关，水波渺渺之状跃然纸上。无独有偶，元代张养浩有诗云："云来山更佳，云去山如画，山因云晦明，云共山高下。"（《双调雁儿落兼得胜令》六首之二）此诗共有四句，句句不是"云山"就是"山云"，每读至此，不觉堕入云海中，只见云衬山来山托云，有明有晦，变化万千。这就是汉字意象性的魅力！这是任何拼音文字碍难办到于万一的。美国诗人庞德（Ezra Pound, 1885–1972）对此更是赞扬备至。

第四，汉语文字体系的意象性本身构成了汉语的文字结构美

毫无疑问，汉字的结构不是简单的几何图案，也不是仅仅具有视觉感应功能的符号。汉语的文字结构美的灵魂就在于它含蕴的意象性，意象性正是汉字历数千年流衍不息的生命之泉。例如"艸"（草）字，寥寥几笔就展现了大地滋润、绿草丛生、生气盎然的景象，使千百代大地之子从中获得了感恩自然的至淳情感。

T4.5.6　汉语的意境美："境与意会"

"意境"（artistic mood; artistry in the combination of emotion and situation）是中国文艺美学上一个特殊的艺术创作和艺术鉴赏范畴，历来被人们认定为一个最难解说的审美概念。"境与意会"是苏东坡对意境的演绎性解释，可以说比较易于理解。苏东坡在解释陶渊明的诗的意境时说：

> "采菊东篱下，悠然见南山"：因采菊而见山，境与意会，此句最有妙处。近岁俗本皆作"望南山"则此一篇神气多索然也。（《东坡诗话》，《萤雪轩丛书》刊本）

为什么苏轼认为将一个"望"字替代了"见"字就这么败煞雅兴呢？这里的关键在"境与意会"，尤其在"**意会**"所表示的采菊者澹泊适情的心态："望"仅仅表示一种平常的行为指向或结果，无关乎采菊者"清净雅逸"（王国维语）的心态，而"见"则暗示一种偶然性和适意感，正好衬托出采菊者那种无求无待的"清净雅逸"的心态。这就是宋代普闻（《诗论》）所谓"意从境中宣出"，"思从意中化开"了！可见**意境美**的基本特点是一个四维多面体：（参见唐代王昌龄在《诗格》，《诗学指南》卷三中论"诗有三境"）

第一，境中有所感之景

很显然，"境"是意境的基本"载体"，例如陶诗的"东篱下"就是这样一个"境"，也就是基本载体。当然，此中之"境"可大可小。下面辛弃疾的词中之"境"指"塞北江南"、"万里江山"，则可谓大得很了，"平生塞北江南，归来华发苍颜，布被秋宵梦觉，眼前万里江山"（《清平乐·独宿博山玘庵》），意境十分高洁。很显然，这里重要的是辛弃疾在这个大"境"中所讴歌之"壮景"、"美景"和"愿景"。

第二，景中有所寄之情

说它重要，是诗人在景中所寄之情：即歌德所谓"情寄于景，于是景就有了生命"。辛弃疾是个情怀高致、诗风非常个性化的杰出诗人，"我见青山多妩媚，料青山见我亦如是"，这样情景交融的至高情致，可谓前无古人后无来者。

第三，情中有所会之意

其实人的情感的深层含蕴、它所承托包融的是"意"，所以苏轼说"意会"，"情"只是"意"的感性表现形式，没有"意"的"情"我们只好说它是"矫情"、"滥情"、"假意虚情"。一般而言，情深者必然意切，意切者莫不情深。

第四，意中有所系之思

一般说来，"意"向"意义"倾斜，如意念，而"思"则向"情感"倾斜，如"思念"；"思"常常用作动词。

但是，"境—景—情—意"四者中最深层的东西还是"思"，也就是诗人、艺术家的社会、政治理念以及价值观。陶渊明（约365—427）是东晋末期诗人，年轻时也混迹官场，因此深知官宦乡治之污浊难容。有一次他的僚属要求他向官家叩礼相拜，陶渊明气愤地说"我岂能为五斗米折腰向乡里小儿"，于是写《归去来兮辞》幡然昂首而去，到乡下过"躬耕自资"的生活。了解了他的这个人生观、现世观背景，就能更明白为什么苏轼说的"悠然见南山"中"见"字的微妙深意了。

T4.5.7　汉语的模糊美："惚兮恍兮，其中有象"

　　"惚兮恍兮，其中有象"出自《老子·二十一章》，讲的就是意象的模糊美。模糊美在古代叫作"隐美"、"隐秀之美"，汉语是一种充满"隐秀"的语言，汉语语法系统（词法中的词性，句法中的主谓宾补、主动及被动，等等）都充满不确定性（uncertainties）和模糊性（fuzziness）。这种"惚兮恍兮"的模糊美也就成了汉语鲜明的审美特征，尤其是诗歌，将"隐美"视为一种高格调的审美情趣，正如清代刘熙载说的"妙能出之以深隽"（《艺概·诗概》），"情隐而显，势正而奇"（《艺概·赋概》），妙手应该在"隐"字上下功夫。历代诗评很推崇宋代毛滂的两句诗，"酒浓春入梦，窗破月寻人"（《临江仙·都城元夕》）。诗人走避繁华，独自乘酒浓带着春意进入了梦乡，不料却被月光挑破窗户找到了！薛砺若在《宋词通论》里说毛公这两句诗"风度萧闲，令人百读不厌"。诗中只字不谈"情"，但情满溢而势承托的奇正，可谓"情隐而显"的典型。这里追求的就是模糊美。艺术上的模糊在中国艺术理论中叫作"象外之象"（唐代司空图），也就是意境。人们在"意境"中领略到的，既不是纯粹的"意"，也不是纯粹的"象"，而是意与象在第三维度——即"神思"空间维度上的结合，或称为"梦幻结合"（赖贤宗，2009: 33），道家谓之"浑然天成"，指的是自然天真，也就是王国维说的"古今之大文学。无不以自然胜"（王国维《人间词乙稿序》）。

　　但是我们这里所说的模糊美不仅是一种艺术手段或艺术境界，还包括语法结构上的模糊美。模糊（fuzziness）是汉语语法的一种美的气质。汉语不是形态语言，词的"性、数、格、位"悉数隐含。不仅如此，句法中连主语也常常缺如（例如《易经》的第一卦《乾卦》一开头就是无主句"见龙在田"，谁"见龙"？没有提也不必提），宾语也是不像个"受事"（例如"我吃小碗，你吃大碗"）。《汴京纪事》中有一句诗说"骨朽人间骂未消"，究竟是谁在"骂"？是"骨头"在"骂"吗？不可能。那么"人间"呢，是主语，还是状语？"人间"与"骂"没有主谓关系，但"骂"者肯定在"人间"。总之，一切都在唇齿之间又都未言明，一切都是模糊的，而美就美在这里，妙也妙在这里，"玄之又玄"，可谓"众妙之门"（《老子·二章》）。中国人就凭一种难以言明的语感，**靠"妙悟"（实际上是语言审美经验）来把握语义结构**。这在印欧语中根本不可能。在现代汉语中没有主语的句子很多。例如：

　　· 东城西城的天空中，时见一群一群的鸽子。（许地山《上景山》）

- 在晶莹的泪光中又看见那肥胖的、青布棉袍黑布马褂的背影。（朱自清《背影》）
- 房间少了，得想个法安插客人。（臧克家《野店》）
- 找一个广场，在四周围观的人丛中，留出一片空地，就在那里表演起来。
（林默涵《狮和龙》）

在说汉语的人看来，句子没有主语具有一种模糊美，它美在：首先，句中主语既然不言自明，不如隐而不宣，这样可以使句子**更洗练简洁**——能"骂人"的，当然只能是人间的人；第二，句子中的行为、事态的实施者、相关者缺如，可以产生一种未定的**灵活性甚至悬疑感**（enticing uncertainty）。例如"算了"比"你就算了"或"这件事就算了"灵动有力得多，即俗话说的"说死了不如不说"；第三，叙事中让主语"虚位以待"可以使读者产生一种**替代性主体感**、亲近感，无形中把读者拉进了行为事态的进程；第四，汉语**重意念逻辑**而不是完全依赖语法形式逻辑，"隐而不乱"凭借的是意念逻辑的"无形掌控"，有人说这是"汉语不严谨的表现"，纯属妄断，至少是一种误解。

模糊美被认为是汉语的一种独特的文化气质、精神气质，是语言的一种高品位的美。

T4.5.8　当代汉语行文审美基本要领

当代汉语行文的主要特征是**自然、通顺、欣畅**：自然美属于"**真**"，通顺美属于"**善**"。欣畅美属于"**美**"。

（1）**所谓行文自然**，就是不矫揉造作，不"矫情"（affectation）。元代有位诗论家陈绎曾在《诗谱》里解释"自然之为真"说，所谓"真"，就是"情真、景真、事真、意真。澄至清，发至情"。"八股文"（包括现代和当下的新八股）之所以令人生厌，就是因为其失真的矫情。

（2）**所谓行文通顺**，就是文句结构和立意通达平顺，符合儒家自古创导的"辞达论"，而要做到"辞达"就必须确保"善用"。对翻译而言，要特别注意以下几个方面的"善用"：一要正确使用虚词；二要选用适当搭配；三要避免产生歧义；四要妥当安排句式；五要捋清句段思路。文章把好了这"五道关"，也就会走上平顺通途。

（3）**所谓行文欣畅**，就是文章"文字工整，思路清晰，气势畅达"，欣畅的反面就是思路混乱、文句纠结、语序不顺，给人总的感觉是所谓"诘屈聱牙"。

不欣畅的译文也表现为用词晦涩、不文不白、文句拖沓。英语正式文体多长句、被动句、主从复合句，因此不欣畅的译文常常就是由于不会处理这类句子。望有的放矢，多做练习，务求**打好行文基本功**。

比之于印欧语，汉语可以说是一种极富感性的语言。汉语今日之丰采是数千年质朴的农耕社会锤炼的结果，也与中国传统哲学与美学绵延不断地参与铸造很有关系。儒家崇尚情性的整体完美和温柔敦厚，"但处其实不处其华"。道家关注"道法自然"，"寄至味于淡泊"，追求返璞归真，使"心游于物之初"，追求清逸潇洒的人生。儒道都讲求高品位的心智悟性。这些哲学思维和美学标的对汉语的婉约、精纯，寓法度于空灵笃实之间的素质，都具有极其深刻的影响。

Topic 4.6　英语的丰采

常言道，"一方水土一方人"，语言也一样，它既是人文历史发展的产物，又与养育人的山川风物密切相关。汉英之美各有千秋，其成因非常复杂，因此不能简单地、牵强地作表象评比，各自的优长短缺也不能机械地相提并论。下面谈英语。

T4.6.1　历时的斑斓与共时的辉煌——以广袤的语言版图显示英语之大气卓然

英语属于西日耳曼语（West Germanic Languages），它的历史并不很长，除去原始时期，总共才 600 年（P. Roberts, 2004: 33），其"发家史"伴随大英帝国发迹史，更不足 200 年。英语从大约只有三、五千人的部落语言发展成为今天遍及全球的"首选交流语"，可以说是人类语言史上的一大奇迹。对英语这部奇迹般的发家史，英国语言学家费斯有一句名言："世界强权造就世界语言"（J. R. Firth: World powers make world languages, 1957）。费斯说，英语的发迹伴随英帝国的殖民史，因而也伴随着罄竹难书的血与泪、阴谋与掠夺。这诚然是很深刻的见解。但我们今天关注的是英语语言本身的发展和它那令人瞩目的语言版图，主要着眼于人类语言文化史上的这一合共打造的奇迹般的成就，以及近百年来英语对人类文化交流的卓有成效的贡献。

当代英语是从古英语（Old English）、中古英语（Middle English）和早期近代英语（Early Modern English）一脉相承发展起来的。可以说，当代英语记录了英语语言本身发展的历史斑斓。我们眼前的英语的本身就是一部英国语言文化史，它既留下了乔叟、斯威夫特亲手记录的发展历程，又留下了莎士比亚、拜伦和雪莱亲手描绘的情怀心迹。正是这些不可磨灭的历史斑斓使全世界的英语爱好者为之倾倒。从共时的视角看，英语博大的语言版图也着实不能不令人兴叹。语言史家 N. Ostler 在其近著《词语的帝国》（*Empires of the Word, A Language History of the World*, 2005:526）中对英语共时的辉煌也作了浓墨重彩的描述，赋予了英语一个很前卫的称号——Mega-Language（巨无霸语言）。他说今天全球有 20 种语言属于"20 强"（Top Twenty），其中汉语和英语无疑属于"巨无霸语言"。（同上书，第 20 页）

　　原本只是一种小小的部落语言的英语，其所以能出落成"巨无霸语言"，除了上面提到的历史原因外，当然是由于它本身具有无可否认的一大优势：包容性。英语是拼音文字，它的发音和拼音体系相当规范而又很简单，可以便捷准确地记录下任何语言的词语的原语发音，从而完成所谓直接引进"借词"（borrowing）。据统计，在全世界的语言中，英语（包括美国英语）所吸收的外来语多达 20 余种，是名副其实的"大杂烩"，其中来自法、德、意、西的外来语都是以原形引进的借词（D. Freeborn, 1998: 319–351）。英语中流行一句话："Nothing cannot be borrowed from language"（语言中没有什么是不可以借的），足以窥见英语之开放豪情。英语之引进外语有一点更显其大度宽容，外语"来宾"进入英语甚至可以"衣冠照旧"而与"主人"平起平坐，不必跟着英语改变语法形态，比如"Long time no see"据说就是汉语口语"好久不见"的直译，其结构实不符合英语语法。可以说，英语集历时的色彩斑斓与共时的繁茂辉煌于一身，它是英美文化骄人的产儿，也是世界历史文化"共业共享"（梁启超）的一个标志。

T4.6.2　英语的理性美——以严谨的语言规范尽显英语的理性素质

　　英语素来被誉为具有"理性美"，主要指英语严谨的语法规则性（grammatical regularity）、严密的形式规范程式（rigorous normality in form）和从句法结构到语篇结构的高度法治和有条不紊的组织性（highly organizational）。英语在形式—形态规范上一丝不苟、一板一眼与各色人等坦荡相见，其理性素质表露无遗。

　　我们先看英语句法结构在最基本体制上的严谨性。

　　英语中所有句子无一例外必须具有一个核心结构，那就是 SV（主语加谓语动词），S 与 V 之间还必有"数"的一致，叫作"Concord"，Concord 中遇到第三人称单数现在时还必须在动词上加上一个"s"，这一系列体制性规定统称为英语的 SV Mechanism（主谓提挈机制，"提挈"的意思就是"govern"）：人人必须遵守，句句不得例外。下面是一段 Virginia Woolf 写的散文"Street Haunting"，我们将按句分排，并按 SV Mechanism 规范，将语段中每一句子中的主谓排成了斜体，放在左边，以便纵向扫描，来显示 SV 严谨的主轴化规范：

But *what could be*	more absurd?
It is,	in fact，on the stroke of six;
It is	a winter's evening;
We are walking	to the Strand to buy a pencil. How, then,
are we	also on a balcony, wearing pearls in June?
What could be	more absurd? Yet
it is	nature's folly, not ours. When
she set about	her chief masterpiece, the making of man,
she should have thought	of one thing only. Instead, turning her head, looking over her shoulder, into each one of us
she let	creep instincts and desires
which are	utterly at variance with his main being, so that
we are streaked, variegated,	all of a mixture;
the colors have run.	
Is the true self	this
which stands	on the pavement in January, or that
which bends over	the balcony in June?
Am I	here, or
am *I*	there?

统观全段左端，SV Mechanism 一句不缺，句句统领一切，句法核心功能（王力称之为"法治"精神）尽显，实在可以被视为英语体制上的一条根本轴线，这根轴线历久不衰，这在汉语中是没有的。这也体现了欧洲古典美学追求整齐性、统一性的价值标准。英语的体制化形式（结构）规范为语言准确性及准确理解提供了可靠的依据和保证，做到了严谨的"依形出意"。以下四句从（a）句到（d）句中 gone home，went home，walked home，had walked home 究竟是"She"还是"He"的行为，都可以由形式结构来决定，不可能模棱两可，也就无需争辩：

110

（a）She discovered that he had left the party and *gone* home.（*gone* 指向 He）

（b）She discovered that he had left the party and *went* home.（*went* 指向 She）

（c）She discovered that he had left the party and had *walked* home.（*walked* 指向 He）

（d）She discovered that he had left the party, and she *walked* home.（已显示指向）

（*Facts on File, Handbook of Good English*, 1991:52）

由于英语具备由形式决定意义的规范，结构对意义具有合理的制约功能，因而为意义把握及准确的语际意义转换提供了可靠的物质依据（W. Chafe, *Meaning and the Structure of Language*, 1970: 15–17）。这是英语理性素质的重要表现。在英语中，"以形驭意"一旦出现纰漏，深谙英语的人仅凭形式分析就很容易察觉出来，例如：

（e）Let's take my car, not my wife's, *who* has dented the fender.（"who"及整个从句按规则不能指物，即"my wife's car"，因此这个句子不对）

（f）Let's take my car, not my wife's, *which* has a dented fender.（"which"及整个从句按规则可以指物，即"my wife's car"，因此这个句子是对的）

（R. Borsley, *Syntactic Theory*, London, 1990:58）

从整体上看，英语在语法形式机制问题上有板有眼、绝不含糊，实在可谓具有"说一不二"的"法治精神"和理性素质。我们还可以看到英语确实具备为高度理性化叙述所要求的条件：语言文字结构的严谨性以及以此进行精微的逻辑表述的精确性。培根的哲理散文《论高位》在形式和内容上都充分表现了英语的这种理性素质，充满理性美：

Men in great place are thrice servants: servants of the sovereign or state; servants of fame; and servants of business. So as they have no freedom; neither in their persons, nor in their actions, nor in their times. It is a strange desire, to seek power and to lose liberty; or to seek power over others and to lose power over a man's self. The rising unto place is laborious; and by pains, men come to greater pains; and it is sometimes base; and by indignities, men come to dignities. The standing is slippery, and the regress is either a downfall , or at least an eclipse, which is a melancholy thing.

（居高位者实为三重奴仆：国家之奴仆、声名之奴仆及事业之奴仆；因此他们毫无自由可言，既无人身自由，亦无行动自由，也无时间自由可言。以牺牲自由为代价而攫取权力，或者说，以牺牲自身的自由为代价而攫取操控他人的权力，这种欲望颇为怪异。这样往上爬劳心费力，实际上是以痛苦来换取更大的痛苦，有时甚至颇为卑鄙，他们的尊严是以屈辱换来的。这样的高位势难立足，到头来不是栽跟斗，至少也会声名权势尽失，不能不说是件可悲的事。）

这是何等精到的哲理分析，可谓情理并茂。培根"理中有情"的论述可以说直到今天还有极大的道德震撼力！"因理动情、因情述理"，这就引出来我们所谓"理性美"中的另一层意思：动态感性美。

T4.6.3　英语的动态感性美——以语法规范的内在律动表现语言的生命力

真正的语言理性（理）还意味着对语言感性（情）的包容、融汇和提升，这正是人类语言的"天籁"本质。这就是说，英语的理性素质本身具有一种可贵的相对性：容许语言感性功能的充分发挥，有人将英语这种素质称为"液态素质"和"民主精神"（G. Goshgarian, 2004: 572–580）。以时态、语态、语气为例。英语中具有严格的秉乎"理"的规则性，但"作为人的"（human）说话者并不是"木木无情"的机器，只需按程序规则行事。英语顾及了这一点。它既重规则，又重随机，从而让说话者可以本乎具体的时空定点、基于个人的灵动体认"感物表意"，于是就出现了人类语言感性与语言理性交融于三个维度的精彩的动态活动：时空、主客、虚实。时空主时态（the tense），主客主语态（the voice），虚实主语气（the mood）；读者在这三个维度中穿梭，运用着、体验着英语的动态之美。下面请读一读英国作家乔治·奥威尔（George Orwell）的散文 "Such, Such Were the Joys"（《如此欢愉》，1994: 272）中的两段文字，细心体会使你在三个维度中穿梭的英语动态美：

> . . . But at any rate this *was*（时空）the great, abiding lesson of my childhood: that I *was*（时空）in a world where it *was*（时空）not possible for me to be good.

And the double beating *was*（时空）a turning-point, for it *brought*（时空）home to me for the first time the harshness of the environment into which I *had been flung* （主客）. Life *was*（时空）more terrible, and I *was*（时空）more wicked than I *had imagined*（时空）. At any rate, as I *sat*（时空）on the edge of a chair in Sim's study, with not even the self-possession to stand up while he *stormed* at me, I *had* （时空）a conviction of sin and folly and weakness, such as I *do not remember*（时空）to have *felt*（时空）before. In general, one's memories of any period *must* necessarily *weaken*（时空）as one *moves*（时空）away from it. One *is*（时空） constantly learning new facts, and old ones *have to*（时空）drop out to make way for them. At twenty I *could have written*（虚实）history of my schooldays with an accuracy which *would be*（虚实）quite possible now, But it *can* also *happen* （时空）that one's memories *grow*（时空）sharper after as long lapse of time, because one *is looking*（时空）at the past with fresh eyes and *can isolate*（时空）and, as it *were*（虚实）, *notice*（时空）facts which previously *existed*（时空） *undifferentiated*（主客）among a mass of others . . .

读英语时，只觉时空穿梭、主客交替、虚实迭变的动态感最为强烈——人的思维必须在三大时段穿梭"蹦跳"(hop off and hop on)：过去、现在、将来，其中"过去"（过去时／式）中还有"过去的过去"（过去完成时／式），将来中更有"完成的将来"；昔中有今，今中有昔，虚虚实实，昔昔今今，真个是"传语风光共流转，暂时相赏莫相违"（杜甫《曲江二首》之二）。大概正因为这样，西方哲学家认为"脉冲式时间性"（Pulsing Temporality）就是一种动态美，此话不假。如果再加上人称代词的主宾变格、名词的单复变数、形容词和副词的变级，阅读时的动态感当然就更觉强烈了！

我们还应看到英语理性美与英语感性美交相作用的另一种重要表现：容许说话者主体的"意"（意念、概念、判断）对形态选择起某种决定作用——试观察以下例句中"意"（主体）如何"随机通变"地决定"形"（客体）：

（1）But she is an exception, *who* is a mother with large *families*.

（说话者是以 *families* 来指家庭成员。）

She has to maintain a *family* of five children.

（说话者说 *family* 时意指社会的一个基本单位——家庭）

（2）What *look* like two super-sized golden bird cages have been erected overnight.
（句中用 looks 还是 look 取决于主体心中的"意"究竟是指单数还是复数的事物）

What *looks* most hopelessly black for me now is her health.
（说话者心目中的事物显然是单数的，即"她的健康"）

　　与此同时，理性的、法治的英语确实又时时在制约着"意"的泛滥不羁。当说话者的"意"膨胀到可能危及英语的基本规范的时候，英语的理性力量就一定会挺身而出来保护基本语法规范。直到 18 世纪，英语都还容许说话者说"you was"——如果说话者心目中的"you"确实只有一个人。进入 19 世纪，英语就不得不动用它那"Impeccable Logic"（循规蹈矩的逻辑性）来维护它的理性素质了：不管怎么说，you 后面必须用 are/were。但即便在这时，英语的理性也并没有把事做绝，它还是留下了一个不小的"感性的尾巴"，容许人们说"aren't I?"或口语中的"ain't I?"而不是迫使人们说那个拗口的"am not I?"——理性美颇有风度地让位给了感性美。

　　由于英语具有诸多语言感性运作的机制和功能，因而为高度感性化叙述提供了条件：善于表"情"、长于写"景"。以下语段取自美国当代作家怀特（E. B. White）的短篇小说"A Ring of Time"（"时间之环"）：

　　　　In Florida at this time of year, the sun does not take command of the day until a couple of hours after it has appeared in the east. It seems to carry no authority at first. The sun and the lizard keep the same schedule; they bide their time until the morning has advanced a good long way before they come fully forth and strike. The cold lizard waits astride his warming leaf for the perfect moment; the cold sun waits in his nest of clouds for the crucial time.

　　　　On many days, the dampness of the air pervades all life, all living. Matches refuse to strike. The towel, hung to dry, grows wetter by the hour. The newspaper, with its headlines about integration, wilts in your hand and falls limply into coffee and the egg. Envelopes seal themselves. Postage stamps mate with one another as shamelessly as grasshoppers . . . .

　　（每年这时节在佛罗里达，要等到太阳从东方升起一两个小时，阳光才能主宰一切。一开始，太阳似乎并没有什么威力。太阳与蜥蜴步调一致：直到晌午时分，它们都还在伺机以待。冷冰冰的蜥蜴分开两脚趴在那里，等待它栖息的树叶回暖的大好时光；太阳呢，它躲在云层里，等待破云而出的时刻。

　　一连好些天，潮湿的空气压制住了一切生命、一切生灵。火柴划不燃，晾在那儿的毛巾，越晾越潮湿。报纸的大字标题是关于消除种族隔离问题，纸张夹在手里就更蔫了下来，死气央央地耷拉到了咖啡杯里和鸡蛋上。湿乎乎的信封口自己粘住了，邮票互相贴在一起，就像是蚱蜢在毫无顾忌地交配。）

　　在 White 笔下，一切都栩栩如生，连邮票都似乎有了生之激情。富有语言动态感性美的英语一般具有以下特征：（1）长于使用新颖的、有活力的形象感性语言，十分关注艺术构思的革新；（2）动态描写及静态描写并举，使之相得益彰；（3）词义及句式灵活多变，力戒单调乏味的词语；（4）十分关注以文采彰显个人风格，并常在情志蕴涵和表现的独到技法上用工夫。总之，英语的动态感性美特别表现在当代英语运用上的两大特点是：第一、所谓 Experimentality（试验性、实验性），力求通过尝试推陈出新；第二、强调个人特色的"自我反映过程"（Self-reflective Process, P. Lopate, 1994: 40），而不是一般化、简单化，扬弃那种只求适应时潮、并无个人特色的所谓文采和时尚。以上两点正是 19 世纪末至 20 世纪上半期一大批语言大师奋力而为、孜孜以求的。

T4.6.4　英语的自然美——以自然天成为语言表现的本色和依归

　　这里当然是就英语（包括美语）的主流而言。

　　英语自维多利亚时代以后就有反对"floweriness"（浮华），"pretentiousness"（矫饰）以及"overly formal style"（过于正雅）的传统，文坛崇尚自然之美，反对各式各样的矫情。语言学家与文学家都认为社会若有矫情之灾，则语言必受矫情之害。从 19 世纪末开始英美出现了一批力倡自然文风且很有见地、很有成就的作家，如福斯特（E. M. Foster）、罗伯特·林德（Robert Lynd）、弗吉尼亚·伍尔夫（Virginia Woolf）、乔治·奥威尔（George Orwell）、海明威（Ernest Hemingway）和 戈尔·维达尔（Gore Vidal）等人。

　　语言的自然美涵盖的元素最为丰富也最为复杂，基本上是对维多利亚遗风的反击。西方文论家心目中的语言自然美包涵以下元素：（1）Clear thinking（思维清晰）；（2）Correctness（用法正确）；（3）Cohesion（语气连惯流畅）；（4）Good Organization（条理清晰）；（5）Lively fluency（行文流利，贴近生活）。可见自然美是一种综合性的语言美，它是词语和句子优化特别是语言审美活动主要特征的流程化（从 1 到 5）汇集，同时必然呈现出交互作用（例如思维混乱必然不能形成正确的文辞，也就谈不上连贯性），终而达致目标的积极成果。自然美还涵盖对"不自然"的否定，后者主要指浮夸、矫饰、晦涩、凝滞、拖沓以及故作深奥、无病呻吟、轻佻放荡、流便不羁等等行文陋习或倾向。

在现代英美文坛上，孜孜于自然风格的作家不在少数。语言的自然美首先表现在用词贴近生活，而不是来自自鸣风雅的小圈子沙龙或封存已久的故纸堆。下面一段文字出自美国作家 C. S. Lewis：

> I have hinted at the past only to awake you to what I believe to be the real nature of human life. I don't believe that the economic motive and the erotic motive account for everything that goes on in what we moralists all call the World. Even if you add Ambition I think the picture is still incomplete. The lust for the esoteric, the longing to be inside, take many forms which are not easily recognizable as Ambition. We hope, no doubt, for tangible profits from every Inner Ring we penetrate: power, money, liberty to break rules, avoidance of routine duties, evasion of discipline. But all these would not satisfy us if we did not get in addition the delicious sense of secret intimacy. . . .

Lewis 说他平生致力于行云流水似的行文（1960），此话不假。总地说来他的句子都比较短，结构虽复杂，但思路清晰、文义平实，用词淡雅而浅易，这就叫作"依实出华"：寓丰采于平实之中，借平实以显丰采。我们的翻译应该取法这种行文。这里有一个句子长度问题，中国译者要多加研究。美国当代文论家 D. G. Riordan（2005）建议说：

> An easy-to-read sentence is 12 to 25 words long. Shorter and longer sentences are weaker because they become too simple or too complicated. However, this is only a generality. Longer sentences, especially those exhibiting parallel construction, can be easy to grasp.（2005: 91）
>
> （句子长 12 至 15 个字时较易阅读。太短或太长的句子都欠佳，因为太短的句子太简单，太长的句子又太复杂。当然这只是一般而言。句子长，但结构上平行对称，也是易于掌握的。）

英语崇尚自然与它越来越向口语靠拢、向生活寻根很有关系：从古英语到现代英语的历史发展的推动力主要是口语的引领，与大师的身体力行以及英国经验主义哲学、语言哲学中的日常语言学派和语言学之主张"回归自然"（"Back to Nature"，例如，维特根斯坦就主张"语言应该回归到生活"，1953）对英语的深刻影响，也很有关系。上面引述的 Lewis 的文章属于一般性论述体。当代英语学术性论述体也讲究文风之自然美，下面是英国哲学家罗素在其论文 "On Being Modern-minded"（论现代思维）中的论述语体风貌，罗素的论题非常严肃，但语言上被誉为"和煦如风"：

All movements go too far and this is certainly true of the movement toward subjectivity, which began with Luther and Descartes as assertion of the individual and has culminated by an inherent logic in his complete subjection. The subjectivity of truth is a hasty doctrine not validly deducible from the premises which have been thought to imply it; and the habits of centuries have made, many things seem dependent upon theological belief which in fact are not so. Men lived with one kind of illusion, and when they lost it they fell into another. But it not by old error that new error can be combated.

（一切运动都走过了头，对主体性的追求也是如此。始于马丁·路德和笛卡尔的那场运动旨在强调个体，结果是由于某种内在的逻辑联系而以个人的彻底臣服而告终。真理的主观性问题是一种仓促形成的学说，不是从涵盖它的前提中合理推演出来的。多少世纪以来的习惯使人们认定许多事物似乎依赖于神学信仰，但事实上并非如此。人们凭借着某种幻想生活，一旦这种幻想破灭，又陷入到另一种幻想之中。问题是，我们不能用旧的错误来击败新的错误。）

罗素所用的论述体英语端雅平实，既无文辞夸饰，更无晦涩的所谓"理论矫情"，非常欣畅自然。当代英语描写语体也一样。下面是普里斯特莱（J. B. Priestley）对英国乡村的描写：

A day's walk among them (Yorkshire Dales) will give you almost everything fit to be seen on this earth. Within a few hours, you have enjoyed the green valleys, with their rivers, fine old bridges, pleasant villages, hanging woods, smooth fields; and then the moorland slopes, with their rushing streams, stone walls, salty winds and crying curlews, white farmhouse; and then the lonely heights which seem to be miles above the ordinary world, and moorland tracks as remote, it seems, as trails in Mongolia. ("The Beauty of Britain")

（在那里漫步一天，你几乎可以看到这地球上所有能见到的的一切。短短几个小时里，你可以看到葱郁的山谷、汩汩的河川、典雅的古桥、宜人的村落、藤挂枝连的树林和平缓的田野。布满沼泽的坡地上，溪流湍急而下。你会看到用石块垒砌的围墙，闻到带有海腥味的微风，听到麻鹬的唧唧鸣啾。近处是白色的农舍，远处是那仿佛高出地面好几英里的孤独的山崖，还有那荒野里的小径，遥远得就像在蒙古草原。）

语言的自然美源于人对自身的艺术经验和语言经验的净化升华，这是一个与生活经验密切相连的境界，在这个境界里，纯净的生活体悟被提升到了语言表现的最高的审美价值。元好问有两句诗说，"一语天然万古新，好花落尽见真淳"（《论诗三十首》），应是自然美的深意。

T4.6.5 英语的丰繁美——以多姿多彩的结构形态表现出英语的富集丰腴

听来似乎有点蹊跷，丰繁美似乎是自然美的反面，怎么可能并存在英语中呢？

首先要弄明白，"丰繁"不是"自然"的反面，丰繁美与自然美都是**美的不同形态**（或者叫作"审美价值类型"）。碧波万顷是自然的一种美，美在单一纯净；繁花万种也是自然的一种美，美在纷繁茂盛。大千世界的美形态无限，如果美的形态千篇一律，那么大千世界就不成其为大千世界了。

英语具有生成语言丰繁美的条件。第一，它的形态机制相当完善、相当周密，可以使语言组织的内部关系多次层级化而保持环扣紧密、条理清晰、层递井然。这样就可以使语言结构繁复化，而思维递进发展仍旧十分清晰可循，绝对不会"乱套"；第二，英语还具有相当的灵活性，它不仅讲究形合（Hypertaxis），即凭借形式手段来组接语言成分；同时也不排斥意合（Parataxis），利用逻辑意念对接有关的语言部件；第三，英语具有很高的包容性，它吸收了很多语言中不同于英语的表达方式借以丰富自己的表现手段。我们先来看英语的论述文。下面是英国的评论家阿诺德（Mathew Arnold, 1822–1888）写的述评：

Modern times find themselves with an immense system of institutions, established facts, accredited dogmas, customs, rules, which have come to them from times not modern. In this system their life has to be carried forward; yet they have a sense that this system is not of their own creation, that it by no means corresponds exactly with the wants of their actual life, that, for them, it is customary, not rational....

In truth, the English, profoundly as they have modified the old Middle-Age order, great as is the liberty which they have secured for themselves, have in all their changes proceeded, to use a familiar expression, by the rule of thumb; what was intolerably inconvenient to them they have suppressed, and as they have suppressed it, not because it was irrational, but because it was practically inconvenient, they have seldom in suppressing it appealed to reason, but, always, if possible, to some precedent, or form, or letter, which served as a convenient instrument for their purpose, and which saved them from the necessity of recurring to general principles. They have thus become, in a certain sense, of all people the most inaccessible to ideas and the most impatient of them; inaccessible to them, because of their want of familiarity with them; and impatient of them because they have got so well as themselves, despise those who, not having got on so well as themselves, still make a fuss for what they themselves have done so well without . . .

（现代社会实际上是从非现代社会承接了一个的庞大体系，包括组织机构、既定事实、公认的信条、风俗习惯、规章制度等等，现代生活只得被这一切牵着鼻子走。它意识到，这个体系并非自己一手打造，因而根本不符合自身的实际生活需要。对现代社会而言，符合惯例者，却不符合理性……

诚然，英国人对古老的中世纪秩序作出过重大修改，他们为谋求自身的权益而获得了伟大的自由，但是，英国人所进行的变革，用一个熟语来说，只不过是"凭经验办事"；他们废除的，是他们无法再忍受下去的事物；而且，他们之所以废除这些事物，并非由于他们认识到这些事物的不合理性，而是由于他们从自身的实际经验中看到这些事物碍手碍脚。在废除这些事物时，英国人很少诉诸理性，而是只要可能便求助于惯例、求助于形式、求助于条文字面。在英国人看来，这些东西才是他们达到目的的便利工具，而不必翻来覆去求助于普遍原则。因此，从一定意义上说，英国人是所有民族中最远离思想、最疏于思想的民族；远离思想，是由于他们缺乏对思想的亲切感，疏于思想，则是由于他们认为即便思想缺如，也可以活得很好。英国人蔑视那些活得不如自己好的人，认为他们为了那些自己不必有也能活得好好的东西无事生非……)

英语这种丰繁的行文就是宋代张载所谓的"充内形外"（张载："充内形外之谓美"，《张子正蒙》），内涵充实、外形繁茂，它的反面就是内涵浅薄、外形单一。阿诺德的行文"内重外茂"，"内重"指思想观点很充实，"外茂"指语言结构很复杂；充实而又端重，复杂而又清晰，二者都臻于完善，此之谓"丰繁美"。19世纪的阿诺德如此，20世纪的沃（Evelyn Waugh, 1903–1966）、劳伦斯（D. H. Lawrence, 1885–1930）、福克纳（William Faulkner, 1897–1962）亦复如此。下面是福克纳在 *The Bear* 中的行文：

He ranged the summer woods now, green with gloom if anything actually dimmer than they had been in November's gray dissolution, where even at noon the sun fell only in windless dappling upon the earth which never completely dried and which crawled with snakes—moccasins and water-snakes and rattlers, themselves the color of the dappled gloom so that they would not always see them until they moved; returning to camp later and later, first day, second day, passing in the twilight of the third evening the little log pen enclosing the log barn where Sam was putting up the stock for the night.

（此刻，他在夏日的树林中漫游，树林间是一片幽暗的深绿，真比十一月间那灰蒙蒙的一派萧杀凋零还显得更加暗淡无光。即使待到中午时分，也只能在没风时看到斑斑点点的阳光，洒在从来没有干过的、到处都是蛇在爬行的地上。那里有毒蛇、水蛇，还有响尾蛇，这些蛇身上也有暗灰色斑纹，因此只有在它们蠕动的时候，才能看得出来。头两天，他回营地的时间一天比一天晚；第三天，他在薄暮中走过小木桩围着的牲口棚，这个牲口棚也是用木头盖的，山姆把牲口赶进棚里，准备过夜。)

中国诗人大都崇尚自然美与淡泊美，所谓"入妙文章本平淡，等闲言语变瑰奇"（戴复古《读放翁先生剑南诗草》），认为"清光淡美"才有奇异的审美效果；其实，丰繁之美也是使人陶醉的。丰繁可以产生充实感，充实使人感到满足，"充实为美"（《孟子·尽心下》），汉英皆然，自不待言。

T4.6.6　英语的幽默美——以机智的潇洒调侃人生百态，博得了世人赞誉

英语之幽默古今闻名，打开英语读物，很容易遇到各式各样的幽默话。有位法国作家说，"英语里到处都是幽默，除了医生的处方和为病人写的病历以外"——这个说法有点夸张，但距离英语的语言现实着实相差并不太远。首先是用词。下面这句话里的 tow 和 towage 就很幽默。tow 是汽车抛锚时叫来的拖车的"拖"，towage 是"拖车费"：She's got a large number of fans in *tow* without paying her *towage*.（她身后拖着一大帮粉丝，而他们是不会担心把她拖累死的。）下面可以说是信手拈来的例句：

（a）For fools rush in where angels fear to tread.（A. Pope, "An Essay on Criticism"）

傻瓜拼命往里挤的地方正是天使唯恐驻足之处。

（b）Now that the old lion is dead, every ass thinks he may kick at him. (J. Boswell and S. Parr, *Life of Johnson*）

既然年迈的雄狮已经死去，每一头笨驴都想去踢它一下。

（c）The way to ensure summer in England is to have it framed and glazed in a comfortable room.（H. Walpole, "Letter to Cole"）

想留住英国的夏季吗？有个办法：把它装在玻璃镜框里然后搁在舒适的房间里。

（d）At fifty everyone has the face he deserves.（G. Orwell, "Final Entry in His Notebook".）

到五十岁，每个人就会有那副他该有的尊容了。

（e）I will never be an old man. To me, old age is always fifteen years older than I am.（B. Baruch, "The Observer, Sayings of the Week", 21 Aug, 1955）

我永远不会"垂垂老矣"，对我来说，老人总会比我看起来大 15 岁。

（f）Immature poets imitate; mature poets steal.（T. S. Eliot, "Philip Massinger"）

稚嫩的诗人鹦鹉学舌，成熟的诗人则掠人之美！

（g）You see, I always divide people into two groups. Those who live by what they know to be a lie, and those who live by what they believe, falsely, to be the truth.（C. Hampton, *The Philanthropist* Sect. 6）

121

跟你说吧，我总是把人分成两类，一类人靠明知是谎言的谎言活着，另一类人则是假惺惺地靠自认为是真理的真理活着。

（h）Poetry is to prose as dancing to walking. Pity I can only do the former. (J. Wain, Talk, BBC Radio,1976)

诗歌之于散文，犹如舞蹈之于步行——可惜我只会前者。

（i）People ask "isn't it wonderful how little chicks get out of their shell?" What gets me is how they get in? (Lewis and Faye Copeland, "The American Scene")

人们常问小鸡是怎么从蛋壳里蹦出来的，我感到蹊跷的是它们怎么进去的？

（j）I hate flowers—I paint them because they are cheaper than models and they don't move. (Georgia O'keeffe, *NY Herald Tribune,*1954)

我讨厌花朵——我画花是因为花朵比模特便宜，而且作画时花朵不乱动。（O'Keeffe 是 20 世纪美国知名的花朵画家）

毫无疑问，英语崇尚幽默已成为一种传统。一个时期以来，英语世界很多人从审美角度专门研究过幽默之所以流行于英语的原因。从审美心理来解释，较为普遍的认知是说英语的人比较喜欢也善于用幽默表示一种"自我优越意识"（N. Carroll, Humour, 2003: 344, *OHA*），审美上称之为"幽默的优越感理论"（Superiority Theory of Humuor, Carroll, 2003 : 345），说话者总认为自己"居高临下"（eminency），以"胜人一筹"自居，而对象则都是些理应被揶揄嘲弄的"屑小之辈"。因此 Carroll 说这时的幽默常常可以闻得出一点"病态味"来，其实是不可取的，比如英国人之嘲笑爱尔兰人、美国人之嘲笑欧洲人，几乎无日无之。第二种对幽默的审美心理分析叫作"不协调论"（Incongruity Theory，同上书，第 347 页；J. Palmer, 1994:93），持此论者认为幽默具有某种喜剧元素，说幽默话的人以人们的滑稽、荒唐、自相矛盾、懵然不知、既可笑又可悲、"不以为耻，反以为荣"等等言语行为为取笑对象（Palmer, 1994: 95），总之被取笑的东西可以统称为"问题化"（"problematization"，同上书，第 349 页），这时的取笑基本上具有不同程度的"调侃心态和娱乐性"（"tease for amusement"），尤其是很多"自我调侃的幽默"（self-deprecating humor）（如上列最后一句）常常流露出说话人的机智与豁达，很容易获得听者的共鸣。第三种理论被 Jerrold Levinson（1998）称为 Disposition Theory（"意向论"），认为说说幽默话的目的无非是为了 "pleasure elicitation"（逗乐），目前认同这种分析的人比较多。最后一种更为普遍的见解是幽默只是一种"释放手段"，因此此说被称为"舒缓论"（Release Theory），因为人的精神需要一个"安全阀"（safety-valve, Palmer, 1994: 61），人们在紧张生活之余以讲讲幽默话来"释放精神之累"确实也是人之常情。据论者估计，英语中属于第三、第四种理论的幽默语"大约占一大半"。当代英语幽默语有增无减，上至首相下至搬运工几乎人人喜欢自我调侃，则是一个明显的趋势。

整体而言，我们不妨将英语的幽默感视为一种积极的语用传统。作为英语的域外读者，我们的实感是英语中的很多机智的幽默语确实可以能给人"愉悦感"，乃至令人忍俊不禁，不失为英语的一大特色。至于"低级幽默"（"moron humour"），我们当然是不能接受的。

T4.6.7　当代英语审美表现的新趋势

语言的审美价值是一个开放的动态系统。语言的审美表现手段通常伴随时代的推进，伴随社会文化的发展而呈现出新的趋势。

20世纪六七十年代以来英语的审美表现系统出现了很多迹象，标志着发展的新趋势，与西方社会文化（特别是公民教育、大学教育）的全民化提升和科技（特别是电子化传播手段）的突飞猛进基本同步。英语审美表现发展的基本趋势是向富有表现力的大众化语言（English of the man in the street）靠拢，向受过教育的人的谈话体（conversational style of the educated）靠拢，基本特色是流畅明快、鲜活有力，善于情态表现与形象描写。下面是当代美国历史学家笔下的今日中国：

［例1］

Recurring in time across China's history has been the story of the rise and decline of successive dynasties. Since 1900s, Chinese historians have strenuously attacked this traditional way of looking at history as violating any claims in China to development and progress. They feel that such an idea lies behind the concept of "an unchanging China" which has been so damaging to foreign assessment. Such historians have looked for the deeper rhythms of economic growth and change, territorial expansion, developments in arts, and environmental factors as examples of what we should be studying instead. （Jonathan D. Spence, *Deng Xiaoping as Past and Prologue*, 1997）

下面是美国知名作家 Stanley Elkin 笔下的美国人：

［例2］

　　I've been spared a lot, one of the blessed of the earth, at least one of its lucky, that privileged of handful of the dramatically prospering, the sort whose secrets are asked, like the hundred-year-old man. There is no secret, of course; most of what happens to us is simple accident. Highish birth and a smooth network of appropriate connection like a tea service written into the will. But surely something in the blood too, locked into good fortune's dominant genes like a blast ripening in a time bomb.（Stanley Elkin, *The Making of Ashenden,* 1993）

下面是英国人眼中当代香港的特色：

［例3］

　　Hong Kong is undoubtedly one of the world's most dynamic cities, a bustling cosmos that appears to take everything in its stride, politically, socially, and economically. Designer shopping has long been a way of life here with mall after ubiquitous mall filled with high-end boutiques, boasting every international label. For a population so spoilt for choice, one would perhaps expect a certain level of ennui at the appearance of a visiting fashion designer.（Kirstie Clements, *Mastro on the Move,* 2008）

下面就几个方面的主要特征展开我们的审视，意在为翻译提供借鉴：

（一）**Diction**（用词问题）

当代英语用词生动活泼，讲究鲜活时尚（比如常用一些流行的外来词，例如 *ennui, mastro, scenario, persona, haute couture, penchant for, voodoo*），比较突出的倾向是喜欢用词义具有某种文化特性或行为特色的词，以加强描写的生动性和准确性，也有利于行文简约，但看来主要是为了"**时尚性**"（faddism）。如：

- sashay：漫不经心或大摇大摆地走
- chuck at：将……使劲儿抛在……上；将……啪嗒一声抛在……上
- slink：偷偷摸摸地溜走；莫名其妙地消逝
- gravitate：因重力作用（不一定是地心吸力）而倾向于……

- groove（groovy, groover）：最佳状态；极度开心的状态；很 "high"

当代英语常常使用一些**超常的意义搭配**，以制造"吸引眼球"的新鲜感。可以说在当代英语中，以意义为核心的超常搭配几乎比比皆是。但比较而言还是以"形容词＋名词"及"名词＋名词"的搭配为最多。例如：

- brutal honesty：用心良苦的诚实态度
- future talk：关于未来的谈话；畅谈未来
- sugar hooking：以甜感作诱饵的（如明星以性感诱人）；温柔陷阱
- democratised fashion：大众时尚；平民化时尚
- caress a brush over canvas：将画笔轻触画布；以情作画（柔情之作）
- a sit-back-and-smell-the-roses seclusion：吟花弄草的隐退生活

（二）Syntax（句式运用）

当代英语一个突出的倾向是在句式方面讲究生动简约。当然，现代英语并不排斥长句和盘根错节的复杂句，这也是英语的特色，但当下盘结句仅限于端庄文体及正式文体，日常英语写作的当代风尚是 8 字至 12 字（属于短句）以及 15 字至 18、19 字（属于中短句）的交相出现，或比对出现而形成节奏，超短句（3—4—5个字）之使用更可以加快拍节。近 20 年来句式变异更加多样化，比较明显的特征是：

（1）流水句群的时尚化

"流水句群"本来属汉语的特色，即词组、短句、中短句自由铺排，流洒展开，意念珠连，情思涌动，讲究内在联系，因此读起来感到舒展自如，很有**流动的节拍感**。例如上述 Stanley Elkin 的引文的第一句就是所谓"众星拱月"式流水句：其中"I've been spared a lot"是唯一的主句（"月"），后面跟着一串附属的小语句（"星"）；还有所谓"明珠泼地"式流水句，下面就是一些例子：

- Flattering, Netrebko says, but she wants to get to the point where she's celebrated for being herself. She's already there.（Clive Arrowsmith, 2008，英国）
- After Stephane Mallarme, after Paul Verlaine, after Gustave Moreau, after Puvis de Chavannes, after our own verse, after all our subtle colour and nervous rhyme, after the faint mixed tints of Condor, what more is possible? After us the Savage God.（W. B. Yeats, 1971，爱尔兰）

• I've money, I'm rich. The heir to four fortunes. Grandfather on Mother's side was a Newport. The family held some good real estate in Rhode Island until they sold it For many times what they gave for it.（Stanley Elkin, 1995, 美国）

（2）重动态感、节奏感

动感是内在的，节奏是外在的，内在**情思的规律性推进**就形成节奏，形成一种轻重相间、快慢相随乃至对称的语言律动，语言律动是语言生命力的表现。当代英语之所以倾心于间断句（Staccato）、短句和中短句，原因盖出于此：

• The truth is balance, but the opposite of truth, which is unbalance, may not be a lie.（Susan Sontag, 1966, 美国）

• I'll tell you what I want, what I really really want. So tell me what you want, what you really really want. If you wanna be my lover, you gotta get with my friends, make it last forever. Friendship never ends.（British Spice Girls, 1996, 英国）

（3）追求鲜明的个性化

文如其人。明代屠隆说"诗本性情"（《白榆集》），文风反映文人的个性，也在一定程度上反映时代精神。当代西方非常关注个人自由、自主性、自决权，提倡"文章直抒个性"，拒斥矫情，拒斥雷同，拒斥任何教条：

• It is as I see a perfect genealogy, and if I can be bought and sold a hundred times over by a thousand men in this country — people in your own town could do it, providents and trailers of hunch, I bless them, who got into this and went into that when it was eight cents a share . . . wealth is not after all the point. The genealogy is.（Stanley Elkin, 1994, 美国）

• Stupid word, that, Period. In America it means "full stop", like in punctuation that's stupid as well. A period isn't a full stop. It is a new beginning. I don't mean all that creativity, life-giving force, earth-mother stuff. I mean it's a new beginning to the month . . .（Michelene Wander, 1986, 英国）

（三）Style（行文气韵、姿致）

包括以上特点的行文大行其道。从翻译审美表现来看，**模仿应该是我们的基**

本对策，所谓"有调节模仿"（Modulated imitation，即动态模仿）。本节开头的三例语段的模仿式翻译如下：

[例1]

　　中国历史反复演绎着朝代兴衰更替的故事。自20世纪以来，中国的史学家们一直在猛烈抨击看待历史的传统方法，认为它违背了中国要求发展与进步的主张。他们认为这种思想导致了"中国永远依然如故"这一定见的形成，而这种定见则对国外评价中国的发展十分不利。这些史学家们考察了中国经济发展变化的深层规律，以及领土扩张、人文进步和环境因素等等方面的问题，以此说明我们必须加以研究的内容。

[例2]

　　我这一生过得倒是万事顺遂，可谓恩承天赐，至少说是欣逢好运，不才忝列于飞黄腾达、得天独厚者之中，就像百岁老人膝下，总不乏扣问长寿秘笈的人。其实秘笈倒是没有。世事多偶然，我的家门可算显赫，人缘也颇为通达，好事临头就像将一套名贵茶具写进遗嘱那样顺手。当然，这里也有那种生财有道的血缘灵性，平时深藏不露，时运一到就会发功，像颗定时炸弹。

[例3]

　　香港无疑是世界上最具活力的城市之一，一个似乎对任何事物——政治的、社会的、经济的——都能淡定处之的全球性繁荣都市。在这里，买名牌早已成为一种生活方式。在布满全港的购物中心，是鳞次栉比的以国际著名时装品牌来招徕顾客的高级时装店，对于选花了眼的一族而言，当得知有什么时装设计师即将莅临本港时，香港人说不定还有一种不胜其烦的感觉。

　　请对照原文，看看各段译文在审美调节方面的得失。无论如何我们的翻译审美表现应该顺应英语的新趋势。

　　从整体来看，英语语言审美价值观有以下不同于汉语的基本原则，我们在观审语言美时务必注意**汉英各有千秋**，一定要区别对待：

　　第一，**"真善美"似乎仍然是西方语言审美的恒常标准和终极目标，其中的核心是"真"**，指语言的准确性（**Linguistic Precision**），包括语法上的准确性及语用上的准确性。不少修辞学家提出"准确即美"。"善"就是当代所谓"Good English"，主要指行文自然欣畅、明白透澈、大气包容。

　　第二，一般而言，英语审美比较重整体、重大局、重宏观。大多数批评家常不太关注一字、一词、一句，而是把握全局，观其大体；原因是英语海纳百川，加以用词本来较活，分析家不愿陷入见仁见智的琐屑之议。此其一。其二是强调个人特色，批评家也不愿以"美"与"不美"来触犯每个人应有的、率真的"个人特色"。

第三，从西方传统上来看，语言美与"诗学"（Poetics，即文艺美学）以及许多修辞学课题是分家的，**语言美学不考察诸如音韵、意向、意象、想象、形象、模仿等等在语言学家看来属于诗学、修辞学课题**，大家希望河水不犯井水；而汉语在传统上则将这一切统统由文论、诗论来统摄，中国传统语言学主要关注训诂、辞源与音韵问题。

第四，最近二十多年，**英语审美写作趋向于"情趣化"**，流行所谓"Small Talk"（"话家常"式的谈话）的"平易风"（参见 Catherine Blyth, *The Art of Conversation, Or What to Say, And When,* London, John Murray, 2008: 51）。即便是在谈社会国家大事，他们也都喜欢以机智的、插科打诨式的语气和用词来抒写。

例如，Catherine Blyth 在上面提到的著作中写道：

> . . . Psychologist Steven Pinker observed:
>
> Younger Americans try to maintain lower levels of social distance . . . I know many gifted prose stylists my age whose one-on-one speech is peppered with sort of and you know, their attempt to avoid affecting the stance of the expert.
>
> It's not just to be cool; in multicultural settings, hooked up through global commerce, or at international conferences such as the esteemed Pinker attends, user-friendly, low-key lingo translates more readily. But artful small talk is defter at making friends than what Chesterfield belittled as 'sort of chit-chat'. Or any other, kind of, like, you know verbal padding. （2008: 51）

Blyth 说的"verbal padding"就是东汉王充（公元 27—97）深恶痛绝的"辞藻铺陈"。Blyth 说当代英美作家都在力图放下"道貌岸然的专家"身段，以免使人产生"拒人于千里之外"之感，这也应该说是一种积极现象。她提到 Chesterfield（1694—1773）伯爵的高论毕竟已经过了三个世纪，伯爵书斋里的一代沉香，恐怕早就散发出霉味了！

【思考讨论题】

[1] 为什么说语言审美是研究翻译美学的"最佳切入点"？

[2] 你怎么理解"语言中有一个审美信息结构"？

[3] 你认为汉语美在哪里？它的美有什么基本特色？其成因何在？

[4] 你认为英语美在哪里？它的美有什么基本特色？其成因何在？

[5] 为什么说人类的语言美"各有千秋"，不能一概而论？对于汉英两种语言各有千秋的美，如何在译入语中得以体现和补偿？请结合优秀译文进行分析。

Part Five
语言审美的价值观论

要旨　审美需求属于人类的高端需求。语言审美更是人类最基本的日常审美活动，具有普遍原则也具有一定的差异性，**通晓语言审美的价值标准是进行翻译审美的前提**。这是本书重要的章节之一。

Topic 5.1　语言审美价值论的重要性

上面我们从"先观其林，后察其树"的角度（即对语言作整体观照的方式），对英汉双语分别进行了**全览式、全局性审美扫描**，分别析出并论述了汉语和英语的语言美。细心分析可以看到，我们采取了"不同语言区别对待"的原则，而不是一刀切的做法：人类所有的语言都具有共性，又都各有千秋。这就是维特根斯坦所说的"家族相似"和"家族差异"问题（*Philosophical Investigations*, Sections 67e,130e）。这里涉及到的重要课题是价值观论：我们看待汉语的美和英语的美共同的基本标准是什么？不同的标准又是什么？如果说"标准一致、视角不同"是我们的原则，那又有什么理据呢？这就牵涉到**审美价值论**（aesthetic axiology）范畴，包括种种**审美价值观**（aesthetic values）。所谓"价值观"指人关于价值的理念，包括如何界定（define）、如何剖析（analyze）、如何厘定（estimate）价值。那么，"价值"又是什么呢？在哲学、美学和心理学中，"价值"回答的是如何满足人的精神—物质需求和审美心理需求的问题。简要地说，有审美价值的事物就是能满足人的审美需求，从而使人得到审美愉悦，达到审美目的的事物。1943 年，美国心理学家马斯诺夫（Abraham Maslow, 1908–1970）首先提出了一个"需求金字塔"的理论，引起了关注。经过近几十年的广泛讨论，"马氏需求金字塔"被论证为一个分为七层的"层次结构"（hierarchy），从上往下依次为: 1. 自我实现需求；2. **审美需求**；3. 认知需求；4. 尊严需求；5. 拥有需求；6. 安全需求；7. 生理需求。其中"审美需求"高居于次顶端，**属于人类的高级需求**，见下图：

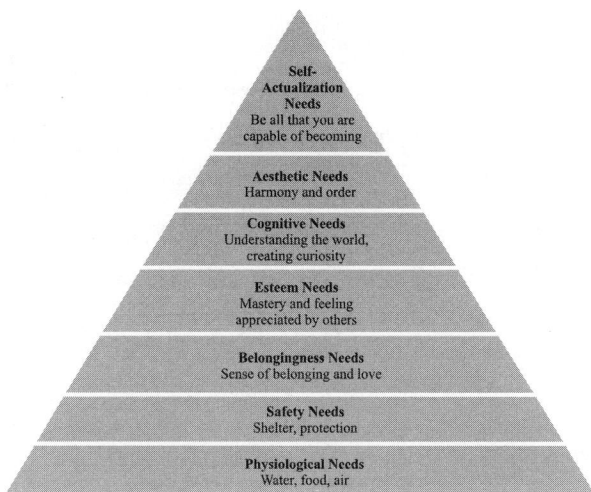

从上图看，人的需求实际上不外三大层级：生存物质层级（生理需求和安全需求）、基本精神需求层级（拥有需求和尊严需求）以及高层级精神需求层级（认知需求、审美需求和自我实现需求）。社会越发达，其成员所处的需求层级就越高，各项"需求满足"的程度也越高。

"价值"产生于人对各种 / 某种"需求"的满足，也就是说，"需求满足"是衡量价值的标准。因此，**价值**与**价值标准**（value criteria, Alan Goldman, Evaluating Art, 2004: 95, *BGA*）都涉及**审美需求（或对美感的满足）**。对审美主体而言，审美价值包括以下三项经过康德等人论证过的基本素质，我们试将它们作一个符合中国理念的对应表述：

（1）知识需求——"知"的审美是一种"感觉的认知"（sensitive cognition, P. Guyer, 2004: 15, *BGA*），因此，很显然，具有能促使人实现感觉认知的目的的素质就具有审美价值，反之，就是没有审美价值；

（2）情感需求——"情"与认知相伴随，审美同时又是一种对美的情感体验，因此，很显然，具有能促使人实现情感体验的目的的素质就具有审美价值，反之，就是没有审美价值；

（3）精神需求——"志"与认知和情感相伴随，审美同时又是一种对美的精

131

神陶冶，因此，很显然，具有能促使人实现精神陶冶的目的的素质就具有审美价值，反之，就是没有审美价值。

如上所示，审美价值具有知、情、志三个维度的综合性功能标准。三者中，以"情"最具动态性，而美则恰恰属于情感范围，与人的主观心理感受紧密相联，这就是说"情"实际上充当了知性（知）和精神（志）的中介，一般说来，也充当了"真"与"善"的中介。对"情"的这一作用的阐发正是康德美学的核心。基于此，黑格尔说康德的《判断力批判》的导论说出了关于美的第一个合理的字眼。（鲍桑葵，中文版《美学史》，1985，第 344 页）要注意的是，对美学中的"情"、"情感"不宜理解得太狭隘，它原则上与"知"、"志"相对又相连，建立这个动态概念很重要。

T5.1.1　语言审美的普遍原则（General Principles）

语言审美是人对语言美的一种审美需求的扫描。语言是人类思想情感交流的共同工具和手段，为了保证交流的有效性或"高度功效性"，语言审美必然需要有一些约定俗成的普遍原则：

第一，语言审美标准必须基本一致（Basically identical criteria）

语言是人类赖以相互交流的工具，因此必然具有彼此相通的共性。我们研究语言审美的普遍原则，也就必须从语言的共性谈起。人类一切语言都具有以下四项共性、同质性，这是我们衡量和判断语言美的标准应该也必须一致的基本理据：

（1）**语言的符号性**

人的头脑中的意义必须赋形于文字或 / 和语音，即语言符号。语言的符号性其实就是语言的符号结构性。符号结构的基本特点指符号的内在结构，包括能指（signifier）与所指（signified）两个部分，这一点，**各种语言都是完全一致的**，差异在于能指在承载所指时的任意性可以有很大的区别。与拼音文字相比，象形文字的任意性要小于拼音文字。符号的外在结构，即符号的外部形体和语音结构，**各种语言之间有很大的差别**，拼音文字与象形文字之间根本无法进行比较。因此，很明显，"可比性"（Comparability）只存在于同种同类事物之间，语言之间有一定的"不可通约性"（Incommensurability），这是一个明显的事实；同时，必须看到，为某一语言所独有的素质、特点很可能就是这一语言的美之所在。下面还要谈到。

（2）**语言与社会的相关性**

这里的所谓相关性（relevance），就是俗话说的"接地气"。语言与自然界和人类社会的各个方面都密切相关，互相促进。人的思维赋形于语言，反映外部世界，同时通过行为促进外部世界（就语言而言，人的思维结构与外部世界结构在理论上是相应的，但实际上前者远远不及后者，因此所谓"接地气"只是个相对概念）的发展。同样，外部世界也不只是消极地反映在语言中，而是无时无刻不在促进语言的发展。在语言与外部世界的互动中，新的发展首先反映在词汇中，发展比较缓慢的是句法。这也说明，**人的思维功能尚待努力开发**。人的语言审美能力更处在幼年阶段，大千世界的美，人类语言还拙于表达。

人类靠语言来思维，思维靠语言来表达。从理论上讲，人的思维世界也就是人的语言世界，因此可以说，离开了语言，人类也许只能仍然处在茹毛饮血的太初时代。

（3）语言本身具有多重功能

语言对人类不可或缺，因为它具有多种功能，其中包括交际功能和思维功能。前者具体表现为表达和传递，在表达和传递中语言还要负责整合人的思想和感情、知识和意志，并将整合结果发之于外才能与人共享。思维功能则具体表现为将思维材料标记化和指称化，也就是给以命名（naming）和赋以指称（signifying），才能将所指表达出来，在表达的过程中运用认知能力进行解释，以达致传递的目的。这正是源自人的"认知需求"（马氏金字塔的精神需求层），可见语言的运作实际上是它的多重功能的综合的、有序的运作，我们可以这样说：人类的智慧，说到底，是以思维为主导的语言运作的智慧，它的驱动力正是各种需求。

（4）语言本身具有多种机制

人类具有语言智慧还由于语言本身具有多重工具化机制，就像一个"神妙的装置"（"a magic device"，柏拉图语），它的工具化机制包括：（一）认知及知识的储存机制；（二）知识范畴化实施和表述机制；（三）经验的优选和表述机制；（四）自身的发展机制；和（五）审美需求满足机制。由于语言自身具有以上五种机制，它才能适应复杂的外部世界，帮助人类掌握自己的命运，乃至游刃有余地去赏析和改造世界。语言本身可以再生、移植、类推、代偿，总之，凡是人类思维认知能力发展所要求的机制，语言无不具备，而且，最重要的是，语言无时无刻不在进行自我完善的努力，以期满足人类发展日益提升的生存和审美需要。

总之，由于语言普遍具有这些共性、同质性，因此，我们进行语言审美，就可以遵循一视同仁的普遍原则，不容许有偏爱、偏见。但这只是问题的一面。上面已经提到，语言之间还有差异的一面，异质的一面。因此对语言进行审美观照时，不能不审慎地区别对待。这时的一视同仁，反而会失之偏颇。

第二，语言审美必须容许维度差异、视角差异（Different perspectives and dimensions）

这里所谓"视角"，是指审美观览的角度，必须根据不同语言的具体情况，确定我们的审美观览对策，做出实事求是的审美判断。这里涉及审美主体的变数，但更重要的是必须针对审美客体的具体情况，"因语而异"，不能一刀切。举一个最突出的例子：汉语富于四声声调美，有平仄之分；而英语根本没有"字调"，只有句调，也就无声调之美可言。因此不能将汉语的音美与英语的音美相提并论。同样，英语有所谓"首韵"（Alliteration），而汉语不可能有。语言美问题，我们只能说**异彩纷呈、各有千秋**。这也就是所谓"审美价值的相对性"（Relativity of aesthetic values）的重要含义之一。审美观览的视角不同也就必然产生审美的相对价值，这也正是审美价值相对论的依据。下面再进一步阐述。

T5.1.2　语言审美的差异性

相对性产生多样性和差异性，自是必然。语言之间存在的差异及异质性，有时无异于难以逾越的鸿沟，例如不同语言之间的语法系统和文字书写系统，就几乎没有完全一致的，有些甚至风马牛不相及（M. Heidegger,1954:210; G. Yule,1985:89）。产生不可避免的巨大差异的原因有：

（1）文化历史渊源不同，语源不同，语言类型不同

这就导致语言具有一系列的类型学特征（Typological features），例如，形态语言具有繁复的形态变化规律，语法呈显性；汉语不是形态语言，汉语使用的是从象形文字发展演变而成的表意文字（Ideograph），语法功能基本上用词汇表示，语法范畴呈隐性。

（2）语言的发展轨迹不同，结果殊异

复杂的语言内部（尤其是音系）变化，衍生出不同时期的特征：例如，汉语从上古汉语（周秦两汉）发展到现代汉语，中经中古汉语（南北朝至隋唐）和近代汉语（宋代至清代），语音系统和书写系统变化都很大，审美上也就不能一概而论。如果论及方言，情况就更复杂。

（3）人类语言的发展现状很不均衡

应该看到，语言文化受到国家的经济、政治实力的发展水平和条件的很大制约。基本上是印证了费斯（R.W. Firth）那句话"强权打造强势语言"，使其流通版图大、影响深，话事权也就大得多。历史上的汉语和近现代英语就是很好的例子。弱势语言发展受阻也常有历史、文化和政治、经济方面的原因，审美中不可忽视，也不能一概而论。

总之，人类每种语言所处的历史背景和现实状况都各不相同，语言发展水平也千差万别，这就要求我们：

第一，坚持历史主义和描写主义的态度

我们必须根据不同语言的具体情况，分别对待，采取不同的**审美视角**和**重点**，根据它们的实际情况，对它们的语言美作实事求是的审美观览，尤其要注重历史演变的考察，将每一种语言的美都放在它特定的审美历史传统（Historical context）及语言现实（Linguistic reality）中加以审视。不仅是两种不同的语言，即便是同一种语言，我们在考察它的语言美时，都必须确立"具体对象具体分析"的辩证历时观和共时观。汉语文言文有文言文的独特美，同样，白话文也有白话文的独特美。因此，考察语言美也应该采取描写主义的态度。

第二，审美价值判断必须避免片面性

欧洲当代表现主义审美观认为审美主体对审美表现的判断，纯粹是属于个人的，"与一个人喜欢喝哪一种葡萄酒完全一样"。这种观点是很有道理的，因此我们在观察语言美时，也应该坚持最广泛的**包容性**、**多样性**与**兼容性**。这一点对翻译美学尤其重要，原语作者所使用的肯定是他（她）坚持认为美好的表现形式，我们必须充分给予尊重和再现，小至一个隐喻，大至全文风格，我们都必须力求做到"明察秋毫"。在这方面，我们不妨说，"译者不要越俎代庖"。

Topic 5.2　语言美的普遍价值标准 (Axiological universals)

审美标准（criteria）是衡量及评估对象的审美价值（values）的尺度（yardstick）或准则（norms），一般说来是相对稳定的。审美标准反映审美价值，即事物（审美客体）对人（审美主体）所具有的审美诉求、审美意义和心理效能（efficacy）。审美价值不同于实用价值和科学价值。审美价值取决于事物的审美特性与人的实践需要、精神需要和审美情感需要之间的功效关系。高度的审美价值取决于审美对象独特的审美功能，这种功能能够充分满足人的精神和情感需要，给人带来审美愉悦。可见，审美价值是审美客体与审美主体互动（interaction）的结果，是二者相互作用（interplay）的结果，它是主客体的统一、是合规律性（regularity）和合目的性（purposiveness）的统一。

语言美的审美价值源于语言的审美特征（参见本书 T4.2），它们与语言美的最基本的特征是一致的，今从价值论的视角再加以剖析和阐述。

T5.2.1　高度和悦的视听感性

"感性"对美而言是至关紧要的（H. Robinson, 2001: 1–37）。所谓"看起来悦目，听起来悦耳"就是指向语言感性；汉字构形独特，也比较有条件做到"悦目"，例如很多中国的律诗绝句就属此列。板桥此诗取"东冬"韵，音调铿锵，志亦铿锵：

> 咬定青山不放松，立根原在破岩中；
> 千磨万击还坚劲，任尔东南西北风。（清·郑燮《竹石》）

不少英诗也大抵做到了对称悦目、音调悦耳，有些即便只是基本如此，也属难能可贵。英诗音美的主要表现是节奏和韵律，例如：

Graveyard Square

None recalls that I am there,
So sedately do I lie
On the hill in Graveyard Square.

Tranquil is the mouse's lair
In the moss above my thigh;
None recalls that I am there.

Each intent on his affair,
Snake and mole and hare go by
On the hill in Graveyard Square.

Earth, diaphanous as air,
Opens heaven to my eye:
None recalls that I am there.

（Willard. R. Espy, 1986:28）

这首诗取四音步扬抑格（trochaic tetrameter，韵式是 a-b-a），情调忧郁，音乐性很强，在欧洲常常配以农村牧曲（The Villanelle），唱起来非常悦耳。在中国，语言的视听感性之美历来倍受重视，梁代沈约说，"一简之内，音韵尽殊，两句之中，轻重悉异，妙达此旨，始可言文"（《宋书·谢灵运传论》）；在沈约看来，语言的视听感性美属于基本要求，同时也是首要要求。当然，不仅是诗歌，散文体语言也可以做到抑扬顿挫，基本规律是**平仄相间、长短相连、单复交替**（简单句、并列复合句与复杂句的不规则交替）。

> 阵雨过后天空格外晴朗，丛林被雨水冲洗得透透的更显得郁郁葱葱；小溪的水满满的，上面漂浮着大大小小的水泡，引来了青蛙的追逐。我望着青蛙蹲了下来，青蛙也向我瞪着大大的眼睛，好像在注视着我，期待着与我交心。……（刘宓庆《无语话凄凉》）

在以上句群中，每一个板块的最后一个字的平仄都有讲究，把它们串起来，悦耳之音就出来了：仄—平—平—仄—仄，平—平—仄—平。从句结构看则是不同长度的板块相连，有单有复，呈现出较明显的节奏感。汉语首句句尾与末句句尾的声调也很有讲究，例如：

- 旷达的牧场那秋末的清空，最使我心神荡荡。（某诗人诗句，待改善）
- 丰功伟业穿喉过，杯酒沉浮江山定。（某品牌酒广告，待改进）

"清空"是平平，考虑到句尾，最好是仄仄或平仄搭配，如"广袤"（mao，仄声）；"心神荡荡"是平平仄仄，最好是平平落尾，如"心旷神怡"。另外，"旷达"似乎是个生造词。下面两句有同样的问题，"过"是仄声，末尾最好用平声，而"定"字是仄声，显然不和谐。上两例可以改善如下：

- 广袤的牧场上秋末的清空，最使我心旷神怡。
- 丰功伟业穿喉过，杯酒沉浮定江山。

下面是某报赞美西藏的一首散文诗，缺陷在音韵：

> 蓝天白云如画，（仄声起）

　　雪山冰封连绵；
　　天湖清澈碧蓝，
　　民风淳朴浓郁。（仄声落）

　　按汉语句首尾仄起平落的审美感觉，将词句稍加改动，即可生色不少，主要是抑扬顿挫之"顺耳"：

　　蓝天白云如画，（仄声起）
　　冰天雪地晶莹；
　　民风浓郁淳朴，
　　汉藏和睦同心。（平声落）

　　对于以汉语为母语的人来说，"声调作用于耳而连于心，连于心而会通于意，会通于意而达于理"，所以以汉语为母语的中国人有一种"心照不宣"的"声调—意义—领悟"功夫。这方面，古人的要求更高了，清人李渔（1781—1839）有一段名言说：

　　世人但知四六之句，平间仄、仄间平非可混施叠用，不知散体之文，亦复如此。"平仄仄平平仄仄，仄平平仄仄平平"，二语乃千古作文之通诀，无一语、一字可废声音者也。（《闲情偶寄》卷三）

　　既然是"千古作文之通诀"，我们还是多多关注为好。从整体来看，中国大陆媒体的汉语行文质量实在堪虞，潘文国著《危机下的中文》一书（2008）以时弊警世，值得注意。近年来电子媒体突飞猛进，电子文书、报道、评论、杂感充斥媒体版面，总体来说行文质量还是过得去的，但有相当一部分内容低俗、文字低劣，应该引起社会（尤其是教育部门）的高度关注。

T5.2.2　精致独到的结构形态

　　语言是一种外在缤纷多彩、内在含蕴丰富的"结构形态"。语言结构形态的含义比较宽，尽管"形式"和"形态"的英语对应词基本上是"form"（或"shape"，"pattern"）。一般说来，"形式"主要指外在的样式、形状或规律，"形态"兼指内在的（常常是可变的）素质、质地及其整体外象，前者一般比较具体可见，如诗歌的"格律"，后者可以比较抽象隐含，如文学艺术的"风格"、"气韵"。语言的结构形态既包括前者也包括后者。对此，我们的审美标准是"精美"（或"精致"，大体上与严复的"雅"对应），相当于"beautiful"，"fine"，"elegant"，"graceful"或"exquisite"，"delicate"。汉字书法可以说是精美、精致、精妙的语言结构形式的典型；但从整体看书法侧重外在，书法的流派、神韵、内在笔势则被视为形态。汉英双语中都有很多大师的抒情散文（在英语中称之为"personal essays"），精美的散文（重在抒情；如重在说理，则应称之为论述文）具有叙事结构严谨、遣词用字洗练、句式多变、风格高雅而且高度个性化的特点，是语言审美的合适对象，例如欧阳修的《醉翁亭记》、苏轼的前后《赤壁赋》、范仲淹的《岳阳楼记》等等都是中华文库中千古不朽的杰作。同样不能忽视的是古代先哲的政论性散文、散论、札记。下面是我国历史上第一位杰出的法家管仲（约前719—约前645，比儒家孔丘早168年，比古希腊最早的哲学家泰勒斯早近100年）的论述文《四维》中的片断，所谓"四维"是指"礼、义、廉、耻"，是管仲提出来的中国第一篇也是世界文明史中第一篇政治伦理价值观论述文，管仲提出的政治伦理警句"四维不张，国乃灭亡"成了世世代代中国百姓明断朝政、窥视民心的重要标尺，而且屡试不爽。下面的论述引自《管子·国颂》：

　　凡有地牧民者，务在四时，守在仓廪，国多财则远者来，地辟举则民留处；仓廪实则知礼节，衣食足则知荣辱；上服度则六亲固，思维张则君令行。故省刑之要在禁文巧，守国之度在饰四维；顺民之经在明鬼神，祗山川，敬宗庙，恭祖旧。不务天时则财不生，不务地利则仓廪不盈。野芜旷则民乃菅，上无量则民乃妄，文巧不禁则民乃淫，不璋（障）两原则刑乃繁，不明鬼神则陋民不悟，不祗山川则威令不闻，不禁宗庙则民乃上校，不恭祖旧则孝悌不备。四维不张，国乃灭亡。

　　［君主拥有土地、统治百姓，最重要的事情莫过于发展农业生产，管理好粮食的储备。国家财富丰裕，远方的人就自然会来归顺；充分开山辟地，百姓就会长居此地安居乐业；粮食丰足，百姓就会知道礼节，衣食富裕，百姓就知道荣辱；居高位的人服饰衣着符合规范，亲朋戚友之间就会相处和谐，推行礼义廉耻，才能令行禁止。因此减少刑罚的关键在于禁止奢侈，巩固国力的关键则在维护礼义廉耻。教化百姓的手段在引导他们敬重神祇、敬畏山川、尊祖重亲。不重视天时地利发展生产，国家就没有财源，粮仓就会空虚，田野荒芜，百姓懒惰；居高位者如果奢侈无度，百姓就会不服；如果不禁止

奢靡之风，百姓更会放纵无度，不杜绝无视法令的放纵和奢淫这两个（导致动乱的）祸根，刑法就会繁而不力；不提倡敬重神祇山川，不引导百姓孝敬父母、善待故旧，百姓就会懵不知理、妄不知法。总之，如果礼义廉耻得不到维护、发扬，国家也就灭亡了！〕

　　管仲出身平民，于公元前 685 年出山辅助齐桓公，那时的中国正处在奴隶制社会（中国奴隶制度始于夏代初年，即公元前 2159 年，终于春秋时期，即公元前 482 年，为期近 1700 年），管仲从政在一个帝王和奴隶主对"贱民"可以生杀予夺的奴隶制社会，竟然有胆识标举"思维"，有胸襟服膺清晰的依法治国和以德政兴邦的理念，而且具有一定程度的民本主义思想，时时将矛头指向"上者"维护"下者"，同时强调要发展农牧业生产，使百姓安居乐业，着实令人敬佩。上文的篇章结构也十分严谨，从第一句到"恭祖旧"是正面说理，下面接着从反面阐述，一正一反，相得益彰。而且每议一题都是从上至下，要求居高位者先正其身才有资格管理国家。文中排比、对仗很多，从而形成一种汉语特有的**板块节奏**，犹如叠浪推进，一波未平一波又起，很有气势。

　　英语的结构美不同于汉语。英语的语言文字结构不容易形成排比、对仗式铺陈，但它有另一套办法。英语常常利用句法环扣使句子复杂化，形成内在的结构内张力，从而实现表现繁复而严谨的语义的功能。英语具有完备的形态手段，为了确保语义结构及逻辑结构的清晰、严谨，主要依仗的就是种种**包孕环扣、腰斩插入、迂回调尾等等句法手法**，使简单句包孕复杂句，复杂句中又包孕复杂句。英语中常常有一段就是一句而句法关系井然的行文。下面是美国当代文学大师费兹杰拉德（F. S. Fitzgerald, 1894–1940）的散文《撞击》（"The Crack-Up"）中的开篇第一段：

Of course all life is a process of breaking down, but the blows that do the dramatic side of the work — the big sudden blows that come, or seem to come, from outside — the ones you remember and blame things on and, in moments of weakness, tell your friends about, don't show their effect all at once. There is another sort of blow that comes from within — that you don't feel until it's too late to do anything about it, until you realize with finality that in some regard you will never be as good a man again. The first sort of breakage seems to happen quick — the second kind happens almost without your knowing it but is realized suddenly indeed.

（当然世间一切生命都有一个崩溃过程，但是导致生命崩溃的这类巨大而且突然的打击力量来自外部或者说似乎来自外部——虽然备受打击的后果并没有立即显现出来，但它们却使你难以忘怀并将一切归咎于此，而且在心力疲惫时屡屡与友人谈到你如何备受打击。还有一种打击力量来自于你的体内，一开始你并没有察觉这种打击力量，直到为时已晚难以补救，或者直到你认识到大限业已昭示，你将不复如既往那样百病皆无。上面提到的那第一种生之"裂缝"似乎来得很快，而第二种打击则是在你蒙在鼓里的时候突然发生，然而你却猛然发现大祸确已降临。）

费兹杰拉德被誉为 20 世纪美国最杰出的作家之一。费氏文辞简约流畅，语句很长，结构十分严谨精美，为当代许多英美文人所效法，并广为采纳编入了文科大学读本。

以上二节关注的就是一般所谓具有"形式美"——实际上是有内秀"打底"的"形式美"。在翻译美学看来，"合目的的形式美"还应该包括主体的主观预设、符合主体的心理需要，而心理需要的"合理内核"就是"意"（意义、意念、观念、主张、理念等等的内在含蕴）的合理性，这样的形式美才有审美价值。（曾繁仁《论康德美学的基本问题》，载《外国美学》，2000: 343–358）另请参见以下几节。

T5.2.3　深刻巧妙的意义蕴含

意义含蕴其实是形式精美的前提条件，这一点是墨子的主张（"先质而后文"，《墨子闲话》引《墨子》佚文），也是汉代刘安所赞成的"必有其质，乃为之文"（《淮南子·本经训》）；西方哲学—美学中黑格尔一再表明美必须是内容与形式的统一，而内容中的理念、意蕴更是位于第一位，即所谓"美是理念的感性显现"。很多语言大师可谓深谙此理。下面摘引的是我国近代杰出的文学家叶圣陶（1894—1988）早年所作的一篇散文《没有秋虫的地方》中的片段，作者将秋虫唧唧齐鸣的乡间盛景与都市寂聊乏味的寞落生活做了一番对比，反映了其时知识分子的一种茫然的苦闷与无奈：

若是在鄙野的乡间，这时令满是虫声了。白天与夜间一样安闲；一切人物或动或静，都有自得之趣；嫩暖的阳光或者轻淡的云影覆盖在场上，到夜呢，明耀的星月或者徐缓的凉风看守着整夜，在这境界、这时间唯一的足以感动心情的就是虫儿们的合奏。它们高、低、宏、细、急、徐、作、歇，仿佛曾经过乐师的精心训练，所以这样地无可批评，踌躇满志，其实他们每一个都是神妙的乐师；众妙毕集，各抒灵趣，哪有不成人间绝响的呢。……

　　大概我们所祈求的不在于某种味道，只要时时有点味道尝尝，就自诩为生活不空虚了。假若这味道是甜美的，我们固然含着笑意来体味它；若是酸苦的，我们也要皱着眉头来辨尝它；这总比淡漠无味胜过百倍。我们以为最难堪而亟欲逃避的，惟有这一个淡漠无味！

英语中也有许多作家情思所系，笔下生辉，或针砭矫情，或痛陈时弊，文辞美，含义深，堪称语言运筹的大师：

If men could learn from history, what lessons it might teach us! But passion and party blind our eyes and the light which experience gives is a lantern on the stern, which shines only on the waves behind us.（S. T. Coleridge, *Table Talk*）

They had been corrupted by money, and he had been corrupted by sentiment. Sentiment was the more dangerous because you couldn't name its price. A man open to bribes was to be relied upon below a certain figure, but sentiment might uncoil in the heart at a name, a photograph, even a smell remembered.（Graham Greene, *The Heart of the Matter*）

A lot of men who have accepted — or had imposed upon them in boyhood — the old English public school styles of careful modesty in speech, with much understatement, have behind their masks an appalling and impregnable conceit of themselves. If they do not blow their own trumpets it is because they feel you are fit to listen to the performance.（J. B. Priestley, *Outcries and Asides*）

T5.2.4　精心铸造的意象意境

　　"意象"（image）在中西美学中都是个非常重要的课题，它与审美的心理机制密切相关，意象含蕴意念、烘托意蕴，因此被称为"艺术的灵魂"。意象的构建过程与心性、心智对感知、印象和联想的艺术加工、锻造过程密不可分，我们可以将这个过程的结果称之为"意"的"形象化凝结"。由此可见意象大大高于印象、联想，也不是简单的"影像"（英语也是 image）。这个过程也就是刘勰指出的"运斤"("独照之匠，窥意象而运斤"，意思是 work up，work out，哲学、心理学上常用 conjure up)。感知、印象和联想经艺术加工、锻造过程，而且必有结果、成果也就是意象；意象的效果也应该不同于一般的"想、思想、思考"(也就是 conceive；conceive 与 imagine 相对；image 与 concept 相对，conceive 指一般的概念思维活动，imagine 指形象思维活动)的效果。明代王廷相说，"示以意象，使人思而嚼之"(《与郭价夫学士论诗书》)，说的是不仅发人"思考"而且因艺术共鸣而引人"吟玩"，进而"领悟"。这就是艺术的魅力了！

意象性具有"景如画面（喻有形而可感）、情似清风（喻无形而可感）"的**综合性**艺术魅力，请看下例：

- 对牛弹琴（汉语成语）
- 半夜月明湖水白，五更日出海门红。（元·吴讷《宿承天观用杨廉夫韵》）
- 细看来，不是杨花，点点是离人泪。（宋·苏轼《水龙吟》）

我们可以从以上三例看得很清楚：意象的艺术性具有一种综合性质，比如"对牛弹琴"。这里有三个有形形象：牛、琴和弹琴者，还有一个无形形象：对牛发出的琴声。缺乏四个形象中的任何一个形象，意象的"画面结构"都不生动、不完整，尤其是那个无形形象，它是赋予这个意象以生命的关键。

概括来说，艺术意象可以分为以下几种类型：

（1）第一类意象是**人物意象**（Figure image）

这类意象通常有比较明显的"形"、"貌"，因此也常常被称为"形象"或"人物形象"。人物意象是艺术意象中最重要的意象，常常是意象中的中心，因为它具有极大的"容载力"和"承载力"，包括形貌、情感、意志、思想、行为，等等，而且富于实在感、动态感、生命感，因此艺术家总是不遗余力地在人物意象性上下功夫。例如，林黛玉、贾宝玉、堂吉诃德、罗密欧、哈姆雷特，都属于这一类。

（2）第二类意象是**景物意象**（Scene image）

这类意象通常具有色彩鲜明、特点感人的"场"、"景"，因此常常被艺术家用来作人物的烘托、陪衬，以突显人物意象的某种情感特质、思想意念、状况境遇、过程变化等等，即宋代姜夔所谓"意中有情，景中有意"(《白石道人诗说》)，比如韦庄的诗句"窗里人将老，门前树已秋"，司空曙的诗句"雨中黄叶树，灯下白头人"，都是以景写人。艺术创作中也有很多完全写景的作品，这时的主旨常常是作者自己的情志抒发，也就是"托物寄情"。

（3）第三类意象是**事件意象**（Event image）

这类意象可大可小，可以是一个小故事、小片段、小情节，也可以是一个大事件，形式可以是艺术作品的一段、一节、一回，即 episode 或是电影里的 montage(蒙太奇)。中国的章回小说常常用一回或几回来塑造一个事件意象，例如《红楼梦》里的"情中情因情感妹妹"、"林黛玉焚稿断痴情"。章回体小说的章回标题和目录通常就是某一章、某一回的事件意象或事件意象集。

（4）第四类意象是**综合意象**（Synthetic image）

这类意象也是最常见的，顾名思义，这时的意象常常是各种意象的整合，有人、有情、有景、有境、有事件、有过程，组织成了一个整体的意象，也可以说是"意象组合"(image group)或"意象束"(image cluster)。例如宋代柳永的词《雨霖铃》，有晓风残月，有情人相聚，有饮酒作乐，还有诗人自己的感怀伤别。由于将种种意象经过整合，意象性更加饱满，因此综合意象具有不可置疑的多维度艺术效果。

概而言之，**意象的艺术特点**是：

（1）经过艺术加工，使艺术家头脑中的感知、联想、印象、情感、意念得到了提炼，使之在某种程度上摆脱了现实中的"形"、摆脱了现实中的"实"，而具有了"模糊不清"（"faint and blurry"，Simon Blachburn, 1996: 186–187, *ODP*）的**艺术特质**或**独特性**；艺术意象是否感人取决于它的艺术特质的品味与品位；

（2）意象单一常常不容易产生综合性艺术效果，因此艺术家往往尽全力构建复杂的（甚至矛盾的）意象组合。高品质艺术意象组合通常具有高度的综合性艺术效果，比如内涵饱满、有思想深度、有积极的社会意义、发人深省，等等，又如 Hamlet 这个充满个性矛盾的人物意象实际上是一种**复杂的意象组合的聚焦**，而且可以说愈是高度的意象组合聚焦，艺术品就愈有感染力。

（3）意象组合（整合）的模式是多种多样的，有**聚焦式的**，如莎士比亚笔下的 Hamlet；也有**分光式的**，如《红楼梦》中的薛宝钗，作家通过一系列别的意象来衬托薛宝钗，使薛宝钗这个形象光彩照人，不亚于林黛玉；更有**隐蔽式的**，许多作品中有不出场的人物，人物虽未出场但仍给人深刻的印象。例如，诗人屈原写的《天问》中的主体意象其实就是诗人自己，但他却始终没有出场，人们通过诗人提出的问题看到了一个执着求真的大无畏者，也就是那个提问者的感人意象——屈原。

（4）意象的**文化特征**不可忽视。英语中耐人寻味的意象美常常不是东方式的诗情画意，不是"杨柳岸晓风残月"式的离情别绪，不是"江南好何不忆江南"

那种乡土情怀，也很少描画伟岸形象的豪情壮志。西方意象美常常集中于独特的、彰显个性的心理揭示、情感解析，以及世情透视、人性剖白，通常专注于过程描写而让读者自己去拾掇"结果"。例如，美国作家常用第一人称来坦陈内心的喜怒哀乐以塑造某种浮现在读者眼前的典型人物：

> There's something beautiful about being an American sucker, even if you pay for it with tears and worse. We were millionaires of the spirit at least 20 adult years before we felt the lowering of the boom, and in the last analysis it is the spirit, the attitude within, a quality of soul, that this country has to offer to history much more than its tangible steel and the bright blood too often accompanying it . . . （Seymour Krim, *For My Brothers and Sisters*）

一般说来，中国的意象美通常用画面含隐情思，西方的意象美通常用人物启迪思考："意"也不同、"象"也不同。看来，理想的意象美似乎是东西融合，展现一种既包含情思又能启迪思考的"优化意象"（optimized image）。翻译美学理当促进双方的这种高品位的"视野融合"。

"意境"是意象的情景化，于是就出现了一个**多维体：意、情、景、境**，但这个多维体又不是多维的简单相加。它的微妙处是突出一个"境"字，用"境"来烘托"意"和"情"，而将体现"意"和"情"的文辞的"意象"空灵化，就是司空图说的"不着一字，尽得风流"，也是皎然所说的"但见情性，不睹文字"。因此，如果一定要给"意境"下一个定义，似乎可以这样说："意境"就是一种用情境将意象和情思空灵化的艺术境界。中国诗歌艺术史上著名的意境典范有晋代陶渊明的"采菊东篱下，悠然见南山"、唐代韦应物的"春潮带雨晚来急，野渡无人舟自横"、唐代包佶的"江山不管兴亡事，一任斜阳伴客愁"，等等。可见意境之美都离不开立意之"微妙"与情境之"空灵"，而这两者都是道家的艺术范畴，所以说，意境之美为中国文艺所独有。（另见本书 T4.5.6 节）

T5.2.5 鲜明独特的文化色彩

语言美鲜有不带文化色彩者。这是因为语言本身就是一种文化的产物：它是一种特定的文化符号，原生于该文化、服务于该文化、隶属于该文化。而且，我们甚至可以说，语言简直就是文化的一种"类属性标志"（typological mark），当语言指向它隶属的文化时，就好像对世人说："This is it!"（没错，这就是我的本色！）

说到语言美的文化表象，当然离不开特定文化的词语、特定文化的人文风物、特定文化的气象氛围、特定文化的行为举止，等等。对翻译美学而言，为精于再现，必须把握的是语言的整体的那种气质美，那种表达 "This is it！"（"就是这个味儿！"）的美！请读读作家吴伯箫在《山屋》中的一段优美的文字：

若有三五乡老，晚饭后咳嗽了一阵，拖着厚棉鞋提了长烟袋相将而来。该是欢迎的吧？进屋随便坐下，便开始了那短短长长的闲话。八月十五云遮月，单等来年雪打灯。说到了长毛，说到了红枪会，说到了税，捐，拿着粮食换不出钱，乡里的灾害，兵匪的骚扰，希望中的太平丰年及怕着的天下行将大乱。说一阵，笑一阵，就鞋底上磕磕烟灰，大声地打个哈欠，"天不早了"。"总快鸡叫了"。要走，却不知门开处已落了满地的雪呢。

这是多么淳朴的中华文化，简直就是迎面扑来的、带着泥土味儿的"中国风"！英语里也有类似的文字。下面是普里斯特莱的散文 "At the Tailors" 中的片段，作者把镜头对准伦敦的老成衣店，似乎连英语都带上了浓重的伦敦腔：

Between the chaos of Regent Street and the opulent bustle of New Bond Street is a little of region that is curiously hushed. It is made up of short streets that pretend to run parallel to one another, but actually go off at all angles. At a first glance these street appear to be filled with the offices of very old firms of family solicitors. Many of their windows have severe wire screens. The establishments there have a certain air of dignified secrecy, not unlike that of servants of the old school, those impressive butlers who appeared to know nothing, but really knew everything. There is little evidence that anything is being sold in his part of the world . . .

Whatever the season, no sales are held here . . . and as you pass you can hear these things whispering: "If you are a gentleman and wish to wear the clothes that a gentleman should wear, kindly make an appointment here and we will see what we can do for you." Money of course is not mentioned, this being impossible in all such gentlemanly transactions . . .

语言美的文化属性，是一个很重要、很大的课题，涉及文化审美心理、文化的价值观论，以及语言的文化表现手段，本书将在 Part Eleven 中较全面地加以阐述。

Topic 5.3　语言美的特殊性

语言林林总总，语言美各有千秋。大抵而言，语言的文字书写体系特点决定它的美的基本特征和性质。概括起来，任何语言都存在以下三类可谓"气质性特征"：**类型学特征、历史发展特征**和**地缘文化特征**。据此，我们可以推定、推衍出汉英双语的不同的语言美，其实人类所有的语言莫不如此。当然，我们这种推定和推衍都必须非常严谨、求实，以科学的描写主义原则为指针。

T5.3.1　汉语的地理生态与文化选择不同于英语

汉语发源于东亚中原腹地，它的海岸线很长，但在远古时代，必然处在相对封闭的地理环境中；它的自然条件优越，但在远古，先民的生产能力很有限，必然会因地制宜先发展农耕经济。优越的自然条件下发展的农耕经济是中国的农耕文化的必然选择。梁一儒等在《中国人审美心理研究》（2004）一书中写道：

> 由于中国地理位置现代相对封闭、孤立，但内部腹地辽阔，资源丰富，中国人在无求（于）他人的情况下独立创造了具有自己的特色的农耕文明，这使中国文化的气质具有了典型的内向型特征，中国文化的风格相应成为和谐型的，中国文化的内核也由此成为伦理型。（梁著第 5 页）

汉语正是这种地缘文化和人文的产物。在上著中，作者还写道：

> 在世界各民族的语言文字中，汉字和汉语具有的审美特征是显而易见的。鲁迅在《汉文学史纲要》中说，汉语、汉字具有"三美"："意美以感心，一也；音美以感耳，二也；形美以感目，三也。"（《鲁迅全集》第九卷）从古到今，汉字发展始终保持了象形、表意文字的特色。（梁著第 345 页）

鲁迅提出"三美、三感"，是有道理的，他注意到了汉语的高度感性美。现在我们再看英语。英语的地理生态与文化选择完全不同于汉语。

英语的早期历史可以用欧洲文艺复兴（公元 1500 年到 1700 年）作分界线：

在分界线以前的英语，只能说是处在"胚胎期"（大约是从公元500年到1450年之间），英语深受凯尔特语（Celt）、德语、古斯堪的纳维亚语（统称 Viking Effect）和法语的影响，并不是一种"独立"的语言。一直到1500年，英语才正式成为住在英格兰岛的盎格鲁－撒克逊人的母语，和其他欧洲语言一起构成印欧语系（Indo-European Languages），以欧洲为生生发展的基地。当时欧洲各国大体上已从城邦公国陆续发展到了"后封建君主体制"；经济上则从欧洲式小农业和手工业发展成为近代商品工业的初期。18、19世纪政治和经济上的进展使欧洲各国，尤其是英国，从原本已经是海洋性国家走向海外疯狂扩张殖民。英语也就依靠英国殖民主义制度，"乘势勃发"为"日不落语"。英语秉承了印欧语系形态语的形式优势，带有"混成语"开放的特点，自是必然。

英语的理性素质也有其深刻的历史成因。在近600年发展中，英语一直处在理性主义思维的熏陶下，处在很多大师的严格监督下，其中知名度最高的有莎士比亚、哲学家兼作家培根（Francis Bacon, 1561–1626）、哲学大师洛克（John Locke, 1632–1704）、词典学大师塞米尔·约翰逊（Samuel Johnson, 1709–1784），等等；这些大师为英语的规范化、精确化和典范化几乎奋斗了一生，始有英语今日之辉煌。

T5.3.2　语言美具有不同的历时特征和共时特征

毫无疑问，语言美是不断发展的，没有停息，也不可能停息。秦汉时代的文风已从先秦的典雅简约走向了一个后汉的"巨丽世界"。从秦皇到汉武，整体上是从法家之"雄"到儒家之"博"，到了汉代，汉语已到达了历史上从未有过的"巨丽极致"和"雄浑至极"，以西汉司马迁（前145—前87）的《史记》为代表。到了魏晋时代，士人阶层形成，文人骚客追求风雅劲健，文风也为之一变，建安七子以才情的丰赡深深地影响了汉语，瑰丽的骈文于是取代了雄健的散文，刘勰的《文心雕龙》实际上探讨了魏晋汉语形式美的一个庞大的法度体系，代表了六朝骈体汉语的高峰。至唐代中国国力大升，士人终于不再陶醉于"美在形式"。韩愈（768—824）则是这个历史性转型的代表。韩愈其实并不否定骈体之美，他否定的是唯美主义对儒家以德美立身的原则和对审美认知结构（才智加风雅）的一种病态割裂。这无疑是非常精辟的见解，唐之后的顾炎武（1613—1682）、龚自珍（1792—1841）都有附和。正因为有韩柳这样的大师，唐宋八大家的典范古文才对汉语起着"卓尔千年不衰"的深刻影响，至今为世人敬仰效法。

语言美的共时性发展最充分地表现在英语的世界性广被（coverage）上。到目前为止，英语在近 200 年的发展中衍生出的"共时品种"（synchronic variations）已经有英国英语、美国英语、澳新英语、西非英语、南亚英语（包括印度—巴基斯坦英语、斯里兰卡英语和尼泊尔英语）以及东亚英语等六大类。毫无疑问，这些英语都各有其审美标准，比如，英国英语看重规范性、标准化，美国英语看重语言活力和灵活性。其他地域性英语凸显的是地域性文化特色。因此，英语研究界有人（如 R. Quirk, 1920– ）提出主张构建"核心英语"（"Nuclear English", D. Crystal, p360, *CEL*），提供标准英语的核心结构和词语（core structure and vocabulary, Quirk, 1982），以利教学和交流。

方言也是一种语言的共时现象。汉语方言研究始于扬雄（前 58—前 18），在中国已有逾两千年历史。现代汉语有七种方言，即北方话、吴语、闽语、客家语、粤语、湘语和赣语，其中北方话又分为北方区、西北区、南方区及西南区北方方言。几乎每一种汉语方言都有自己的审美特色与标准，比如，北方话要求淳厚圆通、稳重大气，吴语要求婉约清丽、热情悦耳，粤语要求跌宕利脆、含蕴感人。汉语方言是一块百花争妍的园圃，方言常常是"语言美"与"乡土情"的富集之地，真可谓**"一方水土一方人，一方人有一方情"**。

审美需求与价值紧密相连，已如上述。价值论研究人的主体需求系统及客体在满足主体需求中的质素、条件、标准和局限性，等等。审美价值论（aesthetic axiology; theory of aesthetic values）在美学中是一个开发中的大课题、一个疑难和歧见很多的"集散地"，中外传统美学家并没有专门的、专题的论著。（R. Stecker, *Value in Art,* 2003: 307–324, *OHA*）西方传统哲学—美学界通常探讨的命题是审美评价、审美标准以及审美判断，"价值论"则完全被归入到哲学中，例如 19 世纪德国哲学就探讨过价值的主观性和客观性问题、"内在价值"（Intrinsic value）和"工具价值"（Instrumental value）（E. G. Moore, 1922, 1953, 1959），等等。近现代心理学和经验主义哲学—美学的基本观点是价值产生于**需求、需求满足，**价值的大小取决于满足**需求的功效**（A. Maslow, 1943, 1956, 1965; R. Stecker, 2003: 308, *OHA*），这个观点对翻译美学来说是可取的，因为语言审美也是一种审美需求，我们将在 Part Ten "翻译的价值观论"中进一步加以探讨。

另外，价值论问题比较复杂是由于价值所体现的**需求**和**功效**比较复杂、比较间接而且难以分隔；有时空灵到道德之约，有时又实际到升斗之需。从宏观上看，价值有个历时维度，可以分为恒久的**无限价值**、历时的**阶段价值**、现时的**当下价**

值，等等；价值还有个共时维度，可以分为国家民族价值、社会集团价值、个体特征价值。不同行业或不同的艺术品类也都有不同的价值观。审美价值论也一样。例如，在中国文学中盛极一时的汉赋、在英国文学中盛极一时的十四行诗就都经历过"价值的负裂变"，今天几乎没有人写"汉赋"式的文章和十四行英诗。但这并不说明它们就没有历时阶段价值。作家的个人文风之美也一样，清初金圣叹（1608—1661）式的文学批评文风，集嬉笑怒骂于一体，今天的文学批评家就不一定要去效仿。当代中国文坛还是崇尚欣畅有力、张弛有度、褒贬有据的文艺批评。

可见，语言的审美价值论研究亟待推展和深化。但在本书中，这个问题只是为了翻译的语言审美做了一个比较粗浅的探索。可以肯定，翻译审美的价值观论是翻译美学无法回避的基本理论课题。在实际层面，汉英双语语言美的发掘、分析和阐述性研究，则更是非常迫切。很清楚，语言审美的实际工作做得越充分、越踏实，与此有关的基本理论研究也就越有条件能深入开展、开拓下去。

Topic 5.4　关于语言美的多维、辩证、动态价值观

对语言美学的研究者而言，最重要的是要认识到语言美不是恒定不变的。这个**辩证观**和**动态观**对我们进行语言审美研究十分重要。说到底，正是语言美的历史发展形成了文化一层叠加一层、一层比一层富集的审美积淀，才造就了"历史的来者"更高层次的美的理念、美的理想和美的实践——正如同一个经历过荆棘丛生、恶石遍野的旅游者，才更能体验到绿草茵茵、清流回绕、甘泉沏心的田园之美。具体来说，我们要具有：

第一，语言美的多维形态观，可评而不可偏废

上面（T5.3.2）我们已经阐述了这个观点。这里想做个重要的归结。世界语言是个百花园，无百花则不成妍丽，无妍丽则不成景观。近来我国文坛品评文风，有人力颂徐志摩、朱自清、叶圣陶之平易和煦、清逸婉丽，有人痛斥鲁迅之刻薄尖酸、狭隘偏执。其实文如其人，各有特色，才叫"大千世界"。明代胡应麟有一段名言可供我们记诵：

> 　　上下千年，虽气运推移，文质迭尚，而异曲同工，咸臻厥美。国风雅颂，温厚和平，离骚九章，怆恻浓至；东西二京，神奇浑璞；建安诸子，雄瞻高华；六朝俳偶，靡曼精工；唐人律调，清圆秀朗，此声歌之各擅也。（胡应麟《诗薮》内编卷一）

胡氏箴言充分体现语言审美的**历史感**和**包容性**，很值得我们学习。语言审美，不宜以偏概全，以一己之好恶以蔽其余，尤其不要"以一玼而毁全瑜"；同时也要提倡审美个性，语言诚然是集体的文化财富，但如果没有世世代代、千千万万的"个人使用"，语言也会彻底空洞化、"零值化"（乌有化，zilch）。

　　第二，语言美的多维地域特征，可赏而不可讥讽

　　人类的语言都是宝贵的文化遗产，流转至今，已是弥足珍贵，我们要悉心去发现它们的美、欣赏它们的美。西方有些人眼里只有英语、美语、德语、法语、意大利语"能上台面"，任意嘲笑爱尔兰语、斯堪的纳维亚"海盗语"，连英语的"至亲"威尔士语（Welsh）也都没有被放过。语言学家 Philip Gooden 有一段类似胡应麟的话：

> As with the Irish, the Welsh have made distinctive and valuable contribution to English. Their style when using the language has been called flamboyant. The Swansea-born Dylan Thomas（1914–1953）stands out among modern poets for his ornate, sensuous writing. Nor is it coincidence that actors such as Richard Burton（1925–1984）and Anthony Hopkins（b.1937）— both hailing from near Port Talbot in South Wales—are famous for the musicality of their voices and the crystal clarity of their diction.（P. Gooden, 2009: 20）

　　语言审美"就像在琳琅集市搜宝，样样珍奇闪光都要收在眼底"——胡适当年在北平逛琉璃厂所说的这句话看来很有道理。如果拿某种语言特征来开无聊的玩笑，而且乐此不疲，确实有"病态"（morbid）之嫌。

【思考讨论题】

[1] 为什么说翻译美学必须研究语言的审美价值？

[2] 语言美有哪些审美价值标准？

[3] 汉英语言美有哪些异同？其成因何在？

[4] 为什么说看待语言美必须具有多维、辩证、动态的价值观？

[5] 为什么说没有"个人使用"，语言就会"彻底空洞化、零值化"？

Part Six

论翻译审美

要旨　　　翻译审美是翻译过程中的**关键环节**，它是一个多维结构。毫无疑问，翻译审美的质量和水平取决于主体（译者）的能力实施和策略运用，包括阅读策略和对审美对象（原语—作品）的审美解构——此中关键则是对原语中**审美信息的全方位把握**。

Topic 6.1　所谓"翻译审美"

必须指出，"翻译审美"之说（特别是翻译审美实践）古已有之，虽然并没有这个用词，也并没有什么自觉的理论，因此翻译审美活动并不是现代人的什么"创新"。古罗马的西塞罗（106—43BC）谈到过"翻译必须重视修辞"，昆体良（约35—96）谈到过"翻译同样是一种创作，一种技艺"，奥古斯丁（354—430）在其专著《论美与适宜》中更明确提到翻译不能不顾语言的"适宜之美"。到19世纪，泰特勒（1747—1814）提出的所谓"翻译三原则"则基本上属于翻译审美原则。在中国也一样。三国时期支谦等大师的"信言"、"美言"之辩（参见《翻译美学导论》，第二版，2011: 45），实际上正是关于翻译中无法绕过的翻译审美的议论，只不过没有更多的发挥，它实际上是翻译美学的开篇之见。严复所谓"信达雅"、傅雷所谓"神似重于形似"论，以及钱锺书的"化境论"，也都很明显属于美学命题。这都是有史书记载的证据，充分证明译论及翻译实务与美学的渊源，以及许多翻译家、译论家的共同认知和美学取向。

所谓"翻译审美"（translate aesthetically; translation in aesthetic perspective）也就是为翻译对原语进行的**审美价值分析**和对译语进行的**审美优化再现**。古今中外的翻译家都是这么做的，只是没有说出"翻译审美"这个词。概括而言，"翻译审美"包括两方面的任务，二者不可偏废而且互为因果。这其中，对原语的审美审视和审美判断是第一位的，是"因"（也就是源本），对译语的优化是第二位的，是"果"（也就是产品）；但这个"果"也可以成为具有诱发功能的"因"——如果我们把"效果"（effect）也拉进来作整体评估。因此当代美学强调的是个三元论，"（本源性的）**因**——（诱发性的）**果**——（迁延性的）**效**（即迁延到了受众）"，而不再执着于古典的二元对立：因为翻译永远涉及三个关系项——**作者、译者、读者**。此外，与之有关的事实是："翻译审美"比一般的语言审美（文本作者及文本读者）要复杂得多，不同之处在于"维度"：翻译审美涉及跨语言、跨文化的"理解—转换—再现"问题，因此需要译者"三面俱到"。下面我们就从翻译审美的开端——"程序论"谈起。

翻译审美是一种跨语言文化的认知活动，是一个跨语言文化的认知过程，这个过程涵盖五个环节，对这五个环节的描写可以统称为翻译审美的一个**简约的程序论**。

如上所述，翻译审美是语言审美的继续，但不同于语言审美，它的特殊性源于跨语言文化，因此比一般的语言审美（如小说的创作）复杂得多，语言审美活动的层次也多得多，尤其是这里涉及到"审美理解"与"审美再现"两个环节，有很多问题必须深入探讨。

翻译审美活动的程序化全程——包括以下五个环节（ST 表示原语文本"source text"，TT 表示译语文本"target text"）

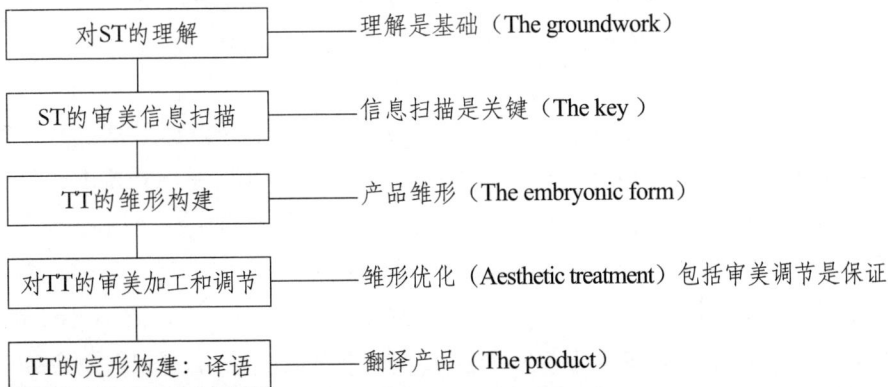

对ST的理解	—— 理解是基础（The groundwork）
ST的审美信息扫描	—— 信息扫描是关键（The key）
TT的雏形构建	—— 产品雏形（The embryonic form）
对TT的审美加工和调节	—— 雏形优化（Aesthetic treatment）包括审美调节是保证
TT的完形构建：译语	—— 翻译产品（The product）

以上五个环节，每个环节都不是轻而易举或者可有可无的任务，每项任务都要求翻译者倾注很大的努力。可以看到，全程始于对原语的理解，它是翻译审美的基础，审美信息扫描则是关键；而在达致所谓"完形构建"（也就是翻译审美活动的终端——翻译成品）以前，必须经过雏形优化包括审美调节的保证，将原作的**概念呈现**尽可能完美地转换成**艺术呈现**（**审美呈现**）。

上述五步也就是上面说的翻译审美的一个**简约的程序论**。可以这样说，只要我们踏踏实实、按部就班地按程序进行翻译，获得令人满意的成品（译作）是不成问题的。

Topic 6.2　翻译审美活动的基本特征

翻译审美活动不同于别的审美活动，它比较复杂，要求翻译主体作整体的凝神观照，常常不能一蹴而就，需要反复进行，才能捕捉到原语中的审美信息。这道功夫就是唐代王昌龄说的四句话，"搜求于象，心入于境，神会于物，因心而得"（《诗学指南》）。翻译审美具有以下独特的基本特征，不掌握这些特征，就难免事倍功半。

T6.2.1　翻译审美涵盖一个复杂的"三维结构"：

第一维度——语内语言维度（Intralingual dimension），集中于文本意义及审美表现式

第二维度——语内超语言维度（Dimension beyond language），集中于超文本意蕴及其审美表现法（不一定有具体的表现式）

第三维度——语际维度（Interlingual dimension），集中于语言文本与超语言文本的语际转换（涉及 **SL** 及 **TL** 表现式及再现法）

这三个维度构成一个立方体审美空间。这就要求翻译必须要有多方面的思维习惯和能力，通俗地说就是"面面俱到"，不能顾此失彼。尤其重要的是超文本意义，就是所谓"言下之意"、"言外之意"，毛先舒称之为"笔墨蹊径之外"。常见的情况是审美信息和意义恰恰在被忽视的超文本层。有一句常说的话说："又（偷）得浮生半日闲"。有人把它翻译成："A half day's leisure is gained in this fleeting life." 这就完全失去了它的超文本审美意义。这句话的前一句是："因过竹棚逢僧话"，指的是一个官老爷路过竹棚遇到一个老和尚，就跟这个老和尚没

完没了地攀谈起来。官老爷完全不顾老和尚，倒是"偷得了"闲扯的大半天，可把急于回庙里打点生计的老和尚苦坏了。可见审美意义在于两相"反衬"和"对比"。考虑到这个审美意义，正确的翻译应该是"a half day's leisure（gained）at the expense of the other's pains"。可惜这个言外之意常常被忽略，使得那句成语被搬来搬去成了一句快意词，它背后的典故意义反而没有人注意了。

三个维度的审美，可以说是一种为翻译所独有的全景式审美扫描，译者必须对原语文本进行全景透视，屏息以求，不能"只缘生在此山中"，而"不识庐山真面目"。

T6.2.2 翻译审美的对象是语言

正因为如此，翻译审美的实质是语言审美，而不是语言所承载的题材、故事、事件，等等，这就是说，翻译审美的性质实际上是"linguistic"（语言的），而不是"thematic"（主题的），后者是叙述学或写作课的首要任务，不是译者的首要任务，译者不要一开始弄错了对象，失去了重心。这就与文艺创作有区别。在文艺创作中，作家首先要对他的题材、故事、事件善作规划，妥为布局，再去运筹语言。这叫作"意定于思，思定于笔"。翻译就不一样了。翻译必须首先着力于理解——也可以说是"解密"或"化解"原文中所有的关键词义和行文难点，否则断乎不能把握作品的题材、故事、事件梗概。**原语中的难点**包括：（1）词义障碍；（2）句法障碍；（3）惯用法障碍；（4）文体风格障碍；（5）文化障碍。试图越过这些障碍，主观地按故事情节来理解乃至猜度臆测，就难免要犯错误。这是很多文学翻译者没有把作品翻译好的原因之一。

当然，另一方面也要看到，把握主题、故事情节或事件始末，对于理解语言也确实有一定的帮助。一般说来，事物发展有它的内在逻辑，这种内在的逻辑事理，也都会反映在语言上，二者互为表里。因此，我国西晋时代杰出的文论家陆机（261—303）说"恒患意不称物，文不逮意"（《文赋》），以物证文，也是可取的。只顾表层语言，不顾内在的逻辑事理也常常导致很严重的错误。但作为译者，要建立的基本观点是：**语言是理解的基本依据**。

T6.2.3 翻译审美必须是语际的（Interlingual）

这也是翻译审美与一般文学创作之间的重要差别。由于翻译审美的语际性、跨文化性，译语和译者的审美价值观不仅受到语言的制约，也必然受到本民族文化价值观差异的制约，产生以下偏向：

（1）**"以我之有，度彼之无"**，因而贬低外语的美，或看不到外语不同于母语的审美特质。例如汉语富于各种形态的音美、汉字富于独特的形体结构美，而英语没有，但不能忽视英语音美是以节奏和升降为特征，英国标准英语也是相当悦耳的。

（2）**"以彼之有，度我之无"**，这样可能产生两种偏向：一是夸大外语的美，导致描写失真，等于取消了它的美；二是夸大了自己的"无"，导致描写失真，也等于取消了自己的美。虚无主义与取消主义一样是审美之敌。

那么，翻译的语际审美要不要进行双语的审美比较呢？回答是肯定的。

语际审美比较的要领如下：

（1）**不忽视语言的共性**，因此在共相的平面就可能存在共同的或相似的美，否认语言之间存在共同美是错误的。但"共同"也好，"相似"也好，语言之间的共性美都是相对的。所谓"相对"指两种语言之间的语言美在基本形态上的"相似"或"相近"，而不是"等同"。例如最基本的元音 a，e，i，o，u 的发音，在汉语普通话中虽然也有，但与英语 RP 即伦敦南部标准发音，就根本不可比！它们完全是两个系统的音素，如音长、舌的高度、口腔中的前后，等等殊异。又比如汉语中有双声叠韵词，如澎湃、伶俐、咆哮、彷徨、招摇，等等；英语中有首韵成对词（alliterative couplets），如 walky-talky, dilly dally, chop and change, pains and gains 等等，但二者却不能同日而语，汉语中双声叠韵是一种重要的审美构词法，而英语的这类词只是一种具有谐音或谐趣感的"词对子"（word pairs），是一种随机性语用现象（试比较按意义成对出现的 come and go, give and take, old and young, 等等），不足以形成构词法，也没有形成有历史渊源的修辞格。

（2）**不忽视语言之间的差异**，尤其是把握差异带来的语言特质的美，对翻译审美而言可以说是关键，因为某一种语言其所以不同于另一种语言，根本原因在于它们之间的差异，而不在于它们之间的共性有多大。因此，在翻译中只要我们充分把握语言的异质美，加上表现上得法，就不难在另一种语言中艺术地再现它的特色美、异质美。德国分析美学家维特根斯坦（L. Wittgenstein, 1889–1951）说语言是一种"生活的形式"（Leben Form），人的语言经验表现为生活的经验，大至每种语言、每种方言，小至每个人，生活的经验都是形形色色的，因此语言特色各有千秋，根本不可能互相雷同。（*Philosophical Investigations,* 1964: 67）

（3）**不忽视语言的历时变化与共时变化**。语言的历时性衍生语言经验的规律性和规范性，语言的共时性衍生语言经验的多样性和丰富多彩的差异。例如 20 世纪中期以前英国英语与美国英语之间有差异，但远不如上世纪中期以来的迅速发展。这种发展导致的差异使我们在比较中更加了解英国英语的规范性和优雅素质，而美国英语则使我们在比较中更加了解美国英语的包容性和可塑性。语言具有共时变化的事实还可以使我们进一步认识到语言特质美的各式各样的变异，有利于我们更加深切地体验到语言美的丰富多彩。例如，中国的方言音乐美可以说异彩纷呈：北京话优雅，上海话温婉，苏州话甜美，东北话刚实，重庆少女说话非常娴雅蕴丽，陕北青年说话非常沉稳高扬等等，不一而足。汉语方言之异彩纷呈，已臻于世界语言之最（J. Norman, 2008: 8），实非夸张。

（4）**语际语言审美比较的关键是抓住文化对比**。语际必然涉及跨文化，跨文化必然涉及双语文化的文化价值观问题，文化价值观常常因语而异，如何作文化审美判断又常常因人而异，因此问题比较复杂。关键是译者要在对比中研究母语文化价值观和译语文化价值观。简而言之，翻译美学的文化价值观原则如下：

（a）坚持文化价值观的层次论，文化价值不是等量齐观的，应区别对待，最高价值和核心价值就不同于一般文化价值，不要混为一谈。

（b）坚持文化价值观的所谓"民族性利益权衡"原则，也就是说，不论译者的国籍、信仰、政治态度、翻译主张是什么，在进行文化审美判断时，要以目的语的需求和效益作为"利益权衡"的原则。

（c）因此在表现上必须坚持文化翻译的综合平衡论，不能死守着非"归化"即"异化"这种二元对立的机械主义文化表现论。

关于审美价值观问题另请参阅本书 Part Five 各节，并请详见 Part Eleven 文化与审美各节。此处不详论。

T6.2.4　翻译审美主体是关键

所谓"关键"，就是决定成败的因素。翻译审美活动全凭翻译主体的语言综合能力来实施和完成，因此翻译主体是翻译审美的关键。为保证翻译审美活动的有效进行，翻译主体必须确保翻译审美活动符合以下基本特征：

第一，翻译审美活动的高度个性化（Highly individualized）

审美都是个人的文化行为，因为它是一种"生活形式"（Wittgenstein, 1964），正如每个人都有他（她）自己的生活形式（方式）一样。同理，语言审美也是高度个性化的，世界上找不到两个具有等同的审美经验和审美感受的人。"心有灵犀一点通"说的只是看法、想法、体悟上的"汇合点"（meeting point），不是说"完全同一"（the Sameness）。"人同此心，心同此理"也只是大体的"同"。

即使与自己，人都做不到"完全同一"，因为今天的自己肯定不同于昨天的自己。美具有无限性，而人的审美感知力、审美想象力和审美理解力各不相同，究其根源是由于：

（1）人的**智能结构**与**心理结构**各不相同："他"想的不可能与"你"想的完全一致；

（2）人的**知识结构**和**经验结构**各不相同："他"知道的与"你"知道的不可能完全一致；

（3）人所处的**认知语境**无时无刻不处在变化中："境"中之美对"他"和"你"的感应无时无刻不处在变化中；

（4）理念和观念对人的支配也无时无刻不处在变化中：因此人的审美感知和审美态度可能由近及远、由浅变深，而且各不相同。

以上都是翻译主体方面的因素。翻译审美活动的高度个性化也有客观上的原因，究其根源是由于：翻译审美客体永远是个变数，主客体之间的互动永远是个变数，有时"物我融合"（由物及我，由我及物）的过程很快，有时有可能很慢；翻译审美客体的千变万化，影响审美主客体互动的稳定性，自是必然。一般说来审美客体越稳定，审美主体越是游刃有余，例如诗歌翻译得越多就会译得越好，公文译得越多也会译得越准。

第二，对翻译审美主体的语言综合能力的高度依赖性（High dependence on AS' all-round linguistic competence），而这种能力常常具有很明显的个人特点。

很多审美活动可以借助于主体以外的手段来提升和保证预期中的最佳审美效果，如器具、设备、材料、光影，等等。只有翻译必须完全依仗自己的语言综合能力来实施审美活动。对翻译美学而言，所谓语言综合能力包括：

（1）语言多层级意义的分析—理解能力，**这是基础**

（2）语言的感知—感应（包括情感）能力，**这是关键**

（3）语言的综合表现（翻译中的审美信息语际转换和再现）能力，**这是必备条件**

常见的情况是这三种能力并不处在同一的发展水平上，这就需要译者有自知之明，不断努力加深学养，以弥补自己的不足。有的翻译家的早期译作与他们的晚期翻译明显逊色，就是因为其早期功力（以上三个方面的发展水平）远不及晚期功力。

翻译审美主体要达到预期的审美目标必须竭尽全力运用自己以上三个方面的能力，并能随时进行必要的调整。（另详见本书 Part Seven 关于翻译的审美主体各节）

T6.2.5 翻译审美要求普遍性和专业针对性

长期以来有一种相当普遍的误解，认为只有文学翻译才讲审美，其他文体的翻译与审美没有关系，这种误解是将"审美"狭隘地理解为"文字美化"的结果。事实是，只要译者动手做翻译，不管他处理的是什么文体，他就随时会遇到"如何恰当地遣词酌句"的问题，简而言之就是"选择"（Selection）的问题，而"选择就是艺术"（Art is selection），选择是一切艺术最基本的规定性（Thomas Aquinas, 1225–1273）。下面的一段英语语段属于一般的叙述文，没有什么"艺术色彩"：

> Imagine a world in which there was suddenly no emotion—a world in which human beings could feel no love or happiness, no terror or hate. Try to imagine the consequences of such a transformation. People might not be able to stay alive; knowing neither joy nor pleasure, anxiety nor fear, they would be as likely to repeat acts that hurt them as acts that were beneficial. They could not learn; they could not benefit from experience because this emotionless world would lack rewards and punishments. （《翻译基础》，第 411 页）

下面是这段英文的翻译：

> 想象突然没有情感的一个世界——人不能感到爱或者愉快，没有恐怖或者不喜欢的一个世界。试试想象这样的转变的结果。人们可能不能保持活着；知道既非快乐也非不快乐，忧虑也不惧怕，他们将好像很可能重复行动伤害作为是有利的行为的他们。他们不能学习：他们不能受益于经验，因为这个冷漠的世界将缺乏报酬和处罚。（《翻译基础》，机译素材，第 412 页）

一读之下你肯定会感到译者的遣词酌句有很多问题，必须改善——而"改善"就是美化加工，美化加工就是选择，"选择就是艺术"，总之是**"择善从优"**（*Choose the fittest, choose the best*）。于是你按自己的语感把译文改为：

想象一下一个木木无情的世界吧。在这个世界里，每个人都既不能感受到爱，又不能感受到幸福，既没有恐惧，又没有仇恨。想象一下世界变成这个样子的结果吧——大概可以说，在一个没有爱恨情仇的世界里，人是无法活下去的！如果人们的所作所为毫无好坏之分，既无缘学习，又不能受惠于经验，既得不到报偿，也不必挨骂受罚，完全是一片木木无情的天地，试问人能这样活下去吗？

现在你再读一下未经改善的译文和原文，两相比较，你就会深深感到斟词酌句给你带来的快感！这份通过择善从优获得的"快感"就叫作"审美快感"（或"审美愉悦"），而你修改词句的过程，就叫作"语言审美"。

可以说，每一位翻译——不论在法律界也好，财经界也好，文艺界也好，科技界也好，每天都要做很多这样的文字工作。很清楚，他们每天都在进行艰苦的"语言审美"，你能说他们的工作与美学无关吗？

可以说，语言审美就在你身边，翻译审美就在你笔下！

现在请你回过头来再想一想本书一开头提到的翻译学呼唤"美学回归"的观点。你也期盼翻译学实现向美学的回归吗？

Topic 6.3 翻译审美的特征普遍存在

有一种相当普遍的误解，以为只有文艺翻译才有翻译审美任务。其实不然。翻译审美的基本特征和要求是普遍存在的，因此翻译审美活动也就不应局限于文艺文体。实际上，翻译审美的普遍存在是由语言美的普遍存在决定的。语言美不限文体、不限形式，普遍存在于语言中，当然，这种普遍存在必须伴随以下三个条件：

第一，**规范性**：这里所说的规范，指语法规范和语用规范。不规范的语言当然谈不上语言美，这是自不待言的。

第二，**社会性**：指社会交流通用的语言，不受社会交流通用规范制约的语言无法判断其语言美。例如个人间的"亲密语"、病态的或自恋者的自白，不在我们考察之列。

第三，**交流效果**：指符合预期的社会交流的目的和效果语言，不能在社会交流中被接受或被理解的语言，也不在我们考察之列。

以下是三种被认为"最缺乏语言美"的文体，但只要符合以上条件，都可能具有语言美，都在翻译美学的考察之列：

一、论述文体（Expositive）

符合上述条件的论述文，可有以下的语言美。本书中已经举出的不少例证实际上就是论述文：

（1）用词严谨、准确

（2）句法规范性很强

（3）语句较长，但逻辑性、层次感度很清晰

（4）具有很强的理性说服力

二、公文文体（Documentary）

符合上述条件的公文，可有以下的语言美：

（1）用词极为严谨规范

（2）句式规定性强（句式与语义之间的约束性形式规格）

（3）语义极为清晰，不容许有语义含混

（4）风格冷峻可感

三、科技文体（Scientific）

符合上述条件的科技文章，可有以下的语言美：

（1）用词的专业性很强，很规范

（2）词义稳定，词义的专业规定性很强

（3）语句结构比较简单、明白

（4）语言逻辑性很强，条理分明

（5）行文风格上的务实性（matter-of-factness, factuality）明显可感

实际上，以上三种文体的特点与交流功能常常正好是它们的语言美之所在。雄辩服人的论述文、清晰通达的公文、能使复杂的自然现象明白晓畅地得到解释的科技文章，难道不可以称为美文吗？"只有文学语言才有语言美"是一个普世的认识**盲点**。事实说明任何语言运用都有一个审美问题，一个用词造句的择善从优问题。一句话，翻译美学对语言的审视是全览式的、全局性的，原语和译语中的一切语言品种、文章（文书）体式和语言现象都在我们的审美考察之中。被翻译界公认为翻译得最美的三个词 gene→ 基因，laser→ 激光（原译"镭射"），和 vitamin→ 维生素（原译"维他命"）都是科技词语。

Topic 6.4 翻译的审美阅读策略

对翻译审美而言，阅读原语文本（以及与文本有关的资料）是翻译审美之始，在传统美学中也叫作"审美观览"。但"观览"侧重于视觉审视（如观览一幅山水画），未强调审美理解，而审美理解对翻译则是异常重要的。

审美理解始于审美阅读。顾名思义，"审美阅读"（reading for aesthetic purposes）就是以语言审美为目标而进行的阅读，这种阅读关注的焦点集中于理解前提下的语言审美。翻译美学审美阅读的重要意义在于：它是主体获得原语文本全部意义及审美信息的必经过程，同时，没有透彻的**"理解性阅读"**（reading for the purpose of comprehension，这就不同于赏析性阅读、审校性阅读，等等），要获得文本中的全部审美信息是不可能的。因此审美阅读的前提是理解性阅读。这一节就从理解性阅读谈起。

T6.4.1 理解性阅读：审美阅读的前提

翻译学中所谓"理解"，指下表中几个层级的"意义把握"（meaning acquisition）。语言哲学上的"意义把握"指"语言符号（即能指）的全部所指"（All that is signified by the signifier），包括上下文可能赋予的暗含意义、引申意义和联想意义。翻译美学上的意义把握就是根据语言哲学上的这个意思。

翻译学上的理解层级及意义把握

基础层级	文本理解	指把握了语言结构所承载的全部意义，常指词、句、段及整个篇章的"字面意义"
中介层级	超文本理解	指把握了文本语言结构及超语言结构（即超文本）所承载的全部意义和意蕴
综合层级	审美理解	指整体把握了语言结构、超语言结构及文本审美结构共三个层级的全部意义（包括叙述的逻辑性）

理解性阅读一般只要求获得对原语文本的理解，因此到达中介层级也就基本上达到了阅读目标。但翻译审美阅读就不同了，翻译审美理解必须到达综合层级，否则不足以表现原语文本的美，这正是综合层级审美理解的目的，进入审美理解，

获得了表中三个层级的充分信息，就可以进行翻译了，因此综合层级的审美理解也被称为"整体理解"。

T6.4.2 翻译审美的文本阅读

为加深我们对翻译审美阅读的理解，这里不妨比较一下一般阅读与翻译审美阅读之间的不同之处：

（1）一般阅读是一般的语言行为，而翻译审美阅读则是一种语际的语言审美活动，因此后者需要全方位跨语言文化透视。

（2）一般阅读的目标比较单一，即止于文本理解；而翻译的审美阅读目标复杂：理解后更加上语际审美再现，涉及目的语的文化审美价值观问题。

（3）一般阅读的理解可容许个人对文本整体的基本含义有"个人版本"（individual version），包括阅读者本人对文本的"理解"和"不理解"、"认同"与"不认同"，等等，总之是某个人对原文文本的解读，一般并不要求理解非常深透。翻译审美阅读的理解则要求非常深透。这种阅读当然也容许个人对文本的基本含义有"个人版本"，有个人的解读，但应力求做到：（a）译者的个人理解基本上不悖于原意及其审美立意的传播；（b）涉及目的语文化价值观的审美再创造；（c）因此，如何看待"个人版本"也是一个翻译者的学养和个人的职业操守问题。

（4）翻译审美阅读要求译者以翻译目的和原语审美结构为重，善于调节个人意见，集中精力对原文文本进行全方位的语言意义解构和审美解构。下一节我们就来探讨这个问题。

Topic 6.5 对原语文本的审美解构：审美信息扫描

文本审美解构是一个很大的课题，其中包括 **10 项基本任务**。所谓审美解构，我们也称之为"审美扫描"（Aesthetic Scanning，简称 AS），就是通过下述 10 个任务的实施把文中所有的审美信息一个不漏地"扫"出来。这 10 个任务，可以分为三个层级：

第一层级   语言结构美
[Task 1] 集中于语音美

语言的音乐美常常被忽视，因为它很精微，意在与"形意"的配合：

（a）一团茅草乱蓬蓬，暮地烧天暮地空；争似满炉煨突榾，慢腾腾地热烘烘。（宋·无名氏作司马光《题嵩山峻极中院法堂壁》）（寓意是：世人只求烧茅草那样一哄而起，不喜欢烧木头疙瘩，其实后者更有烧劲儿，慢热而持久。）

[AS] 这首诗的音乐美显而易见，但很少人注意到其中的声调选择之娴熟高妙。

（b）I saw quassias in the night

　　Leaving at the speed of light

　　Why so hurriedly fared *they*?

　　Something must have scared *they*.（原文如此）

[AS] 英语中有很多短诗，有一点"谐趣"，诗人主要是为了韵律练习而编写的；为了"就韵"甚至可以冒犯语法。上面第四行的"they"显然应当是"them"。英语中有许多谐趣诗，又如，下面这首题为《别向我咆哮》：

（c）After neighbors' wives you neigh?

　　Neighbors' wives are fine —

　　Sorrel, chestnut, dapple gray,

　　Rolling neighing in the hay.

　　Neigh then, neighbor, neigh — but nay! —

　　Neigh not after mine.（原文如此。很显然"mine"应该是"me"。）

[Task 2] 集中于用词美

（a）I am a man, and alive . . . For this reason I am a novelist. And being a novelist , I consider myself superior to the saint, the scientist, the philosopher, and the poet, who are all great masters of different bits of man alive, but never get the whole hog.（D. H. Lawrence, "Why the Novel Matters"）

[AS] 句段中"bits"与"whole hog"三个字用得最好。

（b）风吹柳花满店香。（李白《金陵酒肆留别》）

[AS] 妙在一个"香"字。"风"不会"香"，"柳"不会"香"，那么又会是什么"香"呢？诗人以极其巧妙的手法写金陵美女，声东击西，实在使人倾服。

[Task 3] 集中于句子结构美

（a）To be great is to be misunderstood.（R. W. Emerson, "Self-reliance"）

[AS] 句子结构非常对称。

（b）日长莺语久，风定絮飞低。（宋·陆游《西村晚归》）

[AS] 两句诗中连词的语法功能都对得很工整。

[Task 4] 集中于句段结构美

句段（语段）是篇章中相对独立的段落或片段。

（a）……一个又冷又静的洛阳，让你觉得有什么地方不对劲。你稍稍闭上眼睛不忍寻觅。你深呼吸掩藏好了最后的侥幸，……你相信牡丹生性喜欢热闹，你知道牡丹不像幽兰习惯寂寞，你甚至怀着自私的企图，愿牡丹接受这提前的参拜和瞻仰。（张抗抗《牡丹的拒绝》）

[AS] 请注意句段中不断重复的人称代词，暗示一种主观的努力。可以说即便是完全不带感情的词，都可以用来表达情感色彩，一切取决于语言结构。

（b）We shall never sheathe the sword which we have not lightly drawn, until Belgium receives in full measure all and more than all that she has sacrificed, until France is adequately secured against the menace of aggression, until the rights of the smaller nationalities of Europe are placed upon an unassailable foundation, and until the military domination of Prussia is wholly and finally destroyed. (H. H. Asquith, "Speech Guildhall")

[AS] 请注意文中表示强调的重复结构。

[Task 5] 集中于篇章结构美

篇章是完整的句段，句段是不完整的篇章。

（a）山不在高，有仙则名；水不在深，有龙则灵。斯是陋室，惟吾德馨。苔痕上阶绿，草色入帘青。谈笑有鸿儒，往来无白丁。可以调素琴，阅金经。无丝竹之乱耳，无案牍之劳形。南阳诸葛庐，西蜀子云亭。孔子云："何陋之有？"（唐·刘禹锡《陋室铭》）

[AS] 这个短短的篇章结构极为紧凑，层次井然。作者以两个类比开篇，紧接着点题；然后用了四句五字排比句，力陈陋室之美。接着又用一对三字排比句，引出一对六字排比句："调素琴"与"无丝竹之乱耳"呼应，"阅金经"与"无案牍之劳神"呼应。最后以历史范例加圣人之言结尾，非常有力。

（b）In a calm sea every man is a pilot.

But all sunshine without shade, all pleasure without pain, is not life at all. Take the lot of the happiest—it is a tangled yarn. Bereavements and blessings, one following another, make us sad and blessed by turns. Even death itself makes life more loving. Men come closest their true selves in the sober moments of life, under the shadows of sorrow and loss.

In the affairs of life or of business, it is not intellect that tells so much as character, nor brains so much as heart, not genius so much as self-control, patience, and discipline, regulated by judgment.

I have always believed that that man who has begun to live more seriously within begins to live more simply without. In an age of extravagance and waste, I wish I could show to the world how few the real wants of humanity are.

To regret one's errors to the point of not repeating them is true repentance. There is nothing noble in being superior to some other man. The true nobility is in being superior to your previous self.（E. Hemingway, "True Nobility"）

[AS] 海明威这个短篇写得非常优美，文笔貌似随性却很严谨，貌似淡然却极率真。短文结构上的特点是"二元对比（对立）"：在苦与乐、生与死、今与昔的对比中图解人生哲学，进一步说明领悟人生的辩证法。第三段的结构特征则是三度排比递进，核心也还是"二元对比"。

第二层级　超语言（超文本）的语言美
超语言、超文本语言美包括意象美、意境美与情感美。

[Task 6] 集中于**意象美**

（a）前村深雪里，昨夜一枝开。（唐代·释齐己《早梅》）

[AS] 皑皑白雪中，一株独开的梅花，意象极为高远；说诗人在孤芳自赏也好，说诗人自命清高也罢，怎么说这个意象都很感人！

（b）The tree of liberty must be refreshed from time to time with blood of patriots and tyrants. It is its natural manure.（Thomas Jefferson, "A Letter to W.S. Smith"）

[AS] 这句话的意象美在于将深刻的"意"与很有创意的三个"物象"（"tree"，"blood"与"manure"）的结合，所以流传至今。

[**Task 7**] 集中于**意境美**

（a）枯藤老树昏鸦，小桥流水人家，古道西风瘦马。夕阳西下，断肠人在天涯。（元·马致远《越调天净沙·秋思》）

[AS] 五个长短句构建的意境，为金元散曲之绝美。王国维在《元剧之文章》中说，马致远的这首小令，"纯是天籁"。

天苍苍，野茫茫，风吹草低见牛羊。（南北朝《敕勒歌》）

[AS] 牧草丰足，牛羊繁盛，人心荡漾，这是中国北方草原的繁美意境。清代沈德潜评论此诗说："莽莽而来，自然高古。"

（b）I will rise and go now, for always night and day

I hear lake water lapping with low sounds by the shore;

While I stand on the roadway, or on the pavement gray,

I hear it in the deep heart's core. （W. E. B. Yeats, *The Lake Isle of Innisfree*）

[AS] 爱尔兰诗人叶芝这首诗共有四节。这是诗中的最后一节，全诗迷漫着一种翡翠岛的田园意境，使人心向往之。

[**Task 8**] 集中于**情感 — 意蕴美**

情感—意蕴美常指比语言表层概念更深刻、更含蕴、更婉曲的丰富含义与情感。例如：

（a）Beauty is altogether in the eye of the beholder. （M.W. Hungerford）

（情人眼里出西施；美不美，全在你怎么看。）

[AS] 亨格佛德只用了一句意蕴深刻的话道尽了审美主体性千言万语玄机。

There is no sin except stupidity. （Oscar Wilde, "The Critic of Artist"）

（愚昧是罪中之罪。）

[AS] 王尔德素来被认为"自视最高的英国人"，他说这句话不奇怪。

History is past politics, and politics present history. （J. R. Seeley, *The Growth of British Policy*）

（历史是过去的政治，而政治则是当今的历史。）

[AS] 这句话有很多解释，最常见的是：历史充满政治教训或政治玄机，无人敢于忽视。此言在英国政界很流行。

（b）三人行，则必有我师。（《论语·述而》）

（i）Of the three men walking side by side, one must be the teacher of the rest two. （James Legg）

(ii) Even when walking in a party of no more than three I can always be certain of learning from those I am with. (Arthur Waley)

[AS] 这句话自从被韩愈在《师说》中引证以后，即流传千古：八个字将一条真理日常化了，它教育了何止一个民族！（James Legg 早已将它译成了英语）

（c）死日然后是非乃定。（司马迁《报任安书》）

Correct judgment can only be achieved after one's death.

[AS] 太史公此言精辟之至，被认为是汉语中"盖棺论定"这个成语的点化源出之处。

第三层级　风格美

[Task 9] 集中于**行文风格之美**

（a）夫天地者，万物之逆旅；光阴者，百代之过客。而浮生若梦，为欢几何？古人秉烛夜游，良有以也！

况阳春召我以烟景，大块假我以文章。会桃李之芳园，叙天伦之乐事。群季俊秀，皆为惠连；吾人咏歌，独惭康乐。幽赏未已，高谈转清。开群筵以坐花，飞羽觞而醉月。不有佳作，何伸雅怀？如诗不成，罚依金谷酒数。（李白《春夜宴桃李园序》）

[AS] 李白这篇仅百多字的抒情小品文用四个字品评足矣："文如其人"。诗仙的旷魄情怀跃然纸上，使人过目难忘。

[Task 10] 集中于**整体气势（气韵）之美**

（a）　**All That's Past**

Very old are the woods;

    And the buds that break

Out briar's boughs,

    When March winds wake,

So old their beauty are —

    Oh no man knows

Through what wild centuries

    Roves back the rose.

Very old are the brooks;

And the rills that rise

Where snows sleep cold beneath

　　The azure skies

Sing such a history,

　　Of come and gone,

Their every drop is as wise

　　As Solomon.

Very old are we men;

　　Our dreams are tales

Told in dim Eden

　　By Eve's nightingales

We wake and whisper a while

　　But, the day gone by,

Silence and sleep like fields

　　Of amaranth lie. （Walter de la Mare, *All That's Past*）

[AS] 德·拉·梅尔（1837—1957）这首诗烘托一种"惚兮恍兮，其中有象"（《老子》二十一章）的悠远气韵与意蕴，就整体而言，艺术品位很高。宋代张戒在界定"气韵"（气势）时举例说，曹子建的"高台多悲风"、"惊风飘白日"就是气韵的典型，意思是诗句"温润清和，金声玉振"，"辞不迫切，而意已独至"（见张戒《岁寒堂诗话》）。德·拉·梅尔此诗能写到与张戒所说的"异世同律"，实在是难能可贵。下面是余光中的翻译《悠悠往古》（刘宓庆的翻译见本书 Part Twelve）：

悠悠往古

莽莽的森林是如此地悠久；
当三月的暖风醒来，
林中那野生蔷薇的枝头，
有丛丛的花蕾绽开，
它们的美是如此地悠久——
啊，有谁能想象
在什么洪荒的时代以前，
就已有蔷薇迸张

潺潺的溪涧是如此地悠久；

溪水流过的地方，

下界酣睡着凛冽的白雪，

上界是青色的穹苍；

古往今来的兴亡的历史；

由它缓缓地吟唱，

每一滴逝水诉说的智慧

都媲美所罗门王。

我们人类是如此地悠久；

我们的幻想和梦思

无非是幽暗的伊甸园中

夏娃的夜莺讲的故事；

我们醒过来只絮语片刻，

但是当白昼凋谢，

寂寞和睡梦沉沉的飘落，

像不凋花的原野。

　　毫无疑问，在翻译实际中，审美扫描的上述十项任务应该是集中在一首诗、一个语段或是一个篇章中逐项完成的，否则就谈不上全方位扫描了。上面这种叙述上的安排是为了理论描写的方便。在实际的审美阅读（以语段为例）中，扫描审美信息的程序模式如下：（表中的"T"和数字表示上述各项 Task）

审美阅读中审美信息扫描层级程序模式

语段词语结构层	意义—意象—意境—意蕴层	语段—篇章综合层
T1+ T2+ T3 +T4+ T5	T6+T7+T8	T9+T10

　　必须指出，在实际的阅读中，译者在对 SL 语段意义结构进行全面解构的同时，也对 SL 的审美结构进行全面解构，而且一般说来，译者是先把 SL 语段看懂了，再去琢磨其中的审美信息的，但也并非完全如此。意义理解与审美理解究竟是双重解构同步进行，还是一先一后、孰先孰后？认知科学家与美学家其实是

有分歧的。美学家主张一先一后，是为了理论描写的方便。实际上二者是同步交织进行的。

一般阅读的终端是理解（understanding），翻译审美阅读的终端是对 SL 的审美再现（representation）。审美再现涉及的课题很多，我们将在本书 Parts Twelve & Thirteen（翻译的审美再现论和风格再现论）中详加探讨。

Topic 6.6   翻译审美理解的"相对共性"

人类认知的差异性是常规。事实上，人类对事物的种种理解都是"个体的"、"个人的"（personal），根本不可能雷同。艺术理解更是如此，看到罗丹的 *The Thinker*，你认为他在想什么呢？或者，看到徐悲鸿的奔马，你认为它象征什么呢？每个人的解释都是一个"个人版本"。因此所谓"共性"实际上是"**相对共性**"。

第一，艺术产生于差异而不是雷同

一般说来，阅读者由于经验结构不同、知识结构不同、智能结构也不同，因此理解的个性特征是必然存在的。要求所有的人在理解上完全一致是不必要也是根本不可能的；审美也一样，人的审美价值观和审美能力可能有很大的差异。因此在审美理解中有各式各样的"个人版本"，在艺术表现上也必然是各师其法，这是很自然的事。可以说，艺术产生于差异，而不是产生于雷同。

差异产生艺术上的比较，比较促进艺术进步，古今同理。作为译者，应多多观赏对同一作品不同的艺术理解和表现，以增强自己的艺术感应力，提高翻译的艺术水平。

第二，翻译艺术的两面性

就翻译而言，我们不能不关注一个基本事实：翻译的基本职能是"跨语言文化的解释"，而不是"语内创作"（intralingual creation）。从这个基本事实出发，我们必须看到翻译的审美理解和审美表现具有两面性：其一是翻译艺术的原创性，这是译者操之在我的；其二是，翻译者不能不关注对原语的审美结构、审美理解和审美表现的从属性（subordination）和依附性（dependence）：从属于什么？依附于什么？答案很清楚：从属于原语、依附于原语。我们对原语审美结构的解构，目的在析出其"有"，而不是论证其"无"—— 如果它确实是"无"，也是因为它那原本的"无"，而不应是"我"的视而不见。问题在"无"时，翻译能不能"无"中生"有"，由译者代替原作者"移花接木、艺术拔高"一番呢？

对这个问题，翻译美学的**第一个回答**原则上是一个"不必"——除非文本存在明显的差错。在任何情况下，翻译的职能只是"跨文化语言的解释"，没有必要把它延伸到原语的"语内创作"中去。对原语艺术性差的文本，翻译者只有责任保证它的基本可读性，不担负"移花接木、艺术拔高"的任务。

与此同时，翻译美学还有**第二个回答**即译者**择善从优的策略选择**：译者有权在不必"移花接木、艺术拔高"的情况下，进行适度的优化。不少译者正是这样做来体现自己的翻译风格，改善译文的接受效果。（参见本书 Topic 12.9 节论翻译的审美调节）

第三，翻译审美相对的超功利性

正是在这个意义上，我们说翻译审美活动是超功利的。用翻译界的话说，我们的职能是"为他人做嫁衣裳"，而不是"为自己搞自留地"。翻译审美的超功利性保证了他们的审美判断的自主性和公正性。这是基本的一条。

但是必须看到，翻译审美的超功利性也是相对的。首先，翻译审美及翻译的审美表现的接受对象已超越了译者个人，因而涉及到广泛社会功利问题：译者必须保护目的语读者对 SL 的审美立意的基本知情权（the right to know the SL's aesthetic content as it is），此其一。其二是还必须保护目的语文化对原语审美元素的审美接受。西方有些后现代美学和翻译理论家标榜"彻底的超功利"，恰如"彻底的为功利"一样，都不符合翻译美学的功利观。

第四，对翻译审美理解的"个人版本"的几点要求

（1）译者可以不可以对 SL 文本审美特征和审美意义持个人意见呢？当然是可以的。美学家认为，审美从本质上说就是个人的（S. Langer; A. H. Maslow），翻译审美也不例外。

（2）但是，同时必须强调，译者审美理解的"个人版本"必须根据他对原语文本和次文本的全方位审美解构，因为这关系到翻译表现，必须**"言之有据，据在文本之中（包括互文参照）"**：一般说来，审美理解的素质决定审美再现的水平。

（3）因此，这时翻译的任务在于：尽力在其个人理解与原语形式与内容的差距之间找到一个平衡点，使译者言之有据的语言理解与审美理解发挥积极作用，这样对增强翻译传播的效果也是有好处的。

（4）可见，关键在翻译者的理解是不是达致了"全方位解构"，特别是译者是否有充分的经验和学养来"摆平"自己的理解与原文文本差池之间的矛盾——这也正是他运用择善从优的策略的条件。

如上所述，翻译审美阅读的基本策略是对 SL 文本进行全方位双重解构，即语言结构解构及审美结构解构。在中国传统美学上，这叫作"观照"、"观览"、

"涤除玄览"（《老子·十章》）、"澄怀味象"（宗炳《画山水序》），只不过传统美学中的观照、观览说的是审美主体的审美心理状态与审美对象之间的"物我交流"、"物我交融"，而翻译美学的审美阅读、审美理解强调的则是认知过程，这个过程以理性的智能活动为主，伴随感性的审美活动。传统美学观览的理想境界是"物我两忘"，翻译美学审美阅读的理想境界则是"理解力得到充分发挥，感悟能力紧紧伴随"，也就是我们所谓的"心往神至"（Aesthetic sensibility goes side by side with comprehensive faculty in reading），做到了这一点，就为审美表现准备了坚实的第一步。必须注意的是，对比较难的文本的理解往往不可能一蹴而就，对有些疑难文本的"彻底理解"就好比"彻悟"，常常要经历一个相当曲折的"了悟"过程，译者不必匆匆动笔。很多翻译家的经验证明，对疑难（或疑难文本）的"彻悟"，实在需要一段时间的"静思"和"精思"，才会"神会得意"（唐·皎然《诗议》）。

Topic 6.7　超文本语言审美探索

"言不尽意"是一个非常古老的课题。所谓"超文本"就是**文本不尽之意**，是与"文本"相对的一个概念，简单地说，所谓"超文本"就是"All that is beyond the language"（也就是 extra-text，另称"次文本"，即 sub-text，统统指语言文字以外所涵盖的一切意义和暗含义），而"文本"则是"All that is within the text proper"（指语言文字表层所涵盖的一切意义和暗含义）。本书中将不时出现这两个术语，请读者注意其准确含义。

毫无疑问，超文本所具有的含蕴义是我们在进行翻译审美再现时绝对不能忽视的，如果忽视了就会导致概念意义和审美着色的丧失或扭曲，最常见的问题是再现欠准确，使语际转换效果受损。据说，英国作家伊夫林·沃（Evelyn Waugh, 1903–1966）讲过一句俏皮话，"We are all American at puberty; we die French"（青春期时我们是十足的美国人，死的时候却成了法国人）。这句话充满英式幽默，完全是英国人对自己的自我调侃，说的是天真的乐观浪漫变成了沉重的现实主义，不料译成法文以后在法国引发一片哗然，法国人认为沃是在侮辱他们。实际上，沃当时这样讲对法国不无褒义。法国人的过激反应就是根本没有把握住超文本意义，也说明他们对英国人的幽默文化心理颇有隔阂。

事实上，把握超文本意义的确要比把握"文本内意义"（meaning inside the text）难得多，这就是庄子在《秋水》篇里说的："可以言论者，物之粗也；可以意致者，物之精也。言之所不能论，意之所不能察致者，不期精粗焉。"我们的任务是要尽力析出文本中那些"精粗"之"意"来，而将把我们确已把握的超文本意义融汇到"文本内意义"中，并且恰如其分地将它们表现出来。这是翻译家审美的重要挑战——当然，这也是译者责无旁贷的一项任务。

这一节将集中研究与此有关的种种问题。

T6.7.1　关于"超文本"意义生成的原因分析

"文本"（text，在讨论中有时也涉及句子、句段，乃至词组）既然"以文为本"，为什么会产生超文本意义（意蕴）呢？这个问题相当复杂。超文本意义的产生基于以下三个最基本的事实：语言的**符号性**、意义的**动态性**和文本的**开放性**。具体而言，有以下四个原因：

原因一，语言环境或交流情景迫使约定俗成的意义产生变异。

中国的荀子（约前313—约前230）和古希腊的亚里士多德（前384—前322）都提出过名实相副的约定俗成论。荀子的经典论点是："名无固实，约之以命实，约定俗成，为之实名。名有固善，径易而不拂，谓之善名。"（《荀子集解》）这里"名无固实"是客观上的基本事实，"约之以命实"是人的主观行为，因此"约定俗成"并不具有绝对的规定性和强制性。其结果是，人的主观意向可以迫使约定意义按语言环境或交流情景的变化产生变异，而其深层的原因，则常常是价值观或主流文化倾向的改变。语言中的褒义和贬义的换位大都是这个原因，例如"吹嘘"一词在汉代以前是个褒义词，意思是据理宣扬，至汉代以后变成了贬义词。英语中 fiddling 这个词的言外之意的演变很有意思。19 世纪中期以前英国城市市井经济不发达时，fiddling 指卖卖火柴之类的小生意，有艰苦谋生的褒意。到了 19 世纪末英国资本主义发达了，城市中百弊丛生，fiddling 变成了贬义，"buying very cheaply and selling at a good price"（Eric Partridge，1986）。

原因二，约定俗成的这种相对性是意义的历时演变（词义演变）的根源。

越是古老的语言，发生历时变异的情形就越多。例如汉语中的"国"字。甲骨文的"国"字表示的"象"是"以人持戈护卫围合之地"，"国"只是"围合之地"。但到了周代"国"字的约定意义变了，按《周礼·考工记》上说的"国"是"匠人营国"，实际上是指"都邑"，也就是城市。春秋战国时代"国"的内涵又有演变，"国"指的是"中国"，而且并不是现代意义上的"中国"。《史记》上说"所谓中国者，于天下乃八十一分居其一分耳"。可见"约定俗成"绝非铁板一块，意义其实是自己在慢慢地富集，并不以人的意志为转移。汉字中用"木"作偏旁的器物词十之八九现在已不用木料，"床"、"柜"、"椅"等等的用料都已演变为化纤材料了。

　　原因三，语言符号是个开放系统。

　　这个系统在共时的使用中一直开放着，吐纳英华，变化不已。以英语为例。1860 年美国内战以前美国人中 90% 来自英伦三岛。1860 年以后大批爱尔兰人和德国人涌入美国，自此开始了长达百年的移民潮。其结果是"英语在美国"的发音、词汇、句法发生了很大的变化，而不得不另称"美国英语"。发怒的英国游人在美国大喊大叫，"The British word for railroad is railway, the engineer is a driver, the conductor a guard; the baggage car is a van, and the baggage carried is always luggage"（A. C. Baugh, 1993: 356），而美国人却对这个神经兮兮的英国人说，"Yeah, but this is America."（老兄，这儿是美国呢！）

　　原因四，约定俗成的意义在交流传播中的变异、流失、曲解和误解几乎是不可避免的。

　　瑞士语言学家索绪尔（F. de Saussure）绘制了一个话语交流示意图（见《翻译美学理论》，外语教学与研究出版社，2011:113），用以表示意义在交流中的种种变化，原因是语言符号承载意义不可能在绝对封闭的渠道或媒介中进行，因此"干扰"几乎是不可避免的，跨语言文化交流受到"干扰"的可能性尤其难免。2005 年美国几个州有一个电话广告说："Nobody can give away a house to you, but JOBS can."（有人会白送你房子吗？不可能。而 JOBS 就能！）听到广告的人都错把 JOBS 当作苹果公司的 Steve Paul Jobs（乔布斯）。其实 JOBS 是美国几个州里的一个半官方组织叫作 Jobs Opportunities and Basic Skill（JOBS，就业及基本技能训练组织）。后来有人大骂这个组织，说它有意忽悠听众。JOBS 的发言人出来诉苦说："真是黑天冤枉啊！"（What a false charge！）

　　不过有一点是肯定的，意义的这种"不确定性干扰"可以给语言的艺术创作带来巨大的自由空间，这，也就是超文本赖以"游刃有余"于其中的条件。

　　以上的四个原因，既解释了语言的符号性特征（符号与所指内容之间的约定俗成）、意义的动态性（Dynamicness）特征（意义取决于交流语境，伴随主体的交流目的和客体的交流感应而变化）；又说明了文本的开放性特征（文本与读者之间交流的渠道或空间不可能封闭）。

　　下面我们要讨论几个重要的"**超文本语言审美信息域**"（fields of aesthetic

information in language，简称为 FAIL）。可以毫不夸张地说，翻译的审美转换，在很大的程度上取决于译者对 FAIL 的审美运筹：长于此，则游刃有余，拙于此，则捉襟见肘。

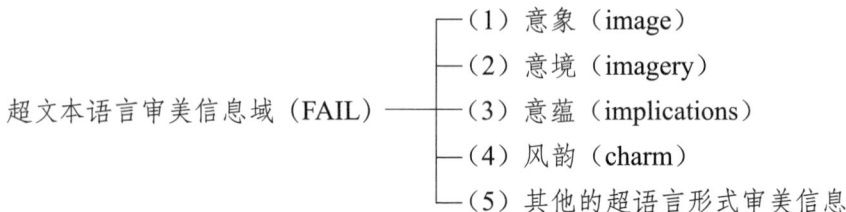

```
                              ┌─（1）意象（image）
                              ├─（2）意境（imagery）
超文本语言审美信息域（FAIL）──┼─（3）意蕴（implications）
                              ├─（4）风韵（charm）
                              └─（5）其他的超语言形式审美信息
```

毫无疑问，FAIL 所涵盖的，都是翻译美学必须细心研究的问题。

T6.7.2　关于意象美

意象之说源于《周易·系辞上》，"圣人立象以尽意"，《易传》有"观物取象"。这里所谓"象"就是形象、物象（包括形象或物象的显现过程及结果），它是一个载体，由它来承载"意"，而"意"则指意义、意向、概念、意念、思维。"以象载意"，例如利用语言符号这个最常用的"象"来达意，这是人类的一种最普遍的常规性的思维表达手段、表达方式。

但是，我们关注的是语言艺术上的意象和意象性（image, imagery, Evan Selinger & Robert P. Crease, *The Philosophy of Expertise*, 2006; Alan Monroe & Douglas Ehninger, *Principles and Type of Speech*, 2007）它高于一般的、日常的"观物取象"、"以象载意"。艺术上的意象是一个重要的审美课题，也是翻译美学关注的重要课题，因为意象美是汉语的重要特征，也是西方美学的重要范畴。康德在《判断力批判》中说"审美意象"是"我所指的由想象力所形成的一种形象显现，在这种形象显现里面，可以使人想起许多思想，然而又没有任何明确的思想或概念与之完全适合"。"野渡无人舟自横"是一个艺术意象，但它究竟蕴含着什么明确无误的思想、理念呢？谁也无法肯定地"说了算"，结果只能见仁见智，这也正是意象的艺术魅力。

下面我们要探讨的是与翻译有关的意象美的两个主要问题。

第一，意象美的构建
艺术上的意象是怎样构建起来的呢？探讨了这个问题就会自然而然分清楚一

般意象（general image）和艺术意象（artistic image; image in art）之间的区别。

（1）象观览物和物象选择

"观"是人类审美的基础方式。中国美学对艺术观览的记载很丰富。例如《左传·襄公二十九年》详细记载了"观于周乐"事件。用现在的语言表述，"观"就是审美主体通过观览进入客体的审美参照系统，以期把握它在这个特定的时空域中的状态、性质和特征，并进而把握它的审美品质。例如你（审美主体）走进一个花圃，里面有各式各样的花花草草（审美客体参照系统），你停下脚步，按照自己的爱好、品味、心情、思绪等等（审美态度）细细观赏了一番（审美物象观览），挑了一种你认为最漂亮的黄菊花（审美物象选择），细看黄花形、色、味、态俱佳，于是你选择了一个你认为最好的角度（审美观览的深化），给它们拍了一张照片（审美表现、审美再现），你很满意，就把它贴在了墙上，尽情欣赏了一番（审美愉悦和满足）。这时，你就可说这张照片体现、承载、寄寓了你心目中的审美意象了。

这就是审美观览的过程。这个过程带有明确的（或逐步明确的）目的性和合目的性，否则审美主体就不会将审美活动实施下去。一般说来，主体对物象的选择无不根据自己的审美理想。可以说，物象选择的过程正是主体将自己的审美理想"物化"（materialization）。毫无疑问，庄周梦中的蝶和他的梦里情怀，正是庄周的审美理想。

（2）"意"的切入和"情"的注入

艺术意象最重要的特征之一就是"象"中之有"意"有"情"。你在墙上看到一幅优质油漆产品的广告与你在同一块墙上看到一幅优秀的救灾照片时的反应完全是不一样的：对第一张照片的反应无非是"我知道了"，看第二张照片时，你一定会细细端详，你看到了画面里人物的思想与情怀，你受到感动、受到激励、受到鼓舞。艺术意象永远是意与象、情与象的艺术融合，永远是神与形、志与形的艺术融合，永远是质与文、情与文的艺术融合。这时的意，包括思想、思绪、意念、意志、意绪、概念、理念等等，属于意识形态范畴；这时的情，包括情感、情态、情志、情致乃至情绪。因此艺术意象唤起的是人的视听觉激发的心灵感应。可以肯定，杜甫说"春去春来洞庭阔，白𬞟愁煞白头人"，李白说"荷花娇欲语，愁煞荡舟人"，都是看到感人意象得到的心灵感应或情绪激发。

（3）"意"与"象"的选择反映主体的审美理想

西方美学家认为艺术意象的构建，出自审美主体的一种"审美内张力"（心理动力，George Dickie, 2004: 45–61）：他肯定受到了感应，他肯定有了激情，同时他肯定有一定的从审美经验中凝聚的审美理想。美国作家梭罗（Henry David Thoreau, 1817–1862）在他的 *Winter Visitors* 中写道：

> I once had a sparrow alight upon my shoulder for a moment while I was hoeing in a village garden, and I felt that I was more distinguished by that circumstance than I should have been by any epaulet I could have worn. （有一次我在村子里的花园里锄地，一只麻雀飞来落在我的肩上，在我肩头上它待了一会儿，当时我觉得，佩戴任何肩章绶带都不会让我感到有如此殊荣。）

梭罗研究过东方哲学，深受东方思想的影响，认为人类应当回归大自然，只有这样，社会、人生才有意义，否则，人类的智慧如果违背自然规律，便毫无可取之处。梭罗这个崇高的、质朴的理念通过他在上文中构建的这一感人意象，就已经充分表达了！似乎可以认为，意象的艺术品位，在很大程度上取决于艺术家审美理想、审美理念的高下。康德在论崇高的时候说，意象给人的审美愉悦，是"想象力与概念能力之间的协调"，是由美向崇高的过渡，具有无目的的合目的性。（朱立元《西方美学范畴史》，第三卷，第 108—109 页，2006 年）艺术家的想象境界常常标示出他（她）的艺术品位的高度。我们可以从《离骚》中的旷渺神思看到屈原的人品的高洁。

第二，意象的多重审美功能

成功的艺术意象大都具有多重的、高度整合的审美功能，而不只是为了供人鉴赏。

（1）意象的诠释性：意有所寄

所谓"诠释性"也就是所谓意象的"概念解码功能"，这时的"概念"其实大都指某种它所寄寓的理念、观念、理想，等等。上述梭罗的那段纪事（episode）构成的意象立意就是诠释作者回归自然的理念。用艺术手段来说明、解释某种伦理的、社会的、政治的观念或理念具有较好的效果，这是众所周知的道理。

正因为这样，不少意象被赋予了很强的隐喻色彩。我国唐代的诗人韩翃写过一首题为《寒食》的诗：

> 春城无处不飞花，
> 寒食东风御柳斜。
> 日暮汉宫传蜡烛，
> 轻烟散入五侯家。

"寒食"节在清明前一二天。按古俗，白天不举火，夜晚不点灯。朝廷不让老百姓干的事，皇帝却可以随意地干，把火分赐给深居在御苑里的皇亲国戚。诗人义愤填膺却又不敢直言。这时意象巧妙的诠释功能就为掩藏在隐喻里的控诉解了码。这首诗后世广为传颂，生命力至今未减。意象的诠释功能特别能说明在"言—象—意"的作用链中"象"的中介作用，为王弼的论断"意以象尽，象以言著"（王弼《周易略例·明象》）作了很好的解释。

（2）**意象的能产性：联想翩翩**

意象的能产性指它可以引发无限联想，从而被用于托出一个又一个的"象外之象"，而且永远不可能重复。例如晚唐的杰出诗人李商隐在《无题》之一中的两句诗：

> 春蚕到死丝方尽，
> 蜡炬成灰泪始干。

这两句诗在中国人中几乎尽人皆知，为什么呢？因为它们可以在每个人的心中生成一个属于他（她）自己的意象：可能是往昔的情人、亲人，可能是往昔的悲愁、哀痛，那一切一切你只能把它深深埋在心底——直到你又见到春蚕的丝、蜡炬的泪。英国大诗人拜伦（G. G. Byron, 1788–1824）一生热爱海洋，痛惜人类的不仁不智，他曾不止一次地构建一种"海的伟大与人的渺小"的"复合意象"，例如：

> He sinks into thy depths with bubbling groan,
> Without a grave, unknell'd uncoffin'd and unknown.
> （他沉入你的深渊，只有几声呻吟、一串气泡，
> 没有墓穴，没有丧钟，没有入殓，没人知道！）

诗中的"他"指人中败类，"你"指海洋。拜伦在咬牙切齿地诅咒人类中的邪恶之辈，一望而知。这样的诗句可以引起你深深的共鸣——当你看到人类的邪恶之徒在恃强凌弱的时候，在残害大地的生灵的时候，在豪夺巧取人民的血汗成果的时候，你真的很难不想起拜伦对他们的诅咒！

（3）**意象的情感功能：情为意动**

艺术意象可以催动情感，已如上述。意象的情感功能源于作者赋予它的高度

感性素质（high sensibility）。大抵动人的意象，都出自作者至深至切的审美体验。郑板桥说："爱看古庙破苔痕，惯写荒崖乱树根，画到精神飘没处，便无真象有真魂。"（《黄慎》）什么叫作"真魂"呢？清代美学家提出了所谓"血书"之说。清代艺术评论家涨潮说："古今至文，皆血泪所成。"（《幽梦影》，卷一五九）王国维更举出李后主为例，认为"后主之词，真所谓以血书者也"（《人间词话》）。

意大利表现主义美学家克罗齐（Benedetto Croce, 1866–1952）说艺术是情感与意象的先验的综合统一（《西方美学史》第四卷，第 159 页），看来是很有道理的，至于是不是"先验的"综合统一就见仁见智了。

（4）意象的奇趣激发功能：奇趣横生

意象的效果是"趣"，这个效果的产生是由于意象所具有的"奇妙"、"奇异"乃至吊诡素质。在中国古代诗人中，李贺可谓最长于此道，"雄鸡一唱天下白"，真是妙得很。司空图说得好："意象欲出，造化已奇。"（《二十四诗品·缜密》）奇异的造化可以激发观赏者的奇趣，自是必然；这就是清代晖格说的："一草一木，一丘一壑，皆灵想之所创辟，总非人间所有，其意象在六合之表，荣落在四时之外。"（《南田画跋》）宋代的诗人郑思肖写过一首诗《寒菊》里面有两句："宁可枝头抱香死，何曾吹落北风中。"诗人为铭记亡国之恨、亡国之痛，画兰花不画根土。这两句借菊花直至枯死也不离弃其枝，更视北风为不屑的奇妙形象，比喻自己对故国的忠贞不二，非常感人。中国美学中的"奇趣"指奇幻瑰丽、稀珍艳绝的景、象、境、物所激发的"趣"，它给人以"陌生化悬念"，可以引起"审美追问"，继而似乎"有所领悟"，从而得到审美满足，"大漠孤烟直，长河落日圆"就是很好的例子，容后再述。

T6.7.3　关于意境美

"意境"是一种情高意远、清逸流连的艺术境界。"意境"与"意象"、"情境"密切相关，意象重在"意"与"情"、与"象"的融合，意境重在"意"与"情"、"象"与"境"的融合，而创建了一个艺术的第三维度——"象外之象"。

- 采菊东篱下，悠然见南山。（晋·陶潜《饮酒二十首》）
- 孤灯燃客梦，寒杵捣乡愁。（唐·岑参《宿关西寒舍》）
- 半壕春水一城花，烟雨暗千家。（宋·苏轼《望江南》）
- 冰丝带雨悬霄汉，几千年晒未干。（元·乔吉《双调水仙子·重观瀑布》）

这就是"**情高意远，清逸流连**"，是意、情、象、境的多维融合。中国艺术理论中对"境"的探索始于唐代。王昌龄在《诗格》中首次提到"境"，他说："诗有三境，一曰物境，二曰情境，三曰意境。"皎然谈过"取境"问题，他的见解是着眼于"奇"，要写出"奇句"，取境必须"至难"、"至险"，而艺术的品位也就随取境而定。（《诗式·取境》）刘禹锡也探讨过"境"的问题，他认为"境生于象外，故精而寡和"（《董事武陵集记》）。这说明，唐代诗人们都发现在意象而外，还有意境这一超语言审美层面，而这一新的审美认知则是无一例外基于诗人们丰富的审美实践经验。例如王维的"大漠孤烟直，长河落日圆"，杜甫的"蓝水远从千涧落，玉山高并两峰寒"，白居易的"风吹古木晴天雨，月照平沙夏夜霜"，魅力都在意象以外，非意象所能言尽者。

那么"境"（"意境"）究竟是什么呢？

如上所述，意境是"意"（情）与"境"（景）的融合。它并没有排除意象，而是将意象放到了一个与"境"**糅为一体**，因而更具有艺术弥漫性的时空域中。概而言之，意境具有以下特征，要把握意境，就要从把握它的特征入手，这对翻译理解至关紧要：

第一，意境是艺术意象的情景化（situationalized image in art）

意境凸显了艺术情境，托出了艺术氛围，带出了艺术风味。在艺术家所营造的特定情景、氛围和风味中你感到画面、语言都已消散，你处在一种艺术的真实境界和真实的艺术境界之间的临界状态中，意象已经完全被融入到了这个临界。在"姑苏城外寒山寺，夜半钟声到客船"、"细看来，不是杨花，点点是离人泪"、"孤灯然客梦，寒杵捣乡愁"中，你看到的已经不是一寺、一船、一花、一人、一灯、一客，而是那迷漫的情景、神妙的氛围和感人的风味。

第二，意境是审美体验的个性化（individualized experience in art）

唐代孟浩然说："夫境象非一，虚实难明。有可睹而不可取，景也；可闻而不可见，风也。"（《诗议》）这里睹也好，闻也好，取也好，见也好，都只可能是个人行为、个人体验。正如清代叶燮说的："境一而触境之心不一。"（《已畦文集》）艺术意境毕竟不同于一般境界，具有独特的个性化审美特征，独特的个性化审美体验。意境的感人效果正是由于它那源自艺术家的独特的艺术个性，尤其是艺术想象力和联想力、艺术情感的移情活力等等，因此说，"意境美是不能复制的"，这里强调的是**艺术感应的个性**。清代文论界的才子尤侗说过一段梁启超非常欣赏的话：

> 诗之至者，在乎道性情。性情所至，风格立焉，华采见焉，声调出焉。无性情而矜风格，是鹜集翰苑也；无性情而炫华采，是雉窜文囿也；无性情而夸声调，亦鸦噪词坛而已。(《曹德培诗序》)

尤侗说的虽然是艺术创作，但艺术感应、艺术体验何尝不是"性情使然"。(梁启超语)

第三，意境强调艺术效果的"综合呈现"(synthetical presentation of artistic effect)

意境不是一种单层面、单维度、单元素的艺术素质，恰恰相反，它只能是一种艺术效果的综合呈现，它体现艺术效果的整体性和多维素质。我们可以拿张继的《枫桥夜泊》来做一个典型分析：

> 月落乌啼霜满天，
> 江枫渔火对愁眠。
> 姑苏城外寒山寺，
> 夜半钟声到客船。

首先，这首诗的（1）词语选择可以说是字字到家，非常适景、非常适境；（2）物象选择和声象选择也可以说是样样到家，诗人选择了十来个物象来组织画面，由高到低、由远到近，包括乌鸦、霜天、渔火、寺庙、客船；还包括两个声象：乌啼和钟声，小小一首诗意象组合非常饱满丰富；（3）整个一首诗极富动态感：乌啼阵阵，渔火闪闪，波光粼粼，江风习习，加上压倒一切的古刹钟声；（4）对"情"（乡愁）的渲染一笔接一笔，第四句是个高潮，非常感人；（5）"夜半钟声"在中国文化中是个独特的情感符号，诗人可谓用到了绝佳处。总之，五个层次的艺术效果汇集在一起：

第一层——词语之美：辞达而已，不在华丽，而在凝练
第二层——意象之美：贵在如画而灵动
第三层——声色之美：平仄、韵律和节奏是三大要素
第四层——情感之美："文理情用，相为内外表里"（《荀子·礼论篇》），情在真切，不在矫饰

第五层——文化着色之美："一方水土一方人"，千古不变

美的综合呈现造就了《枫桥夜泊》的绝佳意境，实在是唐诗宝库中的一颗璀璨明珠。

意境之美的基本特征是"妙"与"空灵"，用老子的两句话来诠释可谓最是得体："惚兮恍兮，其中有象。"(《老子·二十一章》) 在中国，道家思想渗透到文艺创作论，"意境"是最好的例证之一。

T6.7.4　关于意蕴美

"意蕴"指"隐而未发"、"隐而待发"的暗含义（implications），因此，一般而言，暗含义都是超语言的。文本意蕴丰富常说明其思想的深度。问题是，作者既然"隐而未发"，译者又该怎样去判断隐含在深处的意义呢？而且，既然作者没有"发出来"见诸文字，我们又有没有必要去推敲它，一定要把它"译出来"呢？

这里我们就从例证着手来探讨这些问题：

（例 1）God does not play dice. —Albert Einstein
　　　　（直译：上帝是不会玩掷骰子的。）

（例 2）To be absolutely honest, what I feel really bad about is that I don't feel worse. There's the ineffectual liberal's problem in a nutshell. — M. Frayn
　　　　（直译：我绝对坦白地说句话，我实在感到难过是由于我并没有感到更难过。一句话，是与那个徒劳无益的自由派的问题有关。）

（例 3）Rules and models destroy genius and art. — William Hazlitt
　　　　（直译：是规则和模式毁了天才和艺术。）

（例 4）I love to lose myself in other men's minds. When I am not walking, I am reading; I cannot sit and think. Books think of me. — Charles Lamb
　　　　（直译：我喜欢迷失在别人的心中。当我不走路的时候，我就读书，我不能坐着思考。要知道，是书本在思考着我。）

（例 5）The collection of prejudices which is called political philosophy is useful provided that it is not called philosophy. — B. Russell
　　　　（直译：政治哲学是集偏见之大成者，只要它不叫作哲学，它还是有用的。）

（例 6）There's no better way of exercising the imagination than the study of law. No poet ever interpreted nature as freely as a lawyer interprets truth. — J. Giraudoux

（直译：没有比研究法律更好的办法运用好想象。没有一个诗人可以像律师解释真相一样自由地解释自然界。）

从美学的角度看，婉曲之美、含蓄之美、奇隐之美都是语言审美不同的基本形态，只要符合交流中的审美需要，都可以酌情运用在适当的地方，这是没有问题的，就是刘勰在《文心雕龙》里说的"深文隐蔚，余味曲包"（《隐秀》）。但是语言是人类的交际工具，是一种思想和情感交流的手段，如果过于婉曲含蓄，意义被深深地"曲包"起来，造成交流障碍，就没有达到语言审美的目的。暗含意蕴的翻译问题就是这样提出来的。

（1）从语言解构着手

首先要分清楚是语言隐含还是意义（思想）隐晦，如果是后者，就必须尽全力找出思想晦涩之所在，尽全力进行语言的意义解码；一般说来，语言解构和语义解码二者是常常交织在一起的，而语言结构的语法解析一般并不困难，因此可以通过语言结构获得意义解码。以上六句的语言结构都不算复杂。

（2）如何获得隐含意义？

有美感的隐含意义无论如何婉曲，都应该有逻辑事理可循，因此逻辑分析最重要。比如（例1），爱因斯坦是个科学家，他这里只是用了一个隐喻，其中的逻辑意念还是清楚的："掷骰子"是一种赌博游戏，科学不能靠投机、不能靠猜想，就像中国老百姓说"不能靠天吃饭"，一切得靠自己实干。其次，婉曲、隐含的词句要求译者更细心地分析原意，透彻把握原意，比如（例4）译句对原意就不求甚解。"minds"的意思是"思想"。词义把握不准，句义就很难清晰。

（3）如何翻译隐含意义？

如果理解上没有问题，那么化隐含为清晰的办法就是：（a）诉诸明白清晰的解释，包括语义解释和文化解释，相当于改写；（b）酌情补足，添加"解释性"词语。

（4）尽力保留隐含之美

在翻译审美表现上下功夫，做到译文也同样具有婉曲之美、隐含之美。这是最值得提倡的。比如以上六句加上（或不加上）言外之意的试译如下：

（例1）上帝不会跟我们玩掷骰子，投机取巧是不行的。

（例2）我绝对坦白地说一句，我真正感到难过的是本应该比现在更难过却没有。可以说，这正是无能的自由主义者的问题。

（例3）天才和艺术毁于成规和模型。

（例4）我喜欢在别人的思想里漫游。不走路的时候我就看书，我不能闲坐着不思不想，事实上是书籍帮助我思考。

（例5）政治哲学集偏见之大成，但只要它不以哲学为名，仍不乏可用之处。

（例6）学法律是锻炼想象力的最佳途径。律师解释真相往往游刃有余，与之相比，诗人阐释自然的能力大为逊色。

一般说来，语义婉曲的句子直译并不是最好的办法，这与汉英各自不同的语言文化审美心理有关。英语认为直白不一定是"佳句"，因而有时耽于隐晦含蓄。这时直译就容易流于晦涩，而晦涩则是汉语之大忌。英汉文化审美心理上的差异不仅此一端。正因为差异很大，英国作家吉普林说，"东方是东方，西方是西方，两者永不相干"——幸运的是，翻译可以在这"两不相干"之间搭上一座桥。毕竟，不论是东方抑或西方，行文之隐与显、含义之约与繁，都属于语言艺术运筹。而语言艺术运筹都离不开效果考量，这也是翻译美学的基本原则。

Topic 6.8　悉听弦外之音，始得文本深意

超文本语言审美是翻译审美中最微妙的研究课题之一，这个问题常常涉及译文质量，为译者始料未及。作为翻译美学的研究者，我们要思考**隐与显**的辩证关系——艺术效果问题。刘勰谈到过这一点，即"义欲婉而正，辞欲隐而显"（《文心雕龙·谐隐》）。希望大家多多研究翻译美学中的这个艺术效果表现论课题。实际上，所有的高超艺术都埋藏着隐情——而且埋藏的越深越好。王国维在《人间词话》上卷里说，古今独赏"细雨梦回鸡塞远，小楼吹彻玉笙寒"。《雪浪斋日记》载，荆公问山谷，江南何处最好？山谷以"一江春水向东流"为对。不料荆公云，未若"细雨梦回鸡塞远，小楼吹彻玉笙寒"为佳。"一江春水向东流"浅在直白，愁尽而已。"细雨梦回"、玉笙寒透，思妇之愁渺不可及矣！美在隐思之中。西方艺术界、美学界对"弦外之音"的美关注也古已有之，主要集中于"用语言难以表达"的"意蕴"问题。（参见黑格尔《美学》第一卷，第24—25页）现代西方美学认为"弦外之音"美在"含混模糊"（Ambiguity）。当代美学家

Dario Gamboni 在其专著 *Potential Images*（Reaction Books, 2002）中分析了艺术上的"弦外之音的美"之所以很吸引人的道理，认为其力量在于：**（1）**"弦外之音"正是黑格尔等大师所说的"意蕴"的深藏之处，而人在心理上无不存在探秘的冲动或"雅兴"；**（2）**人类的感知本来就存在"不确定性"，追求"探秘"是人类感知本性的延伸（2002:14）；**（3）**复杂的"潜在意象"（hidden images, 2002: 17）越是深藏不露，越具有使审美观览者"打破砂锅问到底的潜势"（inquisitorial stance），因此几乎可以说机巧的"深藏不露"是一种艺术本质；**（4）**现代符号学家艾柯（Umberto Eco）认为，"形式"的开放性可以容载很多极其不可思议的东西。他这一说与老子的很多名言如"恍兮惚兮"（二十一章）、"寂兮廖兮"（二十五章）等等"玄之又玄"（一章）的东西有异曲同工之妙。当代很多西方翻译家为什么对翻译晚唐李商隐的诗（尤其是所谓"无题"诗）特别感兴趣，原因大概就在这里。

　　大概可以说，这也正是翻译的魅力之所在。

【思考讨论题】

[1]"语言审美"与"翻译审美"有什么关系？

[2] 翻译审美有些什么基本特征？

[3] 为什么说任何翻译活动都会涉及语言审美问题，"翻译不可能绕开语言审美"？

[4] 翻译审美的文本阅读（文本的审美阅读）有哪些特点？

[5] 什么叫作"超文本阅读"？"超文本阅读"对翻译有什么重要意义？

Part Seven
翻译的审美主体

要旨 翻译审美主体的审美素质（主要包括掌管"智"的认知结构、掌管"情"的心理结构、体现"志"的审美态度、体现"功夫"的审美经验和审美再现能力）决定翻译的质量，这是毋庸置疑的。这就印证了刘勰的名言："不有屈原，岂见《离骚》。"（《文心雕龙·辨骚》）意思是说，没有屈原，怎么会有《离骚》这样的雄文杰作呢？

Topic 7.1 复杂的审美主体："四维复合性"

在哲学家看来，主体与客体永远处在对立的统一中，没有"客体"就无所谓"主体"，反过来当然也一样，没有"主体"的"客体"是不可思议的。但是在美学看来，归根结底，人这个主体还是世界上一切"美"的创造者和赏析者，没有人这个主体的审美"实践性"和感应力，世界上一切"美"的客体都将毫无意义，必定消逝归零。"审美主体"的概念源自哲学，因此道理也就按哲学的考察和阐释为依据，"主体性"是德国哲学家黑格尔（G. W. Hegel, 1770–1831）提出来的一个重要概念。黑格尔强调的是主体性表现为自由的"自在性"。与此同时，中西方美学也都认为，审美客体是审美主体存在的必然条件，没有审美客体的存在，主体就不可能产生"审美感应"（"入乎其内"，王国维《人间词话·六十》；亦即主体因客体而生的所谓"内感"）并发之于外（"出乎其外"，王国维，同上书；亦即主体因客体而发的所谓"外射"，"射"指"投射"），这时也就无所谓审美主体，人便成了一个"木然一存在"（清代袁枚，《随园诗话》）。此外，还必须认识到，在美学看来，人这个"主体"并不就是一个简单的"自我"（Ego），而是一个因具有创造性、实践性而"发展了的自我"（a Developed Ego）、"变化中的自我"（a

Changing Ego），是一个多维的复合的"自我"。这里的"多维"指它本身包含一个"四重复合性"：

(1) 自然主体——每一个人都是自然人，因而具有自然属性

(2) 社会主体——每一个人都是社会（群体、阶层、阶级等）的人，具有社会属性，世界上不存在没有社会属性的、虚构的"人猿泰山"

(3) 文化主体——每一个社会群体的人都具有文化属性，世界上不存在没有文化属性的人和群体，他（她）会讲汉语或英语，就具有了一种基本文化属性

(4) 审美主体——文化价值观（"观"就是"看法"、"理念"）决定审美价值观，因此世界上不存在完全没有审美价值观的人，有些人可能只有些朦胧意识

这就叫作"主体的复合性"（the complexity of the subject）。主体的复合性常常是审美分析的基本依据，这一点我们必须充分注意。下面再谈翻译的审美主体和客体。

至此，我们需要进一步明确一下几个概念：所谓"**审美主体**"（aesthetic subject，在本书中简称 AS），指的是审美中的人；所谓**审美客体**（aesthetic object，在本书中简称 AO），指的是被审美观照审视的对象，因此审美客体也就是正在被主体审视的审美对象。人调动自己的感知系统和认知系统对审美对象进行美的审视、赏析或品评（判断），就叫作"审美"（appreciate the beauty of AO），"**审美**"是一种实践性心理活动，包括感知、判断、赏析和表现美等一系列的心理过程。所谓"实践性"指人在实践中所衍生的认知能力、创造能力和审美能力，主体的审美实践性还衍生出动态性和经验性（empirical）。"**翻译审美**"指译者（AS）以原语文本（source text，简称为 ST）为主要的、基本的翻译审美客体（AO in translation），在审美理论指引下所进行的一系列审美心理活动。

Topic 7.2　翻译审美主体的特征

"翻译"（活动或产品）是翻译审美主体的完成品。而"翻译"又是一项复杂的跨语言文化认知活动，因此翻译审美主体必须具有如下的审美特征：

第一，积极、进取的审美态度

审美态度（aesthetic attitude）是审美主体最基本的特征。一个具有审美意图、意向、意愿、目的或目标的人，一个有自己的理念、理想、意志而进入审美活动的人是完全不同于不具有这一切特征的人的。不同之点就在于：前者可以调动起对审美至关紧要的情感与感知来进入审美过程，而后者则是两者皆缺，下面还要谈到。西方美学强调审美态度者大有人在，因为"态度"一般始于理性，始于观念，就是我们所说的情志的"志"。实际上，一个人的态度无时无刻不受到时间、地点、环境、对象与主体的关系等等主客观因素的影响或制约。例如，同样一个人对中国盛唐时期的诗歌与对晚唐时期的诗歌的审美态度就会因个人年事的增长有很大的区别。可见审美态度不是一个僵化概念，而是一个动态概念。

第二，活跃、动态的审美意识

人的"意识"（或"社会意识"）是一个心理系统，"审美意识"也是一个心理系统。翻译主体第二个重要特征就是具有一个活跃而不是凝滞的、动态而不是静止的审美意识系统。"意识"是人脑机能的一种属性，是一种高度发展的"特殊物质"。在哲学上，"意识"与思维属于同一个范畴；在心理学上，"意识"指自觉的心理活动，包括思想（认识）、情感、意志。"审美意识系统"涵盖有审美取向的三个次系统：（1）**"知"（认识过程）**，审美意识表现为感觉、知觉、表象、记忆、分析、综合、联想、想象；（2）**"情"（情感过程）**，审美意识表现为心态、心境、情绪（激情、热情、愤怒等各种情感形式）、移情、共鸣、反感等；（3）**"志"（意志过程）**，审美意识表现为决心、毅力、目的感、使命感等。

毫无疑问，翻译审美的成败取决于活跃的、动态的审美意识系统的功能发挥。"无动于衷"的译者显然不会有兴趣和敏感，去理解"风雪夜归人"（唐代·刘长卿）、"小楼吹彻玉笙寒"（南唐·李璟）、"Fifty springs are little room"（A. E. Housman）的意境和意念是多么婉曲、多么奇巧，其中蕴藏的模糊美又是多么浸润人心、发人深思。容后再述。

第三，开放、灵活的审美表现对策

客观世界异彩纷呈，文本世界也一样。世界上不存在绝对相同的两个文本、绝对相同的两种风格，即便是同一个作者的同一部作品，其中的艺术手法也是千变万化的。语言有典雅之美，也有淳朴之美；有充盈之美，也有清淡之美；有含蓄之美，也有明净之美；有声韵铿锵之美，也有平淡铺陈之美，诸如此类的美，就叫作**美的价值类型**（或形态）。汉代的文论家王充说写文章要"殊类而生，不必相似"（《论衡·自纪篇》），关键在善于通变。翻译还要处理很多不同功能文体的文章，政论体、公文体、法律文件、科技资料，不同文体的审美标准同中有异，切忌一刀切。请记住康德的一句话："对象化了的美就是该对象的合目的性（purposiveness）的形式。"（《判断力批判》，2006:56）康德的意思就是说，相对于形式而言，内容（对象所蕴含的美）就是目的；只要形式恰如其分地表现了内容，成为内容的恰如其分的外在显现，那么，这种形式就可以说是美的形式。这是我们最基本的审美表现对策。

第四，敏感、准确的审美判断

"审美判断"是笛卡尔早在 1630 年就提出来用以强调审美情感必须融合审美理性的一个概念，从这个概念出发，审美判断要求主体对客体的判断必须符合对它的审美特质的理性分析。这一点当然也适合于对语言的审美判断：对语言的"审美特质的理性分析"就是意义分析。因此，准确的语感必须建立在意义理解的基础上，要理解了语言的意义才谈得上赏析语言美。

审美判断力绝不是生来就有的，必须后天习得。尤其是关于语言的审美判断，不仅需要有很好的语言素养，而且必须具备关于语言审美的专业知识与训练。东汉末年的荀悦（148—209）在《申鉴·时事》里所言"阈于一孔之见"就是说的要避免误判。准确的审美判断源于审美经验，对语言美的感应（准确的语感）绝对不是靠"灵机一悟"，而是靠艰苦的体验和习得。

毫无疑问，对中国翻译者来说，审美自觉（自我意识）具有重要的意义，原因是汉语是一种非常感性的语言，汉字属于"有情界"，有汉语参与（译入与译出）的翻译行为必须由有意识的审美考量来加以调节。我们唯有不断努力培育自己的艺术气质和品位，构建为汉外互译所必需的知识结构。如果说汉外互译有什么独特性（或特色），这就是最基本的一点。

Topic 7.3　翻译审美主体的条件

这里的所谓"条件"（makings），具有综合意义，指审美主体具备的能力、素养和发展潜势。上面谈到汉外互译的翻译审美要求译者具有一定的艺术气质（即常言所谓"文才"或"语言艺术的功力"）。人的"艺术气质"（artistic makings）有天生的成分，这是肯定的，但"艺术气质"还有另一面，而且是主要的一面，即主要靠后天培养，就如同艺术功力主要靠辛勤打造一样。因此说到底，人的"语言艺术气质"并不神秘，它的"原质"是在天生的基础上经审美经验培育的，培育得越辛勤，品位就越高。人在积极、进取的审美态度驱动下，在反复的审美实践中富集了他（她）的审美记忆、知识和方法（技能、技巧），自觉或不自觉地概括为直接经验，并不失时机地将直接经验与间接经验整合起来（"由物及我"、"入乎其内"），形成了一种能动的审美心理定势（aesthetic mental set），积淀（deposited）为审美潜能，由人的审美心理结构来统摄外射过程（"由我及物"、"出乎其外"）。清代杰出的诗人龚自珍写过一首诗，标举、衬托出他是如何苦心积虑地锤炼自己的语言艺术气质：

> 不是无端悲怨深，直将阅历写成吟；可能十万珍珠字，买尽千秋儿女心。
>
> （《题红禅室诗尾》，《龚自珍全集》，第 470 页）

历史并没有辜负诗人之良苦用心。其实，作家的语言艺术气质、语言审美运斤的功夫只是一种表象。如果我们作进一步分析，可以看到人的审美心理结构是由三个部分组成的：即一、**智力结构**，二、**意志结构**和三、**审美结构**，前二者都是理性的（rational）；审美结构则是经验的、感性的同时也是理性的（rational-perceptive）。这三种结构都可以在后天建立、加强，绝对不是生来"铁板一块"，尤其是审美结构。审美结构中的艺术气质（除先天性以外）一般通过三个维度经由后天加强：

（1）**人文环境的熏陶**（cultivation，简称 **C**），即艺术经验的外部世界

（2）**文化艺术的亲身实践**（practice，简称 **P**），即艺术生命的内部世界

（3）**知识和教育**（education，简称 **E**），即内外互动的提升

总之是 **CPE** 整合陶冶的结果。下面是人的文化心理结构示意图：

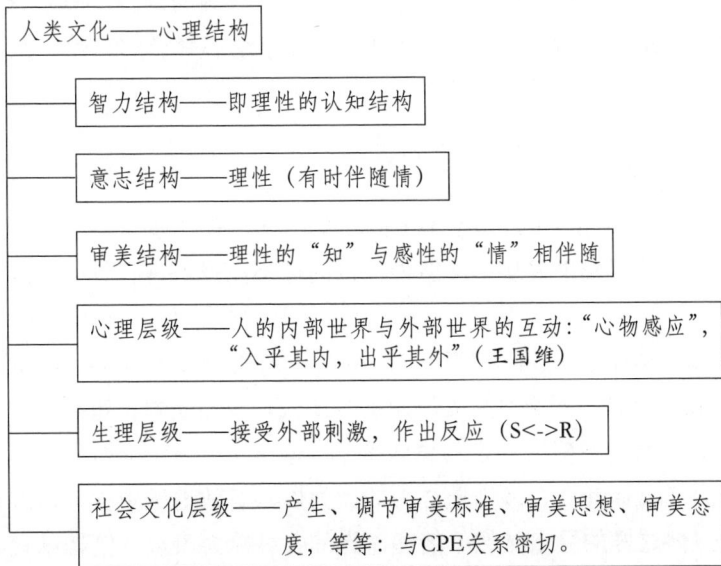

```
人类文化——心理结构
 ├─ 智力结构——即理性的认知结构
 ├─ 意志结构——理性（有时伴随情）
 ├─ 审美结构——理性的"知"与感性的"情"相伴随
 ├─ 心理层级——人的内部世界与外部世界的互动："心物感应"，
 │            "入乎其内，出乎其外"（王国维）
 ├─ 生理层级——接受外部刺激，作出反应（S<->R）
 └─ 社会文化层级——产生、调节审美标准、审美思想、审美态
                 度，等等：与CPE关系密切。
```

191

资料依据：根据 S. Kosslyn 等著 *Psychology—The Brain, the Person, the World*, 2003; K. Galotti 著 *Cognitive Psychology—In and out of the Laboratory*, 2005；唐孝祥主编《美学基础》（2006）等编制。

如上表所示，人的心理结构中的审美结构司掌审美（appreciation of the beautiful），审美结构中主要由心理层级与社会文化层级实施审美，也是由这两个层级产生人的审美标准、审美理想以及审美判断力，在不断的审美实践中富集审美经验，体现并完成审美表现。

这就是为什么我们说做一名翻译必须具有一定的艺术气质，而这种艺术气质固然有先天成分，但**成功与否不在于先天的赋予而在于后天的培养**。有先天缺陷的翻译大师在中外翻译史上都不乏其人。他们的艺术气质的结晶至今还在他们的译作中熠熠闪光。

翻译审美心理结构也可以说是翻译审美的"**前结构**"（prestructure），即（**1**）**一个既定的审美心理框架**，随时准备加工源源而来的审美信息。有这个前结构与没有这个前结构情况是完全不一样的：有这个前结构，翻译审美主体才成其为审美主体，他（她）的审美能力（见下节）才有依托，各项能力所具有的功能，也就是它们所做的"功"才能落到实处；（**2**）**一个既定的审美经验积淀**，随时提供过往的审美判断实例，作为主体做出新的判断的参照。有经验的翻译家之所以翻译得越来越快、越来越好，就是他（她）的审美经验积淀在起指引作用、校正作用和创新作用。唐代玄奘之佛经翻译之所以能达致"圆满调和，斯道之极轨"（梁启超，1932）的最高境界，显然与他积累了 19 年经书翻译的经验、具有了一个完善的翻译审美前结构有很大的关系。

T7.3.1　审美能力

这里的"能力"指 capability 或 capacity，即含有"才智"、"智能"之意。翻译主体有了条件但如果欠缺审美能力，也同样不能投入富有成果的翻译审美活动。

根据认知科学家近 10 年来的研究，所谓认知能力（cognitive abilities）主要指智力（intelligence）。那么"智力"究竟是什么？审美能力又属不属于智力呢？

当代心理学家都曾努力界定何谓人类的"智力"。一般认为"智力"是指了解世界的能力（capacity）、理性地思考的能力以及有效地运用资源以改善本身的存在的能力。但这样的界定显然不能涵盖人的各种能力表现，例如以音、色、光来描绘、剖析、呈现世界（包括人类自己）的能力——也就是人的审美能力。从 20 世纪 80 年代初开始，美国认知心理学家加德纳（H. Gardner, 1983/1993, 1995, 1999）对智力进行了密集研究，提出了多重智力（Multiple Intelligences）理论，这一理论认为人的智力是多重的，不是单一的，共有 8 种智力：

（1）*Linguistic intelligence.* The ability to use language well, as relied on by journalists and lawyers.（语言智力）

（2）*Spatial intelligence.* The ability to reason well about spatial relations, as relied on by architects and surgeons.（空间智力）

（3）*Musical intelligence.* The ability to compose and understand music, as relied on by audio engineers and musicians.（音乐智力）

（4）*Logical-mathematical intelligence.* The ability to manipulate abstract symbols, as used by scientists and computer programmers.（逻辑—数学智力）

（5）*Bodily-kinesthetic intelligence*. The ability to plan and understand sequences of movements, as drawn on by dancers and athletes.（肢体—运动智力）

（6）*Intrapersonal intelligence.* The ability to understand oneself, as used by clergy.（内省智力）

（7）*Interpersonal intelligence*. The ability to understand other people and social interactions, as used by politicians and teachers.（人际智力）

（8）*Naturalist intelligence*. The ability to observe carefully, as used by forest rangers.（适应自然智力）（Gardner, 1995）

很显然，以上 8 项智力都不能涵盖审美能力（"能力"当然也应包括"智力"，例如，根据第 3 项的解释，具有理解贝多芬音乐的智力的人也应该具有能力解释贝多芬的音乐）。1999 年加德纳又补充了一项智力，即所谓"existential intelligence"（"存在智力"，指"能思考人类生存的大问题"的能力），仍然令人质疑为什么无视审美能力。

同样很显然，在美学看来，审美能力属于智力，但又不是单纯的智力：

（1）审美能力是人所独有的特殊能力，是人的智能结构的重要组成部分。它以健全的神经系统、脑功能和感官等生理机制为自然基础，是在后天的生活实践、审美实践和学习、借鉴、训练中形成、积累和发展起来的对审美信息接受、传导、储存、处理、加工、转换、再生成的能力。

（2）审美能力是抽象思维能力与形象思维能力的统一，认识能力与创造能力的统一。包括对事物审美特质的感觉、知觉、记忆、分析、综合、判断、理解、推理等一般能力和在高度美学修养、文化艺术素养基础上形成的创造性联想、想象和情感活动的专门能力。它以丰富的知识积累、审美经验和健全的审美心理结构为基础，直接制约着审美、创造美的效率。

（3）审美能力也常常表现为审美鉴赏力，具体指主体的审美直觉的敏锐性、情感活动的能动性和理解、判断、分析的准确性。审美鉴赏力高强的人能迅速、完整、深刻地把握审美客体的审美特质，并能对之加以准确的审美描写和解释（"interpretation in aesthetics", L. Stern, 2004: 109–125）。这里也常常涉及到东西方美学中关于"味"的探讨（"the philosophy of taste", Ted Cohen, 2004: 167–173），翻译美学不能不加以关注，我们将在本书探讨翻译审美与文化心理时详谈。

上面我们谈过"艺术气质"。毫无疑义，审美能力的培养过程也正是艺术气质的打造过程。下面我们将对翻译审美能力的多维组成进行逐项探讨。

T7.3.2　语言感应力（语感）

人的"敏感性"恰如动物触角（antenna 或 feeler）的触觉（tactile sensation），它的功能是收集及初步加工前沿信息。语言感应力对人的语言理解（尤其是审美理解）是至关重要的。对翻译而言，对语言中的审美信息的感应力具有头等重要的作用。道理很简单：一个人如果没有对语言色彩的感应能力，则不啻患上音盲和色盲，语言中的一切审美信息对他都形同虚设，毫无意义。

当代语言学认为所谓"语感"（language sense）相当于"语言直觉"（language intuition）。语言学家吕叔湘（1985）、朱德熙（1980）、E. Clark（1978）、A. Sinclair（1981）以及 R. Bolitho（2003）等人所说的"语感"都集中于指学习语言的自觉性、语言使用的正误判断意识，以及语言的分析审视能力（metalinguistic awareness, Pratt 与 Grieve, 1984: 4; Tunmer 与 Harriman, 1984:12）。当然，语言学家的论证基本上符合我们所谓语言感应力（审美内感能力即审美语感）的所指。但翻译美学在谈到这一点时，**涵盖更广、更积极**。翻译审美主体所具有的审美感应力指：

第一，对原语文本（ST）中的审美信息的"当下把握"（a good grip on the

spot），包括语义信息解码及审美解释能力，以及后续掌握能力，因此语感的基础是对意义的准确把握；没有准确把握意义时的语感有可能并不符合语言符号的所指。

第二，对目的语（TT）语用中的"优化表现"（optimized representation）的敏感性和追求，即所谓操控自如，笔下生辉。

第三，语言审美感应力是审美态度的初始性心理活动的启动者，也是审美感性的持续驱动者，有古人所谓"语不惊人死不休"的、择善从优的毅力。

翻译审美中的语言感应力（审美语感）也就是一般所谓语言审美的自觉性；不过，就翻译审美而言，对象始终是原文文本（ST）。很显然，面对一篇原文，译者是木然（unfeeling）还是"跃然"（active）（唐代司空图语，意思是心态活跃地投入鉴赏，敏感地发掘其中的审美信息），实在有很大的区别。对语言的敏感的审美直觉性不仅可以立即激活主体的审美态度，而且，当主体对 ST 的审美上升到理智阶段（理解 ST 意义及意蕴）时，也仍然伴随直觉的驱动。克罗齐（B. Croce, 1866–1952）认为"直觉即艺术"，道理也在这里。

语感对翻译审美的重要意义常常被忽视，这与人们被动的、消极的、不尚进取的审美态度有关。活跃的、敏锐的语感是由能动的、充满活力的心理机制驱动的。经验说明，心情欠佳时，人们的话语往往语无伦次、逻辑混乱、用词不当，翻译的语言审美亦然。

T7.3.3　审美想象力

审美想象力是译者必须具备的审美条件。

所谓"想象"就是超脱现实框架制约的现象呈现或意象构建，所以德国哲学家阿杜诺（T. W. Adorn, 1903–1969）说"想象就是在虚拟中的把握"（1967）。现实中的"把握"通常是不需要想象力的，比如操控一台仪器、一辆汽车、一个机器人，需要的只是认知能力——甚至只需要技巧。但是如果这台仪器、这辆汽车、这个机器人并不存在在现实中，而是只存在于一段文字描写中，这时要求你去操控它们，你怎么办？你肯定要诉诸想象了——这就叫作**"在虚拟中的把握"**。可以说，所有的艺术创造都离不开在虚拟中的把握，也就是我们所说的现象呈现或意象构建。

西方艺术史中有一个有名的例证，说明审美想象在艺术创作中的关键作用。19 世纪的英国诗人丁尼生（Alfred Tennyson, 1809–1892）在作品中虚拟了一个关于美丽的夏洛特贵夫人的奇幻动人的故事，这个故事激发了无数艺术家的想象力试图描写梦幻中夏洛特的美，其中有四幅同名为 *The Lady of Shalott* 的著名油画都获得了名垂艺术史的美誉——1875 年 J. A. Grimshaw 的名作、1888 和 1894 年 J. W. Waterhouse 的名作和 1905 年 W. H. Hunt 的名作；尤其是 Waterhouse，他画了两幅夏洛特。根据他的想象力，同一个年轻贵妇却具有完全不同的优美娴雅的形象，处在完全不同的幻觉意境中。艺术评论家在分析这些力作成功的因素时指出，主要的缘由是"伟大的诗人激发起了伟大的画家"取之不尽的"伟大的想象力"——中国的文论家称之谓"神思"，比如晋代的陆机说，诗人有了神思，就可以"笼天地于形内，挫万物于笔端"（《文赋》，《文选》卷十七）。

应该说，审美想象力部分源自天赋。但更重要的是来自审美经验。经验积累是要下功夫的。唐代诗论家皎然反驳刘勰关于神思"不必劳情"之说（刘勰《文心雕龙·神思》）——他当然并不反对神思。皎然说过一段很有意思的话，他所谓的"先积精思"就是我们今天所谓"审美经验"：

> 又云不要苦思，苦思则丧自然之质。此亦不然。夫不入虎穴，焉得虎子？取境之时，须至难至险，始见奇句。成篇之后，观其气貌，有似等闲，不思而得，此高手也。有时意静神往，佳句纵横，若不可遏，宛若神助。不然。盖由先积精思，因神往而得乎？（《诗式》，《历代诗话》上册）

那么，翻译需不需要想象呢？翻译的艺术想象的特征又是什么呢？

我们不妨先读一段描述文字，并力求理解它的内容。这个语段取自美国作家、文学评论家爱默生（R. Emerson, 1803–1882）写的著名散文 *Beauty*（《谈美》）：

> But this beauty of Nature which is seen and felt as beauty, is the least part. The shows of day, the dewy morning, the rainbow, mountains, orchards in blossom, stars, moonlight, shadows in still water, and the like, if too eagerly hunted, become shows merely, and mock us with their unreality. Go out of the house to see the moon, and 'tis mere tinsel; it will not please as when its light shines upon your necessary journey. The beauty that shimmers in the yellow afternoons of October, who ever could clutch it? Go forth to find it, and it is gone; 'tis only a mirage as you look from the windows of diligence.
>
> （然而人们看得见和感觉得到的美，只是自然界里微不足道的美罢了。昼夜更替，斗换星移；还有清晨的露珠，山峦上的虹彩；再看看那果园里的

丰硕繁茂，以及月色星光下的水波粼影。凡此种种，如果我们刻意求之，就难免于矫作之嫌，则眼前美景恍如幻觉，不啻对人的一种戏弄：出门赏月，皓月只是一面铜镜罢了，你领略不到漫漫旅途中明月高照给你带来的的愉悦。谁又能把握住十月间那阳光明媚的午后的熠熠之美呢？你上前去捕捉它，它又飘然而逝了！当你从马车车厢向外望时，那景象只不过是一场海市蜃楼而已。）

上段原语中可以说每句话的理解都离不开想象：原文给人提供了一个又一个虚拟的画面，读者就在那些虚拟的场景中"**看到**"（visualize）原作者所说的一切，而且如果要下笔翻译，你还不能不在那些虚拟的场景中"**准确地看到**"原作者所说的一切：这就是所谓"想象"。想象将你把握的意义意象化、意境化，又将你意象化、意境化意义句法化，使一切"意定于笔"，才有你洋洋洒洒的译文。中国传统美学有所谓"虚实相生"论。刘熙载说，"律诗之妙，全在无字处"，实际上，无字处就是"虚"处，而所谓"虚"就是"以不言言之"（《艺概·诗概》）。郑板桥的解释是"虚"就是"胸中之象"（《题画》），有"胸中之象"才能画出"手中之象"，阅读也一样。这说的都是"**以虚出实**"的想象。这时的想象，既要求审美主体有理性的审美判断——能析出意义来，又要求审美主体有感性的审美感应和体验——能"画出"景象来。这是翻译想象的基本特征。

概括而言，**想象在翻译中的作用是：**

第一　按 ST（原语文本）描述，使读者在脑海中"描绘出"（mapping out）文字之所及和之所不及的"一切"（all that language means and beyond）。这"一切"既指场景、画面，也包括情节、过程、事件、人物等等，不一而足，有待读者的自我呈现（self-presentation），即根据 AS 本身的判断、理解乃至推理和审美体验所作出的呈现。

第二　按 ST 描述使读者在思维中"领悟出"（making out）文字之所及和之所不及的意义和意蕴（meaning and signification），包括各式各样的暗含义（implications）。

第三　按 ST 作者的呈现，使读者在判断中"识辨出"（figuring out）语言文化特征，特别是能析辨出（marking off）SL 与 TL 之间的文化差异，以利表现。

第四　因此，将"翻译中的想象"说成是"伴随想象"不无道理，译者确实需要紧跟原作者的思路"map out"他（她）所描绘的一切，但这种"伴随"必然是——也必须是相对的、有选择的，译者不可能不受到 TL 语言文化差异的掣肘（constraints）。

上面所说的"读者"就是我们的翻译主体。从以上三条来看，"想象"对翻译实在是不可或缺。与"想象"有关的是"联想"。"联想"是想象的迁移，这种迁移往往具有艺术性从而激发灵感。上面所引的爱默生的语段中就充满艺术联想，实可谓联想翩翩。"一川烟草，满城风絮，梅子黄时雨"句中所有的意象相互间本无任何联系，全靠翩翩联想将它们掇合在一起才成为一幅美不可言的景象。可见联想是丰富想象的手段。就翻译而言，联想还有助于我们对审美对象的理解，有助于主体对 ST 审美信息的把握。在任何情况下联想都是主体对自身的时空有限性的超越，一切取决于这种超越是否具有审美价值。

本书还要在 Part Nine 翻译审美心理结构及审美心理活动中谈到翻译的审美想象问题（Topic 9.6），请注意前后参照。

T7.3.4　审美理解力

我们在 T6.4.1 节中谈过翻译审美的阅读理解。人的理解不是一蹴而就的，一般分成三个阶段：第一阶段是**表层理解**，重点在把握文本的意义（meaning）；第二阶段是**深层理解**，重点在把握文本意蕴（implications，significance）；第三个阶段的理解处在理解的"综合层级"（参见 T6.4.1 的图表），所以叫作"**整体理解**"（overall understanding/comprehension），包括伴随的批判能力（criticizing）、推演能力（inferring /deducing，如能"举一返三"）和审美实践能力（translating）。一般阅读只到达第二阶段，而翻译的理解则必须达到第三阶段，即通透地把握了原语，可以进入翻译过程了。

审美理解属于"**整体理解**"，所以它是一种高层级的理解。**审美理解**（例如理解徐悲鸿的《奔马》的艺术性、当下性和超时代性）与**认知理解**（例如理解凯恩斯的经济学论文的内容，包括其依据、原理及实用性、局限性，等等）是不同的，审美理解是感性与理性的结合，而认知理解却只强调理性的逻辑把握和理念了悟，一般读者没有也不可能带着情感去读凯恩斯的经济学著作。在这一点上，美学与中国哲学也是相通的。但是在中国传统哲学的审美观中，各家有各家之说。例如道家提出"道法自然"论，认为艺术理解中的"理"与"道"相通，也间接与"艺术感知"相通，而"道"则是指"大自然存在与表现的规律"，例如庄子说判天地之美，析万物之理，游心于道，就会获得"至乐"（《庄子·田子方》）。可见道家认为道、理、美、情（指至乐）是一脉相通的，很接近我们的"审美理解"。但我们这里所探讨的审美理解，指主体的"艺术了悟"（comprehension in art），包括对艺术的认知但不包括客体本身的"存在形态"和"表现规律"。

主体的"理解力"对翻译审美来说具有决定一切的作用。这里的理解（comprehension）不仅指对语义信息的认知理解，也指对审美信息的审美理解。翻译审美理解具有以下特征：

第一，它是感性的（perceptive）

审美理解始于感知，始于"感觉的经验"。人对美景、美玉、美人、美画、美味的**美质的感应**莫不统始于感知。认知科学认为思维的工具有三：字词（word）、形象（意象，image）、概念（concept）（S. Kosslyn & R. Rosenberg，以下简称 K&R，2003: 318）。而这三者莫不依靠感知，这一点对翻译尤其如此。可以说，越敏感的人就越能准确、迅速、深刻地达致理解。

感觉（sensation，完全基于感性）先于**感知**（知觉，perception，已开始与知性关联），感知高于感觉。感知的集结、提升、深化、特征化就形成了对艺术至关重要的**表象**，可以说表象是艺术**意象**的原生态，是艺术意象的雏形，而这一切则统统源于感觉，**感觉指向感知，指向对美的感应，就是美感**。感觉产生于人对客观事物的"刺激源"（Stimulus energy, R. Solso 等，2004:72）作出的直接反映，感知比感觉完整、复杂，表现为对事物的整体认知或综合属性的判断，因此感知不是感觉的简单相加，而是具有发展前景的新品质，促使这种发展的动力，就翻译审美而言，正是审美态度和审美经验。

感知性（perceptive nature）是翻译审美的重要特征，所谓"感"而"知"之、"感"而"悟"之。下面这个语段取自英国散文家普里斯特莱（J. B. Priestley, 1894–1984）的散文 *First Snow*《初雪》），就是一篇感兴之作，读者、译者（就是目的化的审美读者）会自然而然地带着感兴去阅读它、带着感兴去理解它、带着感兴去翻译它——这就正好中了文学家、作家的"下怀"：

The first fall of snow is not only an event, but it is a magic event. You go to bed in one kind of world and wake up to find yourself in another quite different, and if this is not enchantment, then where is it to be found? The very stealth, the eerie quietness, of the thing makes it more magical. If all the snow fell at once in one shattering crash, awakening us in the middle of the night the event would be robbed of its wonder. But it flutters down, soundless, hour after hour while we are asleep. Outside the closed curtains of the bedroom a vast transformation scene is taking place, just as if a myriad elves and brownies were at work, and we turn and yawn and stretch and know nothing about it. And then, what an extraordinary change it is! It is as if the house you are in had been dropped down in another continent . . .

（初雪不仅是件大事，而且还是一件魔幻似的大事。你睡觉时活在一个世界里，一觉醒来却发现自己身处另一个世界。如果这还不足以使你沉醉，到哪里去找更醉人的呢？一切都在一种悄没声的神秘静谧中发生，这就使初雪更增添了魔幻色彩。倘若所有的雪铺天盖地而下，把我们从午夜的沉睡中惊醒，那就没什么值得惊喜的了；而它却是趁我们熟睡时，悄无声息地徐徐飘落。卧室的窗帘之外，天翻地覆的变化君临大地，犹如无数的仙灵在悄悄地施展魔法，我们只是翻了个身，打了个呵欠，伸了一个懒腰，对一切都懵然无知。然而，这变化又是多么巨大啊，我们栖居的一整栋房子仿佛"掉进了"另一个世界！……）

作者说初雪是一件非同小可的妙事，为什么这样说呢？他在下文中完全不用说理、论证，而是诉诸一层又一层的感兴体验；读者也完全不用去析理，而是情不自禁地、顿生感兴地读下去！黑格尔说审美理解是"充满敏感的观照"（《美学》第 1 卷，朱光潜译，1979，第 167 页），黑格尔的意思是审美理解是感性把握和理性把握的结合，**而且总是由感性引导理性来达致理解。**

第二，它是直接的（direct）

直接性源自感知性：被感知的东西总是直接进入理解状态，进入认知过程。《诗经》中说"昔我往矣，杨柳依依；今我来思，雨雪霏霏"，一共只有四句，完全是感兴，不必加以任何说明就可以达致审美理解，"使事理直截了当，一往无余"（朱光潜，2004: 84）。最能说明审美理解的直接性的例子是绘画。例如莫奈的油画《早餐》（*Le Déjeuner,*1873）。画家利用直接外光效果来捕捉瞬息即逝的印象，使人们立即理解到印象主义的艺术理念：美的外在性永远是美的内在含蕴的"领航员"（pilot，语出 A. Sisley，1839–1899，法国印象派画家、评论家）。有人认为审美强调直接感性是削弱了理性直觉，这完全是一种误解。（K&R, 2003: 231）人们看到徐悲鸿的奔马时立即会领悟到一种束缚不住的"力的宣言"，它绝不只是一匹飞奔的马，它代表的是对"旧"的决裂、奔离，以及对"新"的追求和令人热血沸腾的期待和投入。

第三，它是多维的（multi-dimensional）

审美理解力之所以十分重要，是因为它必须具有多维性，才能照应审美对象的多样性，如个体 VS 群体，模糊 VS 确定，感性 VS 理性，表象 VS 本质，形体 VS 内涵，形式 VS 意义，等等。以模糊 VS 确定为例。任何人都不能说他（她）已经完全把握了《离骚》的全部意蕴，不能说他（她）对《哈姆雷特》的审美价值有完整的、确定无疑的把握。屈原写过一首长诗《天问》，直到今天人们对它的理解都是莫衷一是。事实上，由于审美对象的审美结构本身就是不确定的，要求审美主体的理解如出一辙也不可能。

审美对象的多样性要求审美主体的理解力实现多维发展，其结果是翻译审美理解能力的复杂化。

第四，它是复杂的（complex）

所谓"复杂性"首先是指审美理解力的组成（composition）以及审美对象的复杂性。审美理解力的组成包括以下几个部分：

（1）对语言结构的把握

（2）对词句意义的把握

（3）对文本意蕴的把握

（4）对超语言—文本含义的把握

（5）对文本审美结构从局部到整体的把握

可以说，对以上五项内容的"把握"没有一项不是非常复杂又颇费心力。此外，复杂性还指审美对象的复杂性以及对它的理解的过程的反复性和互相交织，人们对复杂事物的完全理解不可能一蹴而就。历史和文学文献中很多艰深的文本直到今天人们都还没有完全理解，上面提到的《天问》就是一个例子。

复杂性还指审美理解的全过程之纷繁复杂。人的理解认知过程（认知科学统称之为"knowing"）是普通心理学和认知心理学的研究课题。对这一过程的理论认识，上个世纪的科学研究已经取得了很大的进展。从翻译审美来看，翻译审美理解的心理程序可以大体分解为如下的图示：

翻译审美理解的心理程序："审美理解"的终结标志着"审美再现"的开始

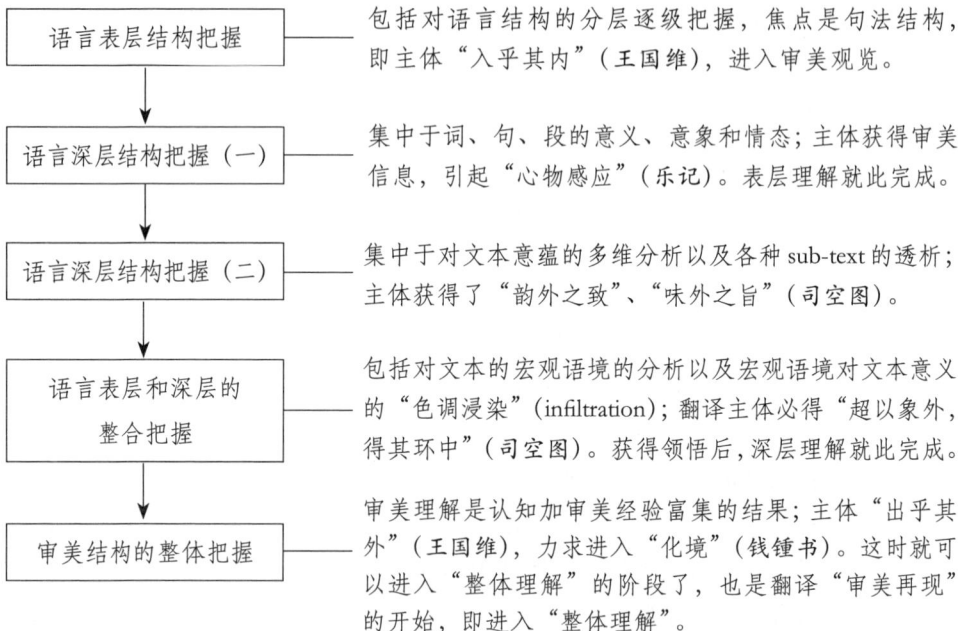

语言表层结构把握	包括对语言结构的分层逐级把握，焦点是句法结构，即主体"入乎其内"（王国维），进入审美观览。
语言深层结构把握（一）	集中于词、句、段的意义、意象和情态；主体获得审美信息，引起"心物感应"（乐记）。表层理解就此完成。
语言深层结构把握（二）	集中于对文本意蕴的多维分析以及各种 sub-text 的透析；主体获得了"韵外之致"、"味外之旨"（司空图）。
语言表层和深层的整合把握	包括对文本的宏观语境的分析以及宏观语境对文本意义的"色调浸染"（infiltration）；翻译主体必得"超以象外，得其环中"（司空图）。获得领悟后，深层理解就此完成。
审美结构的整体把握	审美理解是认知加审美经验富集的结果；主体"出乎其外"（王国维），力求进入"化境"（钱锺书）。这时就可以进入"整体理解"的阶段了，也是翻译"审美再现"的开始，即进入"整体理解"。

　　因此，应该说翻译的"理解"就是实现以上程序中的"五个把握"，这实际上是**意、情、志、美**的全局性、整体性把握，显然不是一项轻而易举的任务。这里也包含认知科学家提出的观点：审美理解既是一个自下而上（bottom-up）的过程，即由感觉、感知推进到大脑，同时也是一个自上而下（top-down）的过程，即由大脑传导至感觉、感知完成理解的过程（Sternberg, 2003: 318），就是所谓"反复性"。

T7.3.5　审美的情感操控能力

　　有人可能要问：从积极的意义上讲，人的情感可以"操控"吗？

　　回答应该是肯定的，但我们这里说的是艺术家的创作情感（the emotions in art, Jenefer Robinson, 2004: 174–192），也就是说审美情感，不同于生理性机体的情感（biological emotions, Robinson: 177）。审美感情具有以下特点：

　　第一，它不同于一般的情绪，后者总是暂短的、肤浅的、非本质的；审美感情是审美的心理形式之一，它是人的社会实践、审美实践的产物，是一种高度发达的大脑功能，因此荀子说"文理情用，相为内外表里"（《荀子·礼论篇》），"情"

常与"志"（情志）、"理"（情理）合而论之就是这个道理。

第二，它具有无可置疑的审美效用和审美价值。审美情感的客观基础是对象的审美特质与主体的需要之间的效用关系和价值关系，也是现实需要与实践活动之间的效用关系和价值关系：审美对象激发起审美主体的自我意识进行价值评估，就使主体产生情感表现和情感体验（喜怒哀乐）。

第三，它是审美主体与客体、外感与内蕴交互作用的结果，也是审美目的与审美实践效果、感性直觉与理性把握的统一，并与道德感和人的理智相互交织、相互制约、相互推动。审美情感具有自发性与自控性、转换性与弥散性，可以作用于对象，转换为对象的情感着色；也可以作用于他人，转换为审美主体间的情感共鸣。

第四，它是个多层次、多维度的复合体，具有各种情感类型，各种不同的情感类型又表现为不同强度或深度的情感层次，比如"感动"就不同于"感奋"，"热情"就不同于"激情"，"悲情'就不同于"悲愤"，等等。情感的层次变化使人类的情感色谱高度复杂化，这也是人类的艺术品精彩纷呈而且永远不会重复的原因之一。

第五，它具有全程性。审美情感在直觉阶段即有介入或"移入"（吕澂，1923），在审美态度的形成以及理解、联想、想象等阶段都不仅有情感注入、融入，而且更成为审美活动的推动力（内驱力），从而使审美主体的意识多棱镜化。在审美活动的终端审美表现阶段，情感更具有定型功能，从而使很多美学家将"情感表现"界定为"审美表现"。

T7.3.6　审美创造能力

审美主体的最后也是最重要的能力就是审美创造力。不言而喻，主体的一切审美活动最终一定要落实到审美原创上，因此艺术原创力常常被视为主体审美能力和功力的标尺。

主体的审美原创能力源于：

（1）审美态度中的情感、情志及情致（趣味），经过审美经验和体验的激发，使主体经过与客体的对话，将胸臆中的艺术意象内涵不断富集，富集到一定的高度，就会产生一种将主客对话的结果——**意象**外化、外射的冲动，就是《诗大序》中说的"情动于中，而行于言；言之不足，故嗟叹之；嗟叹之不足，故咏歌之，咏歌之不足，不知手之舞之、足之蹈之"。

（2）审美客体对主体的激发。审美客体是激起主体的审美意识、激化其审美态度和情感的源泉。雕塑大师罗丹在创作《思想者》(*The Thinker*) 时选择过很多原型试做但屡屡失败，经历了 14 年才最后找到一个能激活他内心深处的理想意象的模特。

（3）审美主体的想象能力，实际上正是客体对主体的激发在后者身上产生的反应，就是刘勰所说的"神思"，唐代皎然所说的"神会意得"（皎然《诗议》）。

审美主体的创作实施过程可以阶段化为下式：

主体与客体的"对话"或"互动"——
（the Interaction between AS and AO）

第一阶段：虚静观览（aesthetic meditation）：主体开启整个审美过程，特征是以审美为目标的对客体的观审；不同于一般的认知观审，必须完全涤除欲求，以直观凝注审美对象。对翻译而言就是潜心的阅读理解过程。

第二阶段：主客互动（AS-AO inter-relation/interaction）：主体忘我地进入移情运作之伊始，主体与客体的对话：试比较王国维的"入乎其内，出乎其外"。对翻译而言表现为不断就原文提出疑难问题、解决疑难问题。

第三阶段：意象成形（image formation）：主客互动、物我交融（主客对话）之反复进行，一直到心理成品——意象（inward image-making）之初现雏形。对翻译而言就是几经努力形成的译文初稿（其中必然包括很多人物形象或事件描写）。

第四阶段：投射为"象"（outward projection）：雏形之不断优化，主体"生命价值"的外在延伸——艺术再现的实现。对翻译而言就是提出优化的译文。

上述种种问题都属于艺术表现论范畴——**审美表现体现审美活动的全部成果**，因此是至关紧要的终端，我们将在本书 Part Twelve "翻译的审美表现论"中详加探讨。

Topic 7.4　审美主体的差异性问题

就艺术而言，**差异**是常规，也是发展的动因，**雷同**必然导致停滞。审美主体本身具有**个体差异性**，审美表现才会异彩纷呈，这是不言而喻的。首先，每个人都有自己气质上的特点和秉赋上的差异，因此审美主体必然具有个性气质特点。

由于个人气质不同，每个人的审美感应、审美体验乃至审美价值观都可能各有千秋。《淮南子》里说：“夫载哀者闻歌而泣，载乐者见哭者而笑。哀可乐者，笑可哀者，载使然也。”这说明审美感受人各有异，我们切不可以强求一致。这里涉及到 AS 的审美态度、审美情趣、翻译审美再现、翻译审美批评、翻译审美理论中的价值观论等等的差异性问题。我们在本书 T6.5 中引述了英国诗人梅尔的原诗作 *All That's Past* 及余光中的翻译《悠悠往古》。下面是刘宓庆对该诗的翻译《逝者如斯》，请对照阅读，对不同译作的艺术特色加以评论：

逝者如斯

告诉我，那郁郁深林有多古老？
　　当阳春三月的风吹醒了
野石楠枝头上的芽孢，
　　她们的美有多古老？
在那个混沌初开的年代，
　　玫瑰花香已经四处轻飘。

告诉我，那汩汩山涧有多古老？
　　小溪静静流淌，溪水在徐徐上涨，
下面是白雪酣睡的严寒之地，
　　上面是湛蓝、湛蓝的穹苍。
天籁咏唱出历史的兴衰，
　　每一滴大地的水
都像所罗门的智慧一样。

告诉我，人类有多古老？
　　我们的梦想只不过是
伊甸园里夏娃的夜莺之歌，
　　我们醒过来，只片刻絮絮叨叨，
就这样，白昼在睡梦中悄然而逝——
　　像不凋的花聚生在野山坳。

诗是一种"心界的情感涌流"：很显然，不同的"心界"，就有不同"情感"，也就有不同的"涌流"。如果在在相同，那倒是奇怪的事情。如果我们将两首译诗加以比较，可以看到余译与刘译在用词和风格乃至气韵上的种种差异：首先是用词上各自显示出地域特色，其次从诗的风韵也能感受到译者的个人才情和气质。余译的用词有台海地区"国语特色"，而刘译则倾向于用中国大陆的词语；在风格、气韵上二者也有差别。余光中是著名诗人，他的译诗读来也有很鲜明的余氏诗风，非常清新优美。刘宓庆长期从事翻译理论和翻译美学研究，很关注诗意审美再现的民族文化特征，长于"意象美的诗化"和"诗化意象美"。翻译美学研究和翻译美学批评应该鼓励译者各师各法，表现各有千秋。翻译美学重视共性的把握，更重视差异性的精微表现，才会有多姿多彩的审美体验和理论发挥，有理论创新的无限前景。

西方美学家认为"审美主体的差异性"通常集中表现为他的**审美态度**，这实际上正是他能否准确把握审美对象的艺术特质的关键（J. Ruskin, *Ten Lectures on Art*, 2008: 135–148），也是翻译家要牢牢把握的审美再现的依据。同样，翻译批评也应当重视译者表现出的种种形态的审美再现差异。

Topic 7.5　审美标准的主体中心论

上述种种问题都或多或少涉及一个**审美主体的审美标准，或审美标准的主体性**的问题。

首先，审美标准与审美价值是两个概念。关于审美价值观问题我们在 Part Five 中讨论过。审美标准是审美主体的一种特殊的"**内在尺度**"(Inner yardstick，K. Marx，《1844 年经济学哲学手稿》)，具体说就是审美主体提出的对美的种种个性诉求，常常具有鲜明的个性特征。这种诉求主要表现在以下三个方面：

第一是对形式美的诉求

即要求审美对象具有某种形式特征，大至题材、体裁、风格，小至技能技巧如匀称、调和、均衡、对称等等，要符合这些要求，就必须力求符合"形式美法则"。有一段时期，一些所谓坚持"内容决定一切"的论者曾经极力否认形式美的意义，说"上善若水"，水是至美的，"水就没有什么形式美"。这就是非常武断的见解。水是孕育人的"生命之源的形式"，它的灵动的清澈更是形式美的极致。

第二是对内容、意义、意蕴的诉求

大体与主体的审美心理有关。主体的审美标准通常源自其本人长期的审美体验和审美实践，同时也具有一定的客观规律性，受人文地缘和人文社会的深刻影响。事实上，主体在这方面的着力是始终不渝的。但也要看到，有很多作品是"言不由衷"的，我们的审美也就必须不拘一格。大概正是这个原因，金人元好问说："奇外无奇更出奇，一波才动万波随，只知诗到苏（轼）黄（山谷）尽，沧海横流却是谁？"（元好问《论诗三十首》）在审美主体信息库中，用来用去就一个因袭的"定格框子"是不行的。

第三是对预期效果的诉求

一般说来审美主体都有自己的预设接受群体，就是只写给自己读，"自己"也是一个接受者，"他"与写作时的"他"是不一样的——原因在于写作时的"他"有一个"预期效果诉求"，而阅读时的"他"则没有，却多了一份形式审美和意义审美的使命感。雕刻家创作的人体与民间艺人创作的观音之间形貌其所以大相径庭，除了艺术理念（审美观）及艺术手段截然不同外，他们的审美受众也是受到主体"内在尺度"的规管预设的。在中国西南部的乡间赶集场上，你是不会听到巴赫（J. S. Bach, 1685–1750）的《G 弦上的咏叹调》，也不会看到英国时尚画家布鲁克斯（Jason Brooks, 1965–　）的都市时尚画的。这中间，起决定性作用的不是艺术家，而是"无法估计又不能不估计"到的受众。

因此，审美主体的审美标准也不是一成不变的，也就是说，审美主体的"内在尺度"，可以因人而异、因时而异、因地而异、因事而异，这是不足为奇的。我们做翻译分析也好，做翻译批评也好，一定要采取科学的辩证态度，所谓"尺度"只是一个比喻说法。在美学中，任何有悖于自然审美感觉的僵化"尺度"都是不可接受的；而所有的艺术家是没有一个不希望自己的作品达到他所预期的最佳效果的。正因如此，文本常有出奇之招，译者不可不注意。

我们还必须看到，译者不是一般的阅读主体，也不是经验主体，他（她）**必须是审美的主体**。从经验主体（the Subject experiencing things）到审美主体（the Subject experiencing beauty）不是一条只有欢声笑语的直路。译者必须经历许多**自我观照、自我调节、自我磨练、自我超越，**才会具有充分的审美**自我意识**和审美的**自我完形能力，**也就是说，这里包含了一个从"为伊消得人憔悴"到跌跌撞撞地奔到"灯火阑珊处"那个有时几乎使人心力交瘁的旅程。这里，请容我们引用大家熟悉的两句屈原的诗来互勉:"路漫漫其修远兮,吾将上下而求索。"

【思考讨论题】

[1] 试对"审美主体"的复杂性及其成因加以分析。

[2] 试对"审美能力"具体内涵加以分析。

[3] 你认为审美标准的"主体中心论"有道理吗? 为什么?

[4] 为什么说翻译需要想象和创造? 这与"可译性限度"及"翻译审美表现的相
　　对性"不是相互抵触吗?

[5] 人对客观世界的美的认同和差异可以很大,有的甚至完全相反,这是什么原
　　因造成的,你能解释吗?

Part Eight
翻译的审美客体

要旨　审美的客体都是有"生命"的，它的"生命"来自审美主体执着的召唤，没有"莺鸣求偶"式的主体，就不会有"声声相应"的客体。因此审美主体必须力争与审美客体"心有灵犀一点通"——这就是所谓译者与作者的"对话"。为此，译者必须力戒浮躁，做到庄子所谓的"心境空明"与客体（这时已经不是作品，而是作者了）"澄心相对"。

Topic 8.1　审美客体是一个"感性活体"

传统美学常常将审美客体看成"精致的但是静止的、美丽的但是哑寂的、神秘的但是僵化的"艺术化石，罗丹（Auguste Rodin, 1840–1917）说这是"很荒谬的误解"，且不说花卉草木了，连石头、泥土和瓦片都是有"艺术生命"的，"它们没有与你进行艺术对话，责任不在它们，责任在你！"在罗丹看来，审美客体（审美对象）是审美主体的审美活动的**激活者**、**接受者**和**参与者**。

事实正是如此。审美客体（AO）是人的一种对象性存在（objective existence，作为对象的存在），它与审美主体（AS）相对，没有主体，也就无所谓客体；同样，没有审美客体，主体也只是一个与审美无关的存在——就是所谓"生物人"。审美客体是人的审美活动所指向的对象，因此，处在人的审美观照下的客体（object）就叫作审美对象（aesthetic object, AO），可见二者其实是一回事。使审美客体对象化的唯一的能动机制就是主体的指向性审美实践。庐山再美，没有"身在此山"的游人观赏，也就形同虚设了；世界上所有的珍宝馆也是如此，当最后一个游客走出来，馆门紧闭以后，里面的珍宝还是珍宝，但是已经不再是游客的审美对象了。

Topic 8.2　审美客体的形态分类

审美客体具有不同的形态，它存在于客观世界，也存在于人的主观（主体）世界。在人这个主体看来，审美客体可以分为以下三种类型：

（1）物态审美客体（material forms of aesthetic objects）

物态的审美客体包括：（a）进入了人的审美观照的自然景象与景物；（b）统称为"形式"的各种存在（如有美感的圆形、方形、线条、色彩、声音、节奏、气味、质地等）；（c）人的有美感的形体因素（如面容、体型等）。

（2）物化审美客体（materialized forms of aesthetic objects）

物化审美客体是人类按照自己的审美价值观和审美品味或需要对各种物质或材料进行加工的成果，如石刻、时装、器皿、人工喷泉、苏堤、白堤，等等。

（3）审美化精神活动成果（aestheticized result of mental activities）

这类客体指语言文艺活动（如文学创作）、艺术创作（如舞蹈、摄影）、有美感的体育活动（如艺术体操），等等；还包括人的高级精神表象（spiritual presentation），如人格（道德、品格）、气质（风格、风度）、智慧等的表象。

很清楚，翻译审美的客体——文本属于第（3）类。

由此可见，所谓"审美客体"都是主体化的审美对象，审美客体体现了审美主体的规定性（prescription），所有的审美客体都具有这个基本属性。

Topic 8.3　审美客体的特征

审美客体最本质的特征就是上面说的"感性活体"，也可以说审美主体对它的规定性。

除此以外，审美客体还有它的审美属性。

（1）审美感性（审美形象性）

这是最普遍的审美客体属性，指美的外在表现、外在形式（the outward forms）、表象能力（presentation faculties，"表象"指"直观"），也叫作"形象表现性"（即直观形象，image presentation）。以"道德"为例。"道德"是一种理性观念，因此"道德"这个概念本身不能称为美，尽管它有美的内涵，只有当"道德"直接同它的外在现象处于统一体时，道德才是美的。比如"廉洁"，只有看到"廉洁"的真实现象、真实表现，才可以说"廉洁是美的"。所以黑格尔说"美是理念的感性显现"（《美学》第一卷，朱光潜译，1979）。又比如自然界。我们说"朝阳"很美，实际上，只有当我们看到朝阳的景象时，也就是当"朝阳"这个概念与朝阳的实际景象统一时，"朝阳"才是美的。这里，被审美的东西的外在感性、形象表现是最重要的审美客体属性。

（2）审美价值承载能力

这也是审美客体的一种本质规定性，这就是说，审美客体必须具有承载审美价值的功能，不体现、不能承载任何审美价值的客体就不是审美客体。例如名画及其画框一旦破损，不能修复，名画不复存在，画框不能载画，就失去了审美价值，只剩下可能的物质价值。语言文字作品也一样，如果内容（例如主题、人物形象或情节）遭受破坏，作品也就毫无艺术价值可言了。

（3）审美感应力、审美召唤能力

也就是日常所谓的"吸引力"。审美客体能引起审美主体的审美期待，使之得到审美满足。为什么具有审美感染力就具有"美"呢？因为第一，这说明客体具有某种很吸引人的审美素质，体现了主体的审美理想；第二，审美期待具有"悬疑性"，"悬疑"可能引起悲剧效果，也可能引起喜剧效果，两种效果都具有一定的戏剧性，因而能引起主体一定的满足感。语言文字作品也一样。

（4）审美客体的美可以比较，但不可以量化

审美客体的美，尽管属于同一形态、同一类型，也是不可以量化的。中国古诗中有很多诗人写过"二十四桥明月夜"，不少诗话也有过比较，但没有人能说哪个诗人写的比另一个诗人写的高出多少。有人可能要问，一大一小两个同样成色、同样设计的足金戒指不是可以有量化的比较吗？是的。但要弄明白，它们之间的量化之差，差在各种金属的重量上，不是差在"美"上。

现在我们来考察一下翻译美学中的审美客体。一般说来，不论文体、不论题材，值得翻译的文本都可能成为我们的审美客体。但是翻译的审美客体（AO）情况比较复杂，首先要求我们全面考察。

翻译美学至少有两个 AO：

（a）AO1——即原语具有审美价值的文本

（b）AO2——即译语具有审美价值的文本

为了准确地把握 AO1 的意义，

（c）译者还可能必须对原语文本的作者进行审视：AO11（**人文参照**）

（d）译者有可能对作者的其他作品进行审视：　AO12（**互文参照**）

（e）译者更有可能必须对作者及其作品所处的"大语境"进行全面审视：AO13（**社会历史文化参照**）

这就是说，对翻译者而言，他（她）很有可能要对以下审美客体进行审视：AO1、AO11、AO12、AO13、AO2 等五个，审视后四个的目的完全是为了将 AO1 的审美信息"尽收眼底"。例如唐代章碣写过一首诗，后两句是"坑灰未冷山东乱，刘项原来不读书"（《焚书坑》），要理解诗中极高的审美意义涵蕴，就必须了解公元前 212 年秦始皇焚书坑儒的事件，查找《史记·秦始皇本纪》等文献。"刘项"指刘邦、项羽，都是草莽英雄。章碣的诗说，秦始皇忙于杀害儒生，可到头来革秦始皇的命的人根本就不是读书人，诗人只用了 14 个字深刻地嘲讽了中国历史上一件重大的历史悲剧，对"悲剧美"作了一个经典的注释。

无论在原语或译语中翻译审美客体所具有的以上三种能力（第 1 至第 3 项）还必须相互基本对应，因此，所谓翻译审美客体，应该具有"**相互制约性**"、审美客体 AO1 应该具有通向 AO2 的可转换性（transformability/transferability），如何转换就取决于翻译高手了。

上面说的就是 AO 与 AS 之间的矛盾。翻译审美客体还不可避免地具有相对的主体规定性（relative specification by the AS）：客体要求主体按自己的基本面貌理解和处理自己，而主体却总是按自己的"规定"来理解和处理客体。正是这个矛盾，标志着主体艰苦的艺术创造全过程。屈原《离骚》和奥玛·海亚姆《鲁拜集》的翻译充分体现了这一点，这时，主体必须尽最大努力调整自己的审美态度（例如，从容以对，不必急于求成，等等）和翻译策略。

Topic 8.4　审美客体的功能

审美客体的基本功能是为审美主体实现"对象性存在"：没有审美客体也就无所谓审美主体。正因为审美客体与审美主体处在对立的统一中，因此有各自不可替代的功能，已如上述。除此以外，就翻译审美而言，我们还必须根据文本不同的语言体式（诗歌体？散文体？）、文体形式（论述文？描写文？）和题材内容等因素分别考察它们不同的功能。概而言之，经常进入翻译审美的审视范围的审美客体有以下五种功能：

T8.4.1　信息提供（Informative）

大抵提供信息（知识、状况、事件、数据、过程、性质，等等）的文本都属于这一类，例如科技文献、新闻报道、历史资料、公文文书，等等。有人可能要问，这类文本有"美"可"审"吗？它们的"美"在何处呢？这就没有看到，语言美是普遍存在的，没有语言体式和文体类别之分，而且审美客体与审美主体处在对立统一中，只要审美主体在对语言进行斟词酌句，那么他就在进行审美活动，与语体或文体没有关系。科学家赫胥黎、爱因斯坦、达尔文的科学论文都写得很美。下面就是他们写的精彩的句子和语段：

（a）The chess-board is the world; the pieces are the phenomena of the universe; the rules of the game are what we call the laws of Nature. The player on the other side is hidden from us. We know that his play is always fair, just, and patient. But also we know, to our cost, that never overlooks a mistake or makes the smallest allowance for ignorance. （T. H. Huxley, "A Liberal Education"）

世界是一盘棋，宇宙现象是棋子，我们所谓的自然法则就是游戏规则。我们无从见到我们的对手。但我们深知，他的棋法是公平、公正、耐心的。我们还从付出的代价中获知，我们绝对不能忽视任何一个错误或对我们的无知做出哪怕是最微不足道的宽容。

（b）When you are courting a nice girl an hour seems like a second. When you sit on a red-hot cinder a second seems like an hour. That's relativity. （A. Einstein, "News Chronicle", 14 Mar 1949）

你在追求一位漂亮姑娘的时候，一个小时就像一秒钟那么短，而当你坐在一堆火热的煤渣旁时，一秒钟就像一个钟头那么长，这就是"相对论"。

（c）As far as the laws of mathematics refer to reality, they are not certain, and as far as they are certain, they do not refer to reality. （A. Einstein, "The Dao of Physics"）

在我们将现实问题诉诸数学法则的解析时，数学法则是不确定的，而当数学法则确定时，我们又不能用它们来说明现实问题了。

（d）We will discuss in a little more detail the struggle for existence . . . I have called the principle by which each slight variation if useful, is preserved, by the term of Natural Selection . . . The expression often used by Mr. Herbert Spencer of the Survival of the Fittest is more accurate, and is sometimes equally convenient. (Darwin, *Origins of Species*, Chapter 3)

　　我们将对生存竞争加以较详尽的讨论……每一个只要是有用的细微的变种均加以保存。我已将这一原则称之为"天择"[自然选择]……而斯宾塞先生常用的术语则是"适者生存"，这一术语更为确切，有时也同样方便。

　　比较普遍的因袭之见是"只有文艺文才需要审美"。我们应当多多审视除文艺文体以外的文体如科技文体、论述文体的审美特征，以期多多积累这方面的审美体验。这时我们的审美标准是：(a)符合"辞达"论，也就是意义把握准确，使用得当；(b)语句安排妥帖，句式规范、变化适当；(c)组织井然有序，逻辑性强；(d)修辞手段使用得当。即便是被认为枯燥干涩的公文只要符合这些标准也都应该进入我们的审美客体之列。

T8.4.2　外象描写（Descriptive）

　　执着于外象描写——这是某些审美客体的重要审美特征。外象（outwardness）指事物的外部特征。对于景物描写语段的审美问题中国译者历来比较重视，但对人物由外及内和由内而外的"双向描写"则往往未予充分重视。实际上，中国文学（尤其是小说）历来重外象（尤其是景物）描摹和动作描写，而忽视人物内在的心理活动。这个特点一直贯穿汉魏六朝的志人志怪小说、唐代传奇小说、宋元话本小说及至明清的章回小说。很显然，翻译应当摆脱这种局限，重视西方叙述学的所谓"内外双向描写"，才能准确地把握眼前的审美对象：

> 　　Yet lonely she was, touchingly and without much disguise, despite her buoyant manner. Despite, too, the energy of her poems, which are, by any standards, subtly ambiguous performances. In them she faced her private horrors steadily and without looking aside, but the effort and risk involved in doing so acted on her like a stimulant . . . Even now I find it hard to believe. There was too much life in her long, flat strongly boned body, and her longish face with its fine brown eye, shrewd and full of feeling. She was practical and candid, passionate and compassionat. I believe she was a genius . . . （A. Alvarez, "Death of the Poet"）

　　这是美国作家艾尔伐列斯为悼念名噪一时的美国女诗人普拉斯（Sylvia Plath, 1932–1963）所写的一篇回忆录。作者用词都很沉郁低调，句式变化很大也表明他思绪复杂，心境难平。翻译时一定要细心运用自己的审美判断和审美感应，捋清作者的情思脉络：

> 尽管她看上去举止活泼，实际上却孤寂得令人心疼，她对此并未刻意掩饰。同样，尽管她的诗作充满活力，但是无论怎么看，都流露出她微妙而晦黯的心声。在诗作中，她直面个人生活中的种种痛苦，从不回避躲闪；而她为此付出的努力和经历的风险对她而言不啻于一副兴奋剂……直到今天，对她的死我仍然难以置信。她那修长单薄、筋骨健壮的身躯里充满了旺盛的生命力；在她那略长的脸上，漂亮的褐色眼睛透着机灵和丰富的情感。她讲求实际，为人坦荡，满腔激情而又富于同情。我认为她是个天才……

前面我们提到，翻译者往往需要运用多维参照，才能获得充分的审美理解，比如，如果译者对普拉斯一无所知，就不妨先看看有关资料，待准备充分时再下笔。

T8.4.3　情感激励（Emotional）

这类审美客体旨在激发读者情感，实际上这类美文，在汉语和英语中都很多。值得注意的是有些激发感情的诗歌或篇章并没有用什么昂扬激励的词语，但作者意在鞭策世人，一读而知。宋代陆游写过一首激励庶民应当把愤怨指向豪门的诗，表面上却平静地说：

> 小人那知古来事，不怨豪家惟怨天。（《陆游集·甲申雨》）

下面这篇英语散文也很注意抑制情感的直接显露，文字非常平易，志在"以心感人"：

Be Happy！

The days that make us happy make us wise.

— by John Masefield

When I first read this line by England's Poet Laureate, it startled me. What did Masefield mean? Without thinking about it much, I had always assumed that the opposite was true. But his sober assurance was arresting. I could not forget it.

Finally, I seemed to grasp his meaning and realized that here was a profound observation. The wisdom that happiness makes possible lies in clear perception, not fogged by anxiety nor dimmed by despair and boredom, and without the blind spots caused by fear.

Active happiness not mere satisfaction or contentment — often comes suddenly, like an April shower or the unfolding of a bud. Then you discover that what kind of wisdom has accompanied it. The grass is greener, bird songs are sweeter, the shortcomings of your friends are more understandable and more forgivable. Happiness is like a pair of eyeglasses correcting your spiritual vision.

Nor are the insights of happiness limited to what is near around you. Unhappy, with your thoughts turned in upon your emotional woes, your vision is cut short as though by a wall. Happy, the wall crumbles.

The long vista is there for the seeing. The ground at your feet, the world about you — people, thoughts, emotions, pressures — are now fitted into the larger scene. Every thing assumes a fairer proportion. And here is the beginning of wisdom.（Lloyd Morris）

可以说，这是非常纯、非常净的英语。Morris 并没有催促你、怂恿你做任何事，他甚至没有用一句激昂的话语，只是在慢条斯理地、如数家珍似地谈快乐的好处，他甚至连提都没有提到人生，可是你确实被他说得如此平易的人生哲理所感动：

开心起来！

"开心的日子，使你我更聪明。"

——约翰·梅斯菲尔德

第一次读到英国桂冠诗人梅斯菲尔德这行诗的时候，我心中不禁一惊，诗人这么说究竟是什么意思呢？如果不多想想，真认为这句诗得反过来说才对。不过他那冷峻的自信打动了我，我一直忘不了这行诗句。

终于，我好像领悟了他的意思，这里蕴含着深刻的观察和寓意。快乐带来的智慧也许就寄寓在你清晰的感悟中，不因焦心而困惑，不因绝望而厌世，也不因惶惶不可终日而迷失在盲点中。

生机勃勃的快乐不止于心满意足，也不止于沾沾自喜。它会不期然而至，就像四月的春雨或是蓓蕾的绽放。于是你发觉智慧伴随着快乐姗姗而来，绿草更青了，鸟儿的歌声更甜了，朋友的缺点更可理解、更可谅解了！快乐就像一副眼镜，可以调节你心灵的视野！

其实，快乐给你带来的感悟并不会受到你身边一切的局限。只是当你不快乐的时候，你的心思转变成了情绪上的苦恼，眼界也就似乎被一扇墙阻隔住了，而当你快乐的时候，那扇堵住你的心灵之墙便崩塌了。

这时，宽广的视野就在你眼前，脚下的大地，你身边的大千世界——各式各样的人，他们的思想感情，还有各式各样的压力，现在都统统融汇到了一个更加宏伟的情境中，人人事事都更安其所。这，就是智慧的开端。

审视观赏这类文章的美，你要屏住气，切忌草率匆忙，要细细体会作者的一言一语，跟着他，听他"如数家珍"。当你把握住他的心音、感觉到他的脉动的时候，你就可以告诉自己，你已经触摸到他的语言美了！很多时候，语言美源自一个人的心。

T8.4.4　感悟启发（Eliciting）

这类审美客体大抵旨在以己之人生感悟来启发读者。所谓"感悟"重在以"情"为手段诉诸理性的、理念上的感兴、感念、感怀。有深厚感悟的审美主体，在抒己之情、诉己之感时往往高屋建瓴，似乎是在与历史对话、与民族对话、与人类对话。中国文学史上最典型的感悟诗，当推唐代陈子昂的《登幽州台歌》：

> 前不见古人，后不见来者。
> 念天地之悠悠，独怆然而涕下。

《唐诗快》评这四句诗说，子昂"胸中自有万古，眼底更无一人。古今诗人多矣，从未有道及此者。此二十二字，真可以泣鬼"。这绝不是夸张。陈子昂少有建功立业之大志大才，但生不逢时，一生没有见到过一个知音。诗人满怀孤愤与不平，面对幽州台苍莽景物，无限感慨，直诉胸臆，悲不自已，堪称千古绝唱。以下是陈诗试译：

None of the ancients before my time,

And none of the generations to come.

Speechless before the universe untold,

Alone, tears in my eyes hard to withhold.

中国传统诗论高度赞赏这类感悟诗，认为这是诗品中之最高者。明代诗论家黄子肃写过一段话可供我们对这类感悟诗进行审美时参考。下面是他的议论：

> 是以妙悟者，意之所向，透彻玲珑，如空中之音，虽有所闻，不可仿佛……故意在于闲适，则全篇以雅淡之言发之；意在于哀伤，则全篇以凄婉之言发之；意在于怀古，则全篇以感慨之言发之。此诗之悟语也。（《诗法》）

T8.4.5　观念剖析（Ideational）

具有这类功能的文本大都是议论文，议论文美在服人以真理，亦足以"传道解惑"。据此，它们的感性表现是凸显语言运用的高度说服力（strong persuasiveness）和解析力（highly explanatory）。于是"用词有力、文句有势、文风洒脱"（forceful wording and sentence structuring plus a convincing style）就成了它们的审美焦点。

（a）Self-love, kept within due bounds, is a natural and useful sentiment. It is, in truth, social love too. As Mr. Pope has very justly observed: it is the spring of many good actions, and of no ridiculous ones. But self-flattery is only the ape, or caricature of self-love, and resembles it no more than to heighten the ridicule. Like other flattery, it is the most profusely bestowed and greedily swallowed, where it is the least deserved. （Lord Chesterfield, "Upon Affectation"）

（适度的自爱是一种自然的、有益的感情。而且事实上它也是一种具有社会性的爱。蒲柏先生曾经非常正确地指出，自爱是许多良好行为的源泉，而并非荒唐行径的诱因。但是自吹自擂却不过是对自爱的一种鹦鹉学舌，令人发笑。要说这与自爱有何相似之处，则不啻徒显荒唐！和其他恭维奉承一样，这种自吹自擂给予时最慷慨，接受时最贪婪，而实际上最名不副实。）

（b）That there is a natural difference between merit and demerit, virtue and vice, wisdom and folly, no reasonable man will deny: Yet it is evident, that in affixing the term, which denotes either our approbation or blame, we are commonly more influenced by comparison than by any fixed unalterable standard in the nature of things . . . （David Hume, "Of the Dignity or Meanness of Human Nature"）

（凡是有理智的人都不会否认，优点与缺点、美德与邪恶、智慧与愚蠢等等中的二者之间存在着天然的区别；不过显而易见的是，在选定某个词来标明我们赞成哪个、指责哪个时，人们受到较大影响的是将二者进行比较，而不是事物本质上有什么固定不变的标准……）

（c） The modern-minded man, although he believes profoundly in the wisdom of his period, must be presumed to be very modest about his personal powers. His highest hope is to think first what is about to be thought, to say what is about to be said and to feel what is about to be felt; he has no wish to think better thoughts than his neighbours, to say things showing more insight, or to have emotions which are ahead of others in point of time. （Bertrand Russell, "On Being Modern-Minded"）

（具有现代头脑的人在看待他本人的能力时应该是十分谦虚的，尽管他对自己所处时代的智慧深信不疑。他最大的愿望就是，先于他人思想，先于他人表达，先于他人感受。他并不希望，自己头脑里的思想比邻居的思想更加高明，自己说出的话比邻居的更有见地，也不希望具有什么比其他人更超前的情感。）

（d） Men have in fact obtain more power over matter, but to change it is impossible. It may be said that all works of art, all ideas of life, all philosophies are "As if", but I am suggesting that they can be checked with an objective reality. They might be called propositions for truth and their truth can be decided by their correspondence with the real. Man can't change the elemental characters. If you could, the world would probably vanish into nothing. （Joyce Cary, "The Artist of the World"）

（的确，人获得了对物质的更多的权力，但要改变物质则不可能。也许有人会说，所有的艺术品，所有的生活理想，所有的哲学理念都是建立在"假如"之上的。但我想指出，这一切其实也可以用客观现实来检验。它们可以被视为真理的命题，其真实性可以根据它们是否与现实相符来加以判定。人不能改变事物的基本性质——如果你能，那么世界也许会在你面前消失得荡然无存了。）

认为议论文"谈不上美"是完全错误的。议论文作者不仅要保证内容上的"真",而且要关注形式上的"美"（Paul Guyer, 2004: 21; 39; Alan Goldman, 2004:105）。事实上，讲究修辞、讲究气势、讲究节奏、讲究风格的议论文作者大有人在。以上几位哲学家、政论家、艺术评论家在整个英语世界都是为人称道的文章高手。他们的文笔绝对不亚于英语世界的一流文艺作家。这一切，证明了**语言美的普遍性**，以及**翻译审美的全局观**是多么必要。

Topic 8.5　翻译审美客体的结构

通观以上种种例证，我们可以看到，任何一个翻译审美客体——原文文本都具有相同的内在结构体系，即四个相互关联的模块，它们是：**语音文字结构、意义含蕴结构、审美信息结构、逻辑关联结构**；这其中，语音文字结构（句法结构的依托者）是整个审美客体的基础架构，语义结构是它的内容实体，是语言美的概念依据。逻辑结构是语言美的哲学依据，必须依靠它来体现逻辑规范。这四个模块相互依存，相互作用，它们的分布和互联网络如下图所示：

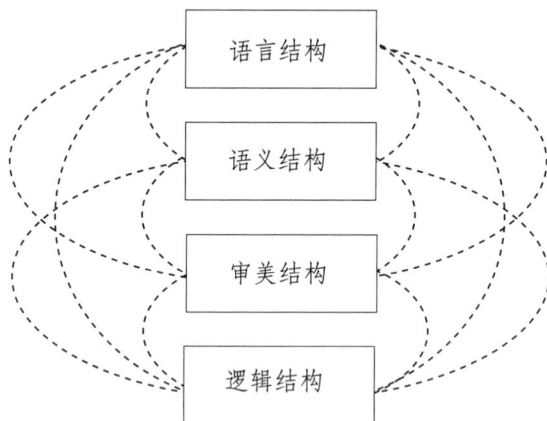

如图所示，四个模块每一个都与其他三个发生密切的关系。翻译审美固然以审美模块为关注的重心，但绝对不能置其他三个结构于不顾。我们提倡的是翻译操作的整体观，而不是只顾修辞、只做"表面文章"，不顾语言结构制约、意义涵蕴制约、逻辑关联制约的所谓"唯美派"。就语言审美而言，抛开意义的"纯形式结构的绝对美"，只能说是一种低品位的形式美（Mary Mothersill, 2004: 152–153, *BGA*），难免被视为文字游戏。

Topic 8.6　语言美的语际转换：美的 "可译性" 问题

这个问题与审美客体有关。翻译美学必须考察审美客体的审美信息可转换性，也就是所谓 "语言美的可译性"（the translatability of beauty in language）问题。

从整体上看，应该说 "美" 无国界之分。在中国人眼中长城很是壮美，在西方人看来也一定是壮美的。同样，在美国人看来尼亚加拉大瀑布很壮美，在中国人看来也必定如此。但是，如果审美对象涉及民族文化审美心理，审美对象承载隐喻意义（metaphorical meaning），成了一种民族性 "文化符号"，问题就没有那么简单了。比如，中国人认为梅花是坚贞的象征，莲花是纯洁的象征，牡丹是高贵的象征，杨花是随性的象征，等等。西方也一样，常常赋予不同事物以不同于中国人赋予它们的象征意义。这个问题涉及隐喻性文化词语的翻译，本书将在T12.6.3 中加以探讨。

语言美的 "翻译" 则是另一回事。从整体上看语言美具有明显的民族文化性，因此在语际转换中受到一些掣肘，主要有：

（1）**语言结构障碍**：与语音及文字结构有关的语言审美设计属于这一类障碍，如韵律、声调、节奏、文字上的对称、对偶、重复（复选），等等。

（2）**审美心理障碍**：与民族文化审美心理有关的语言审美设计属于这一类障碍，如艺术意象、意境、意蕴、各种象征手法、超文本暗含义，等等。

（3）**表现方法障碍**：与语言的句法结构及其变式等等有关的语言审美设计属于这一类障碍，如双关语、回文等修辞格，种种修辞性句法形式运用（如掉尾句即 periodic sentence，选择疑问句即 tag questions），以及种种非修辞性句法运用但与形态变化（inflexion）有关的英语句式，包括复合句、复杂句、绝对式；汉语中的骈体行文、对仗结构（如对联），等等。

以上种种障碍都很有可能使语言美的语际转换成为泡影，在这种情形下刻意为之，效果只能适得其反，成了 "矫情之作"（affectation）。无论如何，"美在自然" 是我们不能不牢记在心的。

在 "美在自然" 的前提下，我们是可以找到一些契合对应的审美运用的，例如 "见树不见林" 在英语中有 "not see the wood（forest）for the trees"，翻译美学寻求的是各种有效的**审美代偿手段**，包括各种替代式、语义解释法以及自然的创新式：

第一，替代式　也就是在目的语中寻求审美代用品或借用。例如 a barber's

cat（比喻）→ 面有菜色的人；pizzazz→ 时尚达人（fashion talent）；情感的涓涓细流 →a rivulet of emotion；人生岔道 →a slip road in life；The big stone plopped into the water→ 大石头扑通一声掉进了水里；这一整天的会开下来我也差点儿变成了木乃伊 →I was almost stupefied by the non-stop meeting today

　　第二，解释式　也就是用解释性词语来翻译。有时难免淡化了审美立意，也只好差强人意了。例如：混迹于三场（指情场、赌场、官场）→be out on a spree in love, gambling and government；（展开）地毯式排查 →spread the net to find out；get the wooden spoon→ 拿了个倒数第一；now and then caught by a tomcat→（由于未注意细节）不时被吹毛求疵的人揪住不放

　　第三，创新式　也就是译者自创的代偿式审美设计，关键在善于通变。翻译的语言美贵在自然，不必刻意求美，追求"语不惊人死不休"的戏剧效果。例如汉语中"母亲的絮絮叨叨"译成 the loving motherese 就很好。苏格兰知名的现代作家格兰姆（Kenneth Grahame, 1859–1932）写过一首挖苦"牛津大学才子"的很知名的诗：

> The clever men at Oxford
> Know all that there is to be knowed
> But they none of them know
> Half as much as intelligent Mr. Toad.

（from *The Wind in the Willows*, Ch 10）

牛津才子人人夸

锦纶满腹有才华，

无奈大脑进了水，

懵然不知是个井底蛙。

　　这样的诗还不如译成顺口溜："牛津才子人人夸，学问堪比癞蛤蟆"，这样译也符合"语言美就是给人审美愉悦"的目的，但形式上确实相差很远。大概正是这个原因，欧洲形式主义者大骂翻译家："你们是叛徒！叛徒！"

Topic 8.7　翻译审美转换障碍问题

　　语言中的审美信息林林总总，涉及"音、形、色、象、意、情、景、境"等

八个维度，还涉及语法形态和语法手段的表意问题。这样纷繁复杂的审美信息都可以在语际中实现转换吗？翻译美学对这个问题没有"一刀切"的答案。但毫无疑问，"语言审美语际转换障碍"是一个非常复杂、非常值得我们从多层面加以研究的问题。更具体地说，这里所说的"审美转换障碍"指语际审美中的**跨语言文化审美转换障碍**，与此有关的问题还很多，其中包括有待于我们深入探讨的理论问题：

（1）意义（意蕴）的审美形象表现的跨文化转换条件及掣肘：例如，在中国艺术中，梅花体现"坚贞之美"、荷花体现"纯洁之美"，西方人能理解吗？在西方艺术中，紫色代表高贵、红色代表危险，中国人能理解吗？如果理解有障碍，译者又该采取什么对策？

（2）审美价值观比较研究：例如西方人认为中国人怀念乡土是"多愁善感"，有心理问题，中国人认为西方人对待父母"没有孝心"，是个伦理问题。东西方价值观念有很大差异时，我们在翻译中又该采取什么对策？

（3）中西方审美情感比较研究：上述（2）是从价值观视角进行比较，这里实际上广泛涉及中西方审美情感异同对比研究，与翻译审美表现法密切相关。

（4）翻译审美客体的审美形式表现（如风格翻译、幽默等情态翻译和诗歌、影视作品翻译）是可以转换的，但如何获得最佳审美效果？

这些与审美客体有关的深层理论问题还有很多，有待于翻译美学进一步开展理论研究，尤其希望有翻译实务经验的从业者积极参与讨论，共同努力来建设翻译美学。

【思考讨论题】

[1] 为什么说"审美客体"是个"感性活体"，"审美客体是有生命的客体"？

[2] 请分析审美客体的特征和功能。

[3] 请分析翻译审美客体的结构图示（Topic 8.5），为什么其中四个组成成分都是一一交叉联系着的？

[4] 为什么语言美是"可译的"，但同时也有转换障碍？比如"一寸相思一寸灰"你认为可译吗？你打算怎么译呢？

Part Nine
翻译审美心理结构探讨

要旨

"有心之器，其无文欤？"翻译的译文之美产生于主体健全的审美心理：深知原语之美之所在，尤知其美之所由；当然，译者也深知原语不美之所在，尤知其不美之所由，而尽译者善加代偿之责 —— 此之谓"有心"。

Topic 9.1　审美心理结构阐释

在进入正题以前，让我们先来谈谈人类的三种活动和三种需求。人类在世界上进行着三种基本活动：第一种是维持生命和延续生存的活动；第二种是从事生产实践的活动；第三种则是科学认识——认知活动。为了保证以上三种基本活动的顺利进行，人类必然会产生并要求满足除衣食住行以外的三种基本需求：(1) **精神需求**（如求知、宗教）；(2) **情感需求**（如家庭、恋爱）；(3) **审美需求**（如文化、文艺）。为满足这三种需求，人类必须进行与之相应的更高级而且是有成果的活动，其中之一就是审美活动。这就是我们常说的"审美"的由来。可见审美与人类维持生命和延续生存密切相关，它绝对不是可有可无的。从一个人的一生来看，根本没有从事过任何审美活动的人是没有的——当然我们这里所说的审美活动指的是日常审美行为，例如哼哼小调、手舞足蹈、观花看海、登山寻梦，等等。可以说，每个人都有很多可以用自己的日常审美体验，来证实"美"的存在，证实"审美"对解除心身疲惫、鼓足工作干劲、重拾自信的积极作用。

本章节的核心问题就是对人的审美心理结构与翻译有关的问题进行探讨，因为翻译是一种复杂的审美活动。所谓审美心理结构是指审美主体的审美意识系统——知（认知）、情（情感）、意（意识—意志）的审美心理机制在人的审美活动中的运作。翻译审美心理机制，就是从翻译的视角来探讨审美意识系统在审美活动中的运作。

　　审美意识系统包括人的审美心理基本形式：感觉（feeling）、知觉（perception）、表象（presentation，指保留在记忆中的时间较为暂短的形象）、联想（association）、想象（imagination）、情感（emotion）、理解（understanding）等，可以比喻为一条从初级到高级的"感知色谱"，而这中间的"级"的提升则是以**理性的逐级介入**为标准。除了这些基本形式以外，审美心理还包括一些非基本形式，如直觉（intuition，指通过感觉而得知）、感悟（comprehension，指通过感性领悟而得知）、幻想（illusion，指没有根据的想象）等等，它们表示的是具有某种特性的感知。人的心理结构包括认知结构、情感结构和意志结构，这些结构相互联结、相互作用，构成了审美心理结构的一个极其复杂的网络结构系统，司掌千变万化的审美活动，包括翻译审美。

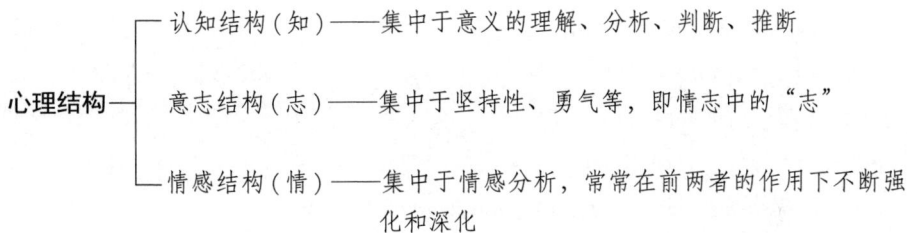

心理结构━━┳━━ 认知结构（知）━━集中于意义的理解、分析、判断、推断

　　　　　　┣━━ 意志结构（志）━━集中于坚持性、勇气等，即情志中的"志"

　　　　　　┗━━ 情感结构（情）━━集中于情感分析，常常在前两者的作用下不断强化和深化

　　可见，所谓"翻译审美心理活动"就是出于翻译审美的目的所进行的心理活动。而且翻译审美的运作，远不止涉及认知结构的原语意义分析，也远不止涉及情感结构的情感分析，它需要的是整个心理结构组织成分的协同运作，让一切处于最佳运作状态。这里当然包括翻译的文本理解问题，如表所述，但理解问题必须在论审美主体的条件时讲清楚（Topic 7.3.4），所以这里就从略了。

Topic 9.2　审美心理活动的特征

　　审美活动不同于一般的认识（认知，knowing）活动，一般认识活动旨在探究对象的性质、结构、功能、存在状态、容载内容与形式、内在外在关系等等方面的考察和理解，完全是理性的；而审美活动则是原发于主体本身的需求又指向对审美对象的美的考察和感受，是感性的、情感的。此其一。其二是，审美活动高于一般活动，它是一种价值活动，审美主体与审美客体之间的关系是一种价值

关系，这里"价值"的意义是"哲学的"（philosophical），它既不是指什么"经济学的"（economical）（R. H. Lotze, 1900; 李鹏程《西方美学史》，第三卷，第306—307页）价值，也不是指"物质的"价值。这是审美活动与一般心理活动的基本区别，翻译审美也一样。

概括说来，人类审美心理活动的本质性特征就是：其一，情感体验；其二，价值实践。

T9.2.1　情感体验（Emotional Experience）

为什么说审美活动的本质特征与情感体验密切相关呢？难道人们在体验"情感"的时候就可能体验到了"美"吗？或是说，体验美需要"启动"情感吗？情形确实是这样的。元代的吴昌龄写过两句"颂风"的诗说，"青萍一点微微发，万树千枝和根拔"，意思是：别看它只是浮萍上的一阵微风，发起怒来连成片树林的老根都可以拔出来！这不是可以使人很快想到元代晚期人民中埋藏的那股越积越深的民怨和民愤吗？拜伦（G. Byron, 1788–1824）也写过一首咒骂拿破仑的诗 The Age of Bronze，其中有两行诗一连用了四个"whose"，诗人的怒气似乎已经在纸上燃烧了两百年：

> Whose game was empires and whose stakes were thrones,
> Whose table earth——whose dice were human bones.
> （帝国只是他的一场儿戏，王座只是他的几注赌金，
> 大地只是他的一张牌桌，尸骨只是他的几把骰子。）

我们知道，"美"与人的感性、人的情感的关系是非常密切的，可以这么说，美学如果排除了"美"与人的"感性"的关系的研究、排除了"美"与人的"情感"的关系的研究，那么美学也就不复存在了！人类正是通过情感体验而不是理性思考（理性思辨、理性思维）才发现了"美"、认识了"美"，总之"体验了美"（experience beauty）——同样，我们正是通过情感理解了吴昌龄和拜伦的诗！

通过情感体验来体验美还可以从以下方面来论证：

第一，黑格尔说"美是理念的感性显现"，有感性就不可能没有情感体验，因此情感必定会参与美的显现。比如你在泰山看日出，当旭日以磅礴之势喷薄而出时，你完全情不自禁了，你感到极为振奋，这时你头脑中的许多理念如"宇宙威力"、"大自然不可战胜"、"客观规律性不以人的意志为转移"等等，统统通过"日

出之美"放射了出来，心胸得到涤荡，心灵感到从未有过的清亮、澄澈，同时，情感得到了净化。因此黑格尔解释说：

> 艺术作品却不仅是作为感性的对象，只诉于感性领会，它一方面是感性的，另一方面却基本上是诉之于心灵的，心灵也受它感动，从它得到某种满足。（黑格尔《美学》，朱光潜译，商务印书馆，1976，第255页）

第二，体验美就是体验自己的情感，它既是美的传达者，又是美的体现者：你看到泰山无比美丽的旭日，百感交集、思绪万千；你否定了过去的"非"，立志追求未来的"是"……而那一切都在你的胸臆，绝对不可能是"他人的"（the Other's）、经他人感染的（moved by the other）、受他人指使的（driven by the other）、听命于他人的（be subject to the other）、由他人授予的（bestowed upon by the other），等等。你感到一种从来没有体验过的"自我的真美"、"本我的真美"！所以说审美体验是一个人最自主、最能动、最自由，因而也是最真切的情感体验。

第三，从自己的情感中体验到的美才有可能接近"艺术的真实"，因为伟大的"艺术的真实"不仅仅要求你用心灵去理解，而且更呼唤你用情感去领悟。比如你有幸得到一个饰演哈姆雷特的机会，你阅读了很多关于莎士比亚的文献、关于哈姆雷特的论文，却疏于在情感上去透察、体验"疑虑型精神分裂症"的"疑似患者"的内心痛苦。你虽然作了很大的努力，但人们看到的"哈姆雷特"却是一个木木无情的、莫名其妙的"王子"。于是你得到了一个教训：失败就失败在没有用自己的情感去体验、去体认那个悲剧人物的美。

T9.2.2　价值实践（Value Practice）

这里的"价值实践"是指"审美价值实践"。审美价值实践是审美心理活动的另一个重要的本质特征。人们的日常行为很多都不是受价值驱动的，而是由生活需要驱动的，因此，一般的生活实践活动不是什么"价值实践"。比如说"上庐山"这一行为。家里住在庐山的人之"上庐山"，与游人之"上庐山"完全是两回事。前者只是**生活需求实践**，而后者却是一种**审美价值实践**。实践什么价值呢？最重要的一条就是：欣赏庐山的美——这就叫作"审美价值实践"。审美价值实践给人带来的审美快感（期待、愉悦、满足、赏心悦目、流连陶醉，等等）充分证明人的审美价值与他（她）的审美情感密切相关。

审美价值实践有以下特征：

227

第一，价值实践高于生活实践又源于生活实践

在人的实际生活中，除了生活实践以外，价值实践也许是最普遍的，也是最多种多样的。例如，我们要发展风能，就要进行关于风能的各种试验，这时风能试验就叫作"科学价值实践"。农业科学家发展了一种新的耕作法，并论证了有科学价值，但能不能用于实际的农田生产呢？为了证明它能否用于实际的农业生产，就要组织一些实际活动，这些实际活动就叫作"生产价值实践"。很显然，科学价值实践也好，生产价值实践也好，都源于人们的生活实践需要。审美价值实践与一般价值实践一样莫不源于生活实践。新的生活实践产生新的价值追求，新的价值追求推动新的价值实践，如此循环不已，人类社会才有提升，才有进步。审美也一样。

第二，审美价值实践由审美态度所推动

审美价值实践由审美价值追求所推动，审美价值追求源于生活实践需要，那么，生活实践需要又是怎样作用于审美价值实践呢？回答是由人的审美态度的发展、演进、成型所推动的。我们先来举一个例子。

大家知道，中国美学从秦汉到魏晋南北朝出现了一个史无前例的飞跃。魏晋以前，美学和文论都被涵盖在哲学乃至文化之中，到了魏晋，文论、画论、乐论、书法论都有了专论性的理论文本，文论有曹丕的《典论·论文》、陆机的《文赋》和刘勰的《文心雕龙》；画论有顾恺之、宗炳的《画山水序》、王微的《叙画》等；乐论有阮籍的《乐论》、嵇康的《声无哀乐论》等；书法论有蔡邕的《笔论》、《九势》、王羲之的《题卫夫人笔阵图后》，等等。这些理论文本的出现，反映出美学思想特别是士人的审美态度的巨大变化，其一是古代宇宙本体论因社会动乱而虚灵化，例如连一代豪杰曹操都大呼"对酒当歌，人生几何……何以解忧，唯有杜康"（《短歌行》）；其二是士人个性化追求愈趋自觉，例如其时魏晋名士沉溺于所谓"有情无情"的清谈争论，追求陶渊明"采菊东篱下，悠然见南山"的田园境界；最后是举国风雅情趣的时尚化，审美体系的扩大化。上至宫廷，下至市井都可以看到对新的审美价值实践的一派风靡，正如《世说新语·言语》所说的"会心处不必在远，翳然林水，便自有濠濮间想也"。这里所谓"会心"就是大家的审美追求、审美态度之趋同。终于，从魏晋开始，中国美学形成了士人化体系，并与宫廷美学分庭抗礼，直至明清，它始终是中国美学的中流砥柱。

第三，审美理解源于审美价值实践经验的富集

审美价值实践经验的不断富集必然会在审美理解和美学思想上结出丰硕成果。以欧洲文艺复兴（按意大利语原意应为学术复兴）为例，它就是欧洲（主要在意大利）文化和艺术近 300 到 500 年审美价值实践经验的一个伟大的富集（enrichment），标志着欧洲人对美的理解的一个巨大进步。文艺复兴初始期艺术家的审美价值实践集中于亚里士多德的诗学理念，至 16 世纪达到高潮，价值实践扩大到了神旨与真理的关系、文艺与现实的关系、对艺术技巧的追求、美的相对性与绝对性，等等。文艺大师们薄伽丘、达·芬奇、卡斯特尔维屈罗（Castelvetro）等人惊世骇俗的价值实践大大提高了欧洲文艺美学思想，始有 17、18 世纪法国新古典主义巨人笛卡尔（Descartes, 1596–1650）和布瓦罗（Despreaux, 1636–1711）的诞生。

至此，我们可以归纳出审美心理活动的主要特征（也可以说本质特征）：

（1）**超功利心理（非功利心态）**，这里的"功利"主要指物质性回报，审美的超功利性表现为无损于审美对象的完整性、自由和无限。因此，黑格尔说："审美带有令人解放的性质，它让对象保持它的自由和无限，不把它作为有利于有限需要和意图的工具而起占有欲和加以利用。"（黑格尔《美学》，1979，第 147 页）

（2）**主体性心理运作**，即审美主体的所谓"内感外射"（内在心理感应而发之于外），"内感"也好，"外射"也好，主体具有完全的自主性和自许性，赏月、观花、听松、品味，一切取决于主体的审美意向和审美态度，这也说明审美是一种摆脱了功利心和欲念的情感价值活动。（Paisley Livingston, 2005: 275, *OHA*）

（3）**审美感性（情感）和审美理性（理念）的全程性综合运作**，具体地说就是在审美中的感性和理性的"全程性结合"。所谓"全程"指从感觉的生理层次提升（upgrade; transcending）到精神的、意识的、理念的精神层次，正因为实现了这一境界提升，主体才享受到"物我两忘"的审美快感，而保证这种境界提升的关键就在于它的超功利性。庄子梦蝶就是这种主体沉浸于超功利审美快感境界的最佳写照。

（4）说到底，**审美心理活动是人的生命的审美律动**。我们知道，人的生命活动是在三个层次上展开的：生理活动、心理活动和社会活动，审美体验从人的生理层面中获得生命源动力，从心理层面获得生命创造力，从社会层面获得生命繁衍力，这中间，心理层面是关键。因此可以说，审美心理活动也就是人的生命体验活动，而且只有人才能达致并享有这种高级的生命律动。

Topic 9.3　翻译审美心理活动的基本特征

翻译涉及两种（或多种）语言文化，涉及不同的地缘历史和地缘民族发展沿革，因此审美心理活动有一定的特殊性。英国语言学家 David Crystal 在谈到语言文化差异在交流和翻译中的困难时说：

> The fact that successful translations between languages can be made is a major argument against it（指萨丕尔—沃尔夫假设）, as is the fact that the conceptual uniqueness of a language such as Hopi can nonetheless be explained using English. That there are some conceptual differences between cultures due to language is undeniable, but this is not to say that the differences are so great that mutual comprehension is impossible. One language may take many words to say what another language says in a single word, But in the end the circumlocution（间接陈述法，迂回陈述法）can make the point. ("Language and Thought", *CEL*, 1997:15）

Crystal 提到的就是文化翻译中的所谓"解释法"，以"解释"来"代偿"（make up for）思维概念上的差异。翻译美学认为还要考虑审美心理上的种种问题。当然审美心理也是文化问题，但应该说，前者比后者更为深刻，更为复杂。

T9.3.1 灵活的心理调节策略

翻译审美心理必须时刻处在应变状态，以面对不同文本、不同的语言文化、不同的地缘历史和地缘民族发展沿革带来的心理特质，不能以简单的"非此即彼"或"以不变应万变"的僵化态度来对待审美心理问题。例如对相同或相近的审美心理表现与相异甚至相反的审美心理表现，我们在处理对策上就应该有相应的审美对策考量。我们知道，在后现代思维和运动的启发下，近半个世纪以来在西方语言文化中凸显了一个性别差异（gender gap）问题，人们要求取消可能涉及女性歧视观念的词语，并将其中含有"-man"的词都配上含有"-woman"或"-person"的合成式，供大家使用，比如 chairman-chairperson, spokesman-spokesperson, helmsman-helmsperson, salesman-saleswoman, postman-postwoman, 等等。其实，语言是时代的产物，女性歧视心理或观念在汉语中也是非常显然的，例如不少贬义词都有女字旁，如奸、嫉、嫖、嫌、媾，等等。幸运的是，在翻译中这类由**文字结构**衍生的消极暗含义，"无缘"也"无权"进入意义转换通道，而基本上被挡了驾，不懂中文的人并不知道汉语里还有这一桩"不可外扬"的"家丑"。

更多、更重要的问题是由于审美心理差异与审美价值观差异而必须考虑的策略调节。例如，汉语表现法常常反映出中国人的主体中心论思维方式，比较偏爱以"主体身份"说话的句式，而英语常常恰恰相反。比如《纽约时报》（2010–1–20）曾经刊载过一幅美国某小学中文课堂的标语，上面写着"请只讲中文"，标语的翻译是："If you have to speak English, Whisper!"这句英语翻译就非常妙！要是由中国人翻译，这句话大概会译成这样："Please speak Chinese only."这就不太考虑孩子们的难处（成人何尝不是一样呢），当然也就会影响效果。这种审美心理调节是很必要的。

T9.3.2 高度的审美再创造的目的性

翻译审美无疑是具有高度目的性的，那既是一种"主体的（主观的）再创造目的性"（即力求译文的完美），又是一种"客观的再创造目的性"（即本身结构形式的完美）。（参见康德《判断力批判》，朱光潜译，1979: 185）康德提出，"美"是"无目的的合目的的形式"，是对感性派的主张（无目的，"purposeless"）和理性派的主张（合目的，"purposive"，英语都是康德译者的用语）的综合，融模仿与理念、灵感与联想、再加工与再创造于一体，既涉及审美心理与审美情感，又涉及审美理想与审美价值。翻译审美的高度目的性，符合康德的"无目的的合目的"论：译者的天职（这是主观的目的）是给原文文本第二次艺术生命（这是客观的目的，"合目的"）（也可以称之为"再生，after-life"，Walter Benjamin，1953），除此以外，别无其他目的（"无目的"）——也就是没有"实在的"功利目的，即所谓"为他人作嫁衣裳"、"为伊消得人憔悴"。这也是翻译审美的基本价值论。

按照康德的说法，翻译的这种"高度目的性"源自翻译的一种"本体论规定性"，意思是说，翻译既然是以意义转换为目标，翻译的审美真实性（"真美"）就应当以译者是否以保证这种"真美"的传达为审美活动目标（也叫作"合目的性"）。这显然是一个很高的标准。另一方面就是"无目的"，康德的意思是指没有利欲目的、功利目的（《判断力批判》上卷，宗白华译，1987: 59）。可见，那种为迎合商业目的、宗教目的、政治目的而从事的翻译都是不符合翻译美学的基本原则的。

T9.3.3 想象力与"意义的完形"

这一点是对上一点的重要补充。意义转换固然具有"本体论规定性"，但审美感性必然容许种种情感形式的介入。这就不同于一般人的误解，以为翻译认知不容许运用想象力参与意义构建。例如，按一般认知心理活动，一个人看天上的

"行云"可能是想得知有雨没雨，风向、风力如何如何，总之是非审美的，也是功利的。但是画家看"行云"则是想要捕捉云的最美构形和色彩，是审美的、超功利的。而翻译家看"行云"呢，则很可能是在琢磨应该将"行云"译成 floating clouds，还是译成 fleeting clouds 更为贴切。这种选词既是本乎"辞达论"，又充分体现了审美观览中的想象机制，中国传统美学称之为"象外之象，景外之景"（司空图《与极浦书》），其中第一个"象"与"景"是物象、实景，第二个"象"与"景"就是想象中之象与景了，而取象与景的办法则是"游目"或"目游"。例如，

- 沧海月明（物象）珠有泪（想象），
  蓝田日暖（物象）玉生烟（想象）。（李商隐《锦瑟》）

- 折得一枝香在手（物象），
  人间应未有（想象）。（王安石《甘露歌》）

所谓"游目"（"目游"）指审美观览中思维由一物象游走至另一物象或想象，这常常是中国诗歌的意象结构形式。以上二例显示的是句内或句间的游目，实际上审美观览中的游目是没有空间限制的，可以是从句子到句子，从段落到段落，也可以是从篇章到篇章，其基本规律是从物象到想象。这一点译者（特别是诗歌翻译）应该有所了解。

与想象有关的是联想。联想与想象是很重要的审美心理活动，详见本书有关章节。

T9.3.4　在诗意乐园中的畅游心态（Felicity）

翻译活动带有明显的"再创造性"，因此翻译审美拒斥被动的、压抑的、非自觉的、懵懵懂懂的——总之是种种"反美学心态"（anti-aesthetic state of mind）。译者应该像陶醉在灵毓山川的自然审美中一样，在语言的诗意乐园中畅游，深谙语言美之道，深得语言美之乐，知乎所从，忘乎所以，从而使自己的审美意识系统处在最活跃的状态中，也就是陆机在《文赋》里说的"收视反听，耽思旁讯，精骛八极，心游万仞"，这样才能**感物而动**，"思风发于胸臆，言泉流于唇齿"，当然，这里的所谓"感物"，不仅仅指物态的原语的文本，还指介乎物态与非物态之间的"超语言境界"（the world that is beyond language）。

艺术再创造的 felicity 通常源自在"神与物游"中主体的"妙悟之出场"（潘之常，2000: 308）。按照道家的美学，妙悟的"神得"就是从"以物为本"的对象性思维到"以无为本"的非对象性思维的过渡。就翻译而言，这时的"物"就是原语的文本，这时的"无"当然不是"空无"，而是**对物态文本的"超脱"、"超越"，其结果就是主体妙悟的油然而生**：把握了物态文本的非物态实质，即它的深层意蕴、意象、意境等等，很显然，没有这个妙悟，翻译的再创造（W. Benjamin 称之为"再生"即 after-life）是根本不可能实现的。对此，汉代的郭象有几句精彩的诠释：

> 无既无矣，则不能生一；有之未生，又不能为生。然则生生者谁哉？块然而自生耳！（《庚桑楚注》）

"块然而自生"非常贴切地描写了艺术妙悟的爽然而生，悠然而至，翻译艺术之运筹，到这一步就进入了钱锺书所标举的化境。道家执着于艺术美妙的"空灵感"，其实这个"空灵感"并不是世人常渲染的那样神秘，用心理学来解释，这很平常：将对象性思维提升到非对象性思维，此之谓"超脱"、"超越"。禅宗传奇中有一节故事说神秀写了一首诗云：

> 身是菩提树，心如明镜台，
> 时时勤拂拭，莫使有尘埃。

慧能见了改写为：

> 菩提本无树，明镜亦非台。
> 本来无一物，何处惹尘埃。

慧能这一改妙在对对象性思维中的对象的消解，艺术的空灵感"块然而自生"矣。

Topic 9.4　翻译审美心理活动的一般过程

本书在前面简要阐述过翻译审美的过程，那是对翻译审美的一个宏观描写。这里我们要谈的是翻译审美的心理过程，是对翻译审美心理活动的一个分阶段的程序描写（procedural description）。细心研究这个程序描写，就会对翻译审美的心理活动全程有一个全盘了解。

第一阶段：以审美态度（Aesthetic attitude，简称 AA）的形成为标志

这是审美心理活动之伊始，这时主体审美心理进入活跃状态，这也是主体审美经验的开始（Gary Iseminger, 2005: 99–115, OHA）。

（1）审美直觉促使情感机制的启动，进而促使 AA 的产生。AA 的形成有一个标志：主体的审美情感指向审美对象（AO），并自觉或不自觉地产生对 AO 的注意，注意更使主体进而产生对 AO 的审美期待，正是这种期待使主客体之间建立了审美关系。这里重要的是主体的"情感指向"对客体"审美属性"的诱发功能："诱人的花香"（AO 属性）与"情感指向"（AS 属性）的结合，才使 AA 的形成成为可能。

（2）认知机制的启动：感觉—知觉—表象进入活跃状态，在理智与情感的引导下，审美直觉（感性直觉＋理性直觉）不断深化。

第二阶段：以审美感知（Aesthetic perception, 简称 AP；"感知"是感觉和知觉的合称）的发展为标志

（1）审美直觉的发展使 AP 迅速转化为表象，表象演进到渐趋清晰的形象，可见 AP 深化标志着审美活动实质性进程之始。[AP 的发展表明，主体经过对审美对象的全部审美属性的搜索，已经感受（包括感觉和接收）到了审美对象内在和外在所含蕴的审美信息，包括情感表现和形象表现。]

（2）情感机制的深化：由于主体情感和 AP 的积极渗透，主客体已经实现了融合，这个过程表现为主体对客体的加工（processing）、转换（transforming）和构建（structuring）。由于主体无不是个体的主体，因此这个过程无不表现出鲜明的个性。

第三阶段：以审美体验（Aesthetic experience，简称 AE）的发展为标志

（1）AE 就是"以身体之，以心验之"，实现主客体互动、交融。从 AP 到 AE 就是主体从对审美对象的外在的"形"（形式、形象）的直觉感知，发展到了对审美对象的内在的"意"（意义、意蕴）的直觉领悟。

（2）这时，主体的审美素养决定他的直觉感知和直觉领悟的水平：不言而喻，最高水平就是"物我同一"。在审美体验中，主体审美心理要素必然会进一步丰富：想象、联想、幻想、通感都会积极参与进来。

第四阶段：以审美超越（Aesthetic transcending，简称 AT）的实现为标志

（1）所谓 AT 指从感觉到理解、感性到理性的飞跃，即宗白华所说的"最高灵境"。（《艺境》，1961）

（2）所谓"超越"也意味着超越审美对象跃升到了一个崭新的、无限的自由境界，一种期待创造、追求创造的境界。

这是对一般审美而言。对翻译审美而言，即进入第五阶段。

第五阶段：以审美再现（ Aesthetic representation，简称 AR）为标志

（1）AR 是翻译审美的终端。翻译审美再现涵盖：

（a）对 SL 意义（意向）、暗含义的再现

（b）对 SL 形象、意象的再现

（c）对 SL 形式设计的力求再现

（d）对 TL 的审美优化表现。

（2）AR 是对前四个阶段的审美心理活动的检验，出现"返工"也实属正常。

（3）成功的再现取决于审美认知境界的高度，也就是艺术理解和领悟的深度。因此，不言而喻，主体的语言运用能力和艺术学养乃至其哲学领悟能力，是关键所在。

从以上简要的描写可以看到，审美心理过程涵盖三个相互关联、相互作用的过程：

第一是认识（认知）过程　这是审美主体对审美客体的理解过程，其中起作用的心理活动形式在三个层级上进行：感觉、知觉、表象（第一层级）；记忆、分析、综合、联想、想象（第二层级）；判断、意会、理解（第三层级）。

第二是情感过程　审美情感是一种重要的、始终伴随全程性心理活动的多维度心理因素（R. Stecker, 2005:140, *OHA*），事实上可以被视为审美心理活动的一种内在驱动力。

第三是意志过程　涵盖审美主体的审美目的、意向、态度、决心、毅力，等等。审美意志过程可以促使、推进认识（认知）过程和情感过程向前发展，具有很强的能动性。

毫无疑问，审美心理结构是人审视美、创造美的极其神妙的内在依据，正是由于有了它，审美主体才能实现自己的艺术创造。Philip Alperson 在探讨人类艺

术创造的要素时说：

> At least three possible general strategies have already been implicitly suggested: that creative activity serves a human desire for gratification through aesthetic delectation, that it eases the mind through its clarifying expression of inchoate emotion, and that it serves a basic cognitive need. These strategies are, of course, not mutually *exclusive*. （"Creativity in Art", 2005: 251, *OHA*）

Alperson 在上文中提到艺术创作的三大要素：审美愉悦、情感、认知需求。很明显，这些都与人的审美心理结构有关。用审美心理结构做一个概括的表述看来更全面，更具有说服力。

至此，翻译审美心理活动就可以凸显一个实际上贯彻全程性的"审美情感"研究了，下面我们就来探讨这个"压轴"问题。

Topic 9.5 翻译审美心理活动中的审美情感

大千世界，万物缤纷。一般而言，人是不可能对引不起任何情感活动的外物动容、动心、动情和动笔的。他也不太可能对不能寄寓情感、激起情感涟漪或翩翩遐想的东西有任何兴趣进行价值判断，正如你根本不喜欢喝威士忌，你就不会对地铁月台上的威士忌广告感兴趣一样。翻译亦然。几乎所有的译者都有这样一个体验：越是使他动心和动情的作品，他就翻译得越畅快、越"顺手"、越精彩。反之，越是激不起他的情感的作品，他就越感到如负重担，"只渴望总算'爬格子爬到'原著的最后一句"（翻译家翁显良语）。这就说明**情感**与**动力**（包括**动机**）其实是紧紧相连的。（参见 "excitement seeking", R. J. Gerring, et al, *Psychology and Life,* Perason, 2004: 364）

T9.5.1 翻译与审美情感（Aesthetic Emotions）

翻译美学必须特别关注审美情感，因为情感在语言审美（包括理解的全程，参见 T6.6, T7.3.4）中是至关紧要的、全程性心理因素。作为一个重要范畴，审美情感在中西美学史中境遇大不相同。由于才情并茂的儒、道艺术家的融通倡导，"情感美"盛于魏晋，再盛于明清，到晚清"情美"已成为重要的审美价值；而在西方，"审美情感"经过康德的点拨论证，才得以初登美学的大雅之堂，但即便如此，它始终是个"待大厨加工的冷盘"的课题（J. Robinson, 2004: 174–192; A. Neill, 2003: 421–435），原因可能是西方始终将情感研究归属于心理学，美学研究"到感性为止"，始终摆脱不了美学的"理性中心论"。

在先秦文献中，《诗大序》首先提到审美意义上的"情"："情动于中，而形于言；言之不足，故嗟叹之；嗟叹之不足，故咏歌之；咏歌之不足，不知手之舞之，足之蹈之。"（《十三经注疏本》）这一段描写已将情感的审美正能量和驱动作用讲得很生动了。其实，先秦时期的大儒生荀子也谈到过情感，而且谈了"情"的两个方面：一是从人的生理机制上将"情与欲"一并加以阐发，难能可贵。他说，"情者，性之质也，欲者，情之应也。以所欲为可得而求之，情之所必不免也"。（《荀子·正名》这就儒家而论是很不简单的。荀子还谈了"情"的另一方面："故至备，情文俱尽。其次，情文代胜。其下，复情以归大一也。"（《荀子·礼论篇》）这里的情文并列，就是谈审美情感了。后来阐发审美情感的是晋代陆机的"诗缘情而绮靡"（《文赋》）和杜预的"情见乎辞"论（出自"情见乎辞则旨远，辞约则义微"《春秋左氏传序》）。南朝宋范晔则将"情志"并提曰"情志既动，篇辞为贵"（《文苑列传赞》）。至梁代刘勰审美情感得到了充分的阐发。刘勰认为诗歌是"为情造文"，赋颂则是"为文造情"，他认为前者可取而后者不可取，因为"情者要约而写真"，"文者淫丽而烦滥"，应该"依情待实"、"述志为本"。（《文心雕龙·情采》）刘勰以后几乎代代有论情者出。诗人白居易的创作情感论就很精彩，他说："感人心者，莫先乎情，莫始乎言，莫切乎声，莫深乎义。……韵协则言顺，言顺则声易入，举类则情易见，情见则感易交"，这已经属于可贵的审美经验论情感观了。明代的文论家徐祯卿在《谈艺录》中论述了"心精（Idea）——情感（Emotion）——感兴（Inspiration）——声韵（Acoustics）——气势（Force）——文辞（Diction）"的关系，这应该是世界上最早的诗文创作程式论：

> 情者，心之精也。情无定位，触感而兴，既动于中，必形于声。……然引而成音，气实为佐；引音成词，文实为动。盖因情以发气，因气以成声，因声而绘词，因词而定韵，此诗之源也。（《谈艺录》，摘自何文焕辑《历代诗话》）

徐祯卿这样的审美情感语言艺术功能描写，今天来分析都是很有道理的，很值得翻译美学进一步论证。现在再来看看艺术实践方面的审美情感论阐发。清代散文家刘鹗在他的名著《老残游记》的自序中写道：

> 曹（雪芹）之言曰："满纸荒唐言，一把辛酸泪；都云作者痴，谁解其中意？"名其茶曰"千芳一窟"，名其酒曰"万艳同杯"者：千芳一哭，万言同悲也。……吾人生今之时，有身世之感情，有家国之感情，有社会之感情，有种教之感情。其感情愈深者，其哭泣愈痛：此鸿都百炼生所以有《老残游记》之作也。

　　这就是荀子所谓的"情文俱尽"，汤显祖称之谓"至情"。文到至情处，鬼神为之泣，金石为之开。上述云云已经把中国传统美学从理论观念到文艺实践之重情感，披露得很明白了！比之于中国，西方美学和文论对情感的关注确实淡得多——虽然人们也能在古代的西方哲学中找出情感论的一鳞半爪。应该说这个问题，一扬一贬，属于中西文化传统差异。西方哲学传统上总是把灵魂当作"积极的此岸"，把情感当作"消极的彼岸"，哲学家孜孜于灵魂救赎，以如何远离这个"彼岸"为己任，忙不迭拥抱住此岸的"灵魂"（朱立元《西方美学范畴史》第二卷，第 193 页），或者把情感"压缩"到"灵魂的小角落"中，把它只看作"灵魂感觉到的快感时的一角"。当然这只是问题的一面（或许是主要的一面，从柏拉图到普罗丁，一贯如此）。关注情感的西方论述也是有的。例如亚里士多德就提到过情感对精神的净化作用（catharsis）。英国经验主义哲学尤其是休谟（David Hume, 1711–1776）对情感并未忽视。审美情感甚至是休谟关注的重心，他所论述的审美趣味（taste）可以被视为对审美情感的一种特性分析，因为在休谟看来趣味产生情感。19 世纪浪漫主义认为诗歌是情感的流露，审美愉悦实际上是一种情感形式。维龙（M. D. Vernon）甚至认为艺术的目的就是情感。表现主义倡导"情感的直觉论"，认为情感与直觉有密切关系，形象（包括语言形象）是情感的载体，也可以说艺术形象就是情感的"转化物"（B. Croce）。20 世纪比较突出的情感论还有符号论美学，其重要代表为德国的卡西尔（E. Cassier）和美国的朗格（S. Langer）。卡西尔反对将情感等同于艺术，认为艺术只是人类的情感符号，艺术的规律是由符号唤起情感，这中间，"感染力度"就是艺术的尺度。朗格部分认同卡西尔的符号情感论，她将语言逻辑符号（语言符号）与情感非逻辑符号（情感符号）作了区隔，认为对人类来说二者同样不可或缺，而艺术更是人类情感符号的灿烂成果。

　　从整体上看，当代西方美学并不十分关注情感问题。Jenefer Robinson 在 *Emotions in Art*（2005: 190, *BGA*）一文中分析说，美学家之所以不十分关注情感问题，与 20 世纪后 40 年来的艺术实践风尚有关系，艺术实践又与社会精神风貌很有关系：

> What this means is that much of this fiction does not intend to get us emotionally engaged by appealing to our wants, interests, values and goals. It might want to amuse us in a cerebral sort of way, or it may want us to admire its technical prowess. But most of these novels are aiming at the intellect rather than the heart.（Jenefer Robinson, "The Emotions in Art", 2004: 190, *BGA*）

这就印证了海明威逝世前几年的一句话："我们正在建造的，是一个没有心肝的（heartless）世界。"海明威实在感到很怅然、很无奈，才去到古巴渔村隐居。20 世纪行将结束时，欧洲大陆很多哲学家都在反思一个令人困惑的问题：欧洲理性主义的胜利难道一定要以牺牲情感为代价吗？ 21 世纪呼唤"人性温柔"的钟声会不会给西方的"情感危机"带来新的契机？

T9.5.2　审美情感对翻译的意义

作家可以建造"没有心肝的世界"，但翻译者不能。恰恰相反，翻译者时刻要准备贡献自己的满腔热忱：既为己，也为人，更是为了翻译。"审美情感"在翻译中所起的作用可以归纳为以下三个不可或缺的功能：

第一，作为驱动力（A driving force）

翻译是一种相当艰苦、相当复杂、相当困难的工作，尤其是学术典籍翻译、法律条文翻译、格律诗歌翻译等，要求脑力劳动强度大、时间长、标准高。这就要求翻译者具有很强的意志力来构建正确的、坚定的审美态度，凝聚内在的精神力量，驱动主体进入审美观览、审美理解、审美体验过程。按中国传统美学，主体的审美态度司掌人体之"气"，汉魏曹丕在《典论·论文》中就讲过如何调动"气"以为"文配"："文以气为主，气之清浊有体，不可力强而至"，刘勰也说要"凭情以会通，负气以适变"（《文心雕龙·通变》），审美态度取决于审美客体的具体情况。翻译哲学经典需要译者更多的"刚健之气"，而翻译一首小诗则要有更多的"闲适之情"，一切取决于译者的"调度有致"，而在这刚柔调度之中，情感是最为灵动的因素，对此刘勰总结说："情理设位，文采行乎其中，刚柔以立本，变通以驱时。"（《文心雕龙·熔裁》）用今天的话来说，就是把"情"和"理"的位置摆好，以刚柔相济为基本原则，视情况加以变通，这时，行文的风采之美就会有自然表现了。

第二，作为催化剂 (A necessary catalyst)

审美情感更是促使主体在观览客体时产生感兴、催动灵感的绝好催化剂：主体在面对五光十色的人、物、景、境时，要从"无动于衷"到"感兴勃发"，靠的就是情感，即触景生"情"，"情"可以将眠休状态中的思维催动，即如在牛顿身上产生的那种"苹果效应"。文艺作品也一样。试看情感催化剂是怎样作用于"物"（当然还有人、景、境，等等），而后使主体产生了"思"（思考、思念、念头、意念，等等），叫作"定思"，意思就是定下来想一想，示例见下表：

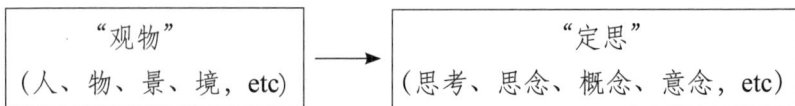

"观物" （人、物、景、境，etc）	→	"定思" （思考、思念、概念、意念，etc）

（1）九州生气恃风雷，　　　　　万马齐暗究可哀，
　　　我劝天公重抖擞，　　　　不拘一格降人才。（龚自珍）

（2）十二栏杆都倚遍，　　　　　归心飞过大江东。（吴纳）

（3）同是天涯沦落人，　　　　　相逢何必曾相识。（白居易）

（4）One dies only once,　　　　and it's for such a long time.（Moliere）

（5）One should eat to live,　　　and not live to eat.（Moliere）

（6）O gentleman, the time of　　to spend that shortness basely were too
　　　life is short,　　　　　　long.（Shakespeare）

（7）No human being however　was ever so free as a fish.（J. Ruskin）
　　　great, or powerful

人们要问，人怎么能从"（观）物"一下子就能过渡到"（定）思"的呢？这里的奥秘就是情感的催化作用，如果没有情感，人看到什么是不会多想的，有情感就不免"触景生情"了（即从"刺激 S"到"反应 R"）。到目前为止，认知科学和实验心理学还无法计算出人脑里的这个转换速度，更无法进一步描写出情感的这股"神功"！当然，还不仅是速度，更神奇的是转换的深度。例如上面龚自珍那首诗，诗人从天象马上想到了人间万象，想到庶民苦难，想到要救家国于水火，想到要有立志革新的人才，想到要破除限制人才发展的条条框框！要说"深度"，就要看诗人的思想有多深了！应该说，**人的感情深度与其思想深度大体是成正比的，而且是后者决定前者、前者催动后者。**

情感的催化作用是多方面的，感兴之生、想象之起、物我之交也都是情感在起作用。例如感兴，没有情感的催化，感兴即不得而生，正如《礼记》所说，"凡音之起，由人心而生。人心之动，物之使然也"。唐代孔颖达讲得更明白："六情静与中，百物荡于外，情缘物动，物感情近。"（《毛诗正义序》）无情之人不可能有感于外物，有感于外物者，情动于中也。这就是催化。范仲淹的《岳阳楼记》前面大部分都是他面对洞庭湖时的感兴，如果他内心没有情感，感兴绝不会那么随性而生，酣畅而发！如果他的情感没有深刻的理性内涵，他的感兴更不可能那么激荡人心。当他最后说出"先天下之忧而忧，后天下之乐而乐"时，读者得到了充分的审美满足，也可以说，这一切功在情感。没有情感的催化，纵便有深刻的理性表述，头头是道，也难以感人，特别是只见其文的后人。

第三，作为中介体（An instant media）

审美情感另一个非常重要的功能就是充当中介，情感在审美移情中的作用就很说明问题。这个问题与翻译关系密切，我们应该切实加以研究。

什么是"移情"？下面是朱光潜在《西方美学史》（商务印书馆，2006 年，第 323 页）中的解释：

> 用简单的话来说，它（移情）就是在观察外物世界时，设身处地在事物的境地，把原来是没有生命的东西看成有生命的东西，仿佛它也有感觉、思想、情感、意志和活动，同时，人自己也受到事物这种错觉的影响，多少与事物发生同情和共鸣。这种现象是很原始、普遍的。我国古代语文的生长和发展在很大程度上是按移情的原则进行的，特别是文字的引申义。

很自然，在移情中，**主体的情感成了"人"与"物"之间的中介**，没有这个"情动"（情感处在启动和持续活跃状态），物我之间如同相隔万里，移情就不会发生。"不识庐山真面目，只缘身在此山中"——不是身在庐山、近在咫尺吗？这又是为什么呢？其实这也是由于**情感中介的缺如**。我国一代又一代的女性读者一边看《红楼梦》，一边哭成泪人儿，就是与林黛玉"移情换位"在起作用。翻译也一样。林纾在世道黑暗的清末，一边翻译爱国童子的故事，一边泪流满面地写下他的序言说："吾述之，吾且涕泣述之！"可见作为中介的"移情"在审美主体与审美客体之间的传感作用是多么大！我们还将在 Part Twelve "翻译的审美再现论"中论述这一点。

情感的中介功能当然不限于移情。审美接受理论中另一个重要的课题是"美的受众"（the Beauty Recipient, *the BR*）。"*the BR*"的审美价值观可能完全不同于主体的审美价值观，这是常态。这时主体如何调节自己的情感来顺应受众以求得"情感契合"就是至关紧要的了。美国硬派演员 Clint Eastwood 在一部警匪片中举枪对准眼前疯狂的抢劫者时，有一句台词 "Go ahead, make my day!"（来吧，让老子开开荤!）深得民心，到现在美国人还常说，诀窍就在于"情感契合"。

T9.5.3 中西审美情感特征比较

源于地缘历史与地缘文化的差异，也源于审美经验的历史积淀和审美价值观之迥然不同，中西审美情感各有其不同于对方的特点，翻译美学必须审慎地加以鉴别及悉心鉴赏，以期准确地再现在翻译中。翻译要时时告诫自己：不要想当然而越俎代庖，当然也不能忽视二者之间的共性。

第一，从审美价值差异来看，中国人的审美情感**基本上以人格论为基石**，比如温柔敦厚、温良恭俭让、"老吾老以及人之老，幼吾幼以及人之幼"，等等；而**西方人的审美感情基本上以人性论为基石**，比如尊重个人、尊重天性、讲求个性发展、在法律面前人人平等，等等。中国人的情感观注重群体内涵，指向"情操"，西方人的情感观注重个体内涵，指向"情愫"。《礼记》说"情欲信"，把"情"放在道德层面；而从亚里士多德的界定看则显然是把"情"放在了生理、心理层面："所谓情感，是指嗜欲、愤怒、恐惧、自信、嫉妒、喜悦、友情、憎恨、渴望、好胜心、怜悯心和一般伴随痛苦和欢乐的各种感情。"（《伦理学》，第 29 页）。中国人热衷于将艺术情感道德化，可以说广泛表现在从近代到当代的文艺作品中，对所谓"诗言志"的过度解读有时几乎窒息了艺术情感的生机。这一点西方人历来很"放得开"，因而多有作为。

第二，从审美情感的实质内容来看，中国人的审美情感多由**情怀、情意、情趣渗透**，例如赞赏江上清风、山间明月，醉心于平沙落雁、远浦归航，寄意于杨柳岸晓风残月，托怀于潇湘夜雨、古刹晚钟。西方人的审美情感则往往任由**情理、情性、情欲冲撞**，海明威把这种态度简明地概括为三个字："Let it go"（由它去吧）。西方的艺术回避多愁善感，宁愿讴歌在潇洒中死去的决斗（例如奥涅金），赞美被伦理拷问的灵魂（例如哈姆雷特），以及欣赏在逍遥榻上虚脱而逝的自我（例如浮士德），等等。中国古代的高雅士人追求的是一种隽永清逸的灵肉安适，西方的风流倜傥之士则往往选择在善与恶的争斗中自鸣得意的捐躯。从这里我们也可以看到"艺术情感"的**可塑性**非常大，它的**可容载性**也非常大。似乎可以这样说，审美情感其实是一个"空框"，端赖审美主体凭其情性来填装。从这里也可以看到译者在翻译运筹中的自由度其实并不小。

　　第三，中国人的审美情感具有某种女性情结（或母系情结），这是因为中华文明（比西方文明早一千多年）长期处在母系社会，而父系社会则并没得到充分发展。这个历史因果关系给中华文明的基本特征打上的烙印之一就是**审美情感的女性化取向**。中国艺术理想历来崇尚绚彩华美、柔和清丽、甜润圆畅、清幽深邃、婉曲怀馨、含蓄内敛、足智多情等等，在在显示出女性美特色。可以说曹雪芹实际上是借笔下的金陵十二钗描绘中华精神文明的女性因素和人本灵性的夺人光彩，才能荣登世界文坛之峰巅，足与莎士比亚、托尔斯泰媲美。相比之下，西方**审美情感的男性化取向**也就比较鲜明了。西方父系社会下的精神资源充满男性特质，例如壮烈的悲剧情怀：对自然的不可抗力的挑战、对厄运和死亡的蔑视、对人在法权关系面前的无畏抗争等等，本质上都是一种男性的"力"的表现。苏格拉底说过一番话：分手的时刻到了，我去死，你们去活，谁的下场更好，恐怕只有上帝知道。柏拉图对弟子说，来吧，哲学是一种诱人的"死亡训练"。今天我们都可以看到很多西方运动员的"殊死参与"的精神。

　　第四，从审美情感的指向（"投向"）来看，除了对自然美的共同憧憬以外，中西也有很大的区别。一个又一个世纪，中国人对德政的憧憬之情几乎从未泯灭，并且通常表现为对太平盛世的虔诚的渴望和对"英明君主"近乎幼稚天真的褒奖或追求；而西方人则更多是求救于宗教带来的改革，试图借宗教之力来保护自己的纯良。直到今天，不少西方人还怀着对宗教的空洞的、近乎无奈的崇敬。中国人很珍视乡土情乃至家乡父老的期待，而西方人则很少表现出对家乡的一草一木的儿女情长。中国人对真善美的向往接近女性的坚贞执着，而西方人则更多地表现为大声疾呼的刚烈的维护。这些特点也表现在对爱情的态度上。一般说来，中国人似乎更欣赏纯净而缠绵的忠贞爱恋，而西方人则讲求真诚、热烈、满足，似乎并不奢望地久天长。其实对自然美的热爱中国人与西方人也各有千秋，中国人爱得真诚、细腻，常常不忘吟咏自己的那份赤诚，而西方人对自然的爱则常常表现为某种理性的观察或作为。

　　第五，从审美基本特性和基本倾向来看，现代中国人的审美情感比较脆弱，具体表现是容易受到意识形态特别是时政的影响，表现为宁愿随波逐流，放弃"宁为玉碎，不为瓦全"的传统美德，因此审美情感流于浅薄、疏淡。西方人的审美情感脆弱性则表现为将宗教情感审美化、神圣化，或诉诸于一种连自己也并不确信的宗教救赎观；在客观情势上迫使他们放弃"真善美"的价值观时，西方人常常表现出的倾向是：不是求助于宗教信仰（例如宿命论、轮回论、因果论），就是沉溺于功利主义的自我救赎或自我安慰。

最后，我们不妨引述梁启超对中国人的情感的一段观察给读者思考。他说对中国人来说，情感这个东西是"磊磊堆堆蟠郁在心中"，"极浓极温"，"像很费力的才吐出来，又像吐出，又像吐不出，吐了又还有。"（《中国韵文里头所表现的情感》，转引自周振甫《诗词例话》，1979，第331页）总之犹如一脉隐而不露、涌而不竭的汩汩泉流。而西方人的情感宣泄则如一股喷薄而泻的瀑布，而且欲发则发，欲止则止。当然时代在前进，无论是中国人还是西方人情感的特征性倾向都在不断演进。

Topic 9.6　翻译与审美想象（Aesthetic Imagination）

这是一个颇受争议的问题。康德认为主体分辨事物是美的还是不美的，不是靠认知的理解而是靠想象，靠某种超验的东西。他的一段有名的论述出自《判断力批判》，是这样论述的（转引自 J. L. Machor, 2001: 336–337）：

> In order to distinguish whether anything is beautiful or not, we refer the presentation, not by the understanding to the object for cognition, but by imagination（perhaps in conjunction with understanding）to the subject and its feeling of pleasure or pain. The judgment of taste, therefore, is not a judgement of cognition, and is consequently not logical but aesthetical—which means that it is one whose determining ground can be no other than subjective.（the first paragraph from The Critique of Judgement）

"想象"被黑格尔称为"真正的艺术创造"（《美学》第一卷，朱光潜译，商务印书馆，1979，第50页）。西方现代美学肯定想象的审美功能，一是认为想象具有无限的自由度（P. Guyer, 2004: 28, BGA），具有无限的艺术表现力（D. Bos, 2004: 29, BGA）；另外就是想象可以给人带来审美愉悦，在主体的脑海中引发翩翩联想。例如英国美学家 J. Addison 说：

> We nowhere meet with a more glorious (or pleasing) show in nature, than what appears in the heaven at the rising or the setting of the sun, which is wholly made up of those different stains of light that show themselves in clouds of a different situation. For this reason we find the poets, who are always addressing

themselves to the imagination, borrowing more of the epithets from colors than from any other topic.（2004: 31, *BGA*）

　　Addison 认为想象给人带来的主要是审美愉悦，表现为美的某种"新奇感"（beauty in novelty），这正好说明想象具有可以给人充分的自由度的优越性。

　　想象在中国传统美学中被称为"神思"。晋代陆机在《文赋》中用了很多笔墨来阐释神思，说艺术神思必须"收视反听，耽思旁讯，精骛八极，心游万仞"。刘勰的神思论是一篇很精彩的文采论，他对神思的解释是"形在江海之上，心存魏阙之下"（"魏阙"指朝廷），"神思"相对于"形思"（思维囿于外象）而言，突出的是"形"与"心"的区别。

　　想象的基本表现形式是联想，联想基于记忆，从记忆出发，人的各种念头可以遨游四海，从而出现了各种联想。联想常常被误解为"无序思维"，其实**联想是一种路径化**（methodized）**有序思维**。联想的路径起点是感知（包括视、听、味、触，等等），它的主要形式是对比（Contrast）、类比（Analogy）、推导（Inference）、关联（Relation）、模拟（Imitation），等等。联想对理解的助推作用是显而易见的，译者对上述联想形式都必须熟练掌握，特别是在我们需要拓展可译性时，可以获得方法论启示。

　　作为想象形式的联想的艺术感染力，是它具有形象（意象）完形功能：它可以代替诗人、作家、画家"执笔"，把他们没有、也不可能写完、画完、歌颂完的艺术形象写完、画完、歌颂完——至少可以使它们更加饱满、更加有艺术魅力。它靠什么呢？靠激发起受众的联想！比如莎士比亚写过一部悲剧《李尔王》，这个悲剧的第四场有四句话是这样的：

　　　Poor naked wretches , whereso'er you are,
　　　That bide the pelting of this pitiless storm,
　　　How shall your houseless heads and unfed sides.
　　　Your seasons such as these?
　　　（衣不蔽体的不幸者啊，无论你们身在何处，
　　　都要忍受着这无情的暴风雨的吹打，上无片瓦，
　　　加上饥饿的煎熬，衣服破烂不堪，你们，
　　　你们又怎能抵挡住这风风雨雨？）

毫无疑问，这种场景的心理震撼力就在于它能唤起的联想：人们会想到刚刚见到的无家可归者，还会想到以往见到的无家可归者，想到城市的、乡村的、东方的、西方的、男的、女的、幼小的、残疾的无家可归者，此时此刻他们正在无情的暴风雨里饱受煎熬。据记载，《李尔王》中的这个场景总是能激起观众的骚动。因此很多地方在时运维艰、世道乖庆的时候是禁演此剧的，例如 20世纪 30 年代大萧条时，欧美将这个剧本变相封杀了整整十年。艺术力量之大可见一斑。

"再现性想象"（representative imagination）是我们从事翻译时最需要善加运用的。原文中的人物、场景、事件，小到一草一木，大到山川地貌，一旦涉及到译语遣词造句的需要，都会要求我们加以想象（或推断）。例如中文原文里只说"一艘船"，那是一艘什么"船"呢？油轮叫 liner，渡船叫 ferry，木船叫 boat，小平底船叫 punt，河上小帆船叫 rowing boat 或者 narrow boat 等等，不一而足。那么"夜半钟声到客船"的"船"，你想是什么船呢？英语也一样，如果原文里只说是"a cake"，你可能犯难了，是煎饼？烙饼？烤饼？油炸饼？还是玉米饼？

翻译想象（或推断）的原则是：（1）紧紧抓住特定描写（Specific reference），没有特定描写时就按一般描写（General reference）措辞："船"就是"a boat"；"a cake"就是"一块饼"。因此翻译者必须对 Specific vs. General 了然于心；（2）紧紧抓住文中的背景叙述，特别是场景暗示。例如，文中已提到是面包店（bakery），那么"a cake"就只可能"松饼"、"蛋糕"、"奶酪饼"之类，绝不可能是煎饼或油炸饼，更不可能是"油条"；（3）注意文化差异，想象不要违背文化适应性，推断要很慎重、很准确才行。当然这都是中国传统式思维的一些"条条"，按西方表现主义观点，这是"大大需要商榷的"。因为他们一般倾向于"原创性想象"，菲兹杰拉德翻译的《鲁拜集》就是一个例子。

在中国翻译家看来，"原创性想象"（original imagination）是翻译必须谨慎为之的，因为翻译并不是创作性原创（creative renovation）。翻译的原创是有条件的，翻译者不能违背原语文本意义规定性，自起炉灶。中国翻译史和西方翻译史都不乏例证说明翻译的原创性想象不能背离意义和文化的规定性。例如，郭沫若翻译的《浮士德》和《神曲》译文就因有太多的诗性原创而饱受批评。总之，审美想象受主体的情感支配。一般而言，有什么样的情感就会激发出什么样的想象，译者在翻译中如果发现自己创作激情很冲动，最好暂时搁笔，等冷静下来再做翻译。

翻译审美想象是主观能动性与客观制约性的统一，但中国翻译者一般将客观制约性看得比较重，因此思想不够解放，大大束缚了主观上的想象力，从而影响了翻译的原创性。看来这还是更重要的一面。

Topic 9.7 翻译心理活动研究的前景

就美学而言，审美心理是个核心问题：古希腊人所谓"美在人心"，期待后人阐发。同样，就翻译美学而言，翻译审美心理活动是一个非常重要的研究领域。它的范围很广、课题很多、内容很复杂，对于翻译的质量（quality）、品位（grade）和品味（taste）都起着关乎成败的作用。本教程所涉及的只是一些初步的探讨。就目前情况而论，这里涉及两大问题：

第一，翻译审美经验有限

人类翻译历史悠久，无论在东方或西方，译者兢兢业业，但相当一部分从业者态度都比较保守，视野也不够开阔，受科学认知水平很大的限制。人类的知识遗产极为丰厚，中国和西方还有很多重要的历史文献还没有翻译出来。据估计，中国和西方古代思想家的作品，即人类古代学者的智慧和他们的心灵探索的记录有百分之八九十还没有被现代人揭示出来，仍然处在不知何年何月才能被拨开"世纪封存"脱颖而出的困局。翻译是经验科学，可是人类的翻译经验还较少、水平有限、效能也较低，实可谓任重道远。比如中国的《老子》才短短 5000 字，就有近 200 个截然不同的版本，译者对原文文本的理解和真伪还在争论不休。此外，管子、墨子、韩非子、荀子、淮南子、公孙龙子等等大师的精言宏论，甚至连最受重视的儒家的基本阐释性读物《吕氏春秋》（《吕览》）、董仲舒的《春秋繁露》和中国第一位法家管子的著作等等，西方人——甚至连中国人自己都不甚了解。西方启蒙时代（Enlightenment，又称 the Age of Reason，主要指 17 至 18 世纪的 20 至 30 位大师，如培根、洛克、笛卡尔、伏尔泰、卢梭、亚当·斯密、休谟、康德、杰佛逊、托马斯·潘恩，等等）的全集或包含西方思想精粹的主要著作还有 98% 没有汉语译本，这叫中国人怎么真正理解西方呢？可见人类的互知和互信还处在非常幼稚的时代，目前人类还只能眼看着一代代"政治家们"在为他们自己非常低级的利益和观念相互厮杀。

第二，审美研究手段有限

翻译美学、心理美学、语言心理学、文化人类学对人的审美机制、审美情感、审美表象、审美表现论的讲究手段还很幼稚、很直观、很单一，而且大都是凭借经验主义的、直观主义的、主体感悟的、简单统计学的手段，这些手段当然很重要，也是一个必经的途径，但这显然是很不够的。很显然，这方面我们还有很长的路要走，还需要很多、很艰辛的探索。翻译美学需要有很多的现代化友军以各自精深的、独特的科技手段参加单项的、联项的、整合的、统筹的种种研究工作，富集资源，汇集英才，以期发展出一门先进的、科学的翻译美学，揭示人类的智能先驱现在仍然被厚厚的历史尘埃封存的审美智慧、审美心灵、审美表现法，同时开发出预示着人类未来的艺术和科学精英可能表现出来的审美光华。

【思考讨论题】

[1] 试阐述你理解中的"审美心理"和"审美心理结构"。

[2] 翻译审美心理活动有些什么基本特征？

[3] 试阐述翻译审美情感研究的重要性。

[4] 翻译需要审美想象吗？如果不用想象和分析，你能把"飞沙走石"和"飞针走线"准确地翻译出来吗？

Part Ten

翻译的价值观论——兼论
翻译批评审美原则

要旨	翻译价值观的核心问题是：怎样才能洗刷翻译的生涩感，怎样的翻译才能使译者的成就感与读者对翻译美的热切需求两相契合。翻译批评需要科学的价值观为之供奉一份慧眼慧心。

Topic 10.1　翻译的审美价值论概述

我们在本书 Part Five 中讨论过语言审美的价值观念和价值论范畴，明确了价值产生于人这个主体的"需求满足"，也就是说，"需求满足"是衡量价值的标准。但"满足"是一种心理状态，所以使"价值的标准"不能量化，只能**条理化**。上述讨论就是我们现在要探讨的**翻译审美价值论**的基础和认知前提。因为，很明显，翻译也是一种语言活动，翻译的审美价值论与一般语言的审美价值论密不可分。另外翻译审美价值论的各项基本原则和基本理念也就是我们**开展翻译批评的基本依据**。因此，本书没有对翻译美学的翻译批评开列另外的专论课题。

人类文化价值是一个很广泛的系统，翻译审美价值（aesthetic value）属于语言文化价值，因此也叫作"翻译的文化审美价值"（cultural values in aesthetics for translation），一般说来"文化审美"也涵盖"语言审美"，因为没有不涉及特定文化的语言审美和翻译审美。比如文学翻译、新闻翻译、法律翻译、科技翻译、宗教翻译、旅游翻译等等不同题材、不同文体的翻译审美活动，不同民族都有不同的文化特色、文化内涵，其中所涉及的问题，无不反映在语言中，也就反映在翻译中。有时，"文化审美"泛指或专指特定文化事物或文化现象的审美标准、规范或规约，这些标准、规约或规范都是为保证人们特定的"文化需求满足"，因而具有特定的**文化审美价值**，也就具有了**翻译的审美价值**。

为了透彻地了解这个问题，我们还得进一步谈谈一般审美价值的基本特征。

T10.1.1　审美价值的基本特征

如上所述，价值源于对需求的满足。因此，价值无不涉及审美客体（其实对一般客观事物也是如此）的基本素质和基本状态（包括性质、组织成分、内在结构、外在联系，等等）对审美主体的意义（significance）和功用（usefulness）、效能、适用度，也包括主体如何看待客观事物与外部世界或环境之间的关系（比如密切、疏离、邻接、脱节、融合、离析，等等）对主体需求的"可满足度"（satisfiability）。价值还具有"比较"的动态含义，因为事物常常在比较中显现自己的价值，所谓"不怕不识货，只怕货比货"。因此，古希伯来人说，上帝"很灰心"，没想到自己创造的"人类太自私，事事论价值"（"Man is too selfish to weigh everything in terms of value"，Max Reihardt, *The Lower Depth*, 1940）。

一般地说，价值具有以下基本特征，这是审美价值的依据：

第一，价值表示"值"，也就是"Value"

既然它表示"值"，也就是可以量化（quantifiable）或等级化（grading/up-grading/down grading）的，同时又有不可量化（non-quantifiable）的一面。人们将黄金或宝石分成"克"或"克拉"来计价，可见价值是可以量化的；与此同时，人们还说某某事物（尤其是素质）是"无价之宝"，也就是它不可量化，例如"美"（的素质）、"忠诚"（的品质）、"高贵"（的气质）等等，都是不可量化的，但却可以**等级化**。宝石的量化（克拉）其实不是它的美的量化，而是它的"石"的量化。因此，确切地说，有价值的事物通常是可以量化的，但它的美则是不可以量化的，只可以与同类事物的美进行比较，而**显现等级化**。语言美也一样，它不可以量化但可以等级化。据此我们也可以将翻译的质量分出等级，但一般来说，将翻译审美加以量化则是不可行的，翻译的"美"只可以等级化。

第二，价值的可变性（changeability）

价值其实处在很经常的变化中。一种是时间或空间的共时变化，比如宝石的价值在宝石的产地与非产地之间的价格之差，就是一种价值的共时变化；太阳热量的价值在冬季与酷热的夏季的价值之差则是一种历时的变化。宋瓷与明清瓷器之美的价值之差是一种历时—共时统合可变性，中国清瓷产地大约有八九处，质素不一。源于楚辞的汉赋（因此又称辞赋）的价值在中国文论史上有过很大的变化，格律诗也一样。文体价值之变的根源何在是个很复杂的问题，最后常常归结到"时序之变"和"受众接受"之变。（参见 T14.2）

第三，**价值的相对性**（relativity）

价值"相对性"具有几层含义：（a）在比较中显现的价值差；（b）在"参照体"中显现的价值差。对甲方有意义的价值对乙方就不一定有价值，这就与"标准"一样，对甲方适合的标准，不一定适合于乙方。在"春雨贵如油"中，"春雨"（参照体）之"贵"显然具有地缘相对性。翻译的价值标准亦复如此。严复提倡"信达雅"，后来教会请他翻译《圣经》，他就不再谈"信达雅"了，只剩一个"善达"。因此我们也说，价值常常具有显著的"个性"（特殊性）又具有"共性"（普遍性）。可见价值的稳定性是个相对概念，哲学家认为只有所谓"绝对真理"才具有永恒的价值。语言也一样，人类所有的语言美都只有相对价值。认识到这一点对翻译美学（尤其是翻译批评）来讲，非常重要。**择善从优并没有绝对标准**，如果有，那就只要列出一项一项方程式来，由操作者进入编程获取成果，当然就不用多劳心费力了。

第四，**价值的主体性**（subjectivity）

所谓"价值的主体性"指主体对价值的规定性，这种规定性又常常因人而异、因事而异。翻译家甲绝对不会事事同意翻译家乙对某一原语的美的阐释和评价。价值的主体性还指：（a）译者都是自主的，每个人都有不以他人为转移的价值观，每个人也都有改变、重建或保留自己的**价值观的自主权**；（b）价值观都具有不同程度的超越性，主要指对现实状况的超越和对"非现实"的理性的憧憬（不是"纵情遐想"），因此，崇高的价值观可以给人以**进取的力量**；（c）价值观都是主观的，人不能没有"自己"这个主体性，同时人又不能须臾离开现实世界这个客体，因此人的价值观必定具有**局限性**和**矛盾性**。这一点对翻译美学的审美价值判断也极有意义，理性地说，世界上没有"完美无暇的翻译"。西方心理学也将这一点称为"价值的心理因素"，随机性很强。

第五，**价值的社会性**（sociality）**及民族性**（nationality）

一般说来，价值都可能被打上社会的和民族的烙印。这并不是说世界上没有超越特定社会和特定民族的"价值"，比如自然美（如月亮的清辉、朝霞的绚丽、波涛的壮阔）和被公认的思想理念和道德价值（如自由民主、无私无畏、廉洁奉公）等等，被认为是"普遍价值"。价值活动一般都伴随某种社会文化内容。因此价值常常反映社会性和民族文化性，而且社会性和民族文化性越高的事物其审美的普遍价值就越高。例如《诗经》（共有 28 个译本）、《道德经》（共有 37 个译本）、《圣经》（共有 120 个译本）和莎士比亚、安徒生、塞万提斯、托尔斯泰著作的翻译对世界文化的贡献就是很好的例证。

第六，价值的历史性（historicality，historicity）

任何价值也都不可能不被打上历史的烙印。价值、标准、理想都是历史经验的产物。上面提到的宋瓷与明清瓷的差异也正是它们的历史价值的差异，其实就工艺水平而言后者肯定超越前者。价值的**历史积淀**（historical accumulation）常常是其价值表现的主要因素。因此艺术评价中有所谓"**历史即价值**"之说。标榜所谓"超历史的"（ahistorical）杰作或前卫艺术（advant-garde arts）其实常常只具有某种特定的社会或民族价值，比如摇滚乐要赢得超高的"历史价值"恐怕是很难的。一般说来，"即兴艺术"其所以只能"即兴"，根子在价值的浅薄浮游。

以上六点，可以归结为"**价值观的人文性**"。不言而喻，价值的这些基本的、一般的人文特征，常常不是孤立的，而是互相伴随的，对我们研究翻译审美都极有意义。了解**价值的人文性基本特征**，对我们研究翻译的审美价值和理解翻译的审美价值都极有裨益。

上面谈的是一般所谓价值的特征。翻译的审美价值当然也不同程度地具有这些特征。不过，翻译审美的价值涉及双语的审美运筹，问题比较复杂，而且具有一定的独特性，这是我们必须特别注意的。我们先将常用概念做个必要的意涵界定：

（1）**翻译的审美价值**（Aesthetic Value，简称 AV），已如前述，审美价值指审美客体对主体的审美需求满足。而需求满足则是主体对客体的一种积极的心理反应。可见 AV 是**主客体相互作用的结果，**它是合"供需规律性"与合"审美目的性"的统一。一般来说，需求满足意味着事物的审美价值高于实用价值，实用价值先于审美价值。翻译也不例外，实用性翻译（例如科普文章、药用说明、商业合同，等等）常常只具备基本的审美需求满足（文字通顺达意、行文规范，即严复的"善达"），而艺术性翻译的审美需求则要求有全视角的、整体的语言优化（即严复的"信达雅"）产生的需求满足。

（2）**翻译的审美价值标准**（Aesthetic Values and Criteria for Translation，简称 AVCT），在翻译的审美质量评估中，"价值"与"标准"是两个相关的概念（Alan Goldman, 2004:95）。在一般用法中，"标准"指"价值"达致的程度，常常可以量化，如"标准值"（standard value）、"标准成本额"（standard cost）；价值可以分为不同等级，但是不能量化，因此当人们需要说"翻译的价值的标准"或将翻译质量作等级化时，就用"价值标准"作依据，相当于常言所谓的"尺度"（yardstick）——

252

尽管我们在翻译批评中也常有些量化表述，但从未取得翻译界的共识。

（3）**翻译的审美价值体现**（Aesthetic Value Embodiment，简称 AVE），所谓"价值体现"可以是有形的，也可以是无形的，通常指二者的结合，即体现审美需求的内容与形式、体量与素质，等等。这中间，主题和形式美所具有的整合性审美价值（如构图和色彩优美的画），常常表现为可以引起主体的愉悦感——即需求满足的效果。对翻译而言，译文达致的"愉悦感"通常体现译者的审美价值理念。

（4）**翻译的审美价值原则**（Principles Pertaining to Values），"原则"指指导、规管、约定我们的价值观的若干基本准则，也就是说我们的翻译批评审美原则，一般不涉及主流的或非主流的政治意识形态，但与主体的道德理念密不可分。审美艺术观常常因人而异、体现社会和群体的道德理念和艺术理念，而审美价值原则是不能因人而异的。（见 Topic 10.3）

T10.1.2 "语言美"应该如何进行审美评价？

最简单的回答是，"雅俗共赏、赏心悦目"。这话不假。故此当代美国有所谓 Positive Aesthetics 学派，认为对美进行量化评估是"反自然"的（彭锋著《美学的感染力》，2004: 198–200），语言美要求超越一切对美的价值判断。这个见解不是完全没有道理。但无论如何，自然美、观念美也是存在价值等级、评估原则和标准的，两条优美的小河总可以在比较中说出哪一条更优美，"更美"在哪里——宽度、长度、水质、树木分布色彩及疏密度、河道弯曲美感、河上清风等级，如此等等。等级化和适度的**比较性量化**（comparative quantification）不是完全不可能也不是完全没用处。事实上，相同的事物是存在价值等差的。西方 18 世纪美学家就按"合成、图形、颜色、表现"等四项"尺度"对拉斐尔等四大画家作了审美价值"等级化排位"（M. M. Eaton, *Aesthetics and Good Life,* 1989:86）。我们的关注则是如何对审美价值、价值表现及其生成机制作出一个科学说明和分析。针对艺术品的价值评估，艺术评论家 Alan Goldman 提出了几种办法（Alan Goldman, "Evaluating Art", 2004: 93–108. *BGA*），适用于翻译：

（1）**基本的语义描写性评估**（Semantic description）

也就是使用描写性词语（摹状词语）对艺术品进行评估。人类的审美经验说明，语义描写具有人文性，确实能揭示也能解释客体的审美特点。例如用"磅礴"来描写海涛的气势，用"坚贞"来描写松竹梅的耐寒能力，用"灿烂"来描写日出时的朝霞等等，如果切合实际，就没有理由拒绝这种评估手段。"摹状"本身就是一种人文描写评估，它可能只具有感官的"表面价值"，但不能否认它确实道出了事物的某种价值。"美人鱼"可能既不是美人，也不是"鱼"，但它确实为你提供了一个令人遐想翩翩的"审美概念框架"。而且，在人们无法对客体进行结构解析时，语义的框架描写也就是唯一可取的手段了。我们的美学根据是，准确的语义描写不仅可以表达主体的审美判断，而且也能使受众产生伴随反应——尽管只具有一种是感官的、表面的、发人遐想的审美特点，可喜的是，它往往就够了！中外古今的诗歌、小说就是这么做的。

(2) 多维的感性描写性评估 (Informative description)

但是准确的艺术品评估，不能单靠一般化的非专业语义描写。**审美评估**常常需要有一个能标举独特性或个性化的"描写特征"与"描写范式"，以显示现实事物的独特美，中国美学称之曰"**奇趣**"，这样才具有审美价值。Goldman 写道，这里常有个审美主观性问题：

> We cannot pick out aesthetic properties by the objective, descriptive content of these terms alone, since, for one thing, what is graceful to one critic is insipid or flaccid to another. （有人称之曰雅，有人名之曰俗。）That these properties include subjective responses explains the degree of disagreement about their presence; that they have also descriptive content limits the degree of competent disagreement. （人们对美的主观反映各有千秋，但你不能说它们千差万别就没有什么道理。）("Evaluating Art", 2004: 96, *BGA*)

所谓审美信息描写的质量其实也就是审美结构描写的质量。就翻译而言，审美信息描写就是对原语的语言结构审美信息的全景式或非全景式审美扫描，Goldman 也称之为"实质性描写"（the substantive description），这种描写是有个雅俗之分的。下面举两个例子。第一个是元代的才子白朴（1226—1306）写的两句诗，第二例出自唐代诗人王建（877—943），大概中国人没有人不认为它们都很高雅：有人说白朴的诗是"俗中见雅"，而王建的诗则是"雅中有俗"：

- 不因酒困因诗困，常被吟魂恼醉魂。（白朴《中吕阳春曲•知机》四首之三）
- 今夜月明人尽望，不知秋思落谁家？（王建《十五日夜望月寄在郎中》）

前人对白朴这两句诗有过种种语义描写性佳评，比如"构思奇巧"、"趣味横生"、"极富俗趣"，但它究竟美在哪里呢？这就必须做**审美信息结构分析**。诗中"不因酒困"源自《论语·子罕》中的"不为酒困"。"吟魂"的意思是作诗、吟诗的思绪，"醉魂"的意思是酒醉时飘渺的思绪，诗人说："我可从来没有因为喝醉酒而感到困顿（这难道不是人之常情吗？），倒是因为写不出好诗来常使我感到醉魂附身之难堪！（这倒是很奇怪的事！）"这两句诗的妙趣之美在于，劳了心、费了神而诗兴浑如泥醉状态，这竟然成了此人之人生陶然一乐，连真正的"一醉方休之极乐境界"也都不值一提，可见此公何其风流浪漫！王建的诗也很有意思，主要是他那个**描写范式**很独特，明明是他自己在冥冥愁苦中望月思家，怎么自己反而不知道那一腔对妻儿深深的思情落到何处呢？很明显，这两位诗人利用的是一种**审美悖论范式**（Paradoxical format）。苏轼的"我欲乘风归去，只恐琼楼玉宇，高处不胜寒"，白居易的"似花还是非花，惜无人细从教坠"，都是真真假假，利用奇妙的悖论结构，催人感应。（另见 T12.4 翻译审美再现方法论）

语言美是个多维结构，外在美永远与内在美互相映衬，相得益彰，不要将它简单化，尤其是不要停留在外在的声色结构上。外在的审美形式描写与内在的审美结构分析相结合，庶几得之。这就是屈原的审美价直观——"内美"与"外秀"结合论。

（3）不拘一格的效果实现评估（Effect evaluation）

审美效果不能一刀切。休谟（1711—1776）说天下万事万物，品味各有千秋。审美效果千差万别，个中道理其实很简单：**人各有志，不拘一格。**美国的 Comic Books（连环漫画杂志）一直很流行，有一次一份著名的波士顿连环漫画杂志广告部主任要登一则征稿广告，这就要对"comic"这个字下个定义才好征稿，他拿不定主意就去问主编，主编说"comic"就是"funny（滑稽）"，谁知副主编一听立即表示不同意，说"comic"可不是浅薄的滑稽，"comic"是"humorous"，能发人深省，第二副主编听了说也不对，"comic"的意思主要是"ironic"（反讽），于是编辑部的人各有高见，一共提出来十几个个个有理的解释，计：funny, humorous, ironic, amusing, entertaining, farcical, jocular, ludicrous, ridiculous, witty, whimsical, zany（怪诞可笑但有意思），如此等等。广告部主任毫无办法，结果只好在广告中把所有这些词都用上。没想到，他这则广告一看颇为奇特，却取得了前所未有的收效，来稿如潮而至，因为都符合广告上的要求。到今天美国的这份漫画杂志在东西海岸都很畅销，它的诀窍就是看准了休谟那句话的深意——"天下美味，万卷难书"。

Topic 10.2　翻译审美价值（AVT）的多维表现

"价值"是主体心理效能得到满足的标志，往往比较具体，但是"价值"又是怎么表现出来的呢？很显然，如果"价值"不能以某种形式表现出来，就是说，没有审美的"价值体现"（value materialization，或"价值表现"value embodiment）的具体尺度，那么人们又怎能道出这种"价值"、评估这种"价值"呢？语言转换的结果——翻译也一样，某些价值一定会在翻译中表现出来。我们可以借用中国传统文论提出的行文审美形态来标示翻译审美价值的多维表现：

第一，赏心悦目（Delightfulness）

毫无疑问，"翻译"既可以指过程（process）又可以指产品（product），因此翻译的美是多维的。翻译审美的一个整体性价值体现（a holistic embodiment of values）就是："赏心悦目"（please the heart and eyes, as a beautiful sight does），即既要"目"得到满足，又要"心"得到满足，这里最具代表性的当然是文学文本。所谓"整体性价值体现"，是指一个多维的价值体现的"审美价值集合"，这一个"审美价值集合"还可以做出如下分析式审美解释：

翻译审美价值分析式集合
A Complex of Aesthetic Values in Translation

（1）翻译的审美意义转换：价值体现是认知上的准确性（preciseness）

翻译中的意义—意向转换怎样才够得上美的标准呢？翻译美学的答复是：符合"真善美"这个经典标准、普世标准。意义诉诸认知，因此从认知上来判断就是准确性。

（2）翻译的审美形式转换：价值体现是感知上的愉悦感（pleasantness）

翻译中的语言形式转换怎样才够得上美的标准呢？翻译美学的答复是：符合"择善从优"这个功能主义的审美标准。形式诉诸感知，因此从感知上来判断就是愉悦感。

（3）翻译的审美情态转换：价值体现是情感上的满足感（content）

翻译中的情态（sense modality, Goldman）转换怎样才够得上美的标准呢？翻译美学的答复是：符合主体在审美情态感受中的满足感。

（4）翻译的审美意蕴转换：价值体现是情致上的充实感（richness）

"意蕴"一般指文辞、文本的暗含义、含蓄义以及意象、意境、气韵、风格等等模糊的、常常是超文本的审美信息。翻译中的意蕴转换怎样才够得上美的标准呢？翻译美学的答复是：符合主体在审美情致感受中的充实感。

（5）翻译的文化审美转换：价值体现是文化上的受益感（acquisitiveness）

翻译中的文化转换怎样才够得上美的标准呢？翻译美学的答复是：符合主体

在审美文化信息获得上的受益感。

应该说，以上五个方面构成的多维审视，足以构建起翻译审美的"**整体性价值体现**"。另外，AVT 是可以分等级的，正如"赏心悦目"也可以分等级一样。这里我们应该看到，除了文学文本特别是经典的世界文学作品以外，远不是所有的翻译文本都具有以上五个方面的整体性审美价值，例如学术翻译、科技翻译、法律翻译、公文翻译、商业翻译等等，应该各有其特定的翻译审美标准。

第二，益智怡情（Instructiveness）

可以说在许多情形下，人们求助于翻译并不是为了要"赏心悦目"，而是为了获得心智上的满足、取得认知上的提升、完成事业上的追求，等等。例如学术翻译、新闻报道翻译的审美价值体现就可以概括为"益智"与"怡情"，或者说从有效的"益智"中获得满足的"怡情"。这一方面翻译大师严复就是楷模。读严复的学术翻译可以获得充分的审美益智和怡情满足。例如严译《天演论》（*Evolution and Ethics,* T. H. Huxley）的开篇体现了学术翻译审美价值的范例：

> 赫胥黎独处一室之中，在英伦之南，背山而面野。槛外诸境，历历如在几下。乃悬想二千年前，当罗马大将恺彻未到时，此间有何景物。计惟有天造草昧，人功未施，其借征人境者，不过几处荒坟，散见坡陀起伏间。……

从翻译审美的语言形式标准的历史观来看，这样优美的学术翻译能"益智怡情"是没有问题的。当然语言形式美也必须顾及语义上的代偿表述的准确度。就局部而言，这是严译的不足之处。

第三，精思炼意（Refinement）

如果说文艺作品翻译的价值体现是情性上的满足感，学术翻译、科技翻译的价值体现则是情志上的满足感，那么，法律翻译、科技翻译、公文翻译等等的价值体现则是将思维—逻辑表述能力发挥到极致时的满足感：即所谓功于"精思炼意"——精于思维上的透析入微，臻于表述上的修葺锤炼、恰到好处。公文、法律翻译一般公认是比较枯燥的，但惨淡经营的专业翻译者们译到浓情处又何尝不是"手之舞之足之蹈之"呢？更具体一点说，法律翻译、科技翻译、公文翻译以及除广告以外的商业翻译体现的审美价值原则是：

（1）原语与译语的词义内涵和外延必须经多方锤炼做到丝丝入扣；

（2）原语与译语的句式（和种种变式）必须大体对应或做出代偿性结构安排，尤其是当原语句式具有强调等修辞功能时；

（3）原语具有某种言外之意或有意排除某种歧义时，译语也必须做出对应考量或代偿性结构安排；

（4）译语的正式等级（Level of Speech）及行文风格必须与原语大体对应，但也不应忽视译语社会文化特点制约下的接受。

第四，质朴纯真（Naturalness）

语言的"朴"和"真"往往是文学大师晚年的执着追求。这也是新闻翻译、传记翻译、旅游翻译、广告翻译、公示语翻译最基本的审美价值体现，可以使人产生发自内心的**信服感**（汉代刘安，前179—前122，称之为"玄同"，见《淮南子·说山训》），并伴随强烈的**满足感**。即所谓"使自然而明理知情"。因为，可以使人明理知情的文字必须首先是自然真实的（truth-telling），必须力戒矫情（affectation）。语言必须是服人的，才能是感人的。写得情理剔透的散文杂感、写得娓娓动人的新闻报道、写得本真而有情致的羁旅游记及至基于事实的历史纪事和人物生平追踪等等，总而言之都是符合了所谓"真善美"这个经典指标。下面一段文字取自英国现代最知名的作家之一、祖籍法国的 Hilaire Belloc（1870–1953）为报刊写的一篇杂感 *Our Inheritance*：

How noble is our inheritance. The more one thinks of it the more suffused with pleasure one's mind becomes; for the inheritance of a man living in this country is not one of this sort or the other sort, but of all sorts. It is, indeed, a necessary condition for the enjoyment of that inheritance that a man should be free, and we have really so muddled things that very many men in England are not free, for they have either to suffer a gross denial of mere opportunity—I mean they cannot even leave their town for any distance—or they are so persecuted by the insecurity of their lives that they have no room for looking at the world, but if an Englishman is free what an inheritance he has to enjoy!

下面是某翻译家的译文（1995: 258）：

我们的遗产何其壮观。愈是回想，我们的心灵愈是充溢着欢乐；因为生活在这个国家的人所接受的东西不限于这种或那种，而是色色具备。实际上要享受这分遗产的必要条件是一个人必须自由，可是我们把事情弄糟了，在英国许多人并不自由，他们要么苦于没有完全没有起码的机会——我是指他们甚至不曾离家出门过——要么他们在生活的压力下失去了环顾世界的余裕。但是一位自由的英国人会有多好的一份遗产可以享用啊。(《英国散文名篇欣赏》，上海，1995)

译文主要的问题是没有将原文的情理讲真切明白（"真"）、讲透彻入理（"善"）。现在我们试扣紧翻译的审美价值原则，将译文修改如下：

我们的精神文化遗产何其可贵。只要一想到它，我们的心就总是充满欢乐！原因是生活在这个国度的人，可以享受各式各样的精神文化遗产。实际上，要能享受这份遗产，得有一个必要的条件，那就是自由。可惜我们并没有把事情办好，致使很多生活在英国的人并不自由，他们要么苦于根本没有任何机会，我的意思是说他们为谋生无法远离家门，要么在生计不保的重压下根本无暇他顾。我想，英国人如果有个自由之身，他该有一份多么可贵的遗产，以之陶冶一生啊！

以上解释的就是翻译审美价值体现的四种"基本形态"（Delightfulness, Instructiveness, Refinement and Naturalness）。用通俗一点的话说，就是**译文的审美价值得以体现**的四个主要的特征，中外皆然。翻译批评不应该忽视这四个方面的审美体现评估。

事实上，客体所有的审美价值表现都必须得到主体的翻译审美价值观（views on values）的审视、认同和感应互动。但是请注意，翻译活动一旦完成，翻译审美主体就变成了有两个维度的实体：**译者和翻译鉴赏者（读者）**。他们的审美价值观很可能一致，也很可能不一致，译者自认为好的翻译，鉴赏者不一定认为好。这里就涉及到休谟所说"taste"的问题了，Goldman 的意见是这样的：

But we also recognize ultimate differences in taste, . . . Clearly, if there is to be normative force, not just any reactions will do. They must be reactions of the right observers in the right conditions to have any normative weight（规范的约束力）. Irreducible differences in taste at every level of competence do not imply that all evaluative judgments are on a par or that they need not to be supported by reasons. The first and foremost philosopher to recognize reasons for aesthetic evaluations as general but not universal（in recognizing ultimate differences in taste）was Hume. He sought to capture the normative force of aesthetic evaluations by appeal to the notion of ideal critics（Hume 1963）. That notion is still highly useful for capturing that force and the degree of generality we seek in its explication.（"Evaluating Art", 2004: 98, *BGA*）

　　的确，审美价值观的差异总是存在的，一切取决于价值分析是否符合我们上面所做的力求入情入理的规范说明，因而具有 Goldman 所说的 "normative weight"（规范约束力）。翻译好坏历来见仁见智，看来我们弥合翻译价值观分歧的办法也只有确保不偏执于一方，应尽力排除封闭式的主观性，维护理性的主体性，同时应该充分研究专业人士的意见。

　　应该看到，我们这里探讨的是审美价值的基本理论原则，这方面的基本共识是不难通过广泛的理论探讨取得的。但是在这个大千世界里，价值观历来见仁见智；我们只能求得审美品位和趣味的最大公约数。

Topic 10.3　翻译美学的基本价值原则——"相对性"

　　"语言离不开相对性"（Language calls for relativity），就是俗语所谓 "不要把话说死"。翻译美学亦复如此；因为相对性正是人文性的普遍特征，尤其是价值观问题。这一节我们将集中讨论这一点。（另请参见本书 Part Five 各节）

　　如前所述，谈到文化、谈到美，"价值观" 是一个非常值得研究但又很难取得统一的深层课题；"翻译审美价值观" 亦复如此。但**价值观**与**价值原则**并不是一回事。**价值原则**（Principles of/pertaining to values）指 "指导"、"规管"、"约定" 我们的价值观的若干基本准则，是观念形态的东西，不是指价值观本身。犹如在金融市场，每个人都有他的关于金融价值的观念，但他的这样、那样的价值观念和活动不能不受与此有关的、成文或不成文的银监规管和约束，不能只要能获得他心目中的 "套现价值" 就随心所欲，爱怎么干就怎么干——就像华尔街的 "雷曼兄弟"。翻译也一样，翻译有翻译的价值观，但也有翻译的**价值原则的规管**。

　　就翻译美学而言，我们的价值原则可以概括为 **"有原则的相对性"**（Principled Relativity，简称 PR）：这个 **"有原则"** 就是目的语**文化适应性**，比较具体的说法就是目的语**读者接受**。下面将"有原则的相对论"——从 PR1 到 PR4 逐一解释如下，供讨论。

T10.3.1 (PR1)　关于原语的语言形式：是不是"必须尽力加以模仿"？

回答是：如刻意为之，则大可不必。

翻译审美必然涉及到两种语言的形式，语言形式必然涉及到语言文化。原语与译语这两种语言文化很可能有很多、很基本的"家族相似性"，例如印欧语与印欧语之间的"家族相似性"就比非印欧语（比如汉语）之间的"家族相似性"要多得多、明显得多，其异同之处体现在：(a) 文字系统；(b) 语言形体美设计，即文字体系上的形式美修辞设计；(c) 语音形式及变式上的审美修辞设计（如语音、音韵、节奏、格律，等等）；(d) 句法结构形式及变式上的审美设计，等等。例如李清照的"寻寻觅觅，冷冷清清，凄凄惨惨戚戚"七叠"散珠落玉盘"，迄今已有八式刻意模仿，这中间当然也有不错的对应式，至少是有意义的尝试，但没有一式可以称得上有什么尚可与原语媲美的感人诗意。

关键的问题是，上述种种语言形式的审美修辞设计常常涉及**民族文化审美心理表现特征**，形式之设计大都缘于"有意可表，有情可缘"。因此，在语言转换中要看这个"意"和"情"的表现方式在目的语中的可理解、可接受——总之是"**相通**"的程度。看来我们的原则应该是，"可相通处则相通，不相通处莫装葱"（见明代可一居士《警世恒言》，以讲"大实话"著称）。就对语言形式的"刻意模仿"而言，在翻译政府公文、法律条文、商务合同或科技公理等等材料时，可能不得已而为之，有时也确有必要，免得违反专业规范，将来返工。但就一般要求达意传情的文字而言，在形式上就大可不必刻意模仿，最好的办法是**功能代偿**。艺术上功能代偿的手段可以说是无穷尽的，完全可以不拘一格派用场。形式问题看起来很复杂，其实就翻译而言可以归结为一句话：**以目的语接受为转移**。

T10.3.2 (PR2)　关于原语的语义内容：是不是"忠信第一"？

回答是：忠信固然重要，更应善于随语境而变通。但随境变通不可以违反择善从优这个基本对策。因此，所谓"忠信"只能是相对的。

语言中的意义对翻译而言当然是非常重要的，"忠信"（意义上尽可能贴近原文）诚然是我们的一条基本原则。尤其是在正式的公文（如外交照会、法律条文、国际协定、合同意向或条款）中词义要求严谨确切，绝无语义含混（ambiguity）之处，自是必然。但就一般文本而言，在文化语境的制约下，意义常有一个"**相**

通不相通"的问题。意义上双语不相通（通常受制于：a, 指称上的思维意指差异；b, 语用约定即表达习惯上的文化差异；c, 在上下文中的文体适应性；d, 社会文化及民族审美诉求上的差异，等等）的例证在翻译中几乎比比皆是，例如：

Davy Jone's locker（典故）→ 葬身海底（翻译只能直白化）

Roll my log and I'll roll yours.（俗语）→你帮帮我，我就会帮你。（翻译只能直白化）

the heart of the Goddess of Mercy（比喻）→ 菩萨心肠（比喻，以喻换喻）

名落孙山（典故）→ fail in an examination（翻译只能直白化）

烂醉如泥 → utterly drunk; be drunk like a fish（直白，或以喻换喻）

新官上任三把火（典故）→ a newly appointed official tends to be very strict with his subordinates; a newly inaugurated official tends to be enthusiastic about his job at the beginning but very much likely to relax as time goes by; a new boss' new caprices（翻译只能直白化）

典故、俗语、双关语、幽默语常常是翻译中"难啃的硬骨头"。问题出在意义不相通。这时拘守字面意义之"神圣不可侵犯"不仅不可能，而且是毫无意义的！游乐园中的"merry-go-round"（旋转木马）被人对应直译成了"快乐团团转"，你如果不是亲眼见到那种东西，一定以为说的是一种集体舞蹈。"single lens reflex camera"（单反相机）刚刚流行时被译成"单身人士用多镜片反射相机"，"单身人士"使用时竟然可以"玩自拍"，一睹自己的尊容！英国作家笛福（Daniel Defoe, 1661?–1731）写过两句很有名的诗：

Nature has left this tincture in the blood,
That all men would be tyrants if they could.
（造物在人血中留下了暴君的染色剂，
因此人人都有沦为一代暴君的时机。）

有位译者把第二句译成了"所有的人都能成为无所不能的暴君"，这也是令人毛骨悚然的事情！有一条审美原则所有的译者不可不知：意义把握有一个诀窍，这个"诀窍"不是"神圣不可侵犯"，而是你必须破冰而入，一竿子插到意义整体结构的**最深层**！文字只是一串常常迷惑人的符号——或者叫作"幌子"，这时作者的深情和实意大底都隐藏在最深层。

T10.3.3 (PR3)　关于文化审美观念：是不是"必须追求同一"？

回答是：既可左右逢源，何妨东西调剂。

文化观念是相当复杂的事情，文化审美观念则更难把握。简单化的"二元对立模式"（如"归化"VS"异化"；"直译"VS"意译"，等等）根本不能解决问题。比如中西方对"龙"的看法就大相径庭。平心而论，"龙"的尊容确实使人不敢恭维。但它成为中国人熟悉的意象图腾，历史久矣。它的象征含义也各有解释，要在全世界华人中废除龙的象征意义和图像基本上是不可能的。这就不必迁就他人，因为文化有个很强烈的传承属性：**民族思维和活动的主体性**。但无论如何人的审美观念和手段是可以优化、调节乃至完全转变的。比如，我们不妨将"龙"的外形加以柔性化、亲和化。历史悠久的民族审美观念如中西方对"红"与"白"的审美寓意原本也差之甚远，现在已有慢慢接近的趋势，"中国红"近年经常出现在西方的节庆日中。人的处世原则当然不应"左右逢源"（worldliness; tactfulness; being very slick），但是审美原则确实还是做到能"左右逢源"（指灵活机动性、因应调节性，flexibility, adaptability）一点为好。荷兰哲学家斯宾诺莎（Baruch Spinoza, 1632–1677）说"人的审美观越宽广，他的美丽世界就越宽广"。语言中的文化审美观念及其表现和陈述方式，必须充分考虑目的语的读者接受，我们不妨接受斯宾诺莎的意见，在利用功能代偿式的同时，先充分考虑原语民族主体性的美之所由、美之所在，慢慢扩展和提升我们自己的审美观。一个人尽皆知的例子是上世纪初画家刘海粟引发的中国人对女性裸体美的观念的积极蜕变，在中国现在几乎没有人反对绘画和雕塑艺术中的裸体形象了。

T10.3.4 (PR4)　关于"意"的把握：意象、意境、意蕴的转换能不能"纤毫无误"？

回答是：虚实相权，胜数酌定。

在中国哲学和美学中，"意"是一个复杂的审美心理范畴，包括意义、意象、意境、意蕴等，其语义涵盖从感性和理性；人类最初始形态的"意"是"意识"（consciousness）。对"意"的把握和表现是文学语言文化审美的难题之一。不同语言中有很多不同的文学描写手法，但是深层意蕴几乎脉脉相通，"水似眼波横，山似眉峰聚"，中西仕女皆然。不同民族文化的人领悟到的意象、意境和意蕴常常可以说是"不约而同"的：不同语言文化中的人都会认为**其味无穷**。例如唐代的李益写过两句诗"门开风动竹，疑是故人来"，其中的思绪、情致、情味，对景物描绘之真切，对故人期盼之深切，其中蕴含的意象、意境、意蕴实在很美，东西方的人读起来都会觉得非常清雅，又很实在。英语里也有很多这种意蕴深刻的句子，中国人也觉得很有味道，例如"Good friends are like stars you don't always see them but you know they are always there"（良友似恒星，虽不见，常在心），讲得很淡静，但意蕴深深，"实"中有"虚"，使人记忆良深。但与此同时，有些情形就远远不是这样了：有时中国人认为"虚"中有可贵之"实"，"实"中有可贵之"虚"，而西方人则认为恰恰相反。比如，中国人讲究忠孝之道，常有怀乡、思乡之情，念念不忘知恩图报等等，这些都被中国人公认为是积极的伦理观念和情操。但西方人常常不以为然，看不到"实"中之"虚"，或"虚"中之"实"。例如西方人认为屈原为了"一个三流国王"竟气得怀石投江而死！不可理解。曹操雄图大略，才华横溢，却被文艺作品诬认为"奸诈机屑"，甚至遭到莫名其妙的"恶咒"，未免使人感到非常费解。对中国人来说，西方人对宗教的虔诚信仰（如认为上帝创造了人，血肉之躯属于上帝）、对维护个性的高度执着、对故乡故土的相对漠然等等，则让很多中国人感到这种种"虚"中实在难以看到中国人所珍惜的"实"。

其实这都是文化价值观上的差异，容许各有千秋。中国人的许多观念源于大陆农耕文化，而西方很多观念则源于城邦文化或岛国文化。中西方艺术价值与观念价值"脉脉相通"之处其实很多，但并不相同甚至相悖的地方也常常有。作为译者，我们的原则也只能把握"相对性"，善于进行换位思考，以**虚实相权、择善从优**的对策思想，做出有助于文化的阐释和转换。

Topic 10.4　翻译审美价值观是发展的

翻译审美价值观的发展取决于语言审美价值观的发展，因为翻译审美不能不顾原语，也不能不顾目的语。翻译不能脱离语言文化发展的基本轨迹，而历史证明，语言审美观的发展则是与时俱进的。我们先从我国历史上看。

常言道，中国是诗的国度，中国的文学之源就是《诗经》，汉语之美受《诗经》很大的影响。诚然这是事实。而另一方面，人们常常忽略另一个重要事实——中国其实也是散文的国度。可以说，中国的古典圣贤著作都属于优美的叙事性或夹议夹叙的散文（essay），而不是今天我们所谓的"论文"。上古散文的审美价值就儒家而言，被认定为**"温柔敦厚"**，就道家而言则是**"质朴深邃"**。法家中管子、韩非子等人的散文之美可以说体现了文心之 **"至诚至理"**。墨家（尤其是后期墨家）的散文之美可以用 **"情理并茂"** 来概括，由于大部分墨家出生于平民，他们的文章古人称之为 "缘于情、薄于采而明喻至理"，这是很公允的审美评价。中国散文的鼎盛时期是唐代，宋代继之。唐代散文大师的审美价值观继承了汉代司马迁 "明史实以观世事，究情理以定忠良" 的博大胸怀和深刻理念，集叙事、抒情、明理三者于一体，可以说是语言 "真善美" 审美哲学的史无前例的净化和诗化，与唐代政制、经济、文化、艺术和伦理道德观的全面发展息息相关，当之无愧地充当了宋、元、明、清乃至民国初期的中国式散文的光辉先驱。它的四大特点是：第一，哲理理性思维的发扬；第二，忧国忧民胸怀的拓展；第三，个人情趣感悟的抒发；第四，对历史追思与家国前途的憧憬的结合。这些特点几乎成了中国人的文化审美价值观的源泉，至今没有从根本上衰变。

英语的审美价值观也有自己的发展轨迹。今日英语的始祖被认为是大诗人乔叟（G. Chaucer, 1345–1400）。在乔叟以前的一千多年中，最原始的英语是一种古凯尔特语（Celts）、古罗马语和古威尔士语（Welsh）的混杂体。在公元 8 世纪左右，丹麦人、北部德意志人和北部荷兰人进入到今天的英国，组成了古代的盎格鲁 – 撒克逊人（Anglo-Saxons），他们以西日耳曼语、荷兰语和原地的古代混合语为基础创造了古英语。这是英语重视多元价值的历史基因。乔叟的贡献是他找到了一种他自己最熟悉的也是大部分盎格鲁 – 撒克逊人可以接受的 "东部的英国中部地方方言"（East Midlands），构建了今日英语的基础，其中绝大部分都是今日英语的核心词语；这就构成了英语除了它的多元价值以外的本位核心价值体系。继乔叟以后，又出了一位对 "英语价值" 最具影响力的大师莎士比亚（1564–1616）。P. Gooden 对莎士比亚的影响作了一番陈述：

Shakespeare's life time saw the rise of Queen Elizabeth (1555–1603) and the first stirrings of an empire building culture that was to last for the first part of 400 years. Despite external threats and internal political and religious dissent, some of which was violently suppressed, this was an era of relative tranquility that witnessed *an explosion of creativity and innovative.* The English was to be one of the main beneficiaries . . . *It flexes its muscles. It begins to experiment, to play around, to show off. It finds innovative ways of saying old things. It creates fresh expressions . . .*（2009: 85）（斜体为本书作者所用）

可见，莎士比亚对伊丽莎白时代英语的全面发展起了关键的近代化奠基和富集、净化作用。17世纪英国殖民主义在全球疯狂发展，导致英语的流通版图大大扩张。18、19世纪以来的美国英语、澳大利亚—新西兰英语、以色列、南非和南亚英语等等遍地开花。及至20世纪，美国在二战后迅速霸权化，并加速了经贸全球化趋势，给英语注入了一股又一股空前的"价值活力"，使英语具备了**全球性通用价值**，具有一定的**语用价值指标性**。综上所述，英语在可以预见的大半个世纪内仍然会稳坐"全球通用语第一把交椅"，应该是没有问题的。因此英语的价值取向仍然很值得我们研究。对待语言审美抱着狭隘的民族主义心态是不行的。

展望21世纪，世界语言流通版图将会出现十分可喜的变化——大约有15亿人使用的汉语将以新的风貌恢复已经被压抑了五个世纪的神采和活力。支撑汉语复兴的是中国强劲的精神文化实力和经济实力。这就期待我们做很多文化复兴和战略性文化建设工作，包括重建和重塑中华多元文化的传统思想，以语言为有力工具，让儒家、道家、法家、墨家、名家（the Nominalists）等等百家的思想精华与西方的先进思想交汇通融。这是我们翻译界责无旁贷又令人神往的任务，翻译美学显然应该处在这个奋力而为的战斗矩阵中。为此，我们要孜孜不倦，努力做好自我建设的各项工作。

总之，翻译美学必须敏锐地关注不同语言的语言审美价值观特征和它们的发展倾向。具体而言是：**第一**，紧跟时代的文化发展战略诉求；**第二**，紧贴时代的精神风貌和发展远景；**第三**，中国翻译界要坚持和发扬中外古今语言审美的优良传统，并致力于开拓新的研究路径。这是翻译美学对待语言和翻译审美价值观的基本态度。

【思考讨论题】

[1] 什么叫作"审美价值论"和"翻译的审美价值"？这两者之间有什么关系？

[2] 为什么说翻译的审美价值是"多维的"？

[3] 为什么说审美价值原则具有"相对性"？

[4] 为什么说"翻译审美价值是发展的"？哪些因素参与推动了翻译审美价值观的发展？

[5] 试扼要阐述翻译美学观中的翻译批评。

Part Eleven
文化翻译与文化审美

要旨　翻译的关键在于"**知己知彼**"，知己就能进行清晰的文化解构和审美，知彼则能实现目的语读者可以欣然接受的文化再现。译者尤其应该熟稔运用在**文化审美基础**上的跨语言文化转换的基本方式。

Topic 11.1　文化与审美的关系

　　文化与审美关系十分密切。西方有人说"审美始自文化"，是一个"一而二，二而一"（amounting to the same thing）的问题。其实不然。文化的历史比审美悠久得多，人类的原始狩猎文化谈不上审美，穴居图腾也只是一种"神祇意识的记录"，充其量只是"非自觉审美意识"的萌芽。文化的范畴也比审美大得多，广泛得多。必须指出，审美活动属于高级的文化行为。出于非正义目的制造高端武器也是一种"高智能"文化行为，但它绝对不是人类的审美活动，而是野蛮的**反审美活动**，与"真善美"毫无关系。可见文化审美是一种以审美为目的的高级文化活动，具有必然的、特定的审美内涵。为什么说是"必然的"又是"特定的"审美内涵呢？这就是本节试图回答的问题。

　　下面我们先来具体分析一下文化与审美的关系。

　　第一，文化审美必须是高品位的，与审美价值高度吻合

　　这是一个前提，就是说文化与审美必须首先在人类"**真善美**"的基本文化伦理观和道德观上相吻合，才谈得上有相互关系。上文提到，人类一切丑恶的文化行为（包括非正义战争与恐怖活动等）都与审美无关。大自然强加于人类造成的灾难，以及人类面对灾难时的消极反应或颓唐表现，也不在文化审美的范围内。粗俗低劣的文化表演可能伴随精美绝伦的声光设计，但它也与文化审美毫无关系。语言的文化审美也一样。人类的语言文化有一种源自远古的自洁功能——事实证明，无论在东方或西方，历史已经冲刷掉了历朝历代产出的大量语言文化的污泥浊水：这实际上正是语言文化审美的功绩。因此，我们说语言文化审美具有高尚的**文化批判素质**。

　　第二，文化审美选择是一种高品位的文化优化选择

　　审美活动是一种高级文化活动，审美需求属于人类的高端需求（见本书 Part Five, Topic 5.1，马斯诺夫需求层级表），必定是在某个特定时间的、地缘的、人文的、社会的环境中进行的，不可能在"真空状态"下进行。首先，审美主体就是一个"文化的"人，它的含义是："他"（"她"）受过一定的文明教养、文化教育、处在一定的人文社会环境下、有一定的人际关系制约、熏陶，等等，这一切都已经为这个人的审美选择打下文化的烙印，都不可能不"受制于文化"（culture-bound）。一些小说里有所谓"孤岛情节"，幻想出种种"非人文的"（de-humanized）审美选择，其实这些选择都是从作家已经人文化的头脑中衍生出来的：人的一切选择只可能是某种特定的文化选择，超越文化是不可能的。语言文化审美选择也不例外。因此，我们说语言文化审美具有严格的**文化优选素质**。

　　第三，审美必须靠传播媒介（media）来传送、来表述、来宣扬，而一切传播媒介都无一例外是"文化的手段"（cultural means/devices）

　　明白了第一、第二点，这第三点就很清楚了。人类最重要的传播媒介就是语言，而语言本身则是一种文化符号。其实人类进入文明社会以后，所有的审美传播手段无一不是文化产品或产物，从最简单的素描到高科技装置，都是人的物质或精神文化创造。此外，文化传播手段无一例外会给审美带来独特的文化属性，例如用语言制作的文学作品、用音乐制作的音乐作品、用声光制作的光影作品、用泥石油彩制作的造形艺术作品，等等。一切传播手段所用的物质材料（如纸张、声光、泥石、油彩）本身虽然不是"文化的"，但一旦进入到人的审美制作优化过程，它们也就立即成了物化或物态化的审美优选材料。因此，我们说语言文化审美具有优质的**需求工具素质**。

　　第四，概而言之，语言文化审美（包括翻译审美）属于高级的文化心理活动

　　审美源自心理需求，而**心理活动必然是"文化的"**（cultural）。人的心理活动有生理属性，即脑细胞和感官细胞的活动，这是一个方面。心理活动的另一个方面是文化属性，文化属性才是心理活动的"灵魂"（D. W. Carroll, 2004: 376）。有人可能要问，人类所有的心理活动都有文化属性吗？比如"我渴了，想喝水"，这有什么文化属性呢？当然，单纯的"渴感"只有生理属性，这没有问题。但在

常态下人的心理活动总是动态的、随机的。"渴感"一旦产生就会**基于人的文化经验发展出文化属性来**，例如"想喝酸梅汤"、"想喝矿泉水"、"想喝奶茶"，这些心理活动不就带上了特定的文化属性吗？应该说，人的思维越发达，他的心理活动的文化属性就愈丰富、就愈趋于特征化、优选化，因为思维能力是文化经验的产物，审美心理活动也是文化经验的高端产物。

总之，文化审美基于优化的文化经验。一般说来，文化经验常常是审美心理的导向，因此，可以说越是有经验的艺术评论家，他（她）的审美价值观就越接近于"美的真值"（参见王国维，《静庵文集·论哲学家及美术家之天职》；Robert Stecker, "Value in Art", 2003: 307–324, *OHE*）。在本章节，我们将集中探讨四个基本问题：第一，民族文化思维形态与文化翻译的关系，探讨语言文化审美的一般属性（T11.1），已如上述；第二，民族文化思维形态特征与翻译审美探讨（T11.2）；第三，翻译审美与译语文化取向问题（T11.5）；第四，文化审美表现论（T11.6）。这些问题，都属于翻译美学的**文化审美认识论**、**价值论**和**方法论**，都是翻译美学的深层理论问题，深深地支配着翻译家和翻译批评家的实务选择和操作。

Topic11.2　民族文化思维形态特征与翻译审美探讨

前面的概述中提到，文化心理是文化经验的产物。这一论断实际上是不同民族的文化审美心理有同有异的根源。人类不同民族在自己的生存斗争和发展中积累了很多相同的经验，也积累了很多不同的经验。中西民族文化心理有同有异，自不待言。这一节我们将分析中西民族文化审美特征。

据近年考古研究，中国旧石器时代文化最早可能始于 170 万至 180 万年以前。中国地处温带和亚热带的亚洲季风区，东亚腹地地缘条件非常独特又非常优越，植被极广，植物繁茂，果品种类极多，与外部世界又处于相对隔离状态。这就使中国的史前文明具有典型的农牧渔土著性。根据考古界对中国旧石器时代的出土石器的研究，其主要用途为植物采集及鱼猎剖切，说明先民食物以植物果品及水产为主，生活地点比较安定，生活（尤其是食物）资源也比较丰富。这就与欧洲的情况大相径庭。欧洲旧石器时代的出土石器多为大型手斧石、砍伐石、切割石、打击石等等，石器类型比较粗劣、笨重，说明欧洲旧石器时代先民以动物猎杀为维持生命的主要手段，大型动物成了主要的食物来源，这就决定欧洲先民必须经常迁徙，以游牧为主要的生活形态（William F. Allman, *The Stone Age Present*, Simon, 1994: 120）。原籍立陶宛的美国考古学家金巴塔斯（Marija Gimbutas, 1924—1994）更根据考古发掘，提出了一个"库尔甘假说"（Kurgan Hypothesis，参见金巴塔斯著 *The Civilization of the Goddess,* Harper-Collins, 1991, pp. 324–401），认为史前的欧洲也是母系社会，从事极原始的农耕，但自公元前 5000 年中期起，位于黑海之南的游牧民族库尔甘人不断大举从庞塔斯（Pontus）大草原入侵欧洲，将库尔甘文化（Kurgan Culture）广被于欧洲大陆，西至今日之法国东中部，南至意大利半岛，从此中断了古代欧洲的母系社会，而代之以原始印欧父系酋长制游牧社会，原始的欧洲文明从此显示出游牧兽猎民族的特色，食物也以兽肉为主，与亚洲（特别是亚洲腹地）农耕文明形成了鲜明的对比。由此看来，欧洲文化传统及社会结构早在史前时期即已发生断裂，出现了实质性转变。（梁一儒等著《中国人审美心理研究》，山东人民出版社，2004: 67）这就与华夏文明的发展形成几乎分道扬镳之势。

T11.2.1 关于意象性思维特征的语言表现

"意象性"（通过意象，即 image，来达意传情）是人类思维的普遍特征之一，汉语英语皆然，只是汉语比较突出，从汉字**"以象取义"**的结构就可以看出来。

原始状态的意象性思维是人类早期思维的共同特征，但在不同地域，意象思维的发展轨迹却又迥然不同。上面我们分析了欧洲上古史的文化断裂。从语言上看，欧洲语言属于印欧语，古代印欧语发源于公元前 3500 年至公元前 2500 年的早期梵语（Vedic Sanskrit），这是一种形态变化很繁杂的语言。印欧语的屈折形态化（inflexionized）使之越来越放弃语言早期的"以象取义"的特征，越来越靠近**"舍象取义"**的特征。就英语而言，公元 450 年至 1150 年之间的"古英语"（Old English）已完全实现了屈折形态化（参见 A. C. Baugh, *A History of the English Language,* 1993: 50）。尽管英语的形态体系经历了中古英语（Middle English, 1150–1500）长达三百余年的衰变，到现代英语（Modern English, 1500 年以后的英语）屈折形态体系已经有了很大的变化，但毫无疑问，英语仍然没有改变"以音取义"、"以音载意"以及凭借屈折形态化来体现基本语法的本质特点，从而仍然被认为是一种"进化了的形态语言"，其书写体系与意象谈不上有什么关系。屈折形态语的书写系统不能承载意象，用形态语言来思维就必须紧紧依靠语法逻辑和思维逻辑，自不待言。

汉语则不同。中国的古代语言文字体系经历了从殷商甲骨文（前 2100—前 1100）、西周鼎文（前 1100—前 771）、春秋战国文字（前 771—前 221）、篆书（前

221—前206）到汉隶（前206—前220）的演变，但汉字的意象性本质特征并没有改变，汉语的意象性思维性特征并没有改变。具体说来表现为以下三点：

其一，整个思维过程在于取象与观象，（并）以物象为基础。中国史前先民的比类取象式的思维方式，是以物象的转换和流动为外在特征而展现出来的思维形式。这里的"物象"不是事物的孤立、静态之象，而是思维与事物一体沟通并与整个宇宙相互联系的动态之象。这种以物象的转换与流动为表征的思维形式，在认识事物时，仍然与对象保持不可分的一体关系，没有明确的主体与客体之分，它不像逻辑思维那样，首先将认识对象与主体对立起来，并在分析的基础上不断加以限定和规定，表现为概念层面上的思维运动。

其二，这种思维讲求在"象"的基础上抽绎出义理，并且注重对象的整体直观和体悟。这里的"象"是未经人为的概念切割的物象，具有整体性和全息性的特征，它诉诸认知者的整体直观和体悟，人可以从任何一种全息的、动态的、在对立中相互转换的物象中与自然和宇宙沟通，从而在精神上把握无限与永恒。

其三，这种思维是以自我为中心的，即在获得知识的过程中主体与客体混为一体。在认识过程中，不仅不排除情感和非理性的作用，而且情感对思维还有重要的制约。（梁一儒等著《中国人审美心理研究》，2004: 63）

汉语意象性思维绵延长达四千余年而至今未变，说明其生命力之强韧。应该说，意象思维是以人这个自我为"基点"（base，"象生于我"），而不是"中心"（centre，"以象载物而非载我"）。人以自我为基点（starting from self as the base），通过意象将主体与客体上升、演化为"思"（意念），"'物'与'思'合二为一"。意象思维的基本特征是以"意象呈现"（image presentation）替代"概念推衍"（conceptual inference），以意象呈现来描绘事物的内在联系并展现过程和结果。中国人的意象思维特征突出地表现在中华文明的三部很重要的代表性经典中，即《周易》、《老子》和《庄子》。

《周易》的主旨在解释"象"，是古代意象论的精华。《易经》记录了华夏先民创造的八卦，并将其两两相配而成六十四卦象，合而称之为"易象"。《上经·乾卦第一》就讲龙："潜龙"、"见龙在田"、"飞龙在田"。《易传·系辞》中解释"易象"说："圣人立象以尽意，设卦以尽情伪，系辞焉以尽其言。"可见"象"的规定性是**以辞达意的符号**，六十四卦易象，就是古代的语义符号集，可以上表天意、政情，下呈民意、民情。

《老子》的最高哲学理念是"道法自然"（二十五章）。从意象论看，老子的观点集中于"大象无形"（自然就是一个"至大无形之象"和"大音希声"（四十一章），意思是：至高至大之"象"含蕴至高至大之"道"，必须通过感悟来直观地把握，世上一切假"象"毫不可取。《老子》一书共八十一章，没有一章不直接或间接谈及意象。《庄子》与老子的意象观一脉相承，主要观点是"象"这个载体的价值不在自身，而在其所承载之"意"（《庄子·外物》；《庄子·天道》）。庄子的意象论还有很可贵的一点，即"象罔"（《庄子·天地》），也就是令古代中国士人无不向往的"非无非有"的模糊美。（宗白华《美学与意境》，1987: 116）模糊美留下的是从具象到抽象的旷渺空间，使人的心理悬念进入了一个无垠之境。

上面提到的《庄子》的作者，其名曰庄周（约前 369—约前 289）。庄周是老子的"道法自然"观的继承者和阐发者。庄周提倡"逍遥意象"论和"物化"论，他描绘的逍遥意象和物化意象都是精神世界里的"绝对自由"者，他们的特点是追求万物与我为一的"外物"、"外生"境界（《齐物论》），提倡"心境空明"的超然人生态度和审美态度，藐视一切形态的权贵。庄子的"逍遥意象"和"物化意象"论集中表现在他的《齐物论》最后一段（这个安排有深意）中说的一个优美的寓言"梦蝶"中：

> 昔者庄周梦为胡蝶，栩栩然胡蝶也，自喻适志欤！不知周也。俄然觉，则蘧蘧然周也。不知周之梦为胡蝶欤，胡蝶之梦为周欤？周与胡蝶，则必有分矣。此之谓物化。

庄子认为"物化"（心斋意象的空灵化，他称之为"身与物化"）是最高的"逍遥境界"（尤指精神的绝对自由境界），人只有回归自然，才能达到这个境界（"謷乎大哉，独成其天"，《庄子·德充符》）。因此，庄子的所谓"物化境界"就是"忘我"的终极目标——回归自然。

T11.2.2　关于主体性思维特征的语言表现

思维都具有主体性，这是不言而喻的。思维的主体性也表现在语言中，表现在主语功能和主语—宾语的关系上。在英语里，主是主，宾是宾，从意念到形式都是一清二楚的。但汉语则不然。汉语的主语并不具有统领全句的功能，句中主语与谓语的语法和逻辑关系也相当松散，但汉语所体现的主体意识、主体性思维特征却很强，因此这里就存在一个思维与表现之间的微妙的悖论。这就要求我们在翻译审美（特别是意义审美）和语言转换表现中持非常缜密的分析态度，不能止于表象。因此汉语的**语言审美**与**语言认知（理解）**紧密相连。这正是汉语的知性美之所在，加上意象感性，构成了汉语神形兼备的特色。说汉语"非逻辑化"是没有道理的。每种语言都有它自己的本位特色。

汉语的主体意识突出，这一特征构成了汉语句法表现的独特素质。

第一，主语的句法功能之"尽在不言之中"，即主语被广泛隐含化或话题化，有时根本就没有主语或找不到主语。主语被隐含时反映主体预期施事（the agent; the doer）之被"默契化"（例如，"只恐双溪蚱蜢舟，载不动许多愁"，谁"恐"呢？主语是你我之辈吗？尽在默契之中）。话题主语反映主体思维概念的话题化：主体想谈什么，就把什么当作主语，而不拘泥于它是不是施事（例如《礼记》的名言"感物而动"，结构是"VO 而 V"，主语呢？话题化了，话题就在"感物"。"而"是个过渡性虚词）。主语一旦话题化，犹如风生水起，什么都可以作谓语（例如"饭后百步走活到九十九"，"活"是谓语动词，"饭后百步走"能做施事吗？当然不能，但它却是一个很好的"话题"）。主语话题化充分体现汉语的强势主体意识。

第二，汉语主体意识被广泛植入谓语动词中，使被动意念主动化，这是汉语被动语态呈弱势的主要原因之一。在汉语的主体意识中，"被动"既消极又不自然，因此构建了两个规避的办法。其一，将主体意识植入谓语动词中（例如《吕氏春秋》里说"音成于外而化乎内"，"成"的意思是"构建"，"音"当然是由"人"来构建，"成"被主动化了）；其二，用"为……所……"等式置换，避免用"被"字（如"茅屋为秋风所破"，似乎是在回答主体的关切，"茅屋怎么样了?"主体意识尽在其中）。带"被"字的被动式句子在当代汉语中有略见增长的趋势。但不论是在汉语中还是英语中，被动式句子的审美语感远逊于主动语态。

第三，汉语主语的句法延续功能和传递功能都很强。一个主语可以带出一串句子甚至全段的句子，形成"群龙一首"而不必担心后续的句群"群龙无首"，而英语的主语则没有这样强的"统帅性"，英语句子的主语大体都要一句一句交代。同时，与此相关，汉语中也可以一连几句重复同一个主语而不必担心产生"累赘感"，而在英语中，同一个主语是不必句句重复的，重复同一个主语必然产生累赘感。这就突出地表现出汉语主语句法—语用功能的灵活性和英语的规范性。此外，在汉语的句段中，上文的任何概念或意涵也都可以构成下一句的主语（例如杜甫的诗句"安得广厦千万间，大庇天下寒士尽欢颜"："安得"句没有主语，什么也没有省略，"大庇"句的主语就是"广厦千万间"或"安得"全句）。

第四，**逻辑主语不在主位，而处在"宾语"的位置，**被称为"宾语化的主语"，如下例："最后终于达到了目的"（试比较："目的终于达到了"，逻辑主语在主位）；"草原上升起了不落的太阳"（试比较："不落的太阳在草原升起"，逻辑主语在主位）。逻辑主语不在主位，而被推到了宾语的位置，主要是为了突出**句首焦点，**同时也说明汉语的主体意识很强，使语法—逻辑关系处在灵活多变的状态。这里还涉及汉语语法机制的模糊性问题，见下节分析。

T11.2.3　关于模糊性思维特征的语言表现（一）

上面我们谈到了模糊意象和汉语语法的模糊性。"模糊"（fuzziness）既是一种思维方式、思维特征，也是审美认识论和方法论的重要课题。"模糊化"是一种极重要的中外语言艺术表现手段、语言艺术表现对策论。而语言艺术手段受制于思维方式、思维特征。因此我们从思维谈起。

模糊性首先指视觉上的"非焦点化"（de-focusing），非焦点化的直接结果就是外在视域或物象边沿的朦胧化、模糊化，间接结果则是内涵（概念）和表象（形象）的不确定性、"不可言说性"以及"implicativeness"（相互纠结的状态，Dario Gamboni，2002: 168–174），其结果是主体对审美客体的热切的"清晰化期待"（anticipation of clarification），进而产生审美上的"模糊魅力"，最典型的例子是曹雪芹的《红楼梦》对宝黛爱情的处理艺术。从思维、概念层面来分析，"模糊"的特点是对事物本质的描写趋于有目的的空泛化、含混化，或者有意造成"概念缺环"（missing links in thinking），产生悬念，使人捉摸不定故而颇费周章，以此达致艺术描写曲径通幽的启迪效果。《翻译美学理论》（2011: 194）载有中国现代画家张大千的《柳溪清幽图卷》，充分体现出模糊性艺术境界之至美。毫无疑问，这里艺术家追求的不仅是外象上的模糊，而且是以外象的高度模糊化特写手法来体现他所倡导的"深刻微妙"（画题中所点出的"清幽"）的艺术思维，可以肯定，"模糊化"是画家意在表现"清幽"主题时的最佳艺术手段。被欧洲视为最多才多艺的瑞典近代画家斯特林伯格（August Strindberg, 1849–1912）创作了一幅知名的油画 *Wonderland*（《奇境》，1894），其主要的艺术特征就是"奇幻中有真实，真实中显奇幻"，充分体现了高超的模糊美技法和构思，也常常被视为"模糊美"的典型作品之一。

由于模糊性思维特征的语言表现对汉语而言十分突出，因此下节将进一步加以阐发。翻译审美表现的模糊范式，另请参见本书 T11.5.1 节。

T11.2.4　关于模糊思维的语言表现（二）

老子在《二章》中提出"美丑互显"的二元对立相生论，无异于在《道德经》一开头就先把外在的、常常具有极大"干扰性"的视域界限模糊化了。他说："天下皆知美之为美，斯恶也。皆知善之为善，其不善也。故有无相生，难易相成，长短相形，高下相倾，声音相和，前后相随。"很显然，老子倡导的是一种对现世的超越。那么怎么实现这种超越呢？老子说，你不要把这许许多多"两者"的界限看得这么执着、这么清晰、这么固定，你要让它们模糊化、朦胧化，事物是发展的，你可以在模糊中期待转化，在朦胧中期待衍生，在转化、衍生中实现自我蜕变、自我完成。

老子在《十一章》中还提出"大美无美"论，他说："三十辐，共一毂，当其无，有车之用；埏埴以为器，当其无，有器之用；凿户牖以为室，当其无，有室之用。故有之以为利，无之以为用。"意思是说，"车、器、室"等等正因为有"空虚盛物之处"，才成其为有用的"车、器、室"，可见这些物件的关键就在于它们的空虚，直言之就是它们的"无"。同理，在《四十一章》中，老子反复地提到"大"与"无"的模糊论关系（大美无美，至大则无）：实际上，这时的**"无"不是"没有"，不是对本质的否定，而是"超脱"**（detachment）、**"超越"**（transcendence）；以下的"无"均循此义："大白若辱，大方无隅，大器晚成，大音希声，大象无形，道隐无名"（引语中"辱"的意思是"黑垢"），这中间，"大音"与"大象"都指自然和生命的混沌状态，即"惟恍惟惚"的原朴（即"大道"）状态。老子看透了残酷的现世，他的"言道"有一点像"隔世吐真情"，既热忱又冷峻，既清幽又苦涩，既深切又苍凉，因而对中国人的模糊思维影响极深。庄子活得没有老子那么辛苦。他完全认同老子的"不可言说的模糊美"，但他有自己的别裁心曲，追求脱逸潇洒。庄子把现世人寰看作一个在人与蝴蝶之间模糊化的超越游移的"梦幻意象"，引发了历尽千年苦涩的中国人的无尽情思与美的遐想。

那么，道家究竟为什么认为"无"是"美"（无为之美、无言之美、无声之美、无形之美，等等）呢？这就要做逐项的具体分析了，而关键还是上面提到的"无"的"超脱"、"超越"之义。例如，"无为"中的"为"指功利之为、欲望之为、功名之为，沉溺于诸如此类的"为"中，当然就拒美于千里之外了。"无声之美"就是自然之美、和谐之美、静谧之美，也就是白居易说的"此时无声胜有声"（《琵琶行》）。至于"无"与"有"的界限在哪里？道家回答说，这是"神而不知"的东西（《老子·十五章》），神而不知就叫作"妙"，用王弼的话说，"神而不知其迹曰妙"(《老子》一章注),模模糊糊、恍恍惚惚,寻不可得,妙不可言,当然是很美的,这一切也就是充分说明"无"之为"美"了!

T11.2.5　汉语语法机制的基本特征:模糊性

上面谈到的模糊思维和意象思维不可能不深深地影响了汉语,这两种思维方式与风格皆源自华夏远古,与汉语文的发生发展平行并进。可以说,模糊性是汉语语法机制的基本特征。先以主谓关系为例。

印欧语严谨就严谨在主谓上,汉语灵活也灵活在主谓上。汉语主谓的灵活性主要表现就是模糊化。

第一,汉语句子不一定要有个主语,一如上述。在汉语中,行为或状态之发生常常涉及到一个很模糊的施事意念(something to be deduced as a vague agent),也就是主体性,见上述。大概正因为如此,主语可有可无,而人尽不昧,既然不会产生逻辑上的缺环,就不如缺如了。说汉语的人认为这种尽在不言之中的**模糊美**远胜于"言之凿凿",就是荀子所说的"可与言而不言,谓之隐"(《荀子·劝学篇第一》)。例如:

(a) 倍则攻,敌则战,少则守。(《谷梁传·禧公二十二年》)

(b) 生丈夫,二壶酒,一犬;生女子,二壶酒,一豚。(《国语·越语上》)

(c) 躺下,可以谈天,可以望远,可以顾盼两岸的河房。(朱自清《桨声灯影里的淮河》)

(d) 种花好,种菜更好。花种得好,姹紫嫣红,满园芬芳,可以欣赏;菜种得好,嫩绿的茎叶,肥硕的块根,多浆的果实,却可以食用。(吴伯萧《菜园小记》)

在汉语里,句子的形式、句法和逻辑常常是不统一的,甚至互相抵触。逻辑上的主语常常被置于语法上的宾语位置,亦如上述。例如:

(a) 浅蓝的云里映出从东方刚射出来的半边新月。(谢冰莹《爱晚亭》)

(b) 青溪之东,暗碧的树梢上面微耀着一桁的清光。(俞平伯《桨声灯影里的秦淮河》)

(c) 但勇敢的梧桐,并不因此挫了它的志气。(苏雪林《秃的梧桐》)

这类句子常常涉及自然现象。按逻辑来分析（a）句里的"新月"显然应当是动词"映出"的主语：月映出在云里，但它却在宾语的位置上；（b）句也一样。"清光"应该是"微耀"的主语，现在也变成了敬陪末座的宾语；（c）句的"志气"在逻辑上不仅应该是主语，而且应该用于被动，等等。但是我们这些分析，都或多或少根据普通语言学的语法规范来说事。其实，汉语就是汉语，汉语有自己源自远古的语法本位观，不会看形态语的"脸色"行事的。清代的马建忠做了很多工作想让汉语就范，但一切终归徒然。（参见唐子恒著《文言语法结构通论》，2004:10）

第二，汉语句子不一定要有个谓语动词。在汉语中，一个句子可以没有谓语动词，也可以用形容词类的成分来充当谓语，因为主语无非存在两种状况中：行动（用动词表示）与状态（用形容词表述）。这是很有道理的。例如：

- 夫天地一险一易。（《管子·宙合》）
- 此谁也？（《战国策·齐策》）
- 开元中，山东蝗。（《唐语林·政事上》）

现代汉语中的这类无谓动词句也很多，一般被认定为短句：

- 草原一天一个样。
- 北方的春季比较短。
- 这句话意思很明白。
- 今日立春。

语法机制的模糊性产生语言表现法上的模糊美。现在我们要问：没有谓语动词的句子美在哪里呢？在说汉语的人的语感中，无主语首先使人感到美在简洁纯净，没有了任何不必要的形式成分或结构部件。西方有学者将这种句子解释为"省略句"，其实不是。例如，在"做一天和尚撞一天钟"中"做"的前面什么也没有省略，"做一天和尚"本身是个无主语句，它在全句中充当了话题主语，就跟"过一天算一天"一样，"过一天"也是个话题主语。中国文论美学中素有"辞尚体要"（《尚书·毕命》）的原则，讲究"言也约而达"（《礼记·学记》），简洁产生一种婉约美。其次，简洁的文辞"深文隐蔚，余味曲包"（《文心雕龙·隐秀》），如曲径之通幽，美在深蔚，美在可以引发探索者一种永不止歇的悬念。

Topic 11.3　中国艺术理论中的模糊性

中国的传统艺术理论极为丰富，历史也很悠久。宗白华认为，严格意义上的艺术理论始于魏晋南北朝（220—581）。从魏晋南北朝开始，中国艺术理论在四个领域蓬勃发展：

（1）文论：有曹丕的《典论·论文》、陆机的《文赋》、刘勰的《文心雕龙》、钟嵘的《诗品》，此外还有沈约、萧纲、萧统、萧绎等人的散论

（2）画论：有顾恺之、宗炳、王微等人的专论

（3）书法论：有蔡邕、成公绥、王羲之、萧衍、羊欣、卫恒、卫铄等人的专论

（4）乐论：有阮籍的《乐论》、嵇康的《声无哀乐论》以及论音乐的赋

纵观魏晋六朝以来的中国传统艺术理论，可以捋出两条中国传统哲学—美学思想的主线，其影响迄未式微：

第一条线，以"无"（Nothingness）为核心的道家模糊理念

以老庄为发端，《吕氏春秋》、《淮南子》、《礼记》相继阐发了"无"的审美理想体系，包括"无为之美"，提出"立言藉其虚无，谓之玄妙"（《崇有论》）；"无声之美"，提出"至乐无声"（《礼记》）；"无形之美"，提出"无形而有形生焉"（《淮南子》）；"无言之美"，提出"不着一字，尽得风流"（司空图《二十四诗品》）；"无味之美"，提出"寄至味于淡泊"（苏轼《书黄子诗集后》），等等。自魏晋起，中国传统艺术理论就将"无"作为最高的理想追求。

第二条线，以"神"（Spirit）为核心的儒家模糊理念

儒家以"心之上善"为审美价值的基石，认为艺术之至美在心、在神、在神韵，而神发源于心，不在事物的外形，艺术向往"超以象外"（《世说新语》）的模糊境界。"以形写神"是东晋画家顾恺之（346—407?）提出来的绘画理论，要求以形为依托，达致"传神写照"，而所谓"传神"指艺术表现上的**虚灵感**（illusiveness），即王羲之说的"自有言所不尽得其妙者"（《书论》），刘勰说的"文外之重旨"（the gist beyond the text），也就是"义生文外，秘响旁通"（《文心雕龙·隐秀》）。可以说，直到今天，这都是中国艺术家至诚服拥的表现法要领。

中国传统艺术理论认为模糊性产生于"不似之似"与"似之不似",所谓"咫尺天涯几笔涂,天涯尽在笔功粗"。模糊理念至明清又有发展。在李贽、袁枚等人的倡导下"性灵论"成了艺术思想的最高价值标准。袁枚在《随园诗话》里解释"性灵"时说,"平居有古人,而学力方深,落笔无古人,而精神始出",意思就是说,"性灵"其实就是**艺术自我**。他在《续诗品·著我》中更点明了说,艺术自我有一个结构:一是天分,二是天缘,三是天悟。海外有学者评论说至明清我国"美学理论走向玄学化",其实也不尽然。事实上,至明清我国艺术家的**自我价值感**有很大的提升,这是一个很大的进步。明清时代中国的艺术自觉也表现在模糊理念的发展上,即对"不可言之理"有了更深刻的认识,已经不再停留在"混沌状态"。例如清人贺贻孙在《诗筏》里说:

> 夫唐诗所以绝千古者,以其绝不言理耳。宋之朱、程,及故明陈白沙诸公惟其谈理,是以无诗。彼《六经》皆明理之书,独《毛诗》三百篇不言理,惟其不言理,所以无非理也。……风谣工歌,无不可以入理,若但作理解,则固陋矣。……楚《骚》虽忠爱恻怛,然而其妙在荒唐无理,而长吉诗歌所以得为《骚》苗裔者,正当于无理中求之。

贺贻孙的意思是说,艺术中的模糊论也就是在谈不可言之理,唯其这样谈理,理才显现出来。换言之,正因为是"无理",所以才有理。叶燮认为不妨将这种不可言明之理称为"幽渺以为理",而李渔则说,"此理甚难,非可言传,只堪意会"(《闲情偶寄》)。大约相隔了一百年,西方有位哲学家维特根斯坦说了一句类似的话:"Whereof one cannot speak, thereon one must remain silent."(对于不可言说的东西,必须保持沉默;也有人译为"勿言彼不可言者"。)这也许可以视为东西方之间的"心有灵犀一点通"。

下面我们还要谈谈思维与翻译审美有关的一些问题。

在美学研究中,民族的文化思维形态、文化与审美心理特征的比较研究是两个很有意义的相关课题,这里只能举要而论。对翻译美学而言,这个领域的研究既有理论意义,又有实践意义。上面我们只提到意象思维与模糊思维两个方面,实际上,有待于我们作专题的比较研究的课题还有:

(1)经验性思维与翻译审美

"思维的经验式"(empirical formula in thinking)是一个哲学问题,经验性思维与文化审美则是个深层的美学问题，与语言审美有密切关系。中国人重经验，很多艺术形式都是长期的审美经验提升的产物。西方人其实也是看重经验的，西方重模仿就有悠久的历史，其实模仿也是基于经验性思维。因此对这个课题的研究对翻译美学很有意义。

（2）整体性思维与翻译审美

整体与个体相对。就审美文化心理而言，中国人比较重整体感，"整体结构"（或"结构整体性"）在中国的文论、画论、书法美和建筑美中占有很重要的地位。而西方艺术则确实比较注重"个体特征"。这个问题对翻译审美的意义，尤其是对翻译审美表现法的意义是毋庸置疑的。

（3）和合论思维与翻译审美

和合论（调和论）哲学思想对中国传统译学影响极深，尤其是文质论、神形论、辞达论，（"辞达而已矣"是基本要求呢，还是高标准要求？二者能不能调和？）梁启超更将翻译中的调和论看作"斯道之极轨"。翻译美学对这个问题应该进行深入研究，这里涉及深层的翻译审美价值观问题，也涉及文化翻译的方法论、对策论问题。

总之，翻译美学在这些方面进行深入系统的探讨不可或缺。**从宏观上看**，这是一种跨文化、跨语言、跨学科的研究，涉及到中西文化、美学、文化人类学、语言学、历史学，因此翻译学在这方面取得的进展必将有助于很多学科开拓视野，拓展新的研究疆界。**从微观上看**，翻译美学的文化思维形态分析和审美心理特征研究必将有助于翻译的文化审美理解和表现法选择，从而有助于提高译语的艺术水平。

上面我们讨论了翻译审美价值观。下面要探讨的问题是翻译美学的文化价值论，也就是试图回答"翻译美学认定什么样的文化内涵或文化素质才是美的"这个大问题。这中间，首要的问题是文化与审美情感。因为，在翻译美学看来，语言的文化价值有两个大的维度——内在与外在。译语的**外在美**我们已在前面作了探讨。本节要谈的是内在美，而语言的**内在美**则首推情感和情志。毫无疑问，这里的外在美与内在美，都具有**"文化价值"**（cultural values）。

Topic 11.4　文化审美与情感

就翻译美学而言，文化问题最重要的是审美心理和审美情感问题，而这两者与民族语言文化关系极深。与语言学传统一脉相承，当代西方的语言文化研究常常忽视情感因素。例如 Ray Jackendoff 在谈到语言与社会文化认知的平行关系

（Parallels, 2007:150）时，例举了二者的平行关系，表现在以下图表中所述的六个层面，就只字未提情感因素：

Parallels between language and social recognition
（语言与社会认知之间的平行关系）

---

*Unlimited number of understandable sentences
（无限个可理解的句子）

* Requires combinatorial rule system in mind of language user
（要求语言使用者心中有一套语言组合的规则系统）

* Rule system not available to consciousness
（不存在知觉的规则系统）

*Rule system must be acquired by child with only imperfect evidence in environment, virtually no teaching（规则系统是在儿童时代获得的，几乎未经教育）

* Learning thus requires inner unlearned resources, perhaps partly specific to language（因此学习需要种种内在的非习得资源，或部分专为语言习得）

* Inner resources must be determined by genome interacting with processss of biological development（内在资源必须由染色体组决定，这些染色体组与生物发展过程进行互动）

* Unlimited number of understandable social situations
（无限种可理解的社会情境）

* Requires combinatorial rule system in the mind of social participants
（要求社会成员心中有一套组合规则系统）

* Rule system only partly available to consciousness
（部分存在知觉的规则系统）

* Rule system must be acquired by child with only imperfect evidence only partially taught
（规则系统是在儿童时代获得的，部分通过教育）

* Learning thus requires inner unlearned resources, perhaps partly specific to social cognition
（因此学习需要种种内在的非习得资源，或部分专为社会认知）

* Inner resources must be determined by genome interacting with processes of biological development
（内在资源必须由染色体组决定，这些染色体组与生物发展过程进行互动）

[资料来源：R. Jackendoff 著 *Language, Consciouness and Culture*, MIT Press, 2007, p. 150.]

　　以上分析很有新意，但它忽视了一点：无论是语言操控还是文化社会认知，都深刻地、有时甚至是强烈地**受到情感的支配**——情动于衷而形于外。举一个明显的例子。我国古代诗人李贺（约 971—约 817）身处唐代盛世，却以奇绚凄苦、意绪悲催的诗风著称。李贺在二十几岁时就写出了"雄鸡一唱天下白"、"天若有情天亦老"、"天老地荒无人识"、"黑云压城城欲摧"等等流芳千古的名句。但"诗才终有悲情在"。李贺身世孤寒，自幼家境十分贫苦。成年后值中唐权贵横行，加上他自己仕进路绝，这更使他敏感地意识到唐代的世道衰微，理想渺不可及。李贺在其诗作中最常用的词包括老（48 次）、残（34 次）、断（33 次）、寒（34 次）、愁（24 次）、死（20 次）、孤、鬼、幽等等，他描绘的意象常常使人想起"秋坟跪泣"的哀恸者。关于语言、情感、认知之间的关系，我国宋代的文论家邵雍有一段颇有见地的分析，他在《伊川击壤集·序》中说：

> ……是知怀其时则谓之志，感其物则谓之情，发其志则谓之言，扬其情则谓之声，言成章则谓之诗，声成文则谓之音，然后闻其声，听其音。则人之志情可知矣。

可见人的语言、情感、认知（古人认为"知"与"志"是相通的）之间的关系非常密切。1877 年，严复（1854—1921）到了英国以后，对其时英国的社会进步有了新的认知，孕育了新的情志，研习了新的语言，始有随后二十载在学术翻译方面之丰功伟绩。反之，倘若他当年据守福建侯官，则今人是肯定读不到严又陵那八九本**言情志**并茂、激荡中华一百年的翻译巨著的！

T11.4.1　文化与审美情感的互动关系

文化与审美情感之间的关系非常密切，明代李梦阳说"天下无不根之萌，君子无不根之情"（《空间集》），文化与审美情感之间的关系，犹如"根"与"萌"的关系，文化是情感的母体，情感发之于母体、育之于母体，通常也归之于母体，自不待言。这是很多天涯沦落人都梦想落叶归根的原因。

但是，我们也要注意二者之间常常并不是简单的单向关系，而是双向的、动态的，而且常常是互相制约的：**第一，二者相互促进，相互联通**，这时二者的关系是和谐的，这很容易理解；**第二，情感对母体文化的反制**，也是常见的。这就是说，二者并不总是处在和谐关系中，基本原因是母体文化中有正统的、主流的、既得利益的；也有非正统的、非主流的、非既得利益的。美国有"愤怒的一代"，中国也有所谓"愤青"。事实上，"反社会文化"在各国的文学作品中是非常普遍的。我国唐代诗歌可分为四个时期，即初唐（618—713），以陈子昂为代表；盛唐（713—766），以李白为代表；中唐（766—836），以白居易为代表；晚唐（836—

907），以李商隐为代表。我们可以从各位代表性诗人对待社会主流文化的态度，看到他们的情感、情志的深刻变化：从陈子昂"念天地之悠悠"的风发意气，到李贺的"衰兰送客咸阳道"，再到李商隐的"此情可待成追忆"，二百多年间的诗情衰变不啻天壤之别。中唐白居易的"夜深知雪重，时闻折竹声"（《夜雪》）真可以说是伟大诗人的一种预感到唐代时运不济的隐喻之叹！这应该说是唐诗中最深刻、最生动的"**历史意象**"（historic image）之一。

T11.4.2　审美情感的语言文化表现问题

这个问题相当复杂。翻译美学的基本原则是：

第一，紧紧把握对文本的多维分析，旨在精确把握作者和作品的情感内涵、情感特征及其表现方式。在文本中，情感表现或微妙而细腻，或率真而旷达，或隐含而深邃，终无千篇一律者。因此翻译家实在没有一劳永逸之公式可循。一般而言，动态模仿、择善从优应该是我们的基本对策思想。在作品中，"情"与"景"、"情"与"境"往往是互相衬托的，因此，译者在茫然于"情"的表达时，可以抓住比较实在的"景"与"境"。不过要分清楚，有些作家倾向于"**情景相依**"，另一些人则惯用"**情景相触**"（反称法），宋代文论家范晞文论证过这一点。（见《历代诗话续编》，中华书局）

第二，紧紧把握比较法，特别注意在比较中研究不同的翻译家对情感的不同表现方式和方法，有倾向于"显"者，有倾向于"隐"者，西方译者多采取后者，而中国翻译家则多采用前者。例如唐诗翻译家 H. A. Giles, J. Legge, A. Waley, K. Rexroth, E. Pound, W. Bynner, C. F. R. Allen, Hellen Waddell, F. Ayscough, Amy Lowell, H. H. Hart, C. Budd, W. J. B. Fletcher 等人，以及林语堂、初大告、蔡廷干、黄雯、杨宪益、翁显良、王佐良、许渊冲等人的情感翻译对策和方法，我们宜在比较中学习，在比较中领悟，在比较中实行。

第三，情感表现问题过犹不及（Excess is just as bad as deficiency），因此翻译再现必须把握好分寸，有时增一分则太多，减一分则太少。翻译现代中国作品，尤其要避免其中的虚夸、矫饰之情，原作中的矫情必须有分析地加以洗刷。译者可以以接受效果为必要考量，进行适当调节。

Topic11.5　译语的文化取向问题

在翻译美学看来，文本文化价值还有一个外在维度：译语的整体性文化取向。

中国翻译界有些人常常陷入西方译论设置的课题而不能自拔：一个是"对应"，这几十年来翻译界一直被西方这个概念纠缠得很苦："意境"、"潇洒"、"风骨"、"吹牛皮"、"钉子户"以及近几年的"裸官"、"空巢老人"、"碰瓷"等等词语找不到外国"对应"怎么办？另一个就是"归化"和"异化"：文化翻译究竟是按原语办，还是按译语办？外国译论说，按原语办，就叫作"异化"，按译语办，就叫作"归化"。于是有些中国译论家说要照此办理，纷纷按外国洋教条做文章，写了一篇又一篇论文，"核心期刊"也不遗余力地加以宣传，他们很少去静下来思考，这类问题我们的前辈翻译家早就谈过了。据说 17 世纪的西班牙先是崇拜意大利，后来崇拜法国。大户人家的男子都千方百计想得到一把法国的"Pablico"（佩剑）。后来一位西班牙农民偶然间发现，原来法国的所谓"Pablico"竟是西班牙 Bilbao（毕尔巴鄂市）一个作坊生产的"Bilbo"（比尔波精工剑）经过改头换面的泊来品，精工佩剑原来出在西班牙！

T11.5.1　跨语言文化转换：五种方式

文化翻译比较复杂，在理论原则上我们只能采取**描写主义的态度**，也就是说按语言现实和文化审美现实办事，在纷繁的语言文化现象和翻译事实中寻找带有规律性的**参照性规范**而不是规则，任何"非此即彼"的规定都是无济于事的。

属于对应（Equivalence）——共二式

第一契合式　人类的文化审美经验相同或相近的可能性相当大，因此契合对应的可能性也相当大，例如：俊男靓女型——the gorgeous-to-handsome type; 电影迷——cinephile（s）; 试演——audition; spice girl——辣妹; a Rolling Stone film——滚石电影; pricing power——定价权; golden section——黄金分割

第二模仿式　包括直译和音译，也包括借用（borrowing），这是一种词语引进，实质上是文化概念的引进。例如：肤色——skin color; 红包——Hong Bao; money laundry——洗钱; housing bubble——住房泡沫; 狗年——Year of the Dog; single mother——单亲母亲; the white peril——"白祸"（模仿"黄祸"，the Yellow Peril）

属于代偿（Compensation）——共三式

第三解释式　解释是非常有效、非常可靠的手段，值得推荐；解释可长可短，短的时候可以在音译后加上一个范畴词。例如：北漂——

flotsam and jetsam in Beijing; 钉子户——a nail household; plethora——供过于求的贵族玩意儿（例如供富人享用的高尔夫球场、健身房等）; stakeholder——利益有关者;（3）Grammy (s)——格莱美奖（"奖"就是范畴词）; bailout——（美国金融危机时政府的）紧急补贴（金）; 关系户——a preferentially treated person, group or organization

第四替代式 在契合对应缺如时以大体等值或大体等效的词语代替，例如：很牛、真棒——very cool（在汉英中都是俚俗语）; dod-gem——（游乐场的）碰碰车（以音代义）; Dog Star——天狼星

第五淡化式 即不得已放弃专有的文化涵义，例如：夜郎自大——ignorant boastfulness; 红包——bribery; kickback; the new Titan——新的巨人; ride on（原用于赛马）——加油

可见在文化审美翻译中，代偿是更为广泛、更为开放的转换办法。词语翻译按以上究竟哪一式又怎样决定呢？看来译者的抉择因素主要有两条：

（1）词语的"**流通度**"（Popularity），指普遍流行的程度（使用频度和流通版图），越"知名"则可以模仿或直译的条件就越充分；

（2）词语的"**可接受度**"（Acceptability），指目的语文化可接受的程度（读者群体的文化程度、规模及社会阶层分布）。

根据以上两条，我们根本无法做到一刀切，只能够个案处理。而且很清楚，处理的原则不是什么"对应"，而只能是语义代偿，通俗地讲，就是"解释"。

T11.5.2 文化特征化与等级化分布（Stratified Distribution）

"文化特征化"是我们的一个描写主义的语言现实依据，实际上也是我们的理论依据。

按理论要求，不论是"译入"抑或是"译出"，翻译者的基本职能应该是尽力保证原语文化的转换，这是基本的一条。为此，理论家确实必须制定出切实可行的译语文化取向规范。这中间，一个最基本的问题也是最复杂的问题是词语的文化翻译，因此我们就从词语的文化审美与翻译谈起。

从微观上分析，词语的文化审美与翻译情况很复杂，不可能按"归化"和"异

化"——也就是非此即彼的公式一刀切。更重要的是，译者的语言使用不可能是随意的，只听命于使用者的意志，更不是翻译理论家用规定性的策略可以左右的：译者不能不面对的现实是：（1）原语文本的文化特征，他（她）不能随意改变，必须按译者的天职行事；（2）目的语的文化接受，他（她）也不能随意改变，必须顾及传播效果。西方理论家提出"归化"与"异化"问题有一定的政治意图（郭建中，2004），我们不可不加以分析。当然，更重要的是，这种非此即彼的规定性对策不符合我们的翻译实际，词语文化翻译的现实要比"非此即彼"复杂得多。

从宏观视角看，语言受制于文化（culture-bound），词语都带有不同程度的文化特征（culturally characterized）。其所以说不同程度，是因为语言的"文化特征化"（cultural characterization）是分等级的，这个"等级化分布"如下所示：

（1）最高级

也就是充分文化特征化了的词语，包括一切专有名词（人名、地名、事物、事件，等等），"专有"实际上正是文化专指，例如：

——所有的专名：李白、牛顿、纽约、元宵节、同仁堂、阿波罗登月；Armani，France，Lipton's（Tea），Lee's（Blue Jeans），等等。
——所有有专名参与的语句：说曹操，曹操到；不识庐山真面目；a Wall Street legend，God's gift，take（a）French leave，Capitol Hill，（a movie）in Scorsese Style，Murphy's law，The Liverpool Boys，等等。

上列词语都具有充分的文化特征，实际上它们都已经专名化或半专名化了。

（2）次高级

也就是次充分文化特征化了的词语，也可以说是"暗含专指"，虽不是专有名词，或无专有名词参与，但含有明显的特定文化意义、文化特点或色彩。例如：山寨、大腕、蜗居、长假、环保箱、时尚达人、拱手相让、早生贵子、春雨贵如油；下面这些英语词语涉及的文化非英即美：pluses and minuses，four-letter，good cops and bad cops，the yellow cab，box and cox，imperialistic heydays，shrug one's shoulders，skeleton in the cupboard，driveway，Thou nor I have made the world，out of the straw，等等，不带任何专有名词，但它们仍然明显受制于文化。在任何一种语言中，这样的词语、成语、语句都大量存在，而且用得非常广泛。

(3) 一般级

也就是一般性文化词语，即不分国家或民族，大家共用的文化词语，如：证券、首都、选举、明星梦、打官司、跨国公司、品牌效应；environment，situation，T-shirt，friendship，等等。常见的情况是，一般性文化词语处在特定的文化环境中也必然会被赋予特定的文化特征。在人类社会中，"文化真空"实际上是不存在的；与"次高级"文化特征化词语一样，这样的词语在任何一种语言中也是大量存在、被最广泛使用的。

很明显，上述文化特征化的三级分布，就是我们需要面对的现实，也正好是供我们决定转换对策的基本依据。

Topic 11.6　翻译的文化审美要领

根据词语的文化特征化程度，文化审美翻译要首先启动文化心理机制做出判断：

第一，属于最高级的文化特征化原语词语，不可能在目的语中找到对应式，只能音译及在翻译中进行代偿式解释，也就是所谓"音译兼意译"，或完全意译，如：

- 八达岭长城——the Great Wall at Badaling
- 鸿门宴——a dinner（banquet）at which some treachery has been planned
- Boeing 737——波音 737 客机
- Murphy's law——凡有可能出差错或不幸的事迟早会出现

这样一来，等于不同程度的"就音弃义"，文化意义只能靠音来保留；如果是意译就等于"弃音就义"，保住了意义，但淡化了（decolorize）原语的特定文化特征。可见翻译要保持原语的特定文化特征，主要着力点并不在这一级词语。

第二，属于"次高级"这个层级的词语文化翻译情况比较复杂，必须个案处理。一般说来，有以下几种办法：

（1）概念意义很明白（或大体明白），但具有鲜明的特定文化色彩，不可能在目的语中找到丝丝入扣的对应式，难以实现"归化"，只能代偿性意译，也就是变通，以免造成文化隔阂，这种情况是大量的，如：

- 可圈可点——satisfactory having considerable merits
- 拂袖而去——leave（hastily）in ill-temper

- 洪福齐天——great blessing
- driveway——私人（住宅）行车道
- Thou nor I have made the world——你我都不能单枪匹马打天下

（2）概念意义很明白（或大体明白），同时具有鲜明的特定文化色彩，但不同于（1），它们已被目的语所吸收，其文化信息也已被目的语受众所理解，因此可以直译 / 音译，如：旗袍（qipao）、风水（fengshui）、功夫（kongfu）、胡同（hutong）、普通话（putonghua）、文化大革命（Cultural Revolution）、problem product（问题产品）、independent task force（独立调查小组）、head-hunting company（猎头公司）、carpet searching（地毯式搜索），等等。语言文化是可以兼容互补的，这是大势所趋。假以时日，语言文化接触可以使民族文化心理和行为特征都会发生变化。例如，西风东渐以后，中国人不再认为白色表示"不吉利"了，东风西渐以来西方也有很多人改变了 dragon 代表"邪恶与霸道"的观念。另外，像 shrug one's shoulders（耸耸肩，一般表示"不知道"或无奈）、give somebody a high five（击掌表示"干得好！"）这类典型的西方人动作，也在相当一部分中国人中普及了。

　　第三，属于一般级的文化特征化词语但并不带有任何特定的（specific）文化色彩，因此翻译起来可以：

　　（1）"左右逢源"：例如，long gown 既可以翻译成罗马式的"长袍"，也可以翻译成中国式的"长衫"；"小舟"既可以翻译成中国式的 boat，也可以翻译成西方各式 canoe, birch, bungo, coracle, dugout, skiff 等等，不一而足，但这些词都带有一定的地缘文化色彩，究竟应该翻译成什么，端赖上下文提示的文化形态而定：须知北欧的"小舟"完全不同于南美洲的"小舟"，这一点译者应该心里有数。

　　（2）"量体裁衣"：译者可以利用这一自由度，适当表现出不同的文化审美手段或含义。例如：bow tie（蝴蝶结，汉语中也有蝴蝶结——据此可以"量体裁衣"，既可以指女用发结、女服胸针，也可以用在男装上，做蝴蝶结领带）、snack food（小吃食品，点心，但香港人的"点心"则是一种"餐桌小吃"，并不一样）、"甜筒冰激凌"（ice cream cone）。但是必须注意有些文化词语有褒贬义。比如英语的 surfer 我们译成"冲浪运动员"，如果翻译成"弄潮儿"就不是量体裁衣了。

　　由此可见，在翻译中如何确保上述第二级（次高级）和第三级（一般级）词语的，并扩及全局性的特定文化特征，才是文化翻译的主要着力点。

Topic 11.7　文化翻译对策论的要点和依据

我们探讨的三个要点是：

（1）文化理解第一；

（2）把握文化特征；

（3）目的语的文化再现与文化接受，必须精通代偿式。

据此，我们可以做出以下推论：

第一，文化理解（包括意义理解和审美，见 T4.4.1，T4.4.2，T4.4.3）。

第二，翻译的职责是尽力如实地转换译入语抑或是译出语的文化特征，而不论它是否是译者的母语。因此片面提倡"异化"与片面提倡"归化"一样，都是不妥当的。有一种误解：为丰富母语必须侧重"异化"，为促进交流必须侧重"归化"。这样的"侧重"既忽视了语言文化现实，又忽视了文化翻译的基本职能。

第三，译文的文化取向取决于译者对原文文化特征的科学态度及妥善处理，最基本的层面是原文词语的文化特征问题。不顾这个基本层面，按译者的主观意向来决定"归化"策略或"异化"策略，都是不妥当的。译者可以有文化战略上的考量，但这种考量应该主要表现在选材上，而不是表现在已选定材料的处理策略上。译者的对策论依据只能是摆在眼前的原文的实实在在的语言文化特征，译者的参与指他如何择善从优地实现语言文化特征的跨语言转换。

第四，语言是兼容互补的，尤其是通过代偿性意译（解释或阐释），不仅完全可以实现语际间复杂的语义转换，还能在文化层面实现有效的跨文化的转换，使译文的文化取向与原文的文化取向"圆满调和"。例如，杨宪益和戴乃迭翻译的《红楼梦》在这方面取得的成就引起了西方读者很大的兴趣，译者本人也谈到他们在这方面用的功夫最多，也就是"功到自然成"，我们不妨说，这里的"功"基本上就是多维代偿之功。

以上四条，前三条是认识论，就是"知其然"；最后一条是方法论，就是"通其行"；结果肯定能"成其事"。

语言的文化特征化是一个普遍的事实，按维特根斯坦的说法，是一种不以人的意志为转移的**"生活的形式"**（L. Wittgenstein, 1953），也就是说它是一种现实必然。特征化的形成取决于文化环境对主体的心理刺激与影响，而文化环境则是一个复杂的、多重的外部世界，所以说人这个主体实际上是一个复杂的多重的文化主体。对翻译者而言，最重要的是自己这个"文化主体"要具备很强的文化选择能力，而**文化选择基本上取决于文化价值观**，诚然，所谓"审美以文化主体为依托"（embodiment），但这个**主体依托则是深深植根于其文化价值观**。英国的语言学家 Philip Gooden 在其新著 *The Story of English: How the English Language Conquered the World*（Quercus, 2011: 153）中说，英国人曾经不可一世，认为英语是任何人不敢在太岁头上动土的语言，没料到后来冒出来一个人文地缘文化殊异的美国。1813 年杰佛逊"毫不客气地通知英国佬"（2011:152）说：

> Certainly so great growing a population, spread over such an extent of country, with such variety of climates, of productions, of arts, must enlarge their language, to make it answer its purpose of expressing all ideas, the new as well as the old. The new circumstances under which we are placed , call for new words, new phrases, and for the transfer of the old words to new objects. An American dialect will therefore be formed.（Philip Gooden, *The Story of English*, Quercus, London, 2011:153）

杰佛逊预言一出没多久，康涅狄格州一个农民的儿子，耶鲁大学的毕业生韦伯斯特（Noah Webster, 1758–1843）就编出了一本令英国人不知所措的《韦氏大辞典》，其中有 5000 个美国词语，英国人竟然闻所未闻。这样就开启了**美国英语**与**英国英语**分庭抗礼的时代，好在他们是"同胞兄弟"，有时难免争争吵吵，但整体来讲更加壮大了英语的声势——现在只留下了一个"潜在威胁"：汉语！其实这里有个基本事实人们有时很难认识到（Philip Gooden 在书中也时有表露，见该书第 18 页），人类在一个时期可能相互为敌——至少是互不忍让，但人类的语言总是互补、互释的。我们可以肯定地预言，若干年以后，当中华文化和汉语高度发展和发达之日，也正是汉英两种语言可以相当完美地互补、互释之时！

【思考讨论题】

[1] 为什么说文化审美是文化翻译的重要内容？

[2] "民族文化思维形态"是什么意思？为什么说它与审美心理有重要关系？

[3] "文化审美"是什么意思？为什么说它与翻译有重要关系？

[4] 你怎么看译语的文化取向问题？在翻译实践中把这个问题简单化有什么危害？我们应当怎么办？

Part Twelve
翻译的审美再现论

要旨　可以说翻译转换的种种语言表现问题都集中于"翻译再现"中的这个"再"字。对"再现"的推敲，使每一位中外古今杰出翻译家为之付出了一生的心血："模仿"是最佳再现吗？"超越"才是最佳再现？怎样模仿？怎样超越？——这是翻译家永无休止的审美再现诉求，其根本原因是：翻译再现**永远要面对一个具有限制性和规定性的参照体——原作（原文）**。

Topic 12.1　翻译的语言表现论——翻译审美再现概述

在中国的儒家看来，美的表现就是"文质彬彬"（《论语·雍也》），看重和谐统一。道家的艺术观很深刻，他们拒绝直接描写怎样表现美，而是更加关注人的美感产生的由来，"审美"不应该为了表现，为了表现的审美就不是真正的审美，这使得"美"也就谈不上真正的美。《老子·十章》中要求**"涤除玄览"**（净化心灵以至于玄冥之境，统览天下无极的万事万物），就是要求审美者涤除功利心，保持心灵的"哑寂"状态（这种观点德国的海德格尔和本雅明也有近似的描述），才能达到在对美的享受中"忘我"（让"我"融合为美的一部分，如庄周之"梦蝶"，使自我蝶化）的**真美境界、灵韵境界**。这个积极意义，翻译学当然是支持的，不过翻译学有翻译学的任务。翻译审美从根本上说就是为了落实到跨语言文化的审美表现。我们要求的是，审美者在达致"涤除玄览"以后，做到在"主体的审美感应"和"审美表象的外化即语言化"之间实现和谐统一，也就是说，翻译审美表现的终极要求是做到**尽心尽力用译语去再现原语中的美**。说到底，翻译美学是为译语择善从优的审美表现而努力。这是我们的**基本表现论原则**。

那么，"审美表现"（aesthetic presentation）是什么意思呢？在英语中，"审美表现"与"审美表象"都是"aesthetic representation"（在心理学中"表象"也可以是 presentation），但在汉语中，二者的意义是不一样的。"aesthetic representation"最好译为"**审美再现**"，侧重点落在双语的表现转换过程和表现结果。下面从"审美表象"讲起。

"表象"原本是个哲学术语。"审美表象"的基础是**感知**（感觉和知觉），由感知形成具有一定概括性的感性形象，就是"审美表象"，用英语来解释就是"image vividly retained in memory"（生动地保存在人的记忆中的意象或形象）。因此表象是审美心理活动中从"意象或形象保存"到"意象或形象再现"的一种**过渡形式**，具有**过渡性**，它既是丰富的，又是灵动的：说它丰富，因为它包容了很多感性材料；说它灵动，因为它已经有了思维的注入而且随时准备提升、过渡到"可表现性"，以某种**经过选择的形式**再现出来，所以我们称之为"艺术再现"。哲学家之所以说表象是"过渡形式"（或"中间环节"），是因为它具有尚待完成或"未完成而待完成"的特性因而具备了高度的选择性（selectiveness），艺术家于是利用它的这种**选择性**（或"表象空间"），融入经加工遴选（整理、综合、集聚、概括、比况，等等）的种种感知所形成的感性形象，将它优化提升、储入记忆，并注入了知性情感（或"直觉理性"，S. Langer，1942；或"美感直觉"，F. Schelling，1850），才能进入审美表现或审美再现过程。世界上很多艺术杰作都经过了十年八年的惨淡经营，即所谓"十年磨一剑"。可见中国传统美学和日常语言说的"择善从优"是非常符合审美表现原理的。总之，在人的审美心理活动中是先有头脑里（记忆里）的审美表象，才有语言中的审美再现。这个过程始于主体的审美态度（起点），而终于主体的审美表现（终端），整个过程大致是这样：

翻译审美主体的审美心理过程图示

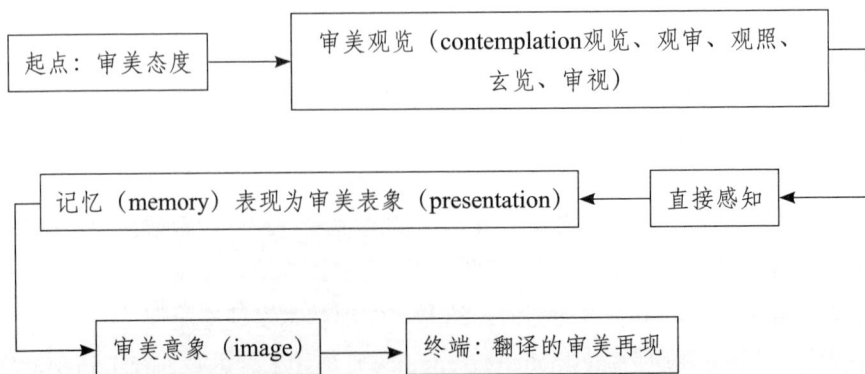

从上面的审美心理活动过程描写可以看到，审美表现（审美再现）是主体审美观览的终端，这就是说，翻译主体纵有千般"观"万遍"览"，最终都要落在审美表现上，表现失当，则功亏一篑，自不待言。中国几位大诗人都谈到过"语不惊人死不休"，就是这个道理。但表现又不能离开表象（就是"玄览"的成果），离开表象则表现不啻"无米之炊"，这也是毫无疑义的。很多人都多次观览过赤壁，但只有苏轼写了前后《赤壁赋》，可见苏轼玄览赤壁之拳拳用心；同时，很清楚，如果苏轼不去观览赤壁，那么他就肯定写不出《赤壁赋》来。

英语中还有一个词 expression，它的意义也是"表现"，指思维（思想）和情感的言语表达（或表达式），比如 freedom of expression 意思就是"言论自由"。有不少美学家也用 expression 来概指 representation。例如意大利的克罗齐说 "aesthetics as science of expression"（美学作为表现的科学，*The Identity of Linguistic and Aesthetic*，1902），这时的表现就包括再现。

以上说的，就是审美表现论最基本的哲学—美学，也是认知心理学原理。这个原理完全适用于翻译的审美表现。

Topic 12.2　审美再现的主体前结构及其适应性

所谓"主体前结构"实际上就是译者面对翻译时的认知心理结构。从上面的描述可以看到，审美再现不是一蹴而就的，它有可能是自发的（如艺术家的即席作画、诗人的即席和诗），但无一例外有一个关系到质量乃至成败的"前结构"（pre-structure）在或快或慢地投入运作，这个审美表现前结构包括以下各部分。

审美表现的前结构

（1）**认知结构**（Cognitive Structure）

主要司掌 Knowing（"知"，也包括"识"）——

认知结构的功能是提供对文本的理解，而理解的核心问题是意义，包括概念、意念、意向和意蕴。

（2）**审美心理结构**（Psychological Structure）

主要司掌 Feeling（"感"，包括感觉和情感）——

心理结构司掌一个复杂的"审美心理加工过程"，其关键作用是提升表象为有知、情、意含蕴的意象、意境、意蕴，这是成功的表现的关键。

（3）**复合结构**（认知＋审美）（Complex Structure）

主要司掌 Expressing（"情志"包括由意志、意向和情感支配的语义表现）——

认知和审美经验进入向语言投射的过程，这时主体的语言功力就是审美再现的关键。

（4）经验结构（认知＋审美＋经验）（Empirical Structure）

主要司掌 Judging 和 Modulating（调节），"经验"是一种审美认知和审美判断的"积淀"，这种"积淀"可以在主体择善从优的优化再现过程中起到不可或缺的调节作用。

很显然，没有前结构的积极参与运作，成功的审美再现实际上是不可能的。古人早就说过言定于意、意定于思，"思"就是前结构的运作。很多翻译表现式之所以差强人意乃至谬以千里，基本原因是必有失于前结构中三个过程，尤其是主管理解的认知过程，实际上它是一个具有决定意义的前提。当然，就翻译审美表现而言，关键还在激活译者的审美直觉：读懂了"人比黄花瘦"不难，但要把握这个意象的"审美意味"并将它审美地再现（aesthetically represent it）出来，就看你的审美直觉灵不灵、你的语言功力够不够了！

涉及到语言功力，不能不谈到一个目前汉英翻译的译者很普遍的问题，就是对汉语文（包括词语概念和句法结构）的认知能力比较欠缺。不难想象，如果连汉语的词语、句子都不能作语义解析和语法分析，准确把握词义和句义，又怎能将它们译成外语呢？《木兰辞》中有一句"同行十二年，不知木兰是女郎"中的"同行"就有译者译成 "to travel together"（在一起旅行）。这里"同行"的意思是同在行伍中，"行伍"指军旅。钱锺书的《围城》中有个词"同情兄"，有人译成了 "we all sympathize with you"，其实这里的"同情兄"是作者的 coinage（生造词），按上下文意思是 "guys falling in love with the same woman"。读者有时过于相信自己的语感，难免望文生义。一般说来，中国译者做汉译英时有一个不喜欢查阅汉语词典的倾向，这是应该切实改进的。

与主体认知心理前结构相对的就是我们的审美对象——译文。译文的语言形式和语义内容都是我们进行审美再现时的一个具有**限制性和规定性的参照体**，那就是说，我们的审美双语转换再现不存在主体的任意性，这是一层意思。另一层意思是，译文不是一成不变的，它有文体之变、体裁之变、题材之变、语言层级之变。每一种变化都会出现另一个限制性、规定性参照体，译者必须根据这个新的参照体来塑造自己的译文。因此，主体的前结构必须具有充足的适应性，不能固守自己的认知结构、审美心理结构和经验结构，以此来应对各种译文。

　　刘勰在《文心雕龙》里说，"诗人感物，联类不穷。流连万象之际，沉吟视听之区，写气图貌，既随物以婉转，属采附声，亦与心而徘徊。故灼灼状桃花之鲜，依依尽杨柳之貌"（《物色》），说的就是这个意思。严复翻译九种学术著作时用的是一种文风，待他翻译《圣经》时用的又是另一种完全不同的文风，即是此理。

Topic 12.3　中西审美再现对策论：发展及现状

　　从历史上看，中国的语言表现理论始于老子的"信言、美言"论，他在《道德经》八十一章中说"信言不美，美言不信"，还在第十二章中说，"五色令人目盲，五音令人耳聋，五味令人口爽"。老子反对美言并且将美言与信言对立起来，与他对美的看法很有关系，如第二十章："美之与恶，相去何若？""美"竟与"恶"相提并论，可见老子对伪善之深恶痛绝。其实，道家并不是一般地反对美，而是在他们认为美可能损及"道"的时候，为捍卫"道"而提出的。道家的基本观点是"至美在无限"，因此庄子说"大美不言"（《知北游》），认为最美的东西无需语言来表达，老子说的"大音希声"（《老子·四十一章》），也是这个意思。

　　古代表现对策论中最具有深远历史意义的是先儒提出的"**修辞立其诚**"和孔子的"**辞达论**"。（见《论语·卫灵公》："辞，达而已矣。"）在《论语·雍也》一节里孔子还提出"文质彬彬"论："质胜文则野，文胜质则史。文质彬彬，然后君子。"董仲舒的解释是"质文两备，然后其礼成"（《春秋繁露·玉杯第二》）。"辞达论"与"文质彬彬"论相辅相成，是儒家表现论的核心思想。清人魏禧说，"辞之不文，则不足以达义也"（《甘健斋轴园稿序》）。清人吉洪亮说，"达即繁简适中，事辞相称"（《晓读书斋初录》）。儒家之见一脉相承。

　　先秦时代我国词章表现法已有很多杰出见解，例如《周易·乾·文言》载："修辞立其诚"，《周易》还提到"言有物"（《家人》），王弼注云："君子以言必有物而口无择言"（意思是言而无物，择词选句也没用）。《周易·艮》更提出"言有序"，这是中国语法史上第一次提到语序问题。荀子发表了很有价值的**语言逻辑论见解**，他在《荀子·正名》篇中说："辩说也者，心之象道也。心也者，道之工宰也。道也者，治之经理也。心合于道，说合于心，辞合于说，正名而期，质请而喻。辩异而不过，推类而不悖，听则合文，辩则尽故。"这里荀子所谓道，是指客观规律和标准。可贵的是，荀子还提出了中国古代的**语言情景论**，即所谓"言之时"说（说话要看时机）。他在《劝学篇》中说："未可与言而言谓之傲，可与言而不言谓之隐，不观气色而言谓之瞽。"先秦许多先哲还提出一些具体的表现法,老子提出了"言正若反"法,墨子提出了"取譬"法,孟子提出"言近而旨远"(委婉法),庄子提出了"重言",也就是今天所谓的"援引"论证法。这些都是我国古代语言表现论的光辉亮点。

汉代我国辞章表现法又有新的发展,表现思想和文风受扬雄"诗人之赋丽以则('则'意为'合适'),辞人之赋丽以淫('淫'意为'过分')"的影响,实际上是倡导**语言形式美**,这是了不起的审美见解。刘勰也继承了这个观点提出"文丽而不淫"的主张,意思是要求文辞表现出一种有节制的华美。陆机在《文赋》中提出"辞达而理举",严格要求"意逮物"、"文称意"、"因宜适变",是对片面要求形式美的一种反制。唐宋时期文章章法论的重要人物是韩愈和苏轼。韩愈的创见是他发展了"辞达论",提出了文辞形式具有多样性特征,形式的确定取决于"是"("**为其是耳**"《答刘正夫书》),也就是 Appropriateness(适应性)。苏轼也对辞达论提出了有意义的阐释:"**随物赋形**",意思是"达"的语言表述必须紧贴所要表述的事物,不多也不少("足矣,不可以有加矣。"《答王庠书》)随后的"随类赋采"(谢赫)、"临事制宜,从意适便"(张怀瓘)和"中的为工"(张戒)也都是**对辞达论的发挥**。正确的表现方法论必定会产生丰富多彩的成果,所以苏轼说"文理自然,姿态横生"(《答谢民师书》)。

唐宋以后,传统语言表现论发展为一系列的二元对立项探讨:文与质、雅与俗、繁与简、奇与正、变与常、浓与淡、骈与散,涉及内容与形式、语域与语体、行文与造句、遣词与修辞、要对偶与不要对偶、要用典与不用典,等等。尤其因为有韩柳为先驱,散句单行的结构启示,古体散文出现了极大发展,中国文坛有识之士辈出。例如范文(宋代)说,"文章当理与不当理耳。苟当与理,则绮丽风花同入妙;苟不当理,一切则为长语"(《潜溪诗眼》),而所谓"理"则正是契合于康德的"合目的的形式"(purposive form)论。程廷祚也说"理充者华彩不为累"(《复家于门论古文书》)。值得注意的是唐以后的表现论中提倡"创新"论的人不少,如韩愈主张"戛戛独造",张戒则提出"以故为新",在"达"的前提下,"陈言"也是可以变为新巧的。

英语的审美再现对策论有自己的发展轨迹,这个轨迹表现为几条线索。第一条线索是修辞学;第二条线索就是文体—风格学;第三线索是书写—叙述学(Writing-Narratology)。三者目前似有合流之势。

西方修辞意识大约始于公元前 5 世纪的古希腊,荷马史诗在表现上已有文体的雅俗之分。西方传统修辞学关注的中心是所谓"演讲术"的"劝说效果",通常以口述技巧为依归，强调临场操作性。到亚里士多德（Aristotle，384–322 BC）始成规模。亚氏在《修辞学》（*Rhetorique*）中说"演说术"包含三大要素：内容、文辞、口述技巧，第一次提出文风的力量来自"CPC"，即 Clarity（清晰）；Propriety（得体）；Correctness（正确）。西方修辞学至 20 世纪有了很大发展，开始关注语言生成、功能和表达，至当代更与话语、语体、叙述、风格合流，形成了西方现代表现论的一股不小的洪流。

西方叙述学、文体学与写作中的表现法对策研究的叠区很多，共同关注的表现对策论课题与翻译美学的再现对策论审美价值标准也可以说息息相通。择其要者有以下五条：

第一是名物对策，要求必须指代明确（Exactness）

"名"是事物的"代表"或者叫"标签"（label），因此"正名"（right naming）是最基本的一条，意思是"必须给特定的事物以特定的指代标签"，或者叫作"专名专用"，英语中称之为"distinguishing label"（区别性标签；辨别性标签）。"标签"贴准确了，所指（意义）才能明确无误，不至于产生歧义，也就是不会张冠李戴。这个问题并不简单，资深翻译都可能出错。例如 drawing board 是"绘图板"，那么 drawing room 呢，是"绘图室"吗？不，它是指"客厅"。这就是张冠李戴。思维表达中做到名实相副，就做到了"真善美"中的基础——"真"！

在任何情况下，"真"都是第一条审美标准。

第二是遣词对策，要求必须表述准确（Precision）

词语选择必须准确，这是词语"择善从优"基本的一条。当代英语基本词汇及其基本义项已达近 20000 条，词义增生变化极其迅速，Random House 的新版词典在 315000 个词条中就有 210000 个要修改词义（B. Bryson，"Order Out of Chaos"，*About Language A Reader for Writers*，2000: 97，简称 *LRW*）。在这种情况下精于选词就是很重要的任务了。请记住英语中的一句名言，"Proper word in its proper place"（辞贵适境）。用词适境就是词语之"善用"，就是"择善从优"。

第三是语法对策，要求必须正确规范（Grammaticality）

英语是一种很理性、很"法治"（有较严谨的词法句法规范）的语言，基本语法规范容不得半点差池。语法上一丝不苟是英语审美标准"真善美"中的"真"的最重要的体现。在英美人看来，译文纵便有可取词句，如果语法有几个重大差错，他们都会认为整体上"next to worthlessness"（几近废品），因为这说明译者没有把握住英语的理性本质，在审美评估中就会大打折扣。这里涉及英语基本的审美价值观，请务必慎之又慎。

第四是行文对策，要求必须简洁有序（Concision and orderliness）

英语也非常讲究“文贵简洁”。有论者（J. M. Williams, “Concision”, p. 375，*LRW*）举了一个例子，怎样将一个长达30多个词的句子（a）简洁化为仅仅六个词的句子（b）。原句是这样的：

（a）In my personal opinion, it is necessary for all of us not to miss the opportunity to think over in a careful manner each and every suggestion that is offered us.

显而易见，**既然**有my，**就**不必再用personal了，**既然**明摆着是一条建议，**就**不必再用opinion了，**既然**是us，**就**不必用all了；另外，**既然**是“一定不要”miss the opportunity to think over，**那就**直截了当地说must consider好了，**既然**是以一种“仔仔细细的方式”考虑过了，**那就**用carefully好了，结果这句话可以简洁化为：

（b）We must consider each suggestion carefully.

该书作者的意思很清楚：删去任何一个多余的词，因为它毫不足惜！

第五是思维运用对策，要求条理清晰（Clarity）

说到底，语言简洁的基础是思维清晰。我们在解释上面那个句子如何冗赘自累时用了很多“既然”和“就”，这就充分说明说话的人思维混乱。为避免思维混乱的写作，美国作家M. D. Murray（*Writing Is Rewriting*. p.372, *LRW*）建议先“revise for meaning”（理清头脑中的意义），Murray写道：

Effective writing has focus. Everything in the draft must lead to that meaning or follow it. It is usually a good idea to write that meaning down. Such a line may or may not be in the text but it will be a North Star to guide you through the revision.（不妨将思维中的要点写下来，作为写作的指针）

Inexperienced writers usually plunge in when revising and start to correct the language. It is waste of time to work on the language line-by-line unless the meaning is clear to the reader.（思维未捋清楚以前急于修改文字是毫无意义的）

对于"思乱如麻"的文字，美国另一作家 M. C. Hairston（"Holding Your Reader", p.360, *LRW*）的建议是"sentence chunking"（切分长句为短小的意群单位——"small chunks"），一经切分就可以看出来哪些 small chunks 纯属废话，弃之毫不足惜。

有意思的是，就写作基本对策而言，目前汉英几乎完全一致，都倾向于清逸俊美而避免难于把握的博大恢宏。可见时代越是向前发展，人类的基本共性就越趋于相近相同。很可能，这就是遥远未来的一丝丝亮光的先兆！

Topic 12.4　翻译审美再现方法论

上面我们简要地阐述了中西表现对策论发展概略，这一节我们对汉语与英语的具体的表现方法做一个概括的介绍。不言而喻，对汉英表现法有一个概括的了解对我们的翻译审美表现很有裨益。

T12.4.1　汉语审美表现法概述

中国文论传统历来非常重视行文中的种种表现法，很多传统观念和章法到今天仍然具有很强的生命力和可操作性（例如文本扩张中的"起承转合"），这是因为它们是中国文论界集千百年审美观览经验的结晶，更是文学创作界集千百年审美创作经验的结晶。中国的文章表现法可以归纳为以下七项要诀，这七项要诀可按程序排列如下：

要诀一　立意，相当于 Sorting out one's ideas

"立意"就是将清思想、廓清思路，这是最首要的。就翻译而言，就是要把握原语的全部意义，包括超文本意义。不仅如此，还要根据原语文本，抒出清晰的思路来。"立意"还有一层意思，就是要析出原文的主旨。清代文论家李渔说，写一篇文章"定有一篇之主脑，主脑非他，即作者立言之本意也"（《闲情偶寄》）。翻译也一样，译者必须吃透原语文本"立言之本意"，原作者究竟想说明什么问题（除非原文本身就是思想混乱、漫无主旨，不过既然是这样，那就没有必要翻译了），如果连译者自己也没有弄懂，那就休想读者能读懂其译文了。译者非但要读懂，把握原文作者立言之本意，而且要抒清文理，按目的语的思维表现方式付诸优化的译语表现式。

要诀二　辨体，相当于 Framing out the form

汉语中"体"主要指体裁，英语中的 form 指一般的语言形式。墨子有句话说，"立词而不明其类，则困矣"（转引自刘熙载《艺概·文概》）。"类"就是文章类别、体式。翻译中先要确定：（1）原文的功能类别和正式的等级（level of speech），是叙述文还是议论文。议论文比叙述文要更正式些、严谨些。其他的文体之间当然差异更大，还比较易于区分；（2）原文文本的体裁，是散文，还是随笔？是写给媒体的文章？还是论述中的一个篇章？一定要量体裁衣，也叫作有无"文体意识"。文论家胡应麟说过，"文章自有体裁，凡为某体，务须寻其本色，庶几当行"（《诗薮》）。这里提到的"本色"就是本质特征，文体要保证它的本质特征，这是最紧要的。

要诀三　谋篇，相当于 Laying out the proper structure

谋篇构局的意思就是妥为构建句段、文章的组织结构和整体布局，所谓起承转合。王世贞说，"篇法有起有束，有放有敛，有呼有应，大抵一开则一阖，一扬则一抑，一象则一意，无偏用者"（《艺苑卮言》）。这是中国人的思维方式在话语表述上的辩证法，说得很精彩，今天中国人写文章、说话都没有脱出这些总原则。显然，作为翻译者，有一点"身不由己"。但有这些指导法则做一个样板，译者在操控译文上，就会见机行事，对那些非常不符合规范的组织程式的话语结构，译者可以慎重做出适当的先后调整、适当归并、去冗截长、补漏填脱等等，以利效果。文章的结构形态中西确有不一致的地方，我们并不要求翻译要把它全部"中国化"。关键在"适度"，作个综合平衡。对此，我们在 Part Eleven 中已有论述，请参阅前述。

要诀四　炼字，相当于 Using better words and/or phrases

用词无疑是基本功中的基本功，用词不当，几近全盘皆输，这不是言之过分。文论家贺裳说，"做诗虽不必拘泥字句，然往往以字不工而害其句，句不工而害其篇"（《载酒园诗话》）。张谦宜也说，"集字成句，一字不稳则全句病，故字法宜炼；积句成章，一句病则全章亦病，故句法不可不琢"（《絸斋诗谈》）。因此不要怕在一个字上用功夫，中国文学史上炼字的例子很多，"炼"字的标准是"准、精、美"。沈德潜讲得好，"古人不废炼字法，然以意胜，而不以字胜，故能平字见奇，常字见险，陈字见新，朴字见色"（《说诗晬语》）。

将炼字的含义展开就是炼句。所谓"炼句"就是所谓"句从意中出"，这时的"意"指"意念"，"意念"起主宰句子格局的作用，意念有毛病，句子肯定"不稳"了，这时的不稳往往是语法结构问题，"句架子"没有搭好。

要诀五　改疵，相当于 Erasing errors and/or misusages

改疵就是修补改错。王世贞在《艺苑卮言》里说，"诗不能无疵，虽《三百篇》亦有之"，接着他举了很多例子，说明《诗经》中也有太拙者、有太直者、有太促者，等等。对于翻译而言，王世贞这句话的意思是很积极的。翻译难免出错或有不妥处，必须认真改正。即便是翻译得很好了，错漏不妥之处也在所难免，连《诗经》这样的经典也难说尽善尽美。错了，要怎样改得更好，却也不是易事。刘勰在《文心雕龙·附会》里说，"改章难于造篇，易字艰于代句。此已然之验也"。说到"改章"之苦，刘彦和慨叹说，常"富于万篇，窘于一字！"这也确实是很多译者的体会。

那么要怎样"改疵"、"改章"呢？就翻译而言，"改疵"当然主要是基本上本乎原语，意义不能有悖于原文。刘勰的"改章"有润饰之意。译文怎么润饰呢？李道荣在《中国古代写作学概论》（文心出版社，1995: 368–371）中就一般文章修改原则提出一要精炼，二要自然，三要生动。可供译者参考。

要诀六　蕴意，相当于 Deepening the meaning/significance/implication

蕴意就是要深化含义，"蕴"在这里是个动词，"意"是宾语。蕴意的目的是使行文不要流于浅薄，这是写文章很关键的一着。以上说的大都是文章浅表层的审美表现要求，这一条则是关注文章内在的美，也就是意蕴之美。就翻译而言，把握原文深层含义确实是极其重要的，有时候只关注浅层意义的翻译比没有翻译更糟糕，因为没有翻译还不至于制造误解。

例如 R. W. Emerson 有一句话：Nothing great was ever achieved without enthusiasm，有一本书把它译成"没有什么伟大的东西是光靠一股热情就能创造的"。这句话译错了，译者根本没有多想想它的深层含义，实际上它的意思是"任何伟大的事物都是靠满腔热忱打造的"。杜甫有两句诗说，"飞星过水白，落月动沙虚"（流星使水面呈现一片泛白的闪光，月儿落下了使沙滩慢慢模糊了），有位外国译者只看文字表面，译成："The light of a shooting star makes the water white, and the falling moon moves the beach out of sight"，"过水白"与"动沙虚"都没译对。文字表面常常是很"骗人"的，译者一定要做到由表及里。

蕴意还常常要求译者注意原文行文所营造的意象和意境。文艺文体中几乎处处有意象，但不一定都有意境。意境常常是意象组合而成的一种艺术境界，译者一定要细心体会，才能领悟。体会到意境，译者才好创造出一个诗意的整体呈现，表达其中的意蕴。

要诀七　定格，相当于 Making it properly styled

"格"就是文风、风格，这里的风格是广义的，包括文章的风韵、气韵、气势、色调、风味等，所有这些统称"风格"，也包括文体的功能类别，如论述体、科技体、文艺文体等，还包括行文的正式等级，如正式体、非正式体、随常体等。要知道，连一篇写得好的科普短讯都可能是有风格可寻的，比如"明晓"、"通畅"、"平易"、"实在"等等，原文是什么样子，译文就努力与之相应契合，增一分不必，减一分不宜。翻译对待风格的最佳审美态度就是"实事求是"，即 Stick to the original style as it is。本书有关风格的审美问题，请参见 Part Thirteen。

翻译谈审美表现法其实还有一项前提，就是对原文的理解，没有对原语的准确的理解，一切表现法都毫无意义。西方有位古修辞学家伊索克拉底（Isocrates，436–338 BC）说："给不正确的东西——比如邪念，加以修辞，不亚于给僵尸穿上晚礼服。"这个道理很明白。因此必须重申一下几条翻译审美再现法的基本原则：

第一，理解为先（Understanding of the SL always goes first）

在任何情况下，首要的一条就是理解为先：小至一词一句，大至一段一篇，在没有彻底弄懂原文（包括原文的语法系统、意义系统、形式系统、审美系统、逻辑系统）以前不应动笔翻译。"不求甚解"是翻译最易犯的错误。

第二，修辞立诚（Using a faithful word—faithful in meaning）

"诚"就是"诚信"，就是力求忠于原文。在任何情况下，诚信这条古老的原则，我们都要遵守。当然这里绝对不是说不要变通，在翻译中，变通不仅是必须的，而且也是必然的，但变通的前提也是要不悖"修辞立诚"的基本原则。否则必定会失信于读者。

第三，随机变通（Making a change as is required by situation）

"随机"又是"随"什么"机"呢？第一点就是文句的可读性，不能用那些虽"立诚"却拗口的词语，因此要慎于及善于选择同义词或近义词；第二点是目的语文化适应性，要看看目的语读者文化心理上能不能接受；第三点是要看译文的整体要求，被挑选上的同义词或近义词在句中虽然很合适，但是否符合整体文本的要求，如专业性、时尚性（是不是太古雅？或太前卫？）等等，都要仔细斟酌，不应当"想当然耳"。

第四，变能启盛（Making the change to fit for the best aesthetic purposiveness, 合目的性）

"变能启盛"是表现法的一条终极的审美考量，语出清代叶燮的《原诗》。意思是文章审美的终极目的无非是社会的接受效果，要有利于公众、有利于社会。

一切审美手段的采用与否都要看有没有"启盛"的作用，也就是对社会的积极的作用，这是语言审美的最大的合目的性。这也是翻译的一条基本的审美价值标准。说到底，翻译无权去助长那些颓废的、变态的、反伦理的、反社会的东西。翻译的审美自主权（Aesthetic autonomy）是在认同社会普世价值的前提下的审美自主权。

T12.4.2　英语审美表现法概述

汉语是一种源远流长、久经锤炼的语言；英语虽然比较年轻，但也有 700 多年的历史，而且它流通使用版图极为广阔，文化沉积相当深厚，因此它的审美价值标准（或者说"真善美"标准）与汉语的不尽相同。汉英同样是具有悠久历史的语言，相差为什么会如此之大呢？这个问题很复杂，个中的基本原因如下。

第一，在语言的基本结构单位——"字"的个体结构方面，汉英有极大差异。汉英文字结构（形与音）异质性差异是个最基本的事实。具体表现是：汉语的"字"与英语的 word 在整个语言中的功能虽然大体相同，但"地位"不一样：就"字"对于语言美的生成、构建作用而言，汉字远远大于英语中的 word，汉语的"字"比较容易构建形式结构美（形美与音美），而英语的 word 长长短短，音节从一个到五六个，这就很不容易形成对仗、对称等等审美组合式（有时也可构成 parallelism）。此外，汉语的字本身就有精心的意象美附着；而英语 word 根本没有这一套，它只是一个结构符号，它对音与义的承载，基本上靠约定俗成，即 Convention。

第二，英语是形态语言，审美表现设计受到形态机制的重重制约，语言的超形态审美组合在英语中是不可能的。比如，汉语可以构建起在句法—语义上高度凝聚的词组或句子，像"月黑风高夜"，它的结构是"（主谓＋主谓）＋（被修饰语）夜"，形成单层面 LR（从左到右）线性组合，用英语来解析是：the Modified（"夜"＋（SV＋SV），其中修饰语必须用复合结构（"月黑风高"：SV＋SV）来表现。此外，汉语的词组可以摇身一变为句子，句子可以摇身一变为词组，例如宋代柳永的《八声甘州》中有四句："是处红衰翠减，冉冉物华休。唯有长江水，无语东流。"这四句话中"红衰翠减"、"冉冉物华"、"无语东流"本身都可以成为语义完整、结构齐全的句子，可以单独使用。这在英语中也是不可能的。

第三，汉英各有深厚的文化传统，尤其是历代名家对语言美的精心打造和锤炼，使英汉语言美各有千秋，因此表现法也就随之而异，可谓"各自尽风流"（清代叶燮《原诗》）。我们既不要将二者机械地比附，也不要生硬地互换套用。翻译中**基本的对策论思想**就是要先看到它们的异彩纷呈，而后才能顺应它们的"各自尽风流"，予以最适当的表现。

英语语言美的存在形态出现在三个结构层级中，表现法也存在于各个层级中，第一个层级是词语级，第二个层级是句法级，第三个层级是语篇级。我们也将按层级审视英语的审美表现手段。我们必须研究这些审美手段，以利我们的翻译审美水平的提高。

T12.4.3　所谓"好英语"（Good English）的审美理想

20世纪之初克罗齐就说过，就本质而言，语言表现问题的实质是个美学问题，好的语言表达实质上正是一种符合语言规范的审美表达（L. Burke, 2001: 33）。

2004年美国有几位语言学家在 *Exploring Language*（Gary Goshgarian，Pearson & Longman，New York）一书中提出了"好英语"的命题和标准。究竟何谓"好英语"？首先当然是"语法上正确"（grammatically right），理由是英语是语法规范很严谨的语言。因此，英语的第一条"真善美"就落在"**语法正确**"上，"语法正确"是语义上的"真"、语法上的"善"和整体效果上的"美"。但 Bill Bryson 举出了很多语法错误的实例，在在证明要确保这一条"好英语"的基本标准，实在是"easy said than done"（说来容易做是难）：

[a] Prestige is one of the few words that has had an experience opposite to that described in "worsened words." （H.W. Fowler, *A Dictionary of Modern English Usage, 2nd*）

错在句中 has，应改为 have。

[b] Each of the variants indicated in boldface type count as an entry. （*The Harper Dictionary of Contemporary Usage*）

错在句中的 each … count，应改为 each … counts，这种遥相呼应的"Concord"最容易出错。

[c] It is of interest to speculate about the amount of dislocation to the spelling system that would occur if English dictionaries were either proscribed or (as when Malory or Sir Philip Sidney were writing) did not exist. （Robert Burchfield, *The English Language*）

错在句中的 were writing，应改为 was writing。

[d] When his fellowship expired, he was offered a rectorship at Boxworth …

on condition that he married the deceased rector's daughter.（Robert McCrum, et al., *The Story of English*）

错在虚拟语气，he married 应改为 he marry，这是"should marry"的简用式，写作中要格外小心。

以上这些例子都出现在被视为"应该具有权威性的出版物"（在上例中已用黑体字标出）中。可见问题不是那么简单。Bryson 分析说这是由于：

English grammar is so complex and confusing for the one very simple reason that its rules and terminology are based on Latin—a language with which it has precious little in common ... The early authorities not only used Latin grammar as their model, but actually went to the almost farcical length of writing English grammar in that language ... For the longest time it was taken entirely for an age granted that the classical language must serve as models. Dryden spoke for an age when he boasted that he often translated his sentences into Latin to help him decide how best to express them in English.（*Exploring Language*. 2004: 574–575）

不过这也正好说明将"语法正确"定为"英语美"的天字第一号审美价值是确有历史渊源的。英语属于印欧语系，英语向拉丁语"借"语法是天经地义的。拉丁语语法极为规范，充当英语语法"灵祖牌"是确有资格的。不过，也有人反对将语法正确定位为"英语美"，这些人认为用"Standard English"（标准的英语）取代"Good English"也许更为合适，因为没有人敢说自己的英语的语法是绝对正确的，而每一个以英语作母语，又受过严格的英语教育的人，却完全可以自认为自己说的英语是"Standard English"，否则他或她就不会被英语社会所接受。这样说是有道理的。（John Simon, *What Is Standard English: Exploring Language*，2004: 555–563）英美有一本比较权威的写作书里说，在任何情况下，谈到用词正确不正确、美不美，你都得考虑一个"三连环"的问题："Right words? Wrong words? My words?"（Willisam H. Roberts, *About Language: A Reader for Writers*. Houghton Mifflin Co.1998: 92–93）。

用词得体应该是标准英语语词与审美表现的第二条审美表现法。英语词汇很丰富（1989 年的 OED 已经录得了 615000 个词条），新词迭增，《纽约时报》说

1989 年一年就录得新词及搭配 15000 至 20000 个。这么多词语，同义近义词一定很多，又怎么选择？最重要的答案只有一个："得体"，英语叫作"becoming"，就像人穿衣裳所谓的"合身"。Bill Bryson 提出一个问题说"How big is the English language?"句中"big"有三个可替换的词：vast，large，huge。三者中哪一个好？一比较就知道，"big"无可替代。"vast"表示面积之大，"large"和"huge"都表示体积之大，只有"big"用以表示"一般的大"，但倾向于指"实力"。例如美国有"三大"，都是指实力：Big Apple 指纽约，Big Wind 指芝加哥市，Big Blue 指 IBM 公司。另外，"big"这个词还多多少少带有一点"爱意"，例如"Big Yao"（大个儿姚明）。这些都是用词得体要考虑的：概念内涵、实际所指、情感色彩及暗含义，四者缺一不可。

语义明晰（Clarity）则是英语词法审美的第三条标准，"clarity"指内涵之明晰，不能含糊其辞或产生歧义。有一个很长的时期，英美人对"virtually"这个词很反感，原因是商业广告利用这个词把消费者骗得团团转：明明是很成问题的产品，广告说它"virtually spotless"（无懈可击）。语言学家 William Lutz 在一篇文章中说：

> "Virtually" is used in advertising claims that appear to make specific, definite promises when there is no promise. After all, what does virtually mean? It means "in essence of effect, although not in fact". Look at that definition again. Virtually means not in fact. It does not mean "almost" or "just about the same as" or anything else. And before you dismiss all this concern over such a small word, remember that small words can have big consequences. （"Empty eggs: The Doublespeak of Weasel Words", *LRW*, 1998: 270）

这就叫作"语义晦涩"。明明是"很成问题"，广告却说它"无懈可击"，明明是很沉闷的一个会议，报纸上说它"别开生面"，明明是市民都很有意见，他们说"各方反应不一"。Lutz 说这种词语就叫作"weasel words"（鼬鼠词），也就是"空壳词"（"empty eggs"）。Lutz 的这个隐喻来自鼬鼠。狡猾的鼬鼠偷蛋吃时不是破壳吃蛋，而是将蛋钻个小洞，把蛋汁吸光，外表仍然完整无损，看不出任何破绽。因此 Lutz 说语义晦涩大抵都有"doublespeak"，即有不可告人的"另一本账"。这种不"真"不"善"的语言当然谈不上"美"了！

以上三条是英语词语级的审美表现的三项基本标准，很值得我们深入作专题的系统研究。很明显，我们的汉译英译文质量较差，原因之一就是缺乏有针对性的英语审美表现法研究，不能有的放矢地将研究成果落实在改善实际的英语表现上，引不起英美读者的兴趣，在美学上叫作"品味互斥"（taste incompatibility）。今后，这种研究应该在两个维度上同时展开，一是理论探讨，二是实务研究，在理论上真正做到知己知彼，在实务上才有望得到实际提高。这里还牵涉到深刻的文化审美差异问题。

T12.4.4　英语句段表现法审美标准

比之于词语，英语句段级的审美表现要求更高、更复杂，手段就更多姿多彩了。概括说来有以下四个方面的问题。

第一是要求语句的思维概念清晰

这是最基本的要求，也是最关键的要求。每一个句段不仅必须言之有物，还必须在语言逻辑上无误，在思维表述上概念清晰，在说理论事上清晰得当（P. Kivy; D. Dotton, 2005）。这是从培根以来英语大师们所维护的基本审美价值之一。苏珊•朗格（Susanne K. Langer）论证说，人类的语言是符号（symbols）不是记号（signs），语言符号是思想的符号（symbols of thought），而思想必然是符合逻辑的思想。"思维逻辑的常态"必然是清晰的、有条不紊的。这是翻译审美表现必须要做到的。译者甚至有责任为有瑕疵的原文概念或叙述语句作出更正或局部改写，为的是保证接受效果（请参见 Donald M. Murray 的文章 Writing Is Rewriting, *LRW*, 1998: 364–374）。但问题是：怎么改？根据什么改？回答只能是根据审美表现法原则，更深一层就是审美价值问题。

第二是要求语段的文理脉络井然

上面提到正常的逻辑思维必然是有条理的，这种条理性也会自然而然地体现在行文中。但这不是说"自然条理"就不需要优化。好的行文必须有经过优化的 Good Organization，在英语中，一个好的语段必须：（a）有导语（Lead）；（b）导语下有 Developer 1，Developer 2，Developer 3 等等（扩展句 1、2、3，等等）；（c）有承接句（Connector）或结束句（Concluding Sentence），非常类似汉语中的"起承转合"。

原语语段——请注意语段中句子的功能	句子功能分析
* Maria Montessori did not confine her activities on educational reforms for young children.　*She lectured on anthropology for several years at the University of Rome, and wrote an influential book entitled *Pedagogical Anthropology* (English edition. 1931). Montessori was no egalitarian. *She supported most of Broca's work and the theory of innate criminality proposed by her compatriot Cesare Lombroso. *She measured the circumference of children's heads in her schools and inferred that the best prospects had bigger brains. But she had no use for Broca's conclusion about women. *She discussed Manouvrier's work at length and made much of his tentative claim that women, after proper correction of the data, had slightly larger brains than men. *Women, she concluded, were intellectually superior, but men had prevailed heretofore by dint of physical force . . . *Perhaps in this way the reign of women is approaching, when the enigma of her anthropological superiority will be deciphered. *Women was always the custodian of human sentiment, morality and honor.	* 导语（the Lead） * 扩展句 1 （Developer 1） * 扩展句 2 （Developer 2） * 扩展句 3 （Developer 3） * 扩展句 4 * 转接句 1 * 转接句 2 （Transition 1&2，引入反证或旁证等） * 结语（Coda）

（J. Gould, Women's Brains: 2002: 182–183, FGE）

可见，常态英语语段在翻译中一般可以按原序转换到汉语，汉译英也一样。要注意的是汉语原语的很多自然语段（段落）常常没有导语，而且内部结构也很松散。"无导语长段落"（"leadless paragraph"）在当代汉语中常见，这样的段落译成英语后没有导语，会使英语读者感到不习惯。这时，译者可以酌情在段落之首加一句大致概括全段意思的话，充当英语译段的导语。语段内部也可能需要作些优化调整，毕竟，翻译必须保证交流效果。

第三是要求文句的语法规范无误

语法上正确无误（Grammaticality）已如前述，此处不赘述。英语是语法很规范的语言，语法上必须一板一眼。必须洗刷一切语法和语义错误，语言才算美；

好的语感，也基于正确的语法规范。这一点与汉语有很大的差别。

第四是要求句子的组织和布局得当、有效

句子是陈述（a statement）的基本单位，因此是非常重要的语篇结构部件。汉译英时首先要考虑如何保证译句的平衡感（balance），英语认为句子的平衡感表现为：（a）SV focus/pivotal，也就是主谓焦点化或主轴化，英语句子不能没有SV;（b）SV 一般居于句首，还不能太长，必须尽量简短明晰，以免形成"头重脚轻"。此外，S 与 V 还不能相隔太远；（c）大多数人主张句子一般要避免以介词结尾，以免造成 sense of suspense（虚悬感）；（d）可以采用适当的 parallelisms、sentence couplings 等等，以增强结构上的美感；（e）英语句子当然可以很长，但句子太长难免产生"失衡感"（sense of imbalance，H. Belloc, 1960: 187）；长句也一般要求控制在 40 至 60 个英语的词之间，而且结构还必须稳妥无误。

现代英语写作法可以给我们提供很多这方面的审美诀窍。下面是 Maxine C. Hairston 在 *Holding Your Reader*（《留住你的读者》载 *LRW,* 1998: 349–363）一文中提出的与句子有关的几点好主意：

（1）作为导语的句子一定要端端正正、较有气势，属于"strong lead"，不能是语义上模棱两可的句子，当然更不应是结构上有纰漏的病句。Hairston 引证说（p350, *HYR*）：

> The most important sentence in my article is the first one. If it doesn't induce the reader to proceed to the second sentence, your article is dead. And if the second sentence doesn't induce him to continue to the third sentence, it's equally dead. Of such a progression of sentences, each tugging the reader forward until he is safely hooked. A writer constructs that fateful unit: the lead.（William Zinsser: *On Writing Well*, Harper, NY, 1990, 4th, ed）

（2）尽力写好第一段。Hairston 说第一段具有的"神功"在于：（a）能抓住读者的注意力；（b）可以预告内容；（c）提出了一个他可以继续读下去的理由；（d）给全篇定调。翻译也一样，所谓"第一段见功夫，善始必有善终"。

（3）为此，行文中遣词造句务必洗练紧凑。适当使用一些 Zinssers 所谓的"钩引词"（hooks），"勾住、套牢"读者的注意力，如：also, moreover, again, for example, in addition, however, in spite of, 等等；另外还有一些"助推词"（nudges），"推着"读者往下看，例如 this, then, first, consequently, next 等等，使他"欲

罢不能"。Hairston 还支招说，不要忽视了：读者总是有"求助心理"的！这时你就可以使用"指向词"，让他跟着你的指向词走去，这类词有：it follows that, then, another, for example, hence, as a result, therefore, because, since, 等等。另外一个"招数"就是用连接词语开句，这一招很难让读者移开眼球，例如：

> *And*, of all the aspects of communication, the written form is the most troublesome.
>
> *If* we hear a well-constructed grammatical sentence, the ideas fall easily and quickly into the slots of our consciousness.
>
> *But,* if we hear a conglomerate, ungrammatical hodge-podge, we have to sort it out at an expenditure of time and effort.（p358, *HYR*）

（4）尽量不要使用盘根错节的句子。Hairston 解释说：

> Because readers can assimilate information more efficiently when it is divided into small units, in most situations you should not let long, complicated sentences predominate. Frequently, just their appearance on the page frightens off readers. But long sentences in themselves do not necessarily cause reading problems; if closure occurs frequently, a sentence of 50 or 60 words or more can be read easily.（p360, *HYR*）

因此 Hairston 的建议是必须把长句截短（make closures），大概相隔 15 到 25 个词最好。用意很清楚：**留住读者**。下面他的两段话中你把 writers 换成 translators，把 write 换成 translate 一样非常适用：

> Any writers, like tour directors, must keep their audiences oriented. If there is any way for readers to get lost, they will! All writers need to keep this caution in mind as they write（especially their second or third drafts）and to work consciously to help their readers stay on the track as they are reading. Once they stray, they are hard to recapture. For that reason, a writer needs to have some specific strategies for holding readers.
>
> But you should also remember that the most important way of holding your

readers involves a principle, not a strategy. The principle is that most readers will stay with you as long as they are learning something.

应该说这些建言对我们研究翻译的审美表现是很有参考意义的。

T12.4.5　英语篇章表现法审美标准

俗话说"由小见大"，从词的审美表现到句、段的审美表现处处尽力做好了，整个篇章的审美问题也就没有问题了。话虽如此，汉译英篇章的审美还是有其独特性的。关系到英语译文篇章的审美质素的问题有：

第一　**统一性**（Unity）：包括译文内容与形式的统一、译文形式的首尾统一、文风的统一以及专业用语的统一等等，用语的莫衷一是在当前中国翻译出版界中相当普遍，这肯定是影响译文篇章的审美质素的。

第二　**连贯性**（Coherence）：包括译文的意义连贯、译句之间和段落的结构连贯、译文论证逻辑之前后连贯，等等。这方面，新闻报刊的翻译的问题很多，问题出在审稿时的删节过多，又常常匆匆行事所致。

第三　**清晰度**（Clarity）：包括词义、句义的清晰度以及篇章整体意旨及意义的清晰度，除非有意为之，应该排除语义晦涩或含混的词句，代之以明晰晓畅的行文。

值得汉英翻译特别注意的还有一个效果问题。这个问题与当代汉语文风很有关系。当代汉语有很多文件、评论、报道文句重复很多，叠床架屋，有些还充满饰语矫情。对于这类汉语原语，很多译者感到很头痛。对于这个问题 T. S. Kane 和 L. J. Peters 有一句忠告说："A good rule of thumb is to use the simplest word you can find if it says what you want to it to say it by yourself"（*Writing Prose: Techniques and Purpose.* 2nd Edition CUP, 1964: 7），这也就是说，必须体现译者"作为翻译主体的自主性"：翻译毕竟是翻给别人读的，没有必要跟着原语作者在那里"饶舌"（W. Benjamin, 1955: 46）。

Topic 12.5　翻译审美再现范式论专题（一）

如果我们作一个整体性审美观览，可以看到语言中存在几种常常被作家（语言审美设计者）使用的**审美范式**（Aesthetic Format），也可以说是"**审美方式**"，中国美学也常称之为"**形态**"。第一类是语言美形体范式，包括文字形体审美（对仗、排比、重叠，等等）、语音形式审美（音韵、格律、节奏，等等）、文本体式审美（句、段段组合形式，等等）；第二类是语言美非形体范式，包括**审美表现：模糊式**（T12.5.1.）、**审美表现：悖论式**（T12.5.2）、**审美表现：悬疑式**（T12.5.3）、**审美表现：反衬式**（T12.5.4）。当然一部作品、一篇文章甚至一首诗中的审美表现式常常是有机地组合在一起的，我们可以统称为审美表现的混合式。

下面简要谈谈前四种中西方著作家们常常使用的**语言美非形体审美基本范式**，实际上审美范式系统是开放性的，可以不断翻新，每个人都可以"各出奇招"。但不管什么奇招，都不能离开它的终极目的——美。

T12.5.1　审美再现：模糊式（Fuzziness）

"模糊美"及"模糊审美"我们已在本书中多次提到。这是语言审美乃至整个艺术审美最重要的手法之一。"模糊美"也被西方艺术界称为"Uncertainty"、"Sense of Mystery"（"不确定性"、"神秘感"，D. Gamboni, *Potential Images*. 2002: 9）。有人可能会问："清晰可鉴是一种美，为什么它的反面——模糊不清、神秘莫测也是'美'的呢？"这里涉及到一个美的形态问题。可以说，这也是整个美学领域里最复杂、最令人神往的问题之一。实际上，在人类审美心理中，"美的形态"是一个最大的神秘领域，一个无限数（the Infinite），也是一个最富动感的无限数（the most dynamic Infinite）。例如，"崇高"固然是美的，"平凡"就不美吗？"雄浑"是美的，"清悠"就不美吗？这里涉及的问题是美学家最反对的"二元对立项"："美"的反面就一定是"丑"吗？金丝猴长得并不美，但是它非常可爱，似乎有一种"出奇的美"。那就是说，"美"的逆反（Reversion）还是"美"，这怎么解释？道家因而提出来一个"智慧命题"："无"是最美的（《老子·十一章》），或者叫作"大美无美"（《老子·四十一章》）。道家说，只要你的心灵是美的，你把所有你认为美的东西放到"无"的"至大至美"里，它就是美的，谁又能否认你呢？比如，你认为朴素最美，平凡最美，善良最美，清贫最美，空灵的一尘不染、坦荡的一无所有最美，你把你所珍爱的这一切都放在"无限美"（大美）里，它们当然就是美的了，所以庄子说："天地有大美而不言。"（《庄子·知北游》）。

在中国哲学—美学观念中，"模糊"体现一种高度融汇和谐的虚实关系，体现深刻的道家美理念。作为一种至高的审美理想，模糊具有无可替代的审美素质，就是老子说的"恍兮惚兮"，那种状态被道家视为"众妙之门"。中国的诗、书、画、理、乐、棋、书法和汉语都深深受到道家审美观的影响。对此，宋代文论家李涂说过几句很深刻的话，他将庄子的文章与司马迁的文章做了一个对比，来说明语言模糊论的哲理："庄子文章善用虚，以其虚而虚天下之实；太史公文章善用实，以其实而实天下之虚。"（《文章精义》）可见模糊并不是模糊论的目的，模糊论的目的是以虚证实、以实证虚，以手段推出效果，以效果强化手段，即所谓相得益彰。所以，对翻译美学而言，至关紧要的是要把握汉语模糊美的目的性和它蕴含的实际内涵。

第一，模糊的至理激发人的想象力

人的心理机制的启动因素是外界的刺激（参见 D. Crystal，2000:101, *CEL*）。模糊可以使处于"冬眠"状态的想象力受到激励而趋于活跃，也就是，首先，审美客体以"虚"来刺激你的"实"，继而用你眼下初现的"实"引出你心中更加弥漫的"虚"；你看到了画中"虚"处起伏的山水，还看到了画中"实"处飘逸的浮云；虚虚实实相叠，实实虚虚相交。文学作品也一样：它给了你一点点"实"，同时为你留下了一片大大的"虚"。唐代陈陶有两句令人感伤了一千多年的诗句，"可怜无定河边骨，犹是春闺梦里人"，诗人指给你看河边的一副白骨，又指给你看千里之外的一个年轻的思妇，然后让你自己去想象那人世间最残酷的一幕幕悲怆情景。第一次世界大战结束以后不久，美国诗人艾略特（T. S. Eliot）写了一首长诗 *The Waste Land*（《荒原》），诗中一开头就说"四月残酷之极"，往下他说到伦敦：

> Unreal city,
>
> Under the brown fog of a winter dawn,
>
> A crowd flowed over London Bridge, so many
>
> I had not thought death had undone so many.
>
> （虚幻的城，
>
> 在冬日拂晓的褐色朝雾里，
>
> 人流涌过伦敦桥，这么多人，
>
> 没想到，死亡毁了这么多人。）

《荒原》共分五章，整个诗篇中充满了模糊的矛盾和跳脱：为什么单单是四月份"残酷之极"呢？偌大的伦敦，那么多人涌过大桥，为什么还是"虚幻的城"呢？为什么是黄褐色的雾呢？拂晓时分这么多人上哪儿去？他们就是被战争夺去生命的亡灵吗？

像《荒原》这样处处是模糊意象的诗歌、绘画、音乐乃至戏剧几乎早已充满了艺术世界，你可以想象艺术家多么深谙用模糊来激发人们的想象力这个诀窍：他们都知道，艺术有一种魅力逼着人去探究他心灵中那个未知的祸福共存、悲欢同在的世界。

第二，模糊诉诸艺术直觉，激发人们参与的冲动（pulse to partake）

这就叫作"参与的艺术悬念"。确实，悬念与想象力几乎是孪生的，悬念常常促使人"想去试一试"。因此现代的 Criminology（刑事学）将悬念作为重要的心理课题来研究，当然我们这里谈的是"艺术悬念"（suspense in art），与前者有本质上的区别。从语言心理学的视角来看，这种语言"悬念"是有些类型的汉语无主语句（Subjectless sentences）"零主语"的替代功能表现（a display of the function of substitution，M. Liu, 2008），它似乎是在表示"主语缺如"状态下的"主语期待"。下面是古汉语中的一些例子：

[1] 许子冠乎？曰：冠。曰：奚冠？曰：素冠。曰：自织之与？曰：否，以粟易之。（《孟子·滕文公上》）——最后一句是无主语句。问者问得十分详细，"零主语期待"："你这么打破砂锅问到底，是不是自己也想换一顶帽子戴一戴呢？"

[2] 居安思危。（《左传·襄公十一年》）——"零主语期待"："你要居安思危啊。"

[3] 有朋自远方来，不亦乐乎？——"零主语期待"："你不也应该感到很快乐吗？"

[4] 人生得意须尽欢，莫使金樽空对月。（李白《将进酒》）——"零主语期待"："你看月色多好，不跟我饮一杯吗？"

[5] 无衣无褐，何以卒岁？（《诗集传》第九十页）——"零主语期待"："连件粗布衣我都没有，你说我这个年怎么过？"

现代汉语中这类例子就更多了：

[1] 不踢足球，那又怎么知道踢足球的感觉有多棒呢？——"主语省略句的主语期待"："你何不也来领略一番？"

[2] 有实力，怕什么挑战？！——怕的"零主语句"（或主语省略句）："要不谁来试一试？"

　　[3] 有人吗？——"零主语有字句的主语期待"："（我）希望有人来回应一下我"（很多"有"字句都有这种期待，如"有什么办不到的呢？"（你我一定能办到）、"有什么你就说吧。"（你不用担心）

　　"艺术无定规"，自不待言。这里显然不是说所有的零主语句或主语省略句都有"参与期待"。此外，汉语中有很多无主句的"参与期待"显而易见是由于它们是主语省略句（如以下例1）或本来就是期待性祈使句（如以下例2），例如：

　　[1] 红豆生南国，春来发几枝，劝君多采撷，此物最相思。（王维《相思》）
　　[2] 莫等闲，白了少年头，空悲切。（岳飞《满江红》）

第三，模糊具有有效的"细节免除"功能 （detail exemption）

　　几乎一切形式的艺术都要求消除不必要的细节（包括形象细节、文字描写细节、语法结构细节），以突出叙述、描述聚焦点或重点。中国很多山水画的格局就能充分说明这个问题，不少山水画中间都有不少"留白"，有些画或左或右也都有"留白"。"留白"就是一种虚化手段，用艺术技法将细节空凌化、朦胧化，使画面物象显得十分洗练。文学作品也一样，中国诗歌中典型的例子是元代马致远的《越调·天净沙·秋思》：

　　　　枯藤老树昏鸦，小桥流水人家，古道西风瘦马。夕阳西下，断肠人在天涯。

　　这个小令一开头就是九个单独的意象（3+3+3），另加两个短句（SV+SVO），没有任何多余的细节，画面却异常生动感人。清代周德清在《中原音韵》中赞誉这首小令是"秋思之祖"。王国维更说《天净沙》小令，纯是天籁"。后来有人解释王国维之评说，所谓"天籁"就是"天然之洁净"，四句诗把一切不必要的形象描绘细节、文句联结细节、语法结构细节统统"空灵化"、"朦胧化"了！

　　英语属于形态语言，碍难将一切语法功能"细节"像汉语那样模糊化、空灵化。不过语言大师们还是可以本着模糊化的原则利用形态手段，使行文颇有空灵感的。下面是美国诗人 Robert Frost 在 *The Death of the Hired Man*（1914）中写的二人之间的对话，Warren 和 Mary 是一对夫妇，帮工 Silas 在生命的最后时刻回来见到了这对主人，引发了主人的一番议论：

Warren: Home is the place where, when you have to go there,

　　　　They have to take you in.

Mary: I should have called it Something you somehow haven't to deserve.

（沃伦:"家"就是那么一个有朝一日你不得不去的地方，而"家人"呢，也不得不把你留下。

玛丽:这么跟你说吧，要说这是你的"家"，那你可有点儿配不上。）

　　Frost 的笔调相当干净利落，也可以说颇有空灵感，他恰恰是很好地运用了英语的形态或形式手段:从属从句、虚拟语气、无连接二元对比，等等。"No tears in the writer, no tears in the reader"（作者笔下情，读者眼中泪）就是他的名句。Frost 对中国译者的启示是:在汉译英时，要好好地把握英语的所长——语法及句法形态，有效地利用英语形态的语义隐含，把形态手段的奇妙功能发挥到你所能及的审美境界。

　　模糊性免除了细节，余下的是常常是一个个似有似无的"奇境"、"幻局"、"隐情"、"悬念"，要不就是一片无限大的"空无"。中国文学中的典型例子是《红楼梦》中林黛玉的那句"宝玉，你好……"。林妹妹的一句绝命语不仅给宝哥哥带来了对生命的绝对茫然，而且给一代又一代的读者留下了一个永远没有解开之望的"迷思结"。可以说曹雪芹的艺术功力就在于他的"模糊布阵"，其中有一个焦点式的"模糊阵"就是宝黛之间的感情的模糊性，它无时无刻不牵动着极堪怜爱的黛玉的神经，使黛玉心力交瘁直到香消玉殒，也使千千万万的读者从苦苦思索中得到一种对纯净爱情的悲凉凄美的体验。

T12.5.2　审美再现:悖论式（Paradox）

　　西方美学界很早就有人认为机智的悖论是一种审美表现法范式，一个典型的例子是斯威夫特（Jonathan Swift, 1667–1745）在 1729 年写的 *Modest Proposal*（《一个卑微的建议》），此文一出，全英哗然。原因是斯威夫特提出了一个匪夷所思的建议，以拯救爱尔兰，那就是多多哺育爱尔兰婴儿供英国人饱餐，这样就可以大显英帝国的仁爱为怀，救"爱尔兰贱民"于水深火热之中。这种悖论确实很有震撼力，于是荒诞不羁的悖论范式所引起的审美效果就备受文艺大师青睐。马克·吐温曾经很成功地多次采用过审美悖论范式。他有篇小说说的是美国总统的竞选。有位自称颇孚众望、品行良好、不沾女色、端端君子的候选人刚刚发表完一篇精彩演讲，不料在暴风雨般的鼓掌声中突然出现十来个不同肤色的小娃娃争相上台抱住竞选人的大腿大叫"爸爸"！

悖论式审美之所以常常获得极佳效果，原因在出人意外而又令人情怀系之的某种"艺术反衬"（tactful contrast，unexpected diversity, mismatch, etc）。唐代的诗人杜荀鹤写过一首诗《小松》，其实他是在"预颂"大松：

> 自小刺头深草里，而今渐觉出蓬蒿。
>
> 时人不识凌云木，直待凌云始道高。

"蓬蒿"就是蓬乱的杂草，小小的松树苗曾经长在杂草丛里，眼下还只是刚刚露出点头角呢，谁都没想到这个小刺头会长成参天的凌云大树的啊！这其实是杜荀鹤的一个自励之作，史上很多文人也把它当"自励诗"挂在墙上。杜氏出身贫寒，"帝里无相识"（朝廷里没有人识他，见《辞九江李郎中入关》），他一直想施才报国，但始终被人压制。史上也有很多人同情他，为他打抱不平。这就是"悖论艺术"的深意所在。好莱坞拍过一部灾难片 *Afterday*，这部电影里有个场景，滔天巨浪从天而降，直冲 Fifth Avenue 和不可一世的华尔街高楼大厦，直至整个"集帝国之荣华于一身"的华尔街凄然没顶。这部电影在马里兰州一个中小城市放映的时候，观众看到这个"凄凉场景"无不异常兴奋，竟然全体起立，掌声大作，经久不息！

T12.5.3 审美再现：悬疑式（Suspense）

悬疑式审美表现手法的主要特色是"以悬带动"、"以虚寓实"、"以象隐意"，使读者迟迟看不到作者的真实意念。悬疑审美表现手段用沉积式的意象美酝酿并催发人的美感，而避免爆发式的意念宣泄或冲击。下面这首诗《只因我不能驻足等待死神》出自美国近代文学史上最杰出的女诗人狄金森（Emily Dickinson，1830–1886），诗人以悬疑式审美表现法"表现她对死亡的迷恋"，使人感到十分迷惑究竟是什么使诗人如此"迷恋死神"：

Because I could not stop for Death

Because I could not stop for Death —

He kindly stopped for me —

The carriage held just Ourselves —

And Immortality.

We slowly drove — he knew no haste
And I had put away
My labor and my leisure too,
For his Civility —

We passed the School, where children strove
All recess in the ring —
We passed the fields of Gazing Grain —
We passed the Setting Sun —

Or rather He passed Us —
The dews grew quivering and chill —
For only Gossamer, my gown —
My Tippet only tulle —

We paused before a House that seemed
A Swelling of the Ground —
The Roof was scarcely visible —
The Cornice in the Ground —

Since then — 'tis Centuries — and yet
Feels shorter than the Day
I first surmised the Horses' Heads
Were toward Eternity —

(只因为我不能驻足等待死神
他就体贴地将车停靠在我家门，
马车里坐着的只有我们俩
伴随我们的是生命的永恒。

他知道这一切无需匆匆忙忙
和马车一道前行的是缓缓的流光
而我已抛开了生之劳顿和闲逸
只因为他那一派温文倜傥

我们经过学校——孩子们在嬉戏
他们围成一圈，在享受着休息；
我们经过似乎在凝视人间的麦穗
迎面而来的是落日的云裳和彩衣。

也许是因为他守候在我身边
寒露使人不禁全身发颠；
也因为我的长裙实在薄不禁风
我的披肩只是一方轻轻的丝绢。

我们在一栋房屋前停了下来，
那房屋看似一坨鼓出地面的土块
朦胧中看不清哪儿是屋顶？
屋檐呢——也好像在地下深埋。

从那以后——悠悠数百年
却总感到比那一天更短——
于是我第一次揣摩：
这马、这车是奔向永恒的天边。

　　这首诗的悬疑之处是"诗人真的是在迷恋死亡、歌颂死亡吗"？如果是，那又是为什么呢？同样悬疑的是，文学批评界有人从她的诗作中举出很多例证，说明诗人同样"享受生命"，尤其是狄金森的一些优美、精致的小诗，例如：

To Make a Prairie

To make a prairie
It takes a clover and one bee

One clover and a bee

And revery.

Revery alone will do

If bees are few

（打造一片草原

需要一株三叶草和一个蜜蜂

只要一株三叶草和一个蜜蜂

再加上梦想。

如果蜜蜂太少，

只有梦想也好！）

悬疑之美在悬疑。美国诗人克莱恩（Stephen Crane, 1871–1900）写过一首诗《心》，诗中充满悬疑——作者预设的悬疑，和读者的悬疑：

The Heart

In the desert

I saw a creature, naked, bestial,

Who, squatting upon a ground

Held his heart in his hands,

 And ate of it.

I said, "Is it good, friend?"

"It's bitter — bitter," he answered:

"But I like it,

Because it is bitter

And because it is my heart."

（在一片荒漠中，我看见——

一个人全身赤裸，

蹲在地上，

双手捧着自己的心

在啃着，狠狠地啃着。

我问他，"老兄，
那东西好吃吗？"
"好苦好苦！"他答道，
但我喜欢吃，
因为它苦——
更因为它是我的心！"

　　读者似乎需要永远探索诗人的真意所在。另一种悬疑审美表现法是作者明白无误地提出了事实性答案，但绝非人人能解的悬疑，虽经千百年无人能作答于万一。这种称得上审美悬疑文学的古典巨著出在中国：它就是两千四百年前的楚国诗人屈原的不朽之作《天问》——究竟是天之问？还是问于天？屈原的生辰已无籍可考，只知道他大约在公元前 299 年或 278 年自投汨罗江而死，留下满江孤愤和疑窦。屈原在死前写的这部悬疑巨著，人们到现在还不清楚屈原是不是真的在"问天"（质问于天）？还是"天问"（有关天象之问）。唐代的诗人李贺（790—816）说："《天问》语甚奇崛，于《楚辞》中可推第一。即开辟以来亦可推第一。"（引自明代蒋之翘《七十二家评楚辞》）这中间东汉学者王逸（生卒年不详）的说法比较可信，他说：

　　屈原放逐，忧心愁悴。彷徨山泽，经历陵陆。嗟号旻旻，仰天叹息，见有楚王之庙及公卿祠堂，图画天地山川神灵，奇伟诡谲，及古圣贤怪物行事。周流罢倦，休息其下，仰见图画，因书其壁，呵而问之……（王逸《楚辞章句》）

　　《天问》用一个"曰"字带出了 172 个**悬疑之问**：上至天文、地理、神祗，下至九朝、人事、劫乱，所问皆旁敲侧击，错综衬贴，情思狂渺，义气凛然，实可谓无所顾忌；问问迭出，下视威权之勇逼人，穷究本源之气相照，诚可为千古标榜。其间透逸的悬疑审美气势，确实使人欲罢不能，欲辩无语。审美悬疑的力量就在于感到作者绝不是在作无稽之疑："疑"在情理之中，"悬"在意料之外。这就不能不使读者在感到惊诧之余陷入难解的沉思。（另请参见刘宓庆著《文化翻译论纲》（《刘宓庆翻译论著全集》，第二版，第五、六章）

T12.5.4　审美再现：反衬式（Irony）

　　反衬的手法的本质就是"以黑衬白"、"以暗衬明"、"以非衬是"、"以斜衬正"、"以浊衬清"、"以恶衬善"，等等。高明的反衬是文艺大师们最喜欢运用的手法之一。下面是陆游著名的一首小词《咏梅》，用的就是非常隐晦、非常优美的审美反衬式（英译见刘宓庆著《翻译美学导论》，第二版，第 238 页）：

> 驿外断桥边，寂寞开无主，
> 已是黄昏独自愁，更着风和雨。
> 无意苦争春，一任群芳妒。
> 零落成泥碾作尘，只有香如故。

　　这就是金圣叹所谓的"雷鸣化作了细语轻声"——"反衬"的"杀伤力"莫过于此了！不过也有"雷鸣滚滚不罢休"的反衬。莎士比亚就是将审美反衬这样用而且用得很到家的大师，他的《十四行诗第六十六》已经脍炙人口：

> Tired with all these, for restful death I cry
> As, to behold desert a beggar born
> And needy nothing trimmed'd in jollity,
> And purest faith unhappily forsworn,
> And gilded honor shamefully misplaced
> And maiden virtue rudely strumpeted
> And right perfection wrongfully disgraced,
> And strength by limping sway disabled
> And art made tongue-tied by authority,
> And folly doctor-like controlling skill,
> And simple truth miscall'd simplicity
> And captive good attending captain ill;
> 　Tired with all these, from these would I be gone,
> 　Save that, to die, I leave my love alone.

> （对这一切都厌倦了，我呼唤安息的死亡，
> 譬如看见德高望重者沦为乞丐

胸无点墨之徒被包装得富贵堂皇

纯净的忠诚被惨兮兮地背弃

金灿灿的荣誉被冷落在一旁，

纯真的处女蒙受了作贱的污名，

至真至善被凌辱成假凤虚凰。

健壮之身被屈打成了残废，

文化艺术被当权者吓得一身虚汗。

蠢货装成了博士掌控着有识之士，

简朴的真理被说成头脑简单，

善良沦为俘虏侍候着高高在上的邪恶，

　对这一切都厌倦了，我要离开这人间

　只是我一死了之，我爱的人怎不孤单?!

　　反衬的力量是能激起一种油然而生的共鸣。它的审美效果正是要引发读者对作者的陈述或倾诉产生强烈的同情心、是非感和正义感，激发读者和对丑恶事物的义愤。屈原写的《离骚》用审美反衬法达到了上述这一切目的，我们读一读司马迁写的《史记·屈平列传》，就可以看得很清楚。

Topic 12.6　翻译审美再现范式论专题（二）

　　上题已经谈到四种审美表现范式。这里，我们不能不关注翻译审美表现中的一个特别重要的问题——**"审美模仿"**。"模仿"（imitation 指一般的模仿，mimesis 指艺术模仿；"摹仿"在本书中同"模仿"）是翻译审美表现的重要手段，不容忽视。但在传统的文艺观中，模仿是一大忌讳，所谓"文章切忌随人后"。中国文论界、艺术界和翻译界对模仿的看法有再认识的必要：模仿绝非可有可无，更不是什么"鹦鹉学舌"式的"低级艺术手段"。

T12.6.1　模仿论溯源

　　中国人认为"模仿"谈不上是什么审美范式——这是东方式历史偏见。西方的审美模仿论历史极为悠久。几乎是在欧洲人的审美意识产生之初，古代哲人就开始追问：美是不是从模仿人的自身生活里产生的？这是所谓"模仿的审美认识论"探究。（Mathew Potolsky, *Mimesis*, 2007: 34–35）另一种对模仿的追问被视为

"审美实践论"探究，意思是，是否可以将模仿当作艺术创作的一种重要方法。从公元前5世纪到希腊化时期为止，西方古代哲人对模仿的主要观点如下：

（1）人类的世界是一种对自然的模仿性再现。（古希腊）

（2）模仿的本质是对现实形象的模仿。（柏拉图，前427—前347）

（3）艺术的模仿不应只限于自然界，也适应于社会。模仿应该实现超越，这就是艺术的本质。（亚里士多德，前384—前322）

（4）艺术不应简单模仿它所目睹的，还必须回到产生出自然的理念那里。模仿是艺术家的理念作用于其上的产物。（普罗丁，Plotinus, 205–270）

（5）模仿虽然不具原创性但仍然具有创造性，模仿法则属于艺术理论，应该进入美学领域。（奥古斯丁，Augustine, 354–430）

文艺复兴时期是西方模仿理论的成熟期。直至现代，西方美学对模仿的理论阐述从未停止。概括起来，西方模仿理论的主要观点是：（1）模仿应正式被确立视为一种艺术价值体现，模仿原则应被视为实现艺术本质的基本途径，它必须指向事物的真实性、完善性，因此模仿是再现美的基本途径（鲍姆嘉登，狄德罗）；（2）艺术模仿必须超越单纯的复制，它必须是再现事物的普遍性、典型性、本质性，而且这种再现还必须是主动的（黑格尔）；（3）模仿是艺术创造的基本事实，艺术作品通过模仿实现内在的自足性。现实主义的模仿论强调模仿应该具有生活中典型的现象形式（卢卡奇）。

在传统的中国美学中模仿没有受到重视，这与中国文论传统观念认为"陈言不可取"很有关系。中国绘画艺术历来贬斥临摹式的画风，认为"临摹必失神韵"，因为事物的至美不在外形，而在"神韵之内秀"，道家甚至认为"凡重外者内拙"（《庄子·达生》），这就是主流派"神似重于形似"论的基本观点。道家是崇尚自然的，道家艺术观在中国历代艺术界几乎一统天下。唐宋时艺术评论也大都是贬斥"形似"的。例如宋代许顗说，"写生之句，取其形似。故词多迂弱"（《彦周诗话》）。明代杨慎更引述苏东坡说，东坡有诗云"论画以形似，见与儿童邻"，非常鄙视形似。这些见解应该说是很片面的。明代屠隆所云"体物肖形，传神写意"，这样的"允执其中"的见解当然也有，例如王世贞就说，"人物以形为表，气韵超乎其表，山水以气韵为主，形模寓乎其中，乃为合作。若形似无生气，神采至脱落，皆病也"（《艺苑卮言》），这种观点看到了神与形的辩证关系就很精彩。其实早在魏晋时代的顾恺之（约346—407）不仅没有否定"以形写物"的"当然性"，而且更提到要"以形写神"(《魏晋胜流画赞》),他已经看到了外在的物形物貌在呼唤主体的"神通以对",称之为"悟对神通"(指审美审视)及"实对神通"(指以形写神的具体技法),在隋唐以前的艺术理论中达到这样的高度是很不简单的。

如果说语际的意义转换是翻译的实质,那么我们甚至可以说翻译本身就是一种特殊形式的模仿:在传情达意的层面原则上让译语模仿原语。在语言形式层面,问题有点复杂,当另作论述,但翻译学主观上却是连原语形式都是宁愿加以模仿的。可见翻译与模仿问题之间简直有不解之缘。至于西方后现代有人执意将翻译中的意义边缘化,使译语意义与原语意义基本脱节,当然又另当别论。

翻译美学的模仿论的主要论点是以下五条,这五条在逻辑上又是紧密相连的:

第一,翻译要有**原型依据**。因此,翻译审美不但不应排斥模仿,而且很重视模仿理论的研究,因为翻译究竟不同于文艺创作;

第二,核心问题是:翻译审美中的模仿应体现翻译审美的理念,就是我们所谓的"**审美调节模仿**";

第三,翻译审美坚持的理念是:"**既重神似,又重形似**",在神形不能兼顾时,重神似而不得不放弃形似;

第四,翻译中的所谓"神"指意义、意象、意向、情感、情志、气韵、丰韵等等,统称为"**内在气质**";而"形"则指语言形式,即外在形貌。

第五,最高形式的模仿即**翻译超越**,详见《中西翻译思想比较研究》(第二版)第十四章。

可见,翻译是不可能回避模仿这个带有根本性的课题的。翻译毕竟不同于创作,对于翻译而言,这里不存在要不要模仿的问题,而是如何模仿才算好的翻译的问题。

T12.6.2　关于两类模仿

如果我们仔细观察,翻译中的模仿,一是有类别的不同,二是有程度的不同。我们先来看看模仿类别的不同。程度的不同涉及到"动态模仿"问题,我们将结合隐喻的翻译来加以解释(见本书 T12.6.3,动态模仿与隐喻的翻译)。

如上所述,译语与原语之间的意义转换,是译语对原语的最基本、最大量的模仿,没有这个模仿,也就没有了翻译。所谓"意义转换"有一个基本特点,这个基本特点就是译语对原语的基本概念或基本意义的模仿。但是意义是个"可变体"，有一个非常复杂的结构，这个结构由意义的许多变体（variants，语义学上称为转义）组成。语言交流时，意义在不停地变换不同的变体，以适应思维发展的需要，根本不可能时时处处用基本概念或基本语义。根据语义学的研究（D. Crystal, 2000: 107, CEL），意义的变体发生主要有以下五个因素：（1）Prosodic factor（语音因素），话语中不同的语音要求引致意义变化；（2）Grammatical factor（语法因素），话语中不同的语法要求引致意义变化；（3）Pragmatic factor（语用因素），话语中不同的语用要求引致意义变化；（4）Social factor（社会因素），话语中不同的社会交流引致意义变化；（5）Propositional factor（命题因素），话语中不同的话题（topic）所指引致意义变化。在以上诸多因素的作用下，词语的概念意义必须派生出很多变异，才能满足话语交流之需，如语境意义、引申意义、联想意义、形象意义、情感意义、色彩意义和文体意义，等等。这样一来，双语在转换时译语对原语的模仿就出现了两种状况：第一，模仿的配伍选择大大复杂化了，第二，模仿的可能性和质量也大大提高了。其结果就导致了两类不同类型的模仿：

第一类：对应式模仿（对应模仿，Equivalent imitation）

其实对应也就是模仿，简称"对应式"。对应式模仿的条件是基本概念的对应和语法功能的基本对应（如词性）。语言是经验的产物，人类的很多经验都是相同的或相近的，因此双语之间的"对应模仿"（找出对应式）可能性很大，范围也非常广泛。这是直译的经验论基础。以下是对应式模仿：

- 护身符（指实物）——amulet（指实物，可用任何质材、呈任何形状，原出于拉丁语）
- 繁荣的——prosperous
- 弄虚作假——play false
- 天衣无缝的说辞——seamless persuasion
- juice——油水
- plasticity——可塑性
- screamer——尖叫的人，尖叫者（也可以是"被尖叫者"）
- a golden chance——黄金机会

第二类：代偿式模仿（Compensational imitation）

但人类的语言非常复杂，语言又受到语源、人文地缘因素和历史发展的制约，因此对应式模仿根本无法"囊括"一切。于是在双语转换时，人们不得不作各式各样的**解释**才能实现译语对原语的意义（概念）的语际转换，这是一种宽泛意义上的模仿，显然，这时的解释起到了**语义代偿的作用**，因此被称为代偿式模仿。如在以下表现式中代偿式解释不可或缺：

- 护身符（比喻）——a person or thing that protects one from punishment or censure
- 二锅头——a strong Chinese spirit with 60–65% alcohol made from sorghum
- 联产承包——contract with remuneration linked to agricultural output
- bounder——玩弄他人（一般指异性）感情的人；异性玩家
- ubiquitous——遍布各地的、哪儿都见得到的
- fair-weather friends——可共安乐不可共患难的朋友；酒肉之交

可见代偿式模仿既是概念调节也是审美调节的产物。因此，在语际转换中，代偿式模仿是绝对不可少的，而且是相当大量的。例如上面提到的"screamer"在"a red carpet screamer"中就显然不是"尖叫的人"，而恰恰是"被尖叫的人"（如步上红地毯引起影迷尖叫的明星）。"护身符"、"保护伞"、"灵祖牌"、"万金油"这类词语在汉语和英语中都常当作隐喻使用，我们将在下一节关于隐喻的翻译中加以探讨。

可以说，越是意义比较艰深的文本、越是专业性的文本、越是具有民族文化特色的文本，代偿式模仿就越普遍。可见"对应"和"代偿"是语际转换中意义模仿的两种互为补充的必备方式也是必然方式。现在不少翻译理论文献只讲"对应"不讲"代偿"，这显然是片面的，也是不符合汉外翻译的实际的。人类认识世界的"未知性"（the Unknown）当然不能一蹴而就，但是一旦我们认定了事物的更准确的规律性就应当及早改正自己的策略，以利翻译事业的发展。

T12.6.3　动态模仿（Dynamic Imitation）与隐喻的翻译

翻译中的变通（通变，即随机应变）几乎无处不在，所谓"**动态模仿**"是一种随机应变、重在功能的模仿（imitation to fit for actual situation），即经审美调节后的变通性模仿——"**调节式模仿**"（Modulative imitation），这里涉及"模仿度"的拿捏，也就是"能不能模仿"或"模仿到哪一步"，实际上也就是模仿的对策问题。下面我们以隐喻的翻译为例对动态模仿问题加以探讨。

隐喻是一个古老的美学问题。隐喻作为修辞格在任何语言中都用得非常普遍。美国美学评论家 Ted Cohen 在界定"metaphor"时说：

Metaphor is one of uses of language in which what is communicated is not what the words mean literally. It is, therefore, so to speak, a way of speaking of something by talking about something else（言此意彼）. Thus, one has said（or written）X and thereby communicated Y. This characteristic of "indirectness"（非直接性）is not alone sufficient to distinguish metaphors from other non-standard uses of language, but there is also a question as to whether metaphors in general are sufficiently similar to one another to permit a single, unified description of them.（作为语言的一种非标准用法，隐喻其实是各式各样不一而足的）（Metaphor, 2003: 366, *OHA*）

Cohen 是对的，隐喻的"非直接"陈述不同于语言的其他"非直接"陈述，隐喻的"非直接性"有它的重要特色。就是说，隐喻之以 X 来言 Y 的特点是 X 无一例外是个形象词，这时的形象就叫作"隐喻形象"，它的功能是以形象转送概念意义，因为在说话的人的心目中 X（隐喻形象）远远比 Y（概念意义）更有说服力、能打动人、更明白生动，等等。此其一，另一个很重要的是说话者的**多重审美修辞考量**：他认为这样说更婉曲或更夸张、更灵活或更使人捉摸不定，因而在效果上更胜一筹。可见，隐喻的"非直接性"也是不一而足，并非是等量齐观的，但它的功能始终只有一个——对概念进行解释（interpretation）。这也是语言哲学家们的看法（Richard Moran, pp. 248–259, *CPL*）。我们可以将各式各样的隐喻大致分为两类：

第一类，简单隐喻

这是指仅以形象化为目的或寓意比较浅近的隐喻，语言交流中这种情况很多，说话者只想换一个比较形象、甚至比较好懂的说法：

- 这又不是末日来临！——Come on, this is not the doomsday!
- 都想来分一杯羹。——Everybody wants to take a piece of cake.
- 两种说法风马牛不相及。——These are only irrelevant remarks.
- You just take up the ball, OK?——你接着（他／她）谈吧，好吗？
- We just want the meat-and-potatoes today.——我们今天只谈要点。

• One million increase is only a sleight of hand.——增收一百万不过是小意思啦。

简单隐喻一般表现为单个的隐喻词或词组，可译性相当大。隐喻形象对理解常常具有明显的引导作用，这时的隐喻词也比较容易找到对应式（即**对应模仿，**或稍加调节）。

第二类，复合隐喻

所谓"复合"一是指寓意具有非单一的修辞目的，二是指语言结构上复杂化，即常常不是一词一语，而是一个类似句子的扩展结构。复合隐喻在话语交流中是更常见的，因为修辞手段多重复合，语言可以更经济，更重要的是审美效果非简单隐喻可比。从修辞寓意上看，"多重"表现为力求集用语形象化、情态复杂化、语义隽永化、结构复杂化为一体，例如：

（1）"你走你的阳关道，我走我的独木桥"——You take your high road, I would go over the single-log bridge; Let's try different ways as we choose.

这个复合隐喻之精美处正是上面说的"三化"，尤其是意态上那种"不屑感"、"淡定感"、"超脱感"可以充分表现出复合隐喻的审美力度。

（2）"你这是哪壶不开提哪壶"——You choose to try your bad luck! /You choose to tease someone (us)! / You choose to make trouble now!

这个复合隐喻语之高妙处就在于它的幽默感，这时的幽默产生于行为意向与行为表现之间的矛盾。"死马当作活马医"（to try to deal with the impossible）也是一样。

（3）Anger is a weed; hate is a tree——怒是一根小草，恨是一棵大树

这个复合隐喻也是所谓"三化"的好例证，语句对称，寓意很深。

（4）The strongest poison ever known
　　　Came from Caesar's laurel crown.

这是英国诗人 William Blake（1757–1827）的名言："世界上最阴毒的诡计都来自凯撒那至高无上的皇权"，"权杖下的阴谋"，意即阴谋源于政治极权。

（5）Potatoes and marge, marge and potatoes——"这顿饭是土豆拌黄油，下顿饭是黄油拌土豆"语出 James Joyce 的著作 *Ulysses*，犹言食物极单调，令人生厌。

　　复合隐喻常常取各种句法扩展式，它的审美结构则基本上采取意象的因果组合或意象递加集合，例如王昌龄的诗句"一片冰心在玉壶"和上述第（4）句就是意象组合式的扩展隐喻（"冰心"与"玉壶"、"诡计"与"皇权"、"权杖"有因果关系），其他例句中隐喻意象都是不同形式的递加式扩展结构。从例句的翻译可以看到，我们对隐喻的审美对策要点如下：

第一， 准确把握隐喻的核心意义，即概念意义，语言哲学家 Donald Davidson 称之为"**认知内容**"（the cognitive content, *Arguing about Language*, 2010: 474），隐喻偏离了它的概念意义则几乎可以肯定会翻译失准。

第二， 准确把握上下文中词语的联立关系，以确定如何从**概念呈现**提升为**审美呈现**。Davison 说"metaphor is the dreamwork of language and, like all dreamwork, its interpretation reflects as much as the interpreter as on the originator"（2007: 475），意思是说隐喻是一种艺术手段，如何翻译在更大的程度上取决于译者的艺术呈现功夫。

第三， 隐喻审美艺术呈现的要领是恰如其分的**意象选择**。译者应尽最大可能根据上下文中词语的联立关系进行译语的形象思维，以确立可以充分承载词语认知内容的译语"艺术比喻外壳"。

第四， 灵活运用动态模仿原则：翻译中不存在"隐喻必须译成隐喻"的机械性规范。有时还原为原语的概念意义，放弃艺术呈现反而是"**不得已中的上策**"（the best in/among the worst）。

　　综上所述，我们可以总结出如下原则：

原则一 模仿对翻译具有本体论意义，否定了对原语的模仿，翻译便变成了无本之木或"无稽之谈"（"稽"的意义是"依据"），在这一点上，翻译与文艺创作理论上的所谓"反模仿论"不是一回事；

原则二 对翻译而言，轻视模仿的观点是非常错误的，这是没有认识到翻译实际上是译语对原语的跨语言文化的择优而从；

原则三 以不悖文化适应性的对应式模仿为第一选择，并尽力保留形象性；

原则四 辅以不可或缺的代偿式模仿，即采取经过审美调节的隐喻替代法（或"去隐喻法"、"白描法"、"零模仿"）实现转换；

原则五 选择的审美标准是：（1）文化价值观和文化的适应性考量；（2）目

的语可读性，为了模仿而引致语言上的诘屈聱牙是"为小失大"；
(3)目的语的读者接受。

以上五点也就是我们所说的**动态模仿（调节式模仿）策略**的具体内涵。

Topic 12.7　翻译审美再现范式论专题（三）：翻译审美与移情

"移情"（empathy）是一种审美心理活动，康德称之为心理"置换"。移情之说是费希尔（Robert Vischer, 1807–1887）和利普斯（Theodor Lipps, 1851–1914）等人提出来的。美国当代美学评论家 Gregory Currie 在解释移情时说：

> As alternative conception argues that empathy is outward-looking; we are
> to imagine ourselves in the situation of the target agent, seeing the world, in
> imagination, as it was for that agent. If we can do this in a vivid and seamless way,
> we can then come to respond to that world as the target would have responded to
> it.（"Interpretation in Art", 2003: 302, *OHE*）

中国美学家朱光潜在阐述利普斯的论述时解释说，所谓"移情"是一种实际的审美感受。在审美活动中，"我"这个审美主体与审美对象打成一片，就像"活在"对象里，亲身体验到"我"活在对象里的活动，"我"才能感受审美欣赏所特有的那种喜悦，这是一种"自我"与"非自我"的统一，个中道理相当于日常人们说的"换位体验"、"换位思考"。中国传统美学中"兴"的命题（就是所谓"托事于物"）就有这个意思。唐代孔颖达解释说，"兴者起也，取譬引类，启发己心；诗文诸举草木鸟兽以见意者皆兴词也"（《诗大序疏》）。意思是感兴被激发时，客体的一切会外射到主体身上，使主体不由得"设身处地"（进入了客体），实现了主客体的契合，首先是意念上（利普斯称之为"理智方面的解释"，《美学空间》，第一章），然后是情感上的契合，利普斯称之为情感方面的"接近"，同上注），这当然是比较理想的情况。（Lotz，《宇宙论》，第五卷，第二章）我国清代王国维也有"入乎其内，出乎其外"（《人间词话》）之说，认为这是审美静观的基本方法，不过王国维着眼于审美态度与意向，而移情论则着眼于"物我同一"的审美结果或效果。

那么移情与联想有什么不同呢？利普斯的回答是，移情必然有对客体的同情的支持，而联想则未必。例如"某件事情可以使你联想到坏人的恶行"，但移情绝不会使你将"情"移到坏人身上，正因为这样，移情也被称为"审美的同情"。（朱光潜，《西方美学史》，第 334 页）另外，在大多数情况下，联想并不是情感驱动的，例如，看到天上的层层云片，可以使你联想到鱼鳞，看到山洞里的钟乳石可以使你联想到竹笋，想到鱼鳞也好想到竹笋也好，你是不会产生什么情感的，而移情的主体则是情感，并伴随理性直觉。可见联想是一种比移情简单的心理活动。

利普斯认为移情有四种类型：（a）"统觉"移情，指移情指向普通对象；（b）经验移情，指一般所谓的"拟人化"；（c）心境移情，指将感情融入音、色之中；（d）现象移情，指将移情指向可感知的现象，比如见到有人烫伤，就"感同身受"，自己也产生痛感。（汝信等编《西方美学史》，第三卷，第 694 页）不论是哪一种移情，主体都是在实现"将自己与对象糅为一体"，实现主客体的同一。审美欣赏的特点则正是在于充分感受这种同一的愉悦。

另外，我们在这里也说一下利普斯等人所倡导的移情论与谷鲁斯（Karl Groos, 1861–1946）所提出的"内模仿论"（Inner imitation）之间的不同侧重。谷鲁斯认为内模仿实际上是一切审美欣赏的核心，也就是客体对"我"的审美激发（入内，相当于上面孔颖达所说的"启发己心"）以及"我"对这种激发的反应（模仿），因而叫作"内模仿"。在审美欣赏中，审美主体内心会产生一种意识或自觉的自我调节心理活动以适应客体加之于"我"的刺激，并将自己产生的心理适应回馈到客体，促使主客的融合或契合，"同情地分享"客体的感受。实际上内模仿是对移情论的一个补充：移情论侧重的是由我及物的一面，主体的反应则是投射而不是回馈，而内模仿则是侧重由物及我的一面。（朱光潜《西方美学史》，第 334 页）

对翻译审美而言，研究移情是一项不可忽视的任务。我们的理论侧重点是：

第一，移情的前提是对文本的透彻理解

这应该是自然之理。如果说移情是一种"审美同情"，那么对不理解的事物人们是不可能给予同情的。翻译中常见的情况是，译者对原语的理解不是完全相悖，而是不深不透，尤其是比较艰深的原文。但更多的情况是不求甚解导致误译。例如英汉中都有些意义比较婉曲的句子，弄不好就会翻译成反面：

（1）Man must have an idol — the amassing of wealth is one of the worst species of idolatry — no idol more debasing than the worship of money. (*The Robber Barons*)

（错译）没有比诋毁金钱崇拜更不值一提的人了，须知人类是需要有个值得崇拜的偶像的。

（原意）人类固然要有崇拜的对象，但敛财则是崇拜对象中之最劣者，没有比金钱崇拜更低劣的崇拜对象了。

（2）华盛顿•欧文是一个独身男子，但《见闻短记》里的一篇歌颂妻子的文章，写得那么优美可爱。同样查尔斯•兰姆也是个独身的男子，而艾丽娅的《独身者的不平》一篇，又冷嘲热讽，将结婚的男女和婚后必然的果子——小孩子等，俏皮到了那一步田地。（郁达夫《谈结婚》）

（错译）Washington Irving was a celibate, yet in his *Sketch Book* there is an essay speaking highly of the wife as an indispensable lifelong partner. On the other hand, Charles Lamb, also a single man, in one of his essays under the name of Elia, *A Bachelor's Complaint of the Behavior of Married People,* can speak in a so intolerable tone of married couples that no one can imagine that the child is just their fruit of a natural course.

（原意）Washington Irving was a celibate, yet in his *Sketch Book* there is an essay speaking highly of the wife as an indispensable lifelong partner. On the same par, Charles Lamb, also a single man, in one of his essays under the name of Elia, *A Bachelor's Complaint of the Behaviour of Married People* speaks jestingly of married couples with their lovely fruit of a natural course.

上述（2）句译者有误读，句中"同样"一词的管域不只是"独身男子"，而且是整句话，就是说 Charles Lamb 也一样，虽然自己是个单身汉，却仍然乐此不疲，对结婚男女生儿育女之类的事，开了一通善意的玩笑。原句比较短或看似无"情"可"移"时，我们不妨将这个"情"当作"情理"来理解。比如，（1）句虽然短，但按情理分析错译句也是说不通的，瞧不起金钱崇拜的人怎么反而会不值一提呢？

毫无疑问，翻译是非常辛苦的工作，唐代卢廷让说的"吟安一个字，捻断数茎须"的苦衷，每一个勤恳的翻译想必都体验过。这时候你必须想到对作者和读者的责任，想到不要辜负他们对你的热切期盼和信任——这也许是一种特殊的"移情"吧！

第二，冷静分析并努力排除"移情障碍"

就翻译而言，所谓"移情障碍"（Barriers in Empathy）来自以下几个方面：

（1）理解障碍

这是最基本的移情障碍，上面已做了分析。对初级翻译而言，理解障碍可以说是一个拦路虎，足以阻碍翻译的顺利进行。对中级或高级的翻译而言，理解障碍又是最大的绊脚石，因为理解上的谬误可以严重影响译文的整体质量。而且理解障碍通常还可能伴随以下几种障碍，形成所谓"综合性移情障碍"。

（2）心理障碍

这是审美态度方面的问题。首先是畏难情绪，认为原文不好懂，也就沉不下心来切实分析原文。其实，语文没有不可以做语法解构和语义解析的。

最重要的心理障碍是对原文中的人物或事件缺乏审美体验因而产生陌生感或厌倦感。正如西方一位屈原《天问》的译者所说的，初读《天问》时他感到屈原完全不可理解，屈原问的许多问题莫名其妙而且根本不可能得到答复，因此不理解有什么必要像屈原那样执着地问下去。在这种情况下，移情于屈原显然很困难。后来这位译者读了许多有关文献，尤其是努力地研究了屈原的《离骚》，这就大大拉近了与诗人的心理差距，这时再来看屈原提的问题就觉得提得很在理也很深刻了！这就是为什么移情论的先驱费希尔等人非常重视将客体"人化"的自然的心理过程。（汝信等编《西方美学史》，第三卷，第401页）

（3）文化障碍

翻译中文化障碍几乎无处不在。且不说跨语言文化，即便是语内解释，如果囿于文化知识，也常常会影响到理解，而不知文本之所云。唐代诗人崔护写的《题都城南庄》有一首诗云："去年今日此门中，人面桃花相映红。人面不知何处去，桃花依旧笑春风。"如果不知道这首诗的文化历史背景，就会感到莫名其妙："桃花"是谁？为什么她要"笑春风"呢？这当然谈不上移情的实现了。据《本事诗·情感》载，崔护年轻时应考不第，住在长安。清明时独自到郊外踏青，在城南的一家院子里见到一位姑娘。姑娘给了他一杯水，请他坐下休息，自己站在桃花树下含情脉脉地看着他。第二年清明节，崔护又找到那个院子，只见桃花依旧盛开，却见不到那位姑娘。他在落寞中把这首诗题写在门上。这就是"人面桃花"的故事。很显然，不了解这个文化掌故，就根本没法移情于男女主人公。

语际文化移情的障碍就可能更大了。爱尔兰作家乔依斯（James Joyce）写过一部小说 *Finnegans Wake*（《芬尼根守灵夜》），从作品问世到现在已近百年，仍然没有"过得去"的汉译本，该书文字比较怪异当然是原因之一，但主要是文化移情障碍使然，连主人公的一哭一笑都很难理解。

（4）审美障碍

昧于文本的审美设计，也碍难实现移情。特别是诗歌翻译，译者务必把握诗中的审美意象，如果有失于意象把握，那就肯定不能实现审美移情。很多诗歌的主人公其实就是诗人自己。因此移情大体上应指向诗人本身，译者必须倾全力抓住诗人（原作）的性格特征，才能理解他（她）的诗作的风格。下面的一首诗是英国前拉斐尔派女诗人罗塞蒂（Christina Rossetti, 1830–1894）的一首诗 *Goblin Market*：

> For there is no friend like a sister
> In calm or stormy weather,
> To cheer one on the tedious way,
> To fetch one if one goes astray,
> To lift one if one totters down
> To strengthen whilst one stands.

这首诗曾被译成这样：

> 无人赛过我姊妹，
> 晴天雨天在身边；
> 漫漫途中她鼓励，
> 迷路之时她接引；
> 你若跌倒她扶你，
> 站稳脚跟莫倒地！

在英诗中，罗塞蒂的诗文属于婉约、哀伤派女诗人之作，与她这个人的性格很相似，所以常有人以她作例证，说明布封的"The style is the man"（文如其人）之信哉斯言。上面的翻译读起来类似旧式歌诀，似乎只图每句七字，琅琅上口，不在乎有没有诗意，这就不妥当了。今试译如下：

> 不论风雨还是天晴，
> 没什么比得上姊妹情谊；
> 漫漫途中有她的鼓励，

迷路时有她的引领；

跌倒了，她将你扶起，

伴你身边让你更坚强！

　　利普斯有句名言，"移情就是灌注生命"，也就是说，主体的审美愉悦在于看到审美对象接受来自主体的"生命灌注"而产生的"美的灵动"。无论如何，译者应当努力使自己的译作充满这种"美的灵动"！

　　在很多情形下，审美障碍不在作品的**表层结构**，而在原作比较复杂的迷宫式、史诗式**深层结构**——思想内涵、伦理观念、心理特征、意识形态、情感分析和对社会文化历史的当下性诠释。这种情况不仅发生在像《儒林外史》、《战争与和平》之类的古典作品中，现代作品也不少见。美国现代作家 Robert James Waller（汉译名沃勒）写过一本很知名的小说 *The Bridges of Madison County*（汉译《廊桥遗梦》），说的是一桩意外的婚外情故事。红杏出墙遇上有心郎是个历来比较棘手的题材，但这一次却被 Waller 出乎意外地处理得面面俱到而且相当"脱俗"，真个是妙手回春，将"障碍"统统化除了：它"给相逢以情爱，给情爱以欲望，给欲望以高潮，给高潮以诗意；它给离别以惆怅，给远方以思念，给丈夫以温情，给孩子以母爱；它给死亡以诚挚的悼念，给往事以隆重的回忆，给幽会以淡雅的交心；最紧要的是，它给先人的情爱以会心的理解"，如此等等，不一而足。能够引发这么错综复杂的移情，实在可以说是该书作者始料未及的一大成就。不仅是长篇小说，短小的诗歌所蕴含的情感也可能很不简单。下面这首诗 *Green Fields*（作者 Terry Gilkyson 等）所蕴含的深层意念和情感就是多维的，具有**预设的不确定性**：

Once there were green fields, kissed by the sun,

Once there valleys, where rivers used to run,

Once there were blue skies, with white clouds high above.

Once they were part of an everlasting love,

We were the lovers who strolled through green fields.

Green fields are gone now, parched by the sun

Gone from the valleys, where rivers used to run

Gone with the cold wind, that swept into my heart.

Gone with the lovers who let their dreams depart.

Where are the green fields, that we used to roam?

I'll never know what made you run away
How can I keep searching when dark clouds hide the way?
I only know there's nothing here for me
Nothing in this wide world, left for me to see

Still I'll keep on waiting until you return.
I'll keep on waiting until the day you learn.
You can't be happy, while your heart's on the roam.
You can't be happy until you bring it home,
Home to the green fields, and me again.

（这里也曾有过艳阳普照的绿色田园，
这里也曾有过山谷间潺潺流淌的溪涧。
这里也曾有过白云朵朵飘过的蓝天，
它们也曾属于那份永不衰变的挚爱，
绿色的田野啊，你见证了我们的眷恋。

如今，在灼热难忍的阳光下，你消逝得无影无踪，
从也曾有过江河流过的山谷，你消逝得无影无踪，
与瑟瑟的冷风一起吹过我心间，你消逝得无影无踪，
与浪漫的萦梦一起掠过我心间，你消逝得无影无踪，
绿色田园啊，我们漫游过的田园，在哪里能与你重逢？

我永远不明白你为什么要远走高飞
这乌云蔽天盖地，我怎能将你找回？
我只知道对人间我已经无所牵挂，
茫茫世界里一无所有——我要面对！

但我仍将一直等着你，等着你的回归，
直到那一天你明白了一切，我不会后退。

你的心还在迷茫中漫游，会快乐吗？

没找回你曾拥有的一切，会快乐吗？

绿色的田园啊——让一切在我眼前重现！

　　这首诗里的很多词的指代都有多重性，显然是原作者有意为之。例如"you"是指田野，还是指"情人"？另一个关键词就是"love"，它是指对情人的"爱情"，还是指对田园的"爱恋"？还有一个词"return"，诗人是在召唤绿色田园的回归？还是在呼唤远去的情人的迷途知返？这种种模糊的多重性在原诗中"历历在目"。译诗不如尽力设法保留那种预设悬疑的原汁原味，不必将它看作移情障碍。

第三，移情不能代替审美创造

　　翻译永远不能忽视原作的复杂性，也永远不能忽视译者的自主性（autonomy），这是一个内张力很大的二元对立项。但说到底，二元对立的**主角是译者**。这是因为译者是实施翻译行为、达成翻译目的的执行者，而且是"唯一的执行者"，译者通晓目的语的语言文化并与接受者息息相通。总之，翻译必须靠译者来完成，也就是说，只有译者才能择善从优地完成由 SL 转换成 TL 的过程，这里包括复杂的 TL 文化审美任务，包括翻译**全程的择善从优**。因此，说到底，翻译是一种必然要将任何客体**主体化**的语际转换行为。译者在移情于原作时永远不能疏于自己的主体性审美创造。这是很多人推崇美国翻译家斯奈德（Gary Snyder）翻译的唐代诗人寒山诗的重要原因。例如寒山有首自述诗是这样的：

时人见寒山，各谓是风颠。

貌不起人目，身为布裘缠。

我语他不会，他语我不言。

为报往来者，可来向寒山。

斯奈德的翻译的英语翻译是这样的：

When men see Han Shan,

　　　　they all say he is crazy.

And not much to look at,

　　　　Dressed in rags and hides.

They don't get what I say,

I don't talk their language.

All I can say to those I meet,

Try and make it to Cold Mountain.

这样的英译非常贴近原作诗人的情怀，同时用的又是十分简洁、十分纯净的英语，有利于读者接受。很多译者都做得到对林黛玉、贾宝玉的移情，但远非所有的译者因而就获得了译好《红楼梦》的保证，这是既要见树又要见林的问题。因此，翻译美学所需要的移情，并不是康德所说的、简单的主客"置换"，而是翻译者整体的主体化移情再现，具有**对客体的全局性、目的化重构**。总之，翻译美学的模仿是审美移情化的模仿（imitation via empathy）。以上所说的主旨或大意，可表述如下：

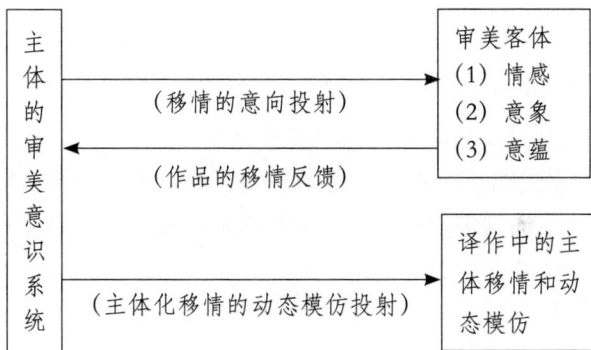

```
┌─────┐                    ┌─────────────┐
│主   │                    │审美客体     │
│体   │  ───────────────►  │(1) 情感     │
│的   │   （移情的意向投射）  │(2) 意象     │
│审   │                    │(3) 意蕴     │
│美   │  ◄───────────────  │             │
│意   │   （作品的移情反馈）  └─────────────┘
│识   │
│系   │                    ┌─────────────┐
│统   │  ───────────────►  │译作中的主   │
│     │ （主体化移情的动态模仿投射）│体移情和动   │
└─────┘                    │态模仿       │
                           └─────────────┘
```

可见翻译审美表现所需要的"审美移情"，不是对原作的复制，而是经由翻译主体加以审慎的**移情模仿**，再投射到译作中的**翻译再创造艺术过程**，因此说，翻译的模仿是主体化移情模仿，翻译的移情是主体的创作目的化移情。事实上，有人倡导的所谓"绝对客观"的移情在艺术中是不存在的。

中外翻译界都有翻译艺术的"原汁原味"论，实际上这种见解（有人也将它看作文化翻译的"标准"）只能是一种理想主义的愿望。从审美移情和动态模仿的视角看，翻译要保证不折不扣的原汁原味既是不可能的，也没有为此而削足适履的必要。自然美是艺术的基本属性，为保全"原汁原味"而牺牲语言的自然美，得不偿失。这种策略思想在中国哲学—美学上就叫作"和合论"，"和合论"有一条为达至"和合"的辩证法对策论考量，就是"两害相权取其轻，两利相权取其重"。我们必须在"利"与"害"的权衡中，取得一个平衡点，这就叫作"和合"，也就是梁启超所谓的"圆满调和"。

Topic 12.8　翻译审美再现范式论专题（四）: 语言的形式美

形式（form）究竟指什么？这个问题在中外哲学史和语言史上一直颇多争议，在概念上也就非常混乱。（朱立元主编《西方美学范畴史》，第二卷，第 125 页）就翻译美学而言，我们关注的问题比较实际，我们要探讨的要点也比较集中。翻译美学研究的"形式"主要指语言形式，它是"内容"和"意义"的对立面。具体而言，语言形式指语言的物质符号形式、语言结构形式、语言载体（词语及其扩张式）、语言作品的情节、音韵及音律、体裁、风格及风格的不同形态，等等。形式美指以上诸方面所呈现的美，具体指和谐、对称、平衡（balance）、均衡（equilibrium）、协调（concord）、统一、得体（becomingness）、适宜（适度、适当、适合）、规律性、多样性，等等。翻译审美表现论关注的重要问题，一是不要忽视形式美，二是形式美的表现方法，再次就是形式美的基本原则。头两个问题本书采取了分散的办法，在各有关章节中进行探讨。这里将就第三个问题即形式美的基本原则提出意见，以期译者在翻译审美中有所遵循，这些原则也可以说是确保实现形式美的几条操作规范。此外我们还将扼要讨论康德提出的"合目的"的形式美与翻译美学的关系问题。

第一，始终一贯（Consistency）

"始终一贯"主要指"形式的统一性"（Unity in form），即处于同一性质、同一层次、同一范围、同一结构或同一空间的事物或物件、部件必须具有统一性，保持前后统一、上下统一、序列统一、规格统一、称谓统一等等，它们的反面就是前后矛盾、上下矛盾、序列矛盾、规格矛盾、称谓矛盾。统一性是构建和谐美、对称美、平衡美、协调美等等审美元素的重要条件。试想想，格律诗倘若没有形式统一性的约束，那还叫什么格律诗呢？其实，统一性这条形式规范对任何文体、任何体裁、任何题材、任何风格的文本都是非常重要的。试想想，如果在同一篇报道中，作者一开始用的是第一人称来叙述，中间又突然改成了第三人称（"我"变成了"他"），或者，作者先是说他现在是在一个"江南小镇"，后来又改成"江南小城"，"小镇"是不是"小城"呢？读者难免被作者弄得云里来雾里去，这种前言不搭后语的文章还有什么美可言呢？

此外，始终一贯也指系统性（systematic）、条理性（methodic）、井然性（orderly）、结构感（framable）等西方叙述学美学对叙述体（narration）提出的美感要求，一个庞杂、凌乱的故事显然是谈不上美的，"徒有其表的组织"也不能说是美的。因此，**"始终一贯"**与**"高度的整体组织性"**（highly organized）又相通。《红楼梦》之所以称得上是不朽的文学丰碑，其中一个很大的特点就是结构上的高度组织性：大视野、大铺排中家族、门第、辈分、排行一清二楚，它是清代中国封建社会结构的一个绝妙缩影。

第二，行文得体（Becomingness）

"体"是个形式问题，指"外在体貌"（outwardness）。这里的"得体"包括译文对原文的体裁、体式、风格的得体，主要表现在行文的"体"上。上一节我们举过一个例子，针对的是关于英国女诗人罗塞蒂的一首诗 *Goblin Market* 的翻译，问题就出在"不得体"（Unbecoming）上。抒情诗就是抒情诗，不能把它译成"顺口溜"，反过来也一样，顺口溜也不能摇身一变被译成"抒情诗"。清代王夫之说过一段话，强调"体"如何保证文与质的正确关系，"盖离于质者非文，而离于文者无质也。惟质则体有可循，惟文则体有可著"。可见"体"是很重要的形式美表现手段，因此他说"故文质彬彬，则体要立矣"，而这里的所谓"体要"，就是他所谓"定体"（王夫之《古诗评选》），意思是保证"体"的规范性：如果不落实在体上，文与质就没有依托。因此中国文论很早就提出**"文贵得体"**的主张，不过中国传统文论中的这个"体"既指"体貌"，也包括"体性"，特别是在魏晋时代。

中国和英语国家自近代以来文化发展步伐明显加快，文章的体裁、体式、体貌（风格）变化很大，不同文体的形式特征既有明显的同质化，又有更明显的异质化，翻译中必须密切注意，这也是翻译美学形式论的重要的专题研究。

第三，文化适宜（Appropriateness）

审美必然涉及文化形式，自不待言。所谓"审美选择"在很大的程度上涉及文化选择。因此，我们这里的"适"（适宜、适度、适当、适合），主要指文化形式上的相应的考量，核心问题是翻译中如何析出并适当处理原语文本中的形式美，以及如何在译入语中适当表现原语中的形式美，以期收到预期的效果。这个问题其所以复杂，则是源于由文化差异而产生的审美心理差异及语言形式美价值差异。例如汉语很看重语言的音韵美、文字的结构美、诗文的意象美和意境美，因此我们在表现诸如此类的汉语形式美时，就应审慎地掂量英语文化对这些审美元素的接受，英译汉时也一样。

当然，"文化适宜"还有一层更积极的意义，那就是"怎样做对文化沟通更适宜"。这是一种立志于超越差异、着眼于文化融合的更进取的"文化适宜论"，翻译美学显然应该为这一更加进取的目标而努力。

第四，灵活多样（Diversity）

灵活多样是对统一性的重要补充，因此也合称为"多样统一"。形式美的多样性要求是对多姿多彩的大自然的回应。地球上没有一处地方的山水是完全相同的，同一个物种分布在地球的不同地域会衍生出各式各样的品类。语言形式美也应该是这样，即所谓"异彩纷呈"。简单地说，形式单一、品类单调绝不是艺术。同样是律诗，晚唐诗论家司空图（837—908）就列出了二十四种诗品，在大诗人笔下，"品品皆可为上乘"。在二十四品中，竟然有很多是互相对立的，比如：绮丽 vs. 冲淡、豪放 vs. 含蓄、缜密 vs. 疏野等等（司空图《诗品二十四则》），充分体现了艺术形式"多样统一"的规律。

灵活多样其所以是美的，除了是对大自然的回应外，更是人的真实经验的反映。人生活在多姿多彩的世界上，灵活多样属于常规现象，而整齐划一、形式雷同则是非常规的。人的审美经验是一种历时累积，符合规律的审美经验一般是与时俱增的。魏晋时代文体美的高强音是字当句对的骈体文，从声律到句式一切整齐划一，丝丝相扣。但是，这种有悖于自然的审美理想，终于不敌时代步伐的最强音，一进入生气盎然、生机勃发的唐初即走向没落，即便有曹丕、陆机、刘勰等三位杰出的骈文实践家和理论家可谓相当扎实地"打了底"，也无济于事，骈体美的理想如强弩之末，文章体式美回归到了崇尚自然（即唐代所谓"尚法"）的轨道，产生了"文起八代之衰"的大师韩愈和柳宗元，开启了唐宋散文人才辈出的黄金时代。

第五，合目的的语言形式美（Purposiveness）

"合目的性"（Purposiveness，康德用语）是康德提出来的一个概念，他说："美，它的判定只以单纯形式的合目的性，即以无目的的合目的性为依据"（《判断力批判》，上卷，第 64 页）。康德的意思是说，形式美有一个条件，它**不具有任何实在的目的性**（也就是"无目的"，指超越了功利性或利害感的实际目的），但**又具有符合内容所欲达到的预定目的性**，这种美见诸外形，是可以被直觉察觉的。简单地说就是：符合内容所预定的形式要求的美就是形式美。反过来说，不符合内容所预期的目的的形式，就不具有形式美。这与黑格尔说的"美是理念的感性显现"意思是一致的，这里的"理念"就是内容，这个内容赖形式得以"显现"。请参阅以下解说：

关于形式合目的即美，中国古代也有一段言论，这就是宋代张戒提出的

"中的为功"之说。原文出自其论诗著作《岁寒堂诗话》："萧萧马鸣，悠悠旗旌。"以"萧萧"、"悠悠"字而整暇之情状，宛在目前，词语非创始之为难，乃中的之为功也。荆轲云："风萧萧兮易水寒，壮士一去兮不复还。"自常人观之，语既不多，又无新巧，然此二语遂能写出天地悲惨之状，极壮士赴死如归之情，此亦所谓中的也。　　（祁志祥《中国美学原理》2005 年，第 127 页）

文中所说的"**中的为功**"的"的"（鹄的）就是主体的审美目的，一般是被语义或整体概念内容设定的，在这个条件或前提下所显现的就是形式美了。其实，文质之辩中儒家告诫勿以文胜质（如汉代刘安在《淮南子·谬称训》里说"文不胜质，之为君子"）的道理也在这里，语言形式华丽，超越了承载的内容，就是"不中的"，当然也就谈不上"功"。可见，孔子说的"文质彬彬"（文质相称、以文称质）是符合"合目的"论的。

但自然形式美则是另一种情况。比如洁白的雪花、飞泻的瀑布、艳丽的彩虹等等，显然都并不含有人所预设的目的（意义内容、意向所指、概念赋予）。这些当然也是形式美，不过它们与语言形式美并不是一回事，不能相提并论，只有当它们寄寓了人的意念，比如将瀑布比作人的心潮、将彩虹比作人的梦想的时候，它们才具有某种程度的合目的的形式美。

第六，翻译与形式美的几点原则

如上所述，"形式"是个多层面的极为复杂的研究课题，在哲学和美学中，形式也是被探讨得最多、最广的课题之一，各种学术流派和学科都有自己的"形式观"。（Paul Guyer, *The Origins of Modern Aesthetics:*1711–35, 2004:15–44; Nicholas Wolterstorff, *Art and the Aesthetics: the Religious Dimensions*, 2004: 325–339，*BGA*）翻译美学的形式问题与美学、语言学和叙述学（Narratology）都有密切关系。考虑到本书属于理论通论，因而没有对形式问题展开广泛的理论探讨。我们只是着眼于语言审美与翻译审美的实务，在操作层面提出一些实现语言形式美的原则意见。很显然，翻译审美与语言形式美还有很多专题有待我们去思考、去开发、去探究。翻译美学遵循的语言美原则有以下几条：

（一）**不排除对语言结构的"绝对形式"的审美研究**，承认语言中的音、形、位（spotting）、序（order）、空间等等"纯形式"因素的审美感性功能，因为"绝对形式美"在语言中是一种客观存在，它们很可能是一种"有意味的形式"（C. Bell, 1881–1964），是人们产生美感直觉的必要手段或中介。语言中也存在"零度空间"和"无标题音乐"式的美。同时也要看到，语言中确实存在追求"纯形式"

美的努力，英语中这类"名作"有 Lewis Carroll（1832–1898，英国作家，其真名为 Charles L. Dodgson）所写的一首著名的"无意义诗"（Nonsense Verse），题为 *Jabberwocky*：

> 'Twas brilling, and the slithy toves,
> Did gyre and gamble in the wabe:
> All mimsy were the borogroves,
> And the mome raths outgrabe.

这首诗在形式上（韵脚与节奏）的确是很美的，因此在 1872 年与 1931 年分别被 R. Scott 与 F. L.Warrin 翻译成德文与法文。德国翻译界有人认为，这首诗即便无概念意义可言，但在提示读者认识英语的韵律上也是"极有帮助"的，"幸勿一概抹煞"。

（二）在研究形式美时，翻译美学的**基本认识论和价值论原则是艺术的反映论**，即有艺术价值的形式必然反映某种有意义的内容，即所谓"内容决定形式"论，或"一定的结构形式反映一定的语义内容"，或"美的意义含蕴永远是美的外在性的领航员"，等等。因此必须在翻译中尽力将形式的艺术性表现出来。对翻译美学而言，原语中没有意义的形式表现设计不是翻译者应关注的重点；但是，重要的是，他（她）在下这个结论以前必须确证这个或那个形式设计是没有意义的，确实不属于"有意味的形式"。

（三）因此，**正确的审美态度下的审慎的审美判断永远是最重要的**。简单的否定和肯定都无济于事。

Topic 12.9　论审美调节 (Aesthetic Modulation)

审美调节是译语操控中必经的重要环节。本书在 T4.4.2 中讨论过意义的审美调节，这里将进一步对这一问题作一综合考察，因为审美调节在翻译美学理解和表现论中是一个全局性的问题，正如一部乐曲的创作和演奏一样，意向设定，意象描摹，音调、音量、音质的调节显然是关系到全局性效果的艺术手段。实际上，"审美调节"一词正是借自现代西方音乐创作理论。一般而言，"调节"指的是艺术上的"微调"（fine tuning），但与结构上的"改建"、"重建"也很有关系，因为当"审美转换"业已损及全局时，恐怕就只有诉诸改建和重建了。

T12.9.1   审美调节的整体性

一般而言，交流中的意义输入（meaning input）与意义表现（meaning expression）常常不是一回事，原因是交流中的意义受制于语用目的，表现上必须加以调整，经过调整以后的意义表现承载了语用目的，因而叫作**语用输出**（pragmatic output, R. Carston，参见 D. Byrne 等编 *Arguing about Language*, 2009: 384）。审美调节属于语用输出中的调节。

在翻译美学看来，凡是涉及到审美理解和审美表现各个环节，都有必要实施审美调节。这是因为，人类翻译审美运作基本上都凭借感性的参与，感性是人文的，不是机械的，不可能不发生偏差。审美调节可以起到及时弥补偏差的作用，有助于提高译语的行文质量。

审美调节在翻译审美的以下三个阶段都有不可忽视的积极作用：

第一，对 SL 理解（语义信息及审美信息）：语义解码的准确性调节

译者在审美理解中的失准乃至失误都是十分可能的，纵便是资深翻译家亦在所难免。在文本视听符号解码、句法结构形态解码、意义—意象—意境含蕴解码、风格审美解码、文化特征解码等等环节，译者都不能保证他的初始状态的理解完全准确到位，连最佳骑手都有遭遇马失前蹄的时候。这时的审美调节就非常必要了。王维的诗句"深林人不知，明月来相照"写的是高逸的自然景象中的邈寂状态，与原诗中潜隐的"我"并没有什么直接关系，这种将"人"的主语潜隐的手法，目的在突出"物"的意境，在汉语中很普遍。这里 Giles 把"我"潜隐了一半，是手法相当高明（*Verse*, 第 7 页）的结构调节：

> No ear to hear me, save my own,
> No eye to see me, save the moon

但在"深林明月"中"深"、"明"相互映衬，是王维此诗中的重要意象，Giles 的英译使这个"深林"意象残缺了，这样一来潜隐之美的强度就难免减弱了，在审美上是个**意象与意境的把握**问题。文化与审美关系非常微妙，汉译大师如 Giles 者在审美感应上有文化差异，在所难免。实际上，他本人的两句诗倒是颇有意味的，只是意象美不太切合原诗。下面所论的 *Scarborough Fair* 是英格兰的一首著名的民歌，语言具有鲜明的民歌特色：

Are you going to Scarborough Fair
Parsley, sage, rosemary and thyme
Remember me to one who lives there
She was once a true love of mine

Tell her to make me a cambric shirt
Parsley, sage, rosemary and thyme
Without no seams nor needle work
Then she will be a true love of mine

Tell her to find me an acre of land
Parsley, sage, rosemary and thyme
Between salt water and the sea strands
Then she will be a true love of mine.

Tell her to reap it with a sickle of leather
Parsley, sage, rosemary and thyme
And gather it all in a bunch of heather,
Then she will be a true love of mine.

Are you going to Scarborough Fair?
Parsley, sage, rosemary and thyme
Remember me to one who lives there,
She was once a true love of mine.

　　诗中有很多似乎与上下文无关的复迭性插入成分，造成了语句结构上的跳脱（gaps），这是民歌为凸显**节奏**（免得因加词而失衡）形成的特点，另外如双重否定（如 without no, no nothing, 等等）等语言的非规范性也常常见诸民歌民谣，这一切需要我们加以必要的审美调节：

　　　　你要去斯卡布罗集市吗?
　　　　别忘了那里的西芹、洋苏叶、女贞香和百里草。

346

斯卡布罗住着一个人，别忘了代我向她问好。
只因为她是我曾经的真爱，她知道啊，她知道……

请她给我做一件麻布短袄，
别忘了那里的西芹、洋苏叶、女贞香和百里草。
不用穿针，不用引线，不用裁也不用剪，
只因为她是我曾经的真爱，她知道啊，她知道……

请她给我找一块地，
别忘了那里的西芹、洋苏叶、女贞香和百里草。
就在那咸咸的水洼和海滩之间，
我曾经的真爱，她知道就在那儿天设地造……

请她收割时用老牛皮做的镰刀，
别忘了那里的西芹、洋苏叶、女贞香和百里草。
用石楠叶搓根绳将割下的茎茎草草捆起来，
只因为她是我曾经的真爱，她知道啊，她知道……

你要去斯卡布罗集市吗？
别忘了那里的西芹、洋苏叶、女贞香和百叶草。
斯卡布罗住着一个人，别忘了代我向她问好。
只因为她是我曾经的真爱，她知道啊，她知道……

诗中有很多语义跳脱和语言结构跳脱，影响对原语的理解，因此翻译中的审美调节在所难免。有趣的是，诗中的情郎要求他"曾经的真爱"做的三件事都是办不到的，这就注定了这首民歌巧妙地预设的悲凉情调。

第二，对审美信息感应和转换的对应性的调节

上面提到过唐代陈子昂那首不朽之作《登幽州台歌》，里面那句"念天地之悠悠，独怆然而涕下"。这里怎么把握"怆然涕下"对很多外国译者可能就是个问题。陈子昂本有雄图壮志，但他深感自己命乖时悖，抑郁满腔，他登上幽州台，看到那里的荒莽高伟景象，想到自己有负于前贤、有愧于来者，不禁悲从中来，泪洒衣襟是很可能的，但绝不至于"哭成泪人儿"（all tears），或哭得"一把鼻涕一把眼泪"（wail sadly）。中国社会自古以来有"男儿有泪不轻弹"的自励箴言，陈子昂自悲于建功立业志之不遂，所以清代黄周星选编的《唐诗快》说陈子昂"胸中自有万古，眼底更无一人"，这也可以用来掂量他"怆然泪下"的程度，并以此来调节译语措辞。

第三，对原语风格的把握及表现的力度和精微度调节

风格把握绝非易事，犹如一个人的风韵气度，可感而不可言。译者必须悉心分析其人其文，掌握文中种种风格标志，**聚焦为某种基本特征**，并随时准备加以调整。文章的风格属于语言的精神姿致、风姿气质，看似外在表现，其实与其人的思想情操互为表里。因此风格的审美调节说到底离不开对概念的意义的精微分析。重要的是，必须牢记，意义的审美呈现是以意义的概念呈现为基础的，而不是相反；对概念呈现茫然的译者，是不能侈谈真正的艺术呈现的。

风格调节的最高境界是确保原著令人难忘的余味、余韵。外国译者翻译名著倾向于彰显译者风格、译著风格，而较少关注原著风格、原作者的个人风格以及个人的性格魅力。这种倾向明显地表现在他们翻译的唐宋名家诗词上，在他们的翻译中，李白、杜甫、白居易、李商隐、苏轼常常可以明显地看到译者个人风格标签，而不是首先让读者看到原著的大师们的身世、个性、人生经历、襟怀情操、精神风貌。可以说，这是风格审美调节中一个很大、很值得研究的问题。外国译者翻译的唐诗宋词没有"余味"、"余韵"大概已成公论。

T12.9.2 翻译审美调节手段

审美调节手段指一切可以用于调节审美表现的手段，包括视听手段（音韵、节奏、轻重音，等等）、文字结构手段、修辞手段、句法等等种种语言物质手段，是一个开放系统。从技法的角度看，包括同义易词 vs. 转义译词、专用 vs. 泛用、增词 vs. 减词、淡化 vs. 强化、正说 vs. 反说、并句 vs. 拆句、去头 vs. 掉尾、重组 vs. 改建、稀释 vs. 浓缩，以及拉开距离（distancing）、调整语序（re-ordering）、改变句式（sentence reforming）、移动焦点（focus shifting）、置换结构（structure-replacing）等等，总之调节技法也是一个开放系统。这其中，就审美调节而言，最常用、最重要的是**淡化与强化**，很多翻译的失色，在于艺术着色的力度不够或"力度过剩"。例如下例原文取自英国文学史上知名的讽刺杂文作家 James Hunt（1784–1859）著名的杂文 *Getting Upon on Cold Mornings*（《论冬日早起之苦》）。该文历数寒冬早起之苦不堪言，同时画出了一幅幅英国的名门绅士早起的狼狈相，最后 Hunt 还请来了一位高人为读者指点迷津：

Reader: And pray, Mr. Indicator, how do you behave in this respect?

Indic: Oh, Madam, perfectly of course; like all advisers.

Reader: Nay, I allow that your mode of argument does not look quite so suspicious and the old way of sermonizing and severity, but I have my doubts, especially from the laugh of yours. If I should look in tomorrow morning —

Indic: Ah, madam, the look in of a face like yours does anything with me. It shall fetch me up at nine, if you please—at six, I mean to say.

［原译］——

读者：请问，指示者先生，这方面你是怎样做的？

指示者：哦，夫人，当然做的完美无缺，就像所有的提供意见者一样。

读者：我承认你的说理方式看起来不像老式的说教那样可疑，那样严厉，可是我很怀疑，特别是听到你的那种笑声。万一我明天早晨顺道来访——

指示者：啊，夫人，有你这样漂亮的女士来访，会叫我喜出望外，这会使我九点起床，对不起——我的意思是六点起床。

（1995年11月，《英国散文名篇欣赏》，上海外语教育出版社，第136—137页）

经审美调节，今改译如下：

读者：指点高人先生，敢问您又怎么做呢？

指点高人：夫人，在下一定会做得天衣无缝，就像所有的指点迷津者一样。

读者：嗯，我承认您说话不那么老气横秋，不是那么凶巴巴令人难以信服。不过看到您这样笑脸嘻嘻，我还是有点将信将疑，万一我明早顺道登门——

指点高人：啊，夫人，有您这样一位光彩照人的女士光临，我还有什么办不到的呢。我会九点起床——啊，不，我是说六点起床恭候光临。

上面提到，翻译审美调节有两个开放系统。在两个开放系统面前，一个有经验的、富于情思的译者在审美调节的**反复营造**中，是定可做到**笔底生澜**的！就是同一个原作，经过不同高手的审美调节，译文都可以做到精彩纷呈，这就是大诗人苏轼说的"横看成岭侧成峰，远近高低各不同"（《题庐山诗》），所谓**翻译审美的愉悦**，尽在不言之中矣！

T12.9.3　翻译审美调节图式

至此，我们可以将翻译美学的审美调节机制表示为以下图式。从"概念呈现"（Conceptual presentation，简称 CP）到"艺术呈现"（Artistic presentation，简称 AP）的推进和实现，在任何情况下都不能一蹴而就，它受制于审美调节（Aesthetic modulation，简称 AM），因此二者之间只能是虚线。"概念呈现"与"艺术呈现"之间没有必然存在的通道。法国雕刻家罗丹（1840—1917）为伟大作品 *The Thinker* 思考（审美调节）了 21 年（1879—1900）才有了令世人惊叹的艺术呈现！曹雪芹为《红楼梦》也呕尽了心血，他自己慨叹道："看来字字皆是血，十年辛苦著文章！"

翻译美学审美调节（AM）图式

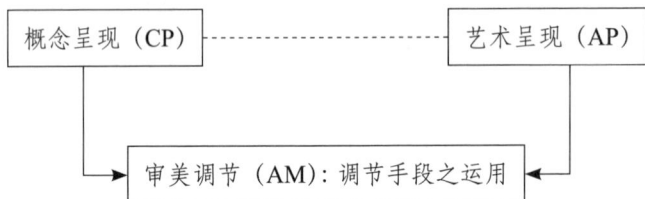

* 图中虚线表示不存在必然的通道

可以说，任何艺术品的**艺术呈现**都是**概念呈现**经过审美调节机制的精心加工锻造的结果，而且，艺术呈现水准越高、越完美，就越发要求审美调节机制充分发挥其功能。艺术作品越是粗制滥造就越可能看到概念呈现的痕迹。语言艺术、翻译艺术也一样。翻译的丽句华章不出于别出心裁，却正是译者在**审美艺术调节中惨淡经营于择善从优之间的结果**。艺术家都渴望超越（transcendence），翻译艺术家也一样。在艺术王国里，超越似乎是一个最浪漫的亮丽名词，在翻译艺术王国里也一样。但翻译家的浪漫情怀有一条无情的现实底线：那一张张白纸黑字的原文。因此，**翻译家最聪敏的超越，其实就是实现了最聪明的审美调节，实现了最聪敏的择善从优！**这，也许是翻译家和翻译批评家之间取得的最感人的默契。

Topic 12.10　翻译美学审美再现论主旨性对策：择善从优

上面已经提到，就翻译而言，最聪明的择善从优其实就已经实现了超越。上面我们也分别探讨了汉语和英语的审美表现问题，讨论了翻译的审美调节问题，这里将从对策论视角对上述讨论做一个总结。对策论高于方法论，对策论指引方法论。因此，一般而言，掌握了对策，有了一定的审美经验，就有条件、有能力想出翻译审美表现的办法来。

翻译审美再现问题实际上可一分为两个领域：一是基础领域，探讨的都是各式各样的具体方法，从修辞、造句、谋篇、布局到风格，等等；二是策略领域，探讨的问题比较具有理论性、指导性，也就是说比较概括，有分析综合、有评估展望，也就是对策论。

翻译审美表现论的主旨性对策是"**择善从优**"（Choose the fittest, choose the best），也可以说"择善从优"是翻译美学的主旨性对策思想：最适境者谓之"善"；最优美者谓之"优"，**择善从优就是翻译表现对策的优化论**。

T12.10.1　翻译审美再现"择善从优"的四点要旨

为保证这一主旨性对策的完全实现，翻译审美表现对策论还有以下几点要旨：

第一，精于把握语言美

这是"first things first"（要事先办）。如果连原语文本美在哪里都懵然于心，又何谈表现呢？但把握语言美要讲究策略，以免"视而不见"：

（1）**比较法**（Comparison）：两个词、两句话，一比较就可以看出哪一个在某一具体情景下更合适、更贴切、更精当；中国诗话中著名的"推、敲"之议、"到、绿"之议，就是比较法的典范事例。宋代诗人晏殊写的《鹊踏枝》里说："昨夜西风凋碧树，独上高楼，望尽天涯路。"有人说，"望尽天涯路"不如"望断天涯路"。究竟去声"尽"字好，还是去声"断"字好？这就要进行比较。"望尽"与"望断"都表示深深地怀着期盼和追求，但前者情怀比较积极，正因为这样，王国维把它比作艺术追求的"第一境界"，说明"望苦了"，但还没有"望断了"，前景还可能是很有希望的。

（2）**类推法**（Analogy）：在同样的情景条件下，不同概念但具有同样或相似的功能及同样或相似的意向的不同用词、用句，如果经过分析、判断其中的一个是"美的"或"比较美的"，那么，另一个就八九不离十了。所谓"**模式效应**"

也就是这个意思：同一模式衍生的产物，很可能具有相同的本质特征。比如，"岁寒三友松竹梅"是一个前提，你讴歌了梅花的美，当然也就等于赞美了松竹的美了！艺术上的所谓"模仿"（Mimesis）就是利用类推法将原型的美复制到成品上。

（3）**体味法**（Experiencing）："味"是中国美学史中的一个范畴，始于两汉；也是西方的一个重要的审美课题，始于休谟的研究。体味就是强调主体运用审美感官，来攫取对象的审美信息。这就是说要知道美不美，你就要亲身试一试究竟这个审美对象是什么味？或者，哪个审美对象更有味？这里要强调运用感知、运用直觉来体察美而不是用理性判断、用逻辑分析来探求"味"的意思。以翻译屈原的《天问》为例。这部作品文字比较艰深，由于历史久远，文本脱漏也在所难免。因此大多数的译者都是凭借对原语的逻辑概念来判断意义，解析作者的情态。其实要发掘《天问》的全部内涵，包括全部概念意义尤其是审美意义，单单用理性的逻辑分析是远远不够的，还必须采用感性的体味法。比如，**你自己**在困顿、疑惑、绝望尤其是在被屑小之徒诬陷、迫害、连番打击的时候，情绪会是怎样的呢？难道你内心不也是被一个连一个的问题纠结着，想要"上天"、"上帝"给个说法吗？屈原是个很感性的人，可以说，译者只有用体味法才能真正理解他的思想感情，尤其是他的人格美、气质美和语言美之所在。

（4）**间隔法**（Distancing）：这是西方审美的一个重要方法，就是我们常说的"拉开距离"，就像观赏一幅油画，近看它根本看不出美在哪里，这时你必须与它拉开距离，往后退，"美"就纷纷呈现在你眼前了。语言也一样，把一句话、一篇文章放在更大、更广阔、历时更远的情景中去观赏，"美"就出来了。比如常听人说"Of the people, by the people, for the people"，有人说很美，可你看不出来：不就是几个堆砌在一起的三个介词短语吗？这时你试试倒退到 1760—1870 年的美国，读一读美国残酷的"黑奴史"，这几个短语的思想光辉一闪而出，你就会感到它美之所在了。其实这也是"体味法"所说的道理，不过间隔法强调要"拉开距离"，因为按物理学原理，只有拉开距离，你才可以获得"透视的聚焦"。

当然，从根本上说，能否洞悉语言美，还是一要靠个人的**语言功力**（linguistic attainments），所谓"功到自然成"；二要靠**自觉努力**，就是多多从事审美实践，参与各种审美活动，积累丰富的审美经验，这也是"功到自然成"。从古代希腊时代起，哲学—美学家就强调实践对获得"美"的重要意义。亚里士多德认为物质生产是功利性的，像审美这样的生活实践则是超功利的，因此参与实践是使人的心灵和智能获得平衡的途径。审美实践更是一种基本的特定的必不可少的人生实践、事业实践。这就是我们强调研究翻译、研究翻译审美一定要多多投身于**翻**

译实践中的哲学美学依据。

第二，发展、调动语言审美直觉（美感直觉、审美直观、审美直感）

上面提到语言功力，单就语言审美而言，语言功力主要指一个人的语言美感直觉能力。这是从审美感知到审美表现的关键，其特点是：

（1）**善于激发审美直觉**：审美直觉源于日常的感觉，又高于日常的感觉

例如读到"人比黄花瘦"，你感到这句话里的比喻"很奇特"。黄花你常见，将人比作花，你也常听到。但"人比花瘦"这个"比拟超常，挺有意思"，这就是"日常感觉"（perception）。如果你想再深究一步，它妙在哪里？你必定会去思考、探究李清照为什么要这么说，于是你发现它美在将"人"与"花"换了位，将"花"**物态化**了（审美客体 / 对象的第三类），似乎连原本娇艳的"花"也因思念变得憔悴了，多么值得怜爱！这比她说自己"如何如何瘦了"婉曲得多，也就是"美"得多了！这就叫作基于"审美直觉"（aesthetic intuition）的审美表现，它已经比日常感觉和日常表现提升了很多。

（2）**善于将"审美直觉"迅速转换成审美表述**（aesthetic verbalization）

直觉凭借审美主体的想象活动对事物进行审美观照，结果生成了形象化的意象，这时的意象就是审美表现的基础。因此意大利知名的美学家克罗齐（Benedetto Croce, 1866–1952）明确地宣称"艺术即直觉，直觉即表现"，与逻辑思维无关，与功利无关，与道德也无关。（《西方美学史》，卷四，第 132—145 页）苏珊·朗格反对这种直觉的非理性论和非逻辑论，认为直觉是以特定符号作媒介的理解力和认知能力。（《西方美学史》，卷四，第 243 页）从翻译审美和表现来看，朗格的解释是比较合理的。（另参见 R. Stecker, Value in Art, 2003: 302, *OHA*）

（3）**善于迅速操控审美信息的转化**

从（1）的简要描述可以看到，"审美直觉"是感性认识与理性认识的审美整合，所以也叫作"本质直觉"（所谓"本质"指人的认知和理解本质），有了本质直觉就等于说把握了"审美意义"（aesthetic significance, C. Bell），这时候就谈得上审美表现了，因为真正的艺术是不可能去表现任何没有意义的线条和色彩的。对翻译来说，此时关键的一着就是要善于迅速地将自己已经获得的审美信息转化为语言，即：将一般表述转化为审美表述（审美表现）。为什么要"迅速"呢？因为"审美直觉"如行云流水，在心理过程中具有"transience"（瞬息性）。

第三，要精于表现手段的审美化运用

语言表现手段可以是日常的，属于**概念呈现**（CP）；也可以是审美的。日常语言（特别是口语）通常以日常表现手段加以表述，日常表现的**审美化**就成了审

美语言，是一种**审美呈现**（AP）。比如：

（a）日常语言（CP）:"吾欺谁？欺天乎？"（SVO，VO?）

审美语言（AP）:"吾谁欺？欺天乎？"（SOV，VO?）

（b）日常语言（CP）: To die or to live on　（词语的一般使用）

审美语言（AP）: To be or not to be（词语的审美使用）

（c）日常语言（CP）: Words are, of course, the most powerful means used by mankind.（语句的日常使用）

审美语言（AP）: Words are, of course, the most powerful drug used by mankind.（语句的审美使用：运用了隐喻——*drug*，这句英语是英国作家 R. Kipling 的名言）

（d）日常语言（CP）: 恐怕双溪小木船，载不动（这）许多人。（语句的日常使用）

审美语言（CP）: 只恐双溪蚱蜢舟，载不动许多愁。（语句的审美使用：以"舟"载"愁"是优美的超常搭配;"蚱蜢"以喻小舟）

以上（a）项是运用"倒装法"、"紧接强调法"（两个"欺"紧接）将日常语言审美化，使之蕴含审美意义。（b）项一是利用两个不定式的对称，二是利用词语的语用升级作为审美手段。（c）项的审美手段是运用隐喻。（d）项的审美手段是使用超常搭配及比喻。对翻译者而言，必须善于运用各式各样的审美表现手段，自不待言。"工欲善其事，必先利其器"，语言手段就是我们的"器"（工具），"器之用，功在巧"。对翻译审美来说，"巧"的关键又在于翻译经验的积累，毫无疑问，这里的"经验"也包括审美经验。

熟悉传统的审美表现形式常常是将日常"不起眼"的语言审美化的要诀。例如汉语有语言审美格式化、格律化的传统。请看下例：

（e）**日常语言**（CP）: 钻石是永恒的。这句话是日常英语"A diamond is forever"的翻译，原来是南非钻石巨头 De Beer 在英语世界很叫得响的一句广告词。但这句话的汉译却并无美感。后来在香港广告翻译竞赛中有个译式拔得了头筹，它就是：

审美语言（AP）: 钻石恒久远，一颗永流传。

毫无疑问，这个翻译艺术呈现式成功地把握了汉语崇尚用语格言化、格律化的审美传统。这类例子不少：《诗经》里的"他山之石，可以攻玉"（《诗·小雅》），就是日常语言"他山之粗石亦可打磨成玉器"的格言化、格律化。英语也一样。例如"Man proposes, God disposes"这句格言其实就是"You cannot propose everything and turn it out as you wished"的格言化对称式。可见多多掌握语言审美表现手段对翻译来说是极其重要的。这里也说明译者要精通语言表述的变通手段。

第四，精于审美价值判断

价值有动态（dynamic）的一面，也有常态（normal, constant）的一面，前者重发展观，后者重本质论。先讲价值的发展观。

审美价值决定审美取舍，这是一个通则，翻译审美表现概莫能外。原语中的审美表现式要不要转换到译语中？取决于对"善"与"优"的审美价值考量。一般说来，左右价值考量因素有以下几点动态观：

（1）**历史文化背景**异同产生的可接受性或不可接受性；

（2）**当下性考量**，包括当代社会意识形态、行为规范、典章制度产生的可接受性或不可接受性；

（3）不同的审美标准（涉及观念、情趣、能力、心理特征，等等）所形成的**审美传统和定势**问题，例如如何对待模仿、如何处理幽默、双关、自白、独白、旁白、插科打诨等等，都很需要我们慎作审美考量，常需避免一概而论。

（4）从理论上讲，审美价值观常常涉及到一个比较棘手的问题：**审美主体性与审美的自由和统一之间的矛盾**，需要"个案处理"，例如对色彩的审美选择就不易择善从优。人对色彩的的取舍可以差别极大。

除动态发展观外，审美价值判断还必须坚持常态的本质论。事物的本质特点一般是恒常不变的。例如语言使用最基本、最恒定的一条通则就是"**文贵适体，词语亦然**"，意思就是说，每一种文体基本上有一套自成体系的词语，就像元代刘祁（1203—1250）说的"文章各有体，本不可相犯，……如杂用之，夫惟失体，且梗目难通"（《归潜志》）。所谓"梗目难通"就是不悦目、不悦耳了。因此要特别注意"意同而体异"的词语，务使各适其体。汉英翻译中有的译者不顾文体的适应性特别喜欢使用英语的"端雅丽词"，而使效果适得其反，正如清代陈廷焯（1853—1892）说的，措辞虽雅，命意虽佳，"终不足贵"（《白雨斋词话》）。

T12.10.2 四点对策

跨语言文化审美表现的对策问题，有四点很重要：

第一，翻译美学是翻译的审美模式，因此，简单地说，在翻译美学看来，**翻译应该是审美翻译**（Translation means to translate aesthetically），也就是将翻译作为一个整体进行审美观照，这种观照扩及翻译的方方面面。这样就必然带来一个扩及整体的将翻译审美化、艺术化过程，这个过程还必不可免地带来一项任务：**审美调节**，即将恰如其分的审美化、艺术化扩及翻译的方方面面特别是表现法，包括意义的审美翻译，也就是意义的审美转换。

第二，翻译美学审美表现**对策论主旨是择善从优，源于真善美**。它适应于各种语言，既适合于汉译外，也适用外译汉。但英语和汉英的语言美各有千秋，如何具体表现，则不能一概而论。据此，翻译美学的审美表现论在择善从优的主旨性规范下，也就**必须多元化、多维度化**。我们在前面强调过，汉英各有深厚的审美历史渊源，在审美思想、审美价值、审美手段上都可能大相径庭，而二者可能只有东西之别并无优劣之分。翻译要从这个大局来看待语言审美。

第三，从美学的基本思想和艺术规律来看，**美产生于差异**，即所谓"异彩纷呈"，而**不是雷同**。其实，语言跟人是一样的。人有"审美自觉"，中国士人到魏晋时代自觉追求风流倜傥，始有中国美学史上可谓戛戛独造的"魏晋风度"和"魏晋情怀"。语言也有"审美自觉"，汉英分处东方与西方，各自分别在东方文化和西方文化的浓美丰厚的乳汁滋养下成长，在世界语言大花园中是两朵独特的奇葩。因此，中国翻译美学的使命注定是双重和多重的：既要阐发、呈现汉语的美，又要阐发、呈现英语的美，让人们看到人类在东方园地和西方园地里精心培育的两朵奇葩，也要看到在其他名苑胜地里怒放的娇小妍丽的花朵。

第四，**表现法是一个开放系统**，它指向无限发展。因此，古往今来的表现法探讨都只具有相对的可取性和相对的可操作性，这一点也适用于本书在这方面的努力。语言伴随人类社会的发展而日新月异；人的审美意识、审美价值、审美能力也伴随社会的发展而日新月异，这正是我们要恪守描写主义认识论和方法论的依据。

毫无疑问，翻译的审美表现论是翻译美学一个极其重要的研究领域。可以这样说，翻译美学学科建设是否成功的标志之一，就是翻译审美表现论的理论研究水平和基于理论研究的翻译审美可操作性，因为美是**感性**的东西，只有当**你**能使读者从你的"审美操作成果"——译文中感受到**你的**行文或诗句之美，才能令人信服。

【思考讨论题】

[1] 为什么我们必须认真研究翻译的审美表现论？

[2] 你怎么理解语言的审美表现范式？

[3] "模仿"对翻译很重要吗？为什么？

[4] "审美移情"对翻译很重要吗？为什么？

[5] 翻译审美过程中的"审美调节"为什么非常重要？

[6] 你怎么理解和运用翻译审美表现中的"择善从优？

[7] 你怎样理解翻译的"超越"？

Part Thirteen
论翻译风格审美与再现

要旨　翻译的风格论集中于风格的认识论和表现论（实际上是原作风格的再现论）。在风格翻译中，译者的关注中心是一个限制性参照体——原语的风格的语际转换问题，译者个人的翻译风格只是一个开放性的非限制性参照体。因此风格翻译的中心课题是对原语风格的审美信息扫描，与此同时，译者也不能忽视风格审美中的共时文化因素和历时文化因素。

Topic 13.1　翻译的风格论

语言的风格论是一个古老的课题。那么，在翻译中，风格是不是"可译"（translatable）呢？对此，我们的回答是非常肯定的。风格虽然有点"恍兮惚兮"，但它绝不是无迹可循的，翻译家赖以翻译的风格的"迹"，就是所谓"风格信息"。因此，如何把握风格信息就是翻译操作和翻译风格研究的关键。

翻译风格论关注的重点是两大问题：翻译风格的**认识论**和翻译风格的**表现论**。在翻译美学中，**风格审美**——这个问题素来被看作是一种最基本又是高层次的模糊度很大的审美活动，颇有点"横看成岭侧成峰"的味道："最基本"，是因为它是一个必然的起点，"高层次"，是因为它不仅涉及"其文"，而且重要的是涉及"其人"，其文看似有意，其人实则无心，这确实是常有的事。"模糊审美"是因为它不仅涉及文本内的**显性的**一词一句，更重要的是它还要把握文本以外**隐性的**意旨、气韵、意蕴、风骨、神采、情怀，等等。

此外，"风格审美"必然涉及主体和客体两个方面，"审"是一个动词，表明施动者的存在及其行为，即审美主体的对原语风格结构分析的介入，而"美"就是审美客体或对象——原语风格。因此，风格审美是审美主体在广阔的风格领域中与客体的灵韵神交或有机结合，是主客体之间一种特定的审美关系，庄子将它称作"**物化**"，物化的初始条件就是审美主体对风格的审美态度。这里，译者的**风格审美态度**又是一个复杂问题，见下表：

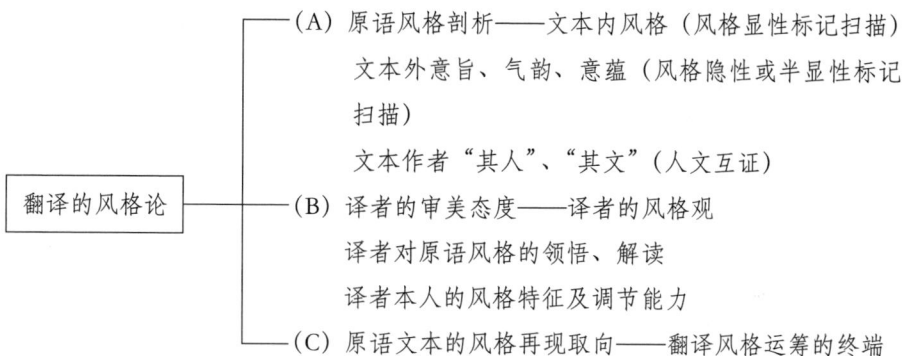

```
                    ┌── (A) 原语风格剖析——文本内风格（风格显性标记扫描）
                    │        文本外意旨、气韵、意蕴（风格隐性或半显性标记
                    │        扫描）
                    │        文本作者"其人"、"其文"（人文互证）
  翻译的风格论 ──────┤── (B) 译者的审美态度——译者的风格观
                    │        译者对原语风格的领悟、解读
                    │        译者本人的风格特征及调节能力
                    └── (C) 原语文本的风格再现取向——翻译风格运筹的终端
```

可见译文的**风格再现**是风格翻译的一个探索（重在领域）、思索（重在内涵）过程的终端，远非我们想象的那种对原文文本亦步亦趋的"简单模仿"，常常是在**神形之间、显隐之间、虚实之间**见功夫。我们已经在本书的 Part Five 和 Part Ten 中讨论了翻译的审美价值论问题，价值具有可变性、相对性、主体性、社会性和历史性等等一般特征，翻译的风格审美价值在不同程度上也具有这些特征。译者对原文审美价值的感知和再现受到审美态度的支配，而其审美态度又会受到其审美情趣、艺术修养、个性特征、知识结构、情绪变化——最重要的是译者的**风格感应能力**和**风格调节能力**的影响，具有很大的可变性和相对性。同时，由于不同的社会文化和历史时期在审美诉求和审美标准上存在差异，翻译的审美价值也受到社会性和历史性的制约。

翻译风格审美还有一个审美价值观和**审美形态**问题。前文已经提到，审美价值指的是审美客体对主体的审美意义和心理效能，是审美客体客观具有的能在一定程度上满足人们审美需要、给人审美享受的价值。人们的审美需求显然具有多样性，因此审美价值所涵盖的范围也必然非常广泛，包括一切具有审美意义的事物和现象。审美价值类型就是对人类审美活动中历史形成的各种不同特征的价值事实的分类（王旭晓，2006: 57），这也就是一些研究者所称的"审美范畴"或"审美形态"。在西方美学中，审美价值形态主要重形式兼及气质（form and spirit），有崇高、优美、壮美、悲剧、悲怆、谐谑、喜剧，等等。在中国古典美学中，审美价值形态主要重气质兼及形式（spirit and form），有中和、神妙、气韵、欣畅、风骨等等（参见《中国美学史资料类编·文学美学卷》，吴调公主编，1990：340）。"形式"为先还是"气质"为先正好反映了形态语言与汉语之间的差异。

对于文本来说，不同的审美价值就体现为不同类型的风格美。风格是作品内容与形式的统一，作家选择独特的题材表达某种独特思想关乎内容的风格，而选择怎样的方式来表达则是形式的风格。就翻译而言，译者准确把握原作的客观内容是比较容易做到的，但要了解原作的深刻情感内涵则非易事，没有精妙的表现形式（形式的风格美），就无法再现内容的风格美，也就无法形成作品独特的整体风格美。

语言文字与人类生活、思维、哲学以及价值取向密切相关，因此，中西方语言文字在性质、功能、表现形式等方面存在明显差异，这些差异也不同程度地影响着语言的审美价值，形成不同语言各自独特的风格美。

本教程 Part Four（Topics 4.5、4.6）已对汉英两种语言各自不同的美进行了分析、阐述，即汉语的结构美、音乐美、意象美和模糊美，英语的阳刚美、理性美、动态感性美、自然美、丰繁美和幽默美。显然，汉英两种语言不同的美是由非常复杂的主、客观条件和原因形成的，是由语言本身的性质决定的。首先，汉字是表意性的象形文字，无论"象形"、"形声"、"指事"还是"会意"，能指和所指都结合得非常紧密，所谓"声入心通"、"形入心通"，因此具有音乐美和意象美；而英语是表音性的抽象符号，能指和所指是完全随意性的，是理性的产物。其次，汉语是高度重视词汇的语言，重视词汇的结果是通过思维中丰富的想象力来凝聚语言，富于形象性和审美性；而英语是高度重视语法的语言，充满逻辑的规范素质。

汉英两种语言各有其美，翻译的任务就是要在译入语中再现原语的美。我们必须把握的是，在原语中能够满足审美主体（读者、译者）审美需要的风格美也应该在译文中得到体现，如果汉英两种语言中的风格美具有类同性和兼容性，那么这种风格美就可以而且必须得到再现；如果两种语言中的风格美存在排斥性，那么如何调和这种差异，并以适合译入语表现特征的形式表现原语中的美，则是译者必须解决的难题，这也是检验一个译者是否具有审美意识和审美能力的试金石，具有很大的挑战性。

Topic 13.2　风格的审美分析——信息扫描

上面谈到了所谓"风格美"的信息和信息形态问题。我们先谈显性信息，也就是表现在原语文本中的具有可见性和结构性的审美信息。应该说，这是翻译风格认识论的基础和入门。我们提倡这种始于风格论认识的**结构主义路径**（Structuralist Approach）。

但是，风格问题太复杂，单靠结构主义不能完全解决问题。这就是为什么在传统的文体学和文艺理论的风格学中，论者关注的通常是风格的悟性美——即隐性美。"风格"通常被看作是一种模糊性很强的行文气质，对于风格的论述通常借助于"雄浑"、"豪放"、"含蓄"、"飘逸"这类印象性术语，用当代风格学来说，我们称之为**现象学路径**（Phenomenalist Approach）。这种印象性术语在对作品或作家的总体风貌进行描写时当然也是很有帮助的，可以让读者从总体上领悟、把握其风格。例如在我们熟悉的现代作家中，鲁迅的劲健冷峻，老舍的朴实自然，巴金的言简意远，冰心的清丽典雅，都已成为他们各自鲜明的风格特征。对于这部分的风格审美信息，我们只能通过细细品味，领悟其风采、情调和韵味。但是，仅仅停留在这种感性认识是不够的，作为审美主体的读者还应该对所获得的审美感受进行深入的理性思考，使之清晰化、系统化，也就是所谓**"结构化"**。为了做到这一点，读者就应该调动自己过去积累的审美经验，激发自己的审美能力，对文本中的审美显性信息进行扫描。审美信息可以存在于：

（1）语言文字层级：任务集中于遣词（Diction）
（2）语音结构层级：任务集中于音韵（Phonology）
（3）词及语句层级：任务集中于句式（Syntax）
（4）语段和篇章层级：任务集中于文本（Text）
（5）超语言层级：任务集中于超文本 / 次文本（Sub-text）

这些不同层级的审美信息综合在一起就形成了文本的风格。本章将首先结合不同风格的具体篇章对（1）—（4）层级（语言层级）的审美信息进行整体的全程扫描，在获得印象性风格的同时，标志出清晰可辨的风格标记，此外还将对超语言层级影响文本风格的因素进行分析阐述。

总之，我们倡导的是结构主义和现象主义、显性和隐性相结合的、辩证的**风格分析法**。

T13.2.1　语言中各层级的显性和隐性审美信息扫描

很显然，文本中既有显性的又有隐性的审美信息，显性的见诸音、形，隐性的则常寓之于情、意；而且显性和隐性也常常"一身两任"。下面我们所作的风格分析，首先是针对原文的显性和隐性审美信息进行扫描，继而针对这些审美信息、针对译文的审美再现进行描写性点评。

（文本例一） 岳阳楼记（节选）

北宋·范仲淹

原文：

若夫霪雨霏霏，连月不开，阴风怒号，浊浪排空；日星隐耀，山岳潜形；商旅不行，樯倾楫摧；薄暮冥冥，虎啸猿啼。登斯楼也，则有去国怀乡，忧谗畏讥，满目萧然，感极而悲者矣。

至若春和景明，波澜不惊，上下天光，一碧万顷；沙鸥翔集，锦鳞游泳；岸芷汀兰，郁郁青青。而或长烟一空，皓月千里，浮光跃金，静影沉璧，渔歌互答，此乐何极！登斯楼也，则有心旷神怡，宠辱皆忘，把酒临风，其喜洋洋者矣。

嗟夫！予尝求古仁人之心，或异二者之为，何哉？不以物喜，不以己悲；居庙堂之高则忧其民；处江湖之远则忧其君。是进亦忧，退亦忧。然则何时而乐耶？其必曰"先天下之忧而忧，后天下之乐而乐"乎。噫！微斯人，吾谁与归？

审美信息扫描：

1. 前两段采取对比的写法，一阴一晴，一悲一喜，两相对照，情随景生，情景交融。因此，译者应对"霪雨霏霏"和"春和景明"、"满目萧然，感极而悲者矣"和"把酒临风，其喜洋洋者矣"之间的对比了然在心。

2. 前两段中，各有一句"登斯楼也"，彼此呼应，使文章更具连贯性，同时形成强烈对比，译者对此也不应忽视。

3. 文章骈散交替，叙议结合，文质兼美，具有很强的艺术感染力。其中的对偶句如"不以物喜，不以己悲"、"居庙堂之高则忧其民；处江湖之远则忧其君"、"先天下之忧而忧，后天下之乐而乐"是原语中广为流传的经典名句，译者应充分领会其中的崇高精神境界，在译语中再现其精神之美。

4. "ing"（形、行、冥、明、惊、顷、青、金等）和"i"（啼、讥、矣、集、里、璧、极等）两组韵贯穿文中，音律和谐，增强了文章的音乐感。

The Yueyang Tower（罗经国译）

In the rainy season, an unbroken spell of wet weather lasts for months. Chilly winds howl and turbid waves surge sky high. The sun and the stars lose their luster, and the mountain ranges are scarcely visible. Merchants and travelers have to put off their voyage, for the masts of the ships have collapsed and their oars broken. It is dark towards evening, and the roaring of tigers and the cry of monkeys can be heard. At

译文审美信息再现点评：

1. 译者充分意识到两个段落之间对照的特点，以"in the rainy season"和"in springtime"分别作为段落开头，彼此呼应。

2. 译者把对偶句"日星隐曜，山岳潜形"译成"The sun and the stars lose their luster, and the mountain ranges are scarcely visible."显然失去了原文的形式美，而另一译者的 The brilliance of the sun and the stars are eclipsed and the shapes of the mountains and hills become obscured（戴抗选、谢百魁译，《中

such a time anyone ascending the Tower will be filled with nostalgia for the imperial court and his home as well as fears of calumny and derision against him. Around him is a scene of desolation. Emotion well up in him so strongly that he feels pain at heart.

In springtime it is warm and the sun is bright. The lake is tranquil and it merges with the azure sky into a vast expanse of blue. The water-birds are playing, some fluttering in the sky, some gathering together on the sandbars. Fishes of varied hues are swimming merrily in the water. The sweet-smelling grass by the banks and the faintly scented orchids on the sandy beaches are lush and green. Sometimes, when the mist over the lake vanishes, the glorious moon shines over the vast land, its brightness glistening with golder light on the lake. The reflection of the moon is like a piece of jade in the depths of the water. The fishermen's songs chime in with each other. How delightful they are! On ascending the Tower at such a time, one will feel a spiritual uplift, caring for neither glory nor shame. With a cup of wine in the gentle breeze, he will enjoy the greatest happiness in life.

Ah! I have tried to study the minds of people of lofty ideals in ancient times. Perhaps they were different from the people I mentioned above. Why is this? The reason is that they were not thrown into ecstasies over their success, nor felt depressed over their failures. When they were in high positions at court, they were

国历代散文一百篇》，北京：中国对外翻译出版公司，1996 年），则考虑到了形式的对仗。

3. 前两段中的"登斯楼也"彼此呼应，但译者分别翻译成"At such a time anyone ascending the Tower will..."和"On ascending the Tower at such a time, one will...",译文读者完全无法领会原文作者的一片匠心。不妨采用其中的一种译法，以强调原文中的呼应。

4. "满目萧然，感极而悲者矣"和"把酒临风，其喜洋洋者矣"在形式和内容上都形成鲜明对比，译文对此也未作强调，建议将"Around him is a scene of desolation. Emotion well up in him so strongly that he feels pain at heart." 改成"With a scene of desolation around him, he will feel pain and despair at heart"从而与后面的"With a cup of wine in the gentle breeze, he will enjoy the greatest happiness in life"在形式上呼应，提示译文读者两句译文在内容上的对比和呼应。

5. 原文中的两组押韵在译文中已经无法保留，英汉两种语言有不同的语音特点，音律上的移植往往难以实现，尤其是像本文中这类散置于各处的押韵尤其难以再现。

6. 将"不以物喜，不以己悲"译成"they were not thrown into ecstasies over their success, nor felt depressed over their failures"充分考虑到了原文形式上的对称美。

7. 将"居庙堂之高则忧其民；处江湖之远则忧其君"译成"When they were in high positions at court, they were concerned about the people. When they were in remote places, they were concerned about their emperor"亦顾及了原文的句式美。

concerned about the people. When they were in remote places, they were concerned about their emperor. They worried when they got promoted or when they were sent into exile. Then, when were they happy? They would say, "To be the first in the country to worry about the affairs of the state and the last in the country to enjoy oneself." Alas! Who else should I seek company with save them?

8. 将"先天下之忧而忧，后天下之乐而乐"译成"To be the first in the country to worry about the affairs of the state and the last in the country to enjoy oneself." 在传情达意方面都相当到位。但似乎语气不够分量，试比较：Always to be the first to...and the last to...因为这是作者胸臆中的最强音。

（文本例二）　匆匆
朱自清

原文：

燕子去了，有再来的时候；杨柳枯了，有再青的时候；桃花谢了，有再开的时候。但是，聪明的，你告诉我，我们的日子为什么一去不复返呢？——是有人偷了他们罢：那是谁？又藏在何处呢？是他们自己逃走了罢：现在又到了哪里呢？

我不知道他们给了我多少日子；但我的手确乎是渐渐空虚了。在默默里算着，八千多日子已经从我手中溜去；像针尖上一滴水滴在大海里，我的日子滴在时间的流里，没有声音，也没有影子。我不禁头涔涔而泪潸潸了。

去的尽管去了，来的尽管来着；去来的中间，又怎样地匆匆呢？早上我起来的时候，小屋里射进两三方斜斜的太阳。太阳他有脚啊，轻轻悄悄地挪移了；我也茫茫然跟着旋转。于是——洗手的时候，日子从水盆里过去；吃饭的时候，日子从饭碗里过去；默默

审美信息扫描：

1. 本文文笔清新流畅，情感细腻婉约，句式简短，用词准确生动。这是文章的总体风格。

2. 《匆匆》里对人生苦短的追问反映出 20 世纪早期中国知识分子感到自己难有作为的彷徨、郁闷、无奈的心态，此文的沉郁风格颇有那个时期的文风时尚的代表性。

3. 多种修辞手法的运用，有排比："燕子去了，有再来的时候；杨柳枯了，有再青的时候；桃花谢了，有再开的时候"、"洗手的时候，日子从水盆里过去；吃饭的时候，日子从饭碗里过去；默默时，便从凝然的双眼前过去"；有比喻，把自己八千多日子比喻成"一滴水"；有拟人，把太阳和日子人格化。这些修辞手法的运用对于文字的意象美和节奏

时，便从凝然的双眼前过去。我觉察他去的匆匆了，伸出手遮挽时，他又从遮挽着的手边过去，天黑时，我躺在床上，他便伶伶俐俐地从我身上跨过，从我脚边飞去了。等我睁开眼和太阳再见，这算又溜走了一日。我掩着面叹息。但是新来的日子的影儿又开始在叹息里闪过了。

在逃去如飞的日子里，在千门万户的世界里的我能做些什么呢？只有徘徊罢了，只有匆匆罢了；在八千多日的匆匆里，除徘徊外，又剩些什么呢？过去的日子如轻烟，被微风吹散了，如薄雾，被初阳蒸融了；我留着些什么痕迹呢？我何曾留着像游丝样的痕迹呢？我赤裸裸来到这世界，转眼间也将赤裸裸的回去罢？但不能平的，为什么偏要白白走这一遭啊？

你聪明的，告诉我，我们的日子为什么一去不复返呢？

感有着强大的表现力。

4. 叠字的运用也使它的语言具有节奏美。阳光是"斜斜"的，它"轻轻悄悄"地挪移，我"茫茫然"旋转，时间去得"匆匆"，它"伶伶俐俐"跨过……这些叠字的运用，使文字在视觉和听觉上都富有美感。

5. 复沓的运用是散文诗维持其音乐特点通常运用的手段。"只有徘徊罢了，只有匆匆罢了；在八千多日的匆匆里，除徘徊外，又剩些什么呢？""徘徊"、"匆匆"等字眼反复出现，一种含怨之情反复回荡。

6. 燕子、杨柳、轻烟、微风、薄雾、初阳、蒸融、游丝等词语飘忽灵动，意境清隽淡远，通篇显得和谐融洽，与作者为寻觅时光流逝的踪迹，表现思想情绪的微妙流动相一致，充分展示了汉语的含蓄美。

The Transient Days（张培基译）

If swallows go away, they will come back again. If willows wither, they will turn green again. If peach blossoms fade, they will flower again. But, tell me, you the wise, why should our days go by never to return? Perhaps they have been stolen by someone. But who could it be and where could he hide them? Perhaps they have just run away by themselves. But where could they be at the present moment?

I don't know how many days I am entitled to altogether, but my quota of them is undoubtedly wearing away. Counting up silently, I find that more than 8,000 days have already slipped away through my fingers. Like a drop of water falling off a needle point into

译文审美信息再现点评：

1. 译文语言比较自然流畅、准确细腻，既完美地保留了原文的信息，又译出了原文的味道和风格。

2. 修辞手法在译文中得以再现，文章开头的"燕子去了，有再来的时候；杨柳枯了，有再青的时候；桃花谢了，有再开的时候。"在译文中表现为用 if 引导的从句，保留了原文的句式美：If swallows go away, they will come back again. If willows wither, they will turn green again. If peach blossoms fade, they will floweragain。"洗手的时候，日子从水盆里过去；吃饭的时候，日子从饭碗里过去；默默时，便从凝然的双眼前过去"则通过三个状语从句再现了原文

the ocean, my days are quietly dripping into the stream of time without leaving a trace. At the thought of this, sweat oozes from my forehead and tears trickle down my cheeks.

What is gone is gone, what is to come keeps coming. How swift is the transition in between! When I get up in the morning, the slanting sun casts two or three squarish patches of light into my small room. The sun has feet too, edging away softly and stealthily. And, without knowing it, I am already caught in its revolution. Thus the day flows away through the sink when I wash my hands; vanishes in the rice bowl when I have my meal; passes away quietly before the fixed gaze of my eyes when I am lost in reverie. Aware of its fleeting presence, I reach out for it only to find it brushing past my outstretched hands. In the evening, when I lie on my bed, it nimbly strides over my body and flits past my feet. By the time when I open my eyes to meet the sun again, another day is already gone. I heave a sign, my head buried in my hands. But, in the midst of my sighs, a new day is flashing past.

Living in this world with its fleeting days and teeming millions, what can I do but waver and wander and live atransient life? What have I been doing during the 8,000 fleeting days except wavering and wandering? The bygone days, like wisps of smoke, have been dispersed by gentle winds, and, like thin mists, have been evaporated by the rising sun. What traces have I left behind? No, nothing, not even gossamer-like traces. I have come to this world stark naked, and in the

形式上的工整: Thus the day flows away through the sink when I wash my hands; vanishes in the rice bowl when I have my meal; passes away quietly before the fixed gaze of my eyes when I am lost in reverie. 原文中的比喻（把八千多日子比作一滴水）在译文中也都完美地得到再现: Like a drop of water falling off a needle point into the ocean, my days are quietly dripping into the stream of time without leaving a trace. 相比之下，原文中被拟人化的太阳和日子在译文中由于英语用词的具体化，虽然再现了时光飞逝的含义，但却失去了原文把日子拟人化的生动。

3. 叠字是原文的一个重要特征，尽管这是汉语的独特表现方式，但译文作者还是尽力通过适当变通的动态方式保留了叠字的音美和形美。译者把"头涔涔"和"泪潸潸"译成 ooze 和 trickle，二字发音轻缓，传神地表达了作者因紧张、焦虑、羞愧而出汗和流泪的情景，顾及了原文的音美。译者把"轻轻悄悄"译成 softly and stealthily，用首韵替代叠字，可谓一片匠心。另外，以 waver and wander 译"徘徊"首尾皆有韵，富有节奏感。

4. 原文中的复沓在译文中成功再现: what can I do but waver and wander and live a transient life? What have I been doing during the 8,000 fleeting days except wavering and wandering?

5. swallow, willow, wisps of smoke, gentle winds, thin mists, rising sun, gossamer-like traces 在译文语境中同样能够表达意境美和含蓄美。

twinkling of an eye, I am to go to back as stark naked as ever. However, I am taking it very much to heart: why should I be made to pass through this world for nothing at all?

O you the wise, would you tell me please: why should our days go by never to return?

6. 译者在选词时显然花了很多心思，译文中用了 slip away, edge away, flow away, vanish, pass away, brush past, flit past, flash past 等短音节的词组，给人一种轻巧、快速之感，表现出原作者对时光飞逝的感叹。

7. 译文中有些句式选择值得商榷，如开篇数句如不用 if 条件句可能更好（用一般现在时表示常规比较符合英语习惯）；译者似长于选词，但在句式处理上还有待优化。动态模仿应是上策，译者在这篇英语译文中似乎刻意多用"排比"，使读者产生行文的"斧凿感"。

8. 译者将题目《匆匆》译成 The Transient Days 侧重客观现象的描述，却让原标题中的诗意和无可奈何的情态损失了不少，似可译为 Such, Such Short Days。

（文本例三）Of Beauty

Francis Bacon

Of Beauty 是欧洲启蒙时代的巨人之一培根的名篇。培根的随笔有鲜明的风格特征，文笔简练古雅，善用警句格言，读来发人深省，耐人寻味，本篇《谈美》亦不例外。原作用词端雅，如 comely, hath, favor（表示面容），whereof, divers（表示多样），maketh 等，为了保留这种风格，译文中也运用了大量汉语文言词如"犹如、其、则、也、亦、皆、之、余"等等以强化行文的古风。此外，译文通体采用了近代汉语文言体式来再现原文在今天看来属于典雅的遗韵，如"与其……不若"、"美之极致，非图画所能表，乍见所能识"等。四字短语的运用也是王译此文的一大特色，如形体悦目、面貌俊秀、气度恢宏、人不尽知、劳碌终日、亦不尽然、宏图壮志、面目端庄、实难断言、超绝尘寰、莫不皆然、一无是处、光彩夺目、亦无足怪、夏日蔬果、易腐难存，等等，既言简意赅，又富于韵律感。原文总体上表现出鲜明的早期现代英语的特征，译文则通篇采用了古雅而非古拙的近代文言，完美地再现了原文的时代风韵，几近梁启超倡导的"圆满调和"，在近体文言文翻译中不可多得。

Of Beauty	谈美（王佐良译）
Virture is like a rich stone, best plain set; and surely virtue is best, in a body that is *comely*, though not of delicate features; and that *hath* rather dignity of presence, than beauty of aspect. Neither is it almost seen, that very beautiful persons are otherwise of great virtue; as if nature were rather busy, not to err, than in labor to produce excellency. And therefore they prove accomplished, but not of great spirit; and study rather behavior, than virtue. But this holds not always: for Augustus Caesar, Titus Vespasianus, Philip le Belle of France, Edward the Fourth of England, Alcibiades of Athens, Ismael the Sophy of Persia, were all high and great spirits; and yet the most beautiful men of their times. In beauty, that of favor, is more than that of color; and that of decent and gracious motion, more than that of *favor*.	德行犹如宝石，朴素最美；其于人也，则有德者但须**形体悦目**，不必**面貌俊秀**，与其貌美，不若**气度恢宏**。**人不尽知**：绝色无大德也；一如自然**劳碌终日**，但求无过，而无力制成上品。因此美男子有才而无壮志，重行而不重德。但**亦不尽然**。罗马大帝奥古斯特与泰特思，法王菲力浦，英王爱德华四世，古雅典之亚西拜提斯，波斯之伊斯迈帝，皆有**宏图壮志**而又为当时最美之人也。美不在颜色艳丽而在**面目端正**，又不尽在面目端正而在举止文雅合度。
That is the best part of beauty, which a picture cannot express; no, nor the first sight of the life. There is noexcellent beauty, that *hath* not some strangeness in the proportion. A man cannot tell whether Apelles, or Albert Durer, were the more trifler; *whereof* the one, would make a personage by geometrical proportions; the other, by taking the best parts out of *divers* faces, to make one excellent. Such personages, I think, would please nobody, but the painter that made them. Not but I think a painter may make a better face than ever was; but he must do it by a kind of felicity (as a musician that *maketh* an excellent air in music), and not by rule.	美之极致，非图画所能表，乍见所能识。举凡最美之人，其部分比例，必有异于常人之处。阿贝尔与杜勒皆画家也，其画人像也，一则按照几何学之比例，一则集众脸形之长于一身，二者谁更不智，**实难断言**，窃以为此等画像除画家本人外，恐无人喜爱也。余不否认画像之美可以**超绝尘寰**，但此美必为神笔，而非可依规矩得之者，乐师之谱成名曲亦**莫不皆然**。
A man shall see faces, that if you examine them part by part, you shall find never a good; and yet altogether do well. If it be true that the principal part of beauty is in	人面如逐部细察，往往**一无是处**，观其整体则**光彩夺目**。美之要素既在于举止，则年长美

| decent motion, certainly it is no marvel, though persons in years seem many times moreamiable; pulchrorum autumnus pulcher[beautiful persons have a beautiful autumn]; for no youth can be comely but by pardon, and considering the youth, as to make up the comeliness. Beauty is as summer fruits, which are easy to corrupt, and cannot last; and for the most part it makes a dissolute youth, and an age a little out of countenance; but yet certainly again, if it light well, it maketh virtue shine, and vices blush. | 过年少**亦无足怪**。古人云："美者秋日亦美。"年少而著美名，率由宽假，盖鉴其年事之少，而补其形体之不足也。美者犹如夏日蔬果，**易腐难存**；要之，年少而美者常无行，年长而美者不免面有惭色。虽然，但须托体得人，则德行因美而益彰，恶行见美而愈愧。 |

T13.2.3　风格审美分析中的关键——风采的融汇把握

上面我们分析了几类典型文本，谈到了风格审美分析中显性和隐性审美信息的扫描问题。从风格翻译的实践来看，风格的高品位翻译在于对原语风采的融汇把握。中国的文论家历来重视文章的风采，而所谓**"风采"**，按宋代黄庭坚的说法（见《豫章黄庭坚文集》），主要指文章的风韵、风姿、风骨和情采、文采的内外融汇、神形合一、文质相附。庄子在解释这个道理时说**"非爱其形，爱使其形者也"**（见《庄子·德充符》），意思就是说，风采的魅力倒不单单是在"形"（也就是外在之"采"），而是在使"形"具有**灵动魅力**的东西（使其形者）。这个非常深刻的道理也适用于翻译。我们将通过对（**文本例四**）的风格—风采审美和表现来说明这个问题。

（文本例四）***Through Your Most Grievous Fault***（节选）

Ayn Rand

这是美国专栏作家安·兰德（Ayn Rand）写的一篇随笔《是谁杀了玛丽莲·梦露》（原题见上）。1962 年，一代巨星玛丽莲·梦露黯然离世，使全美哗然、茫然。两周后，Rand 写了这篇专栏文章，发表于美国《洛杉矶时报》。Rand 笔锋沉郁犀利，能够对看似稀松平常、枯燥无味的小事进行深刻剖析，并从中得出发人深省的启示，文情并茂，风采感人。在本文中，作者对玛丽莲·梦露之死进行了深刻反思，对死者的同情溢于言表。限于篇幅，此处删除了部分片段。文中有很多长句（许多段落本身就是一个句子），句子结构叠架丰繁，前呼后应，但思绪清晰，理路井然，充分表现了英语的理性美和丰繁美。由于汉语不具备英语那么严谨的语法形态程

369

式，无法保留原文句式上的风采，而是一般按时间顺序和汉语叙事论理的习惯把长句拆开，层层剥离，然后通过译语用长短相间、单复交替的句式加以表述。翻译此文需要对原作者及死者**移情于斯人，感情于此文**，力求使译文抒发出作者胸中的**幽愤**来——这就是 Rand 的风采的精髓。现将原文和试译《是谁杀了玛丽莲•梦露》并列如下，供评析研究。（译文出自章艳译《通往明天的唯一道路——安•兰德专栏集粹》，广西师范大学出版社 2004 年出版，此处引用时略有改动）

原文：	译文：
Marilyn Monroe, on the screen, was an image of pure, innocent, child like joy in living. She projected the sense of a person born and reared in some radiant Utopia, untouched by suffering, unable to conceive of ugliness or evil, facing life with the confidence, the benevolence and the joyous self-flaunting of a child or a kitten who is happy to display its own attractiveness as the best gift it can offer the world, and who expects to be admired for it, not hurt.	在银幕上，玛丽莲•梦露展现的是一个单纯率真的形象，满怀童稚的欢乐。她仿佛从来就生活在乌托邦般的美好世界里，那里一片光明，从未经受过苦难，不知道何谓"丑陋"，也不知道何谓"邪恶"。她自信而善意地面对生活，像孩子或小猫那样开心地表现自己，因为她想把一个美好的自我作为最好的礼物奉献给这个世界，并希望因此得到赞美，而不是伤害。
In real life, Marilyn Monroe's suicide — or worse: a suicide that might have been an accident, suggesting that, to her, the difference did not matter — was a declaration that we live in a world which made it impossible for her kind of spirit, and for the things she represented, to survive.	但在现实中，玛丽莲•梦露的自杀（或者恐怕不是自杀，而是比自杀更糟糕的意外，当然这对梦露本人来说已经无关紧要了！）却告诉人们，我们生活的这个世界容不下她那一腔情怀，容不下她体现的那一切。
If there ever was a victim of society, Marilyn Monroe was that victim — of a society that professes dedication to the relief of the suffering, but kills the joyous.	如果说这个社会有过为之牺牲的人，那么可以说玛丽莲•梦露就是这个被牺牲的人。我们的社会标榜要解脱人们的苦痛，到头来却扼杀了那些苦中作乐的人！
None of the objects of the humanitarians' tender solicitude, the juvenile delinquents, could have had so sordid and horrifying a childhood as did Marilyn Monroe.	玛丽莲•梦露的童年非常悲惨。她的遭遇比那些被人道主义者悉心照料的少年犯们所经历的恐怕还要骇人听闻。

To survive it and to preserve the kind of spirit she projected on the screen — the radiantly benevolent sense of life, which cannot be faked — was an almost inconceivable psychological achievement that required a heroism of the highest order. Whatever scars her past had left were insignificant by comparison. She preserved her vision of life through a nightmare struggle, fighting her way to the top. What broke her was the discovery, at the top, of as sordid an evil as the one she had left behind — worse, perhaps, because incomprehensible. She had expected to reach the sunlight; she found, instead, a limitless swamp of malice.

　…

Read the Life article to see how it worked and what it did to her:

An eager child, who was rebuked for her eagerness — "Sometimes the [foster] families used to worry because I used to laugh so loud and so gay; I guess they felt it was hysterical."

A spectacularly successful star, whose employers kept repeating: "Remember you're not a star," in a determined effort, apparently, not to let her discover her own importance.

A brilliantly talented actress, who was told by the alleged authorities, by Hollywood, by the press, that she could not act.

但她活了下来，并在银幕上展现出她善意而积极面对生活的精神，这一切是绝对无法假装的！她在心灵上取得的这种胜利简直让人难以置信：这需要超人的英雄气概，昔日的种种伤痛相比之下都显得实在不足挂齿！即使是在噩梦般的挣扎中，梦露始终保留着对人生的憧憬，一路拼搏到了顶峰。让她感到伤心的是，在这里，她所见到的邪恶与她曾经拼命摆脱的一切同样丑恶不堪，甚至有过之而无不及！这或许是由于她根本无法理解：她本希望沐浴在阳光之下，却始料未及地置身于一片充满恶意的沼泽之中。

　……

读读《生活》上的这篇文章，看看前因后果是怎样发生在梦露这一生中的吧：

她是一个热情的孩子，但因为热情她常常被训斥——"有时我的养父母会很担心，因为我常常开怀大笑，我想他们觉得那是歇斯底大发作"。

她是一个极为成功的明星，可是她的老板们却不断提醒她："记住你并不是什么明星。"他们如此不遗余力地贬损她，显然是不想让她发现自己可以出人头地。

她是一个极富天分的演员，可是所谓的权威、好莱坞还有媒体却告诉她：你根本不会演戏！

An actress, dedicated to her art with passionate earnestness — "When I was 5 — think that's when I started wanting to be an actres — I loved to play. I didn't like the world around me because it was kind of grim — but I loved to play house and it was like you could make your own boundaries" — who went through hell to make her own boundaries, to offer people the sunlit universe of her own vision — "It's almost having certain kinds of secrets for yourself that you'll let the whole world in on only for a moment, when you're acting" — but who was ridiculed for her desire to play serious parts.

A woman, the only one, who was able to project the glowingly innocent sexuality of a being from some planet uncorrupted by guilt — who found herself regarded and ballyhooed as a vulgar symbol of obscenity — and who still had the courage to declare: "We are all born sexual creatures, thank God, but it's a pity so many people despise and crush this natural gift."

A happy child who was offering her achievement to the world, with the pride of an authentic greatness and of a kitten depositing a hunting trophy at your feet — who found herself answered by concerted efforts to negate, to degrade, to ridicule, to insult, to destroy her achievement — who was unable to conceive that it was her best she was punished for, not her worst — who could only sense, in helpless terror, that she was facing some unspeakable kind of evil.

How long do you think a human being could stand it?

她是一个满腔热情投身艺术的演员，"我五岁时，应该是我开始想当演员的那年，已经爱上了演戏。我不喜欢我周围的世界，因为它太冷酷了。我喜欢过家家的游戏，因为那是我自己的世界"。她费尽艰辛要建造一个自己的世界，把自己心目中的一片明媚阳光展示给世人。"你内心深处有某种属于自己的秘密，表演的时候，你把它们向全世界敞开"。可就是因为想要扮演严肃的角色，她受到了冷嘲热讽。

这样一个女人，这样一个独一无二的女人，她在银幕上展示了一个光彩照人充满女性魅力的形象，她是那样纯洁，仿佛来自一个从来没有被邪恶糟蹋的星球，却发现自己被视为淫秽庸俗的象征。但即便如此，她还是勇敢无畏地宣称："感谢上帝，人生来就是有性别之分的！可惜很多人竟然鄙视并且破坏我们的这份天赋"。

她是一个快乐无忧的孩子，要把自己的成就奉献给这个世界，她的心因为这种真实的成就感而骄傲，就像一只把捕获的猎物放在主人脚边的小猫一样。可是她却发现人们对她群起而攻之，否定、诋毁、侮辱、破坏她的成就，更让她想不到的是，让她受到惩罚的正是她身上那些最好的东西，而不是相反。在无助的恐惧中，她只能隐隐感觉到，她面对的是一种使人厌恶得哑然以对的邪恶！

请问，在这种邪恶面前，你认为一个常人还能支撑多久？

That hatred of values has always existed in some people, in any age or culture. But a hundred years ago, they would have been expected to hide it. Today, it is all around us; it is the style and fashion of our century.	对美德的仇恨一直存在于某些人当中，不论是在什么时代、什么文化。但是如果说一百年前，人们还会有意对这样的仇恨秘而不宣，而现在，它已经无处不在，成了我们这个时代的风格和时尚。
Where would a sinking spirit find relief from it?	那么，在痛苦中沉沦的灵魂，又怎样才能从中得到解脱?!
The evil of a cultural atmosphere is made by all those who share it. Anyone who has ever felt resentment against the good for being the good and has given voice to it, is the murderer of Marilyn Monroe.	文化现象中的邪恶是那些身处这种文化中的人共同酿造的。任何一个厌恶真善美并且表达过这种反感的人，都是杀害玛丽莲•梦露的凶手。

Topic 13.3　超语言层级的风格研究：把握隐性风格美信息

超语言层级的风格研究是最高层次的风格研究，也是最容易被忽视的审美分析层次。"言为心声，书为心画"（扬雄《法言•问神》），人品决定文品，风格就是人品的表现，是作家独特的艺术创造力走向优质化的标志，又是其语言和文风成熟的体现。作家作品的语言表现形式和思想内容都会受到作家本人精神气质的影响。在翻译时，如果只局限于文字的转换，不了解作品的思想内容和作家的情志风貌，不了解作家的襟怀气质，要想准确在译入语中再现原文风格是断断不可能的。

风格形成的因素是多方面的，这些因素的合力就形成了作家的独特风格。杜甫沉郁跌宕的创作风格，既与他所秉承的传统儒家道统的影响有关，也与他所处的社会历史背景和个人遭遇有关。李白的奔放飘逸，一方面关涉他所接受的道家文化传统、社会经历，另一方面也是他的个性气质使然。下面我们将从社会文化背景、作家的人文背景和文学流派三个方面对影响风格形成的因素进行论述。

T13.3.1　"大语境"：社会文化背景与作家风格

任何作家的作品既是个人的创作，又可以视为时代的产物，其作品的风格必然会受到时代因素和地缘因素的影响。在相同或大致相同的历史时代和地缘因素影响下，处于相同或相近的地缘政治和文化、社会地位，面临相同的社会问题，受到相近的时代精神影响的作家，他们的作品在内容与形式，思想和艺术等方面必然表现出某些共同的基本特色。我国文学史上的"建安风骨"、"盛唐气象"、"荆楚风韵"指的就是受时代—地缘因素影响而形成的特定的时代风格。可以说所有文本都不可能游离于这个"大语境"（larger context）之外，与这个"大语境"绝缘。

"建安风骨"概括了汉末建安时期诗歌的创作原则和审美特征。在创作上，直接继承汉代乐府民歌的现实主义传统，并注入新的时代精神；缘情言志是其宗旨。在审美特征上，他们"慷慨以任气，磊落以使才"，表现出基本一致的特色。关于建安风骨的特色，曹丕在他的文学批评专著《典论·论文》中进行了理论总结，提出了"文以气为主"的美学命题，所谓"气"指的就是作者个性、才能构成的精神气质。

"盛唐气象"是指盛唐时期诗歌的总体风貌特征。宋代严羽在《沧浪诗话》中指出盛唐诗的特征是"既笔力雄壮，又气象浑厚"。明清诗论家承严羽之说，常把雄壮、浑厚二者（有时合称雄浑）作为盛唐诗歌的风貌特征，并称之为"盛唐气象"。"盛唐气象"之所以能成为独特的时代风格，主要有两个原因。一是当时国势强大，使人们胸襟开阔，希冀建功立业。二是对前代优秀诗歌传统的继承和发扬，盛唐诗人重视向汉魏古诗、乐府诗学习，注意发扬汉末建安时代明朗刚健的优良诗风。且听盛唐诗人的歌唱，这些诗句里洋溢着一股涵天盖地的雄浑之气，那是何等的豪迈情怀：

> 欲穷千里目，更上一层楼——王之涣《登鹳雀楼》
> 登高壮观天地间，大江茫茫去不还——李白《庐山谣寄卢侍御虚舟》
> 俱怀逸兴壮思飞，欲上青天揽明月——李白《宣州谢朓楼饯别校书叔云》
> 会当凌绝顶，一览众山小——杜甫《望岳》
> 莫愁前路无知己，天下谁人不识君——高适《别董大》

即使是抒发忧愁，愁中也透着一股浩然之气，例如：

> 抽刀断水水更流，举杯消愁愁更愁——李白《宣州谢朓楼饯别校书叔云》

"荆楚风韵"主要指我国南方荆楚（今湖北、湖南、四川、贵州等省）地域文化的浪漫主义风格和气韵，它的代表人物是我国战国时代的大诗人屈原（约前339—约前278）。屈原出生在战乱频发、民生涂炭的时代，他的家族属于楚国丹阳（今湖北秭归）的"楚高阳世家"（《史记·楚世家》）。屈原所作的《离骚》、《九歌》、《天问》等21部著作都富于浓重的荆楚文物的绚丽色彩和浪漫主义的悲怆风情，而这一切都与荆楚的地缘文化密不可分。长诗《离骚》超越了《诗经》以中原文化为孕育土壤的艺术格调和规范，用长短句相间铺排，气势恢宏，经两千多年而未减色，实际上开了汉赋、唐诗和宋词的原创先河。

可见，时代和地缘文化造就作家的"文气"和风格，必然会渗透到作家创作的各个方面。我们在进行风格解读和信息扫描时，一定要把握文本这个"大语境"（larger context），不失理据地将翻译客体语境化（contextualize），只有这样，原作的风格才能得到准确的把握和再现。

T13.3.2　作家的人文背景与风格

每个作家都有自己的生活经历与生活道路，不同的生活体验不仅为他们提供了不同的创作素材，也使他们拥有了各自独特的情感体验，这些都将直接影响作家的创作风格。众所周知，韩愈和柳宗元、欧阳修和苏轼，都是同民族、同阶级的人，但他们的文章风格却不一样。前人在评论他们的文章风格时说："韩如海，柳如泉，欧如澜，苏如潮。"海，广阔而深厚；泉，清丽而隽永；澜，起伏而多致；潮，汹涌而澎湃。他们的文章风格之所以不同，起决定作用的还是主观因素，包括其个性特征、审美情趣甚至人生观。

批评家对鲁迅其人见仁见智。但他的杂文，笔锋犀利，深沉冷峻，嬉笑怒骂自成一体。这样的文风与他童年的经历是分不开的。家道败落，父亲久病不愈，一切败落家庭所经历的痛楚和痛苦都呈现在他的童年生活中。长辈的怨恨、亲友的辱骂、同族的倾轧、世人的冷眼，作为长房长孙的鲁迅过早地承受着世态炎凉的煎熬，他的内心世界因家庭的变故而发生了根本的改变，并形成一种趋于实际的人生态度和明显内向、孤僻又略带偏执的性格，滋生出愤世之情，这也奠定了他后来以揭露为指归，以警世为追求的感情基础和创作倾向，形成了鲁迅特有的沉郁、冷峻的文风。

相比较而言，冰心拥有一个温暖幸福的童年，正如她自己在《童年杂忆》中写道："该得的爱，我都得到了，该爱的人，我也都爱了。"这种真挚动人的爱，从小就渗透在她的心田里，成为她思想和行动的出发点，长大成人以后，形成了她所独有的爱的哲学。她的文笔清丽典雅、隽永雅致、富于哲理和抒情韵味，形

成独具魅力的风格,被誉为"冰心体"。下面这段文字就充分表现了她的写作风格:

> 雨声渐渐的住了,窗帘后隐隐的透进清光来。推开窗户一看,呀!凉云散了,树叶上的残滴,映著月儿,好似萤光千点,闪闪烁烁的动着。——真没想到苦雨孤灯之后,会有这么一幅美的图画!
>
> 凭窗站了一会儿,微微的觉得凉意侵人。转过身来,忽然眼花缭乱,屋子里的别的东西,都隐在光云里;一片幽辉,只浸着墙上画中的安琪儿。——这白衣的安琪儿,抱着花儿,扬着翅儿,向着我微微的笑。

冰心的写作风格在其翻译的泰戈尔作品中也得到恰如其分的再现,我们从下面的这段小文就可略见一斑:

原文:

It is the pang of separation that spreads throughout the world and gives birth to shapes innumerable in the infinite sky.

It is this sorrow of separation that gazes in silence all nights from star to star and becomes lyric among rustling leaves in rainy darkness of July.

It is this overspreading pain that deepens into loves and desires, into sufferings and joy in human homes; and this it is that ever melts and flows in songs through my poet's heart.

(GITANJALI: 84)

译文:

离愁弥漫世界,在无际的天空中生出无数的情境。

就是这离愁整夜地悄望星辰,在七月阴雨之中,萧萧的树籁变成抒情的诗歌。就是这笼压弥漫的痛苦,加深而成为爱、欲,而成为人间的苦乐;就是它永远通过诗人的心灵,融化流涌而成为诗歌。

(《吉檀迦利: 84》)

译文的文笔一如其创作风格,离别的忧伤在冰心的译笔之下充满着"冰心体"特有的诗意和柔美,到底是创作风格影响了翻译风格,还是翻译风格影响了创作风格,抑或是译者的风格巧合了作者的风格(a meeting of styles),这是一个有趣的话题,值得专题研究。但至少创作和翻译中同时存在的"冰心体"印证了布封

"风格即人"（The style is the man, G. L. L. Buffon, 1707–1788）这句至理名言，风格的痕迹在一个成熟的作者或译者笔下常常是显而易见的。

T13.3.3　文学流派与作家风格

在一定历史时期（常常兼有地域性），思想倾向（价值观）、审美情趣和创作风格相同或相近的作家会自觉或不自觉地结合成为文学流派。同一流派的作家的作品在题材的选择、主题的提炼（以上两项常常表现为"创作理念"）、形象的塑造以及语言的运用等方面，都有某些共同的特点。

中国当代有两个风格迥然有别的文学流派："荷花淀派"和"山药蛋派"。"荷花淀派"大多以农村日常生活为题材，作品格调清新，具有感染力；"山药蛋派"倡导民族化、大众化的艺术风格表现农村生活。虽然两个流派都取材于农村生活，但表现出的风格却迥然不同。人们把"荷花淀派"的风格比喻为白洋淀中一朵含苞初绽的荷花，香远气幽，而把"山药蛋派"的风格比成山西盛产的土豆，土色土香，朴实纯正。

在西方，意识流文学是现代主义文学的重要分支，主要成就表现在小说领域，马赛尔·普鲁斯特（1871—1922）、詹姆斯·乔伊斯（1882—1941）、弗吉尼亚·伍尔芙（1882—1941）和威廉·福克纳（1897—1962）等人都是意识流小说家中的杰出代表。意识流小说的语言表达常常不受制于常规理性和逻辑秩序，通过各种变异，如词汇变异、语法变异、语义变异、拼写变异和语域变异等，来暗示人物在某一瞬间的感受、印象和精神状态。

影响作家作品风格形成的因素还有很多，以上所论只是其中的几个方面。总之，在分析原作风格的时候，译者不能只局限于对文本的理解和阐释，而要在一定社会、历史和文化背景下去理解原作者的思想感情和精神风貌，否则就可能出现"只见树木，不见森林"的状况，无法准确把握原作的全貌，更谈不上风格的翻译。

Topic 13.4　风格翻译的取向原则——"不拘一格，择善从优"

风格翻译能否成功归根结底还是取决于翻译的主体——译者，首先译者要有认识风格的充分的感应力和知识结构，其次要有表现风格的能力。风格也属于意义的范畴，忽视对原语风格的分析，就无法实现对原作全部意义的把握。我们应该肯定的是，**风格是可译的**，这主要基于以下两个理由：

第一，文本的风格不是抽象的存在，而是表现在具体的语言形式中

不同语言中的大多数风格标记是可以转换的，如语域标记、词语标记、句法标记、章法标记和大多数修辞标记都可以在双语转换中做到比较理想的契合。（参见刘宓庆《当代翻译理论》第十章"翻译风格论"）古人云：因字而生句，积句而成章，积章而成篇，如果原语的风格美与译入语的风格美一致，只要译者在词语、句法和篇章各个层面尽可能地接近原文的表现形式，风格美的再现就是水到渠成的事。

第二，"人同此心，心同此理"是风格可译性的重要依据

不同语言文化中人的审美感受在大多数情况下并没有根本性的差别。例如春天来了，听到鸟鸣，看到草绿——"莺出解语，最是一年春好处。微雨如酥，草色遥看近却无"（苏轼）；感到风和日暖——"春风如醇酒，著物物不知"（程致道）；嗅到花的芳香——"不摇香已乱，无风花自飞"（柳恽）。在这里，听觉、视觉、肤觉和嗅觉交互作用于审美主体，自然就形成了完整的审美感受——春天多么美丽！

但是，在不同的语言中，风格美除了具有普遍性外，也具有**特殊性**。在某些情况下，如果原语的审美形式与目的语冲突，原来的审美价值就无法体现，甚至会带来负面影响。以霍克斯的《红楼梦》译本为例，和杨宪益的译本将名字全部音译不同的是，霍克斯对丫环、小厮的名字采用了意译。如果名字的内涵与英语文化不发生冲突，而且不影响审美效果，译者多半保留了原来的表层意义，例如把"雪雁"译成 Snowgoose。但是"紫鹃"却被译成 Nightingale，"杜鹃"在汉语中有哀怨、思乡的意思，一般作为褒义词；杜鹃作为一种鸟在英语中也无贬义，否则华兹华斯（William Wordsworth）的"To the Cuckoo"就不会那么脍炙人口。但是，作为俚语的 cuckoo 是指 a foolish or crazy person（愚蠢或疯狂的人）。词组 a cuckoo in the nest 是指 someone who is part of a group of people but different from them and not liked by them（不速之客、闯入者）。因此，如果在译文中保留原来的形象，显然与汉语"紫鹃"的审美功能相悖，与紫鹃这个人物形象在小说中的个性特征也不相符合，因此译者才用了审美功能与汉语"杜鹃"相似的"夜莺"作为替代意象。

风格翻译的目的是在译入语中再现原语中的风格美，这个过程不仅受限于原语和译入语中审美信息表现形式的异同程度，也受到译者个人风格的影响，还受到文风时尚的影响。这是一个选择的过程，而在选择过程中要遵循的最重要的原则就是"择善从优"，择其善者而从之，择其优者而顺之。总之，风格的翻译就是要做到像茅盾在 1954 年全国文学翻译工作会议上的报告中所讲的，"使读者在读译文时能像读原作时一样得到启发、感动和美的感受"。

T13.4.1　风格翻译的原语取向

一般而言，对于原语的模仿有两种情况，一种是受语言结构、文化差异等等原因的制约不得已而为之的**权宜性模仿**（expedient imitation），这时的模仿主要是为了弥补译入语中的语义对应缺失，一般出现在词和词组层面，这种模仿具有明显的权宜性、机械性；另一种是译者有意为之的变通性自觉选择，可视为风格翻译的最重要手段，也是我们研究的主要课题。这后一种模仿属于择善从优的**动态模仿**（dynamic imitation）。

先说说权宜性模仿。这类模仿有两种表现形式：一种是直接的借用，对于相同或相近的语系，一种语言的词汇可以直接进入到另一种本土语言中（如英语从法语中借入 visa，从拉丁语中借入 per capita 等），对于不同语系的借用只能局限在语音层面，书写形式无法照搬（如从汉语中借入 kung fu，从日语中借入 karate 等）；另一种是利用 A 语言（如英语）的语言表达形式，仿造 B 语言（如汉语）的词形结构或句法结构来翻译 B 语言，这种方法不仅可以用于单词的借用（如把 supermarket 翻译成"超级市场"），还可以用于词组的借用（如把"春卷"译成 spring roll，把 soft drink 译成"软饮料"）或结构的借用（如英语中的 Compliments of the Season 就可以字字对应地译成法语中的 Compliments de la Saison）等。这样的模仿虽然可以丰富译入语语言，但对于风格翻译来说并没有重要的审美意义。

由于采用了灵活的变通手法，**动态模仿具有高度的功能代偿性**，也就是传统译论中的所谓"神似重于形似"。对于一个已经掌握自觉的翻译策略而且译风成熟的译者来说，对原语在修辞、意象和句法上的模仿是他保留原语文化特征和原作艺术形式的重要手段。这样的模仿对于文学作品，尤其是诗歌来说格外重要。美国现代诗人 E. E. Cummings 曾写过这样的诗句"You pays your money and you doesn't take your choice"（why must itself up every of a park, 1950），为了表达其嘲讽的语气，他有意打破约定俗成的语法规则，用了 you pays 和 you doesn't 这样的变异形式。为了再现原语中的这种语法变异，译文就不能只顾通顺而忽视了作者的寓意，因此可以译成："花了钱而买不到中意的东西，真是黑白颠倒！"

诗人所要说的话，必须用某一特定的变通方法才能表达，但变通必须注意不宜将原诗中的特征性审美设计也"变"掉了。因此，对于诗歌来说，内容和形式应该是相辅相成的。例如：

April is the cruellest month, breeding

Lilacs out of the dead land, mixing

Memory and desire, stirring

Dull roots with spring rain.

（T.S. Eliot: *The Waste Land*）

[译例一] 叶威廉译：

四月是最残酷的月份，迸生着

紫丁香从死沉沉的地上，杂混着

记忆和欲望，鼓动着

呆钝的根须，以春天的雨丝。

[译例二] 杜国清译：

四月是最残酷的季节

让死寂的土原迸出紫丁香

掺杂着追忆与欲情

以春雨撩拨萎顿的根茎

原文四行一句，前三行每行的倒数第二个字都带有逗号，表示行间停顿。三个现在分词："breeding"，"mixing" 和 "stirring" 这三个表达激烈动作的分词放在行末的突出位置上，暗示着四月大自然复苏时那种规律性的、集聚动力的重复，这是原诗的精彩结构，是不能随意取消的。杜译忽略了这一结构的重要性，按照汉语的语序习惯对诗歌进行了调整，牺牲了"形"似，在风格再现上显然略逊一筹。杜译可能是想顾及汉语读者普遍不喜欢"腰斩句"的倾向，而在英语中，被修饰语与修饰语之间、分词短语与主干之间可以用逗号分开。可见动态模仿有一个审美平衡考量，涉及翻译主体对"取"与"舍"之间的、常常以语感（语言审美感性）来最终定夺的**动态平衡**，没有一刀切的规定。

同样是取自诗歌的例子。杜甫的《登高》描写了诗人登高仰望，只见无边无际的落叶萧萧而下，滚滚而来的长江奔流不息。雄浑、寥阔而又肃杀、凋零的气象，使诗人更加感到太空浩茫，岁月悠久。"萧萧"、"滚滚"两组叠字的对用，读来音调铿锵，气势奔放：

无边落木萧萧下

不尽长江滚滚来

许渊冲用 shower by shower 和 hour after hour 中词的重复模仿了原语中"萧萧"和"滚滚"的音美和形美，较好地再现了原诗的风格美：

> The boundless forest sheds its leaves shower by shower
> The endless river rolls its waves hour after hour.

庞德的中国古典诗歌翻译是模仿原语的典型例子。为了再现中国诗歌的意境美和意象美，他不惜打破英语的语法结构，创造了所谓"脱体句法"（disembodiment）和"并置结构"（juxtaposition）。例如他把李白的"抽刀断水水更流，举杯消愁愁更愁"译为"Drawing sword, cut into water, water again flows: / Raise cup, quench sorrow, sorrow again sorrow"，对原诗的意象模仿和句法模仿均清晰可见。众所周知，庞德对于中国古诗的模仿不仅局限于翻译，而且还延伸到了他的诗歌创作中。下面这首著名的《在地铁站》就是典型的例子：

> The apparition of these faces in the crowd;
> Petals on a wet, black bough.

该诗在形式、内容和艺术手法上都与白居易《长恨歌》中的"玉容寂寞泪阑干，梨花一枝春带雨"非常相似，前一句都是面孔，后一句都是花，中间都无连接词。庞德自己也说过，这首诗"是处在中国诗的影响之下的"。

T13.4.2　风格翻译的译语取向

对原语的动态模仿可以使译入语再现原语的文化特色和语言形式，从而确保译文在风格上尽可能接近原文。但是如果由于不同语言文化的巨大差异，对于原语文化意象和语言形式的刻意模仿影响了意义的表达，那么这种模仿就是消极的，译者应该及时调整翻译策略，从尊重译入语的角度出发，放弃浅层的风格模仿，追求文本的整体风格再现，可见就模仿而言**动态是关键**。

《福尔摩斯侦探案》中描写了这样一个典型的南欧美人形象：

> She was a striking looking woman, a little short and thick for symmetry, but with a beautiful olive complexion, large dark Italian eyes, and a wealth of deep black hair.（The Adventure of the Naval Treaty）

在晚清的两个译本中，这个典型的南欧美人似乎变成了两个人：

译文一：

　　安娜貌颇映丽,肤色雪白,柔腻如凝脂,双眸点漆,似意大利产,斜波流媚,轻盈动人,而鬈发压额,厥色深墨,状尤美观,性体略短削,微嫌美中不足。(陈小青译,《海军密约》)

译文二：

　　见其身矮而壮,面如橄榄,睛黑如意大利人,发黑如漆,面色如霞。(张德坤译,《英包探勘盗密约案》)

由于在汉语文化中对美女形象有一套源远流长的审美标准，陈译想强调作品中这位女子的美貌，为了让译文读者也产生同样的观感，译者借用了传统汉语中描写美女的字眼来形容这位南欧美人。张译刻意保留原著女主角的外型描写，然而由于这样的描写不符合汉语文化的审美标准，结果该"美女"实无美感可言。

在翻译风格的时候，尊重译入语不仅表现在文学作品中，非文学作品也不例外。对于非文学作品，这里的风格就表现为文体。在翻译请帖、通知、布告、证书的时候，译者应该知道在译文里找到相应的、约定俗成的、符合行业规范的格式和说法，尊重译入语的表达方式。

以英汉两种语言中的合同格式为例。中文的合同开头一般先罗列合同双方的名称、姓名、住所或营业场所，然后是合同正文，结尾是当事人印章、授权代表签字、职务及签字日期。

而英语合同一般以下面这类句式为开头：

This agreement/contract is made and entered into this ＿＿ day of ＿＿ (month)，＿＿＿ (year) by and between Party A (hereinafter called "Party A") and Party B (hereinafter called "Party B")

然后是事件陈述：

It is hereby agreed as follows:

接着是正文，最后是认证部分：

　　IN WITNESS WHEREOF, the parties hereto have hereunto set their hands
the day and years first above written.

　　最后是有关各方的签字。

　　在进行这类文本翻译时，风格翻译就是文体翻译，要遵循译入语的惯例，否
则就失去了这类文本的功能和法律效力，俗语叫作"讲外行话"。一个好的译者
一定要有鲜明的文体意识，不能简单地追求译文和原文形式上的对应，关注文体
特征其实就是关注文本的功能。

T13.4.3　译者个人的风格取向

　　翻译既然是一种具有个人创作空间的语际转换行为，那么它就必然容许译者
有个人的翻译风格，有其如何操控自己行文的个性化特征。1979 年罗新璋在《读
傅雷作品随感》一文中说过这样的话："服尔德的机警尖刻，巴尔扎克的健拔雄快，
梅里美的俊爽简括，罗曼罗兰的朴质流动，在原文上色彩鲜明，各具面貌，译文
固然对各家的特色和韵味有相当体现，拿《老实人》的译文和《约翰·克利斯朵
夫》一比，就能看出文风上的差异，但贯穿于这些译作的，不免有一种傅雷风格。"
可见译文的风格不仅仅是单纯的原作的风格，从译者笔下流出的每一个字间必然
也会带上译者用母语写作时遣词造句的特点，尤其是一个成熟的具有较高文字功
底的译者会更容易摆脱原文形式的表层束缚，转而选择更符合译入语表达习惯的
表达方式。

　　"道"可传，"意"可宣。道与文，意与言之间是一与多的关系，同一意思可
以用不同的语言文字或其他方式进行表达。译者对于语言的使用并不始于翻译，
在从事翻译工作之前，他已经有了长时间的文字表达经验，并且形成了自己的一
定特色。例如有的人文字清雅，有的人措辞华丽；有的人文风简朴，有的人繁复
迂回；有的人用词活泼生动，有的人则严肃拘谨。这些写作特色如同一个人的性
格，不会因为遇见不同的人或环境发生改变就轻易发生改变。因此，可以毫不夸
张地说，把一篇短文给十个已经具有丰富翻译审美经验的译者翻译，绝不可能有
两篇译文是一样的。正是因为翻译风格的存在，人们才会有意识地在众多重译本
中精心挑选自己的最爱，优秀的译者即使在译者普遍隐身的时代仍会得到读者的
尊重。下面是叶芝的诗 *When You Are Old*:

When you are old and grey and full of sleep

And nodding by the fire, take down this book,

And slowly read, and dream of the soft look

Your eyes had once, and of their shadows deep;

How many loved your moments of glad grace,

And loved your beauty with love false or true;

But one man loved the pilgrim soul in you,

And loved the sorrows of your changing face;

And bending down beside the glowing bars,

Murmur, a little sadly, how love fled

And paced upon the mountains overhead

And hid his face amid a crowd of stars.

　　这首诗表达了诗人对爱情执着的追求，情感真挚高尚，引起很多人的共鸣，不少翻译家都曾翻译过这首诗，这里提供的只是其中的三个译文，试比较：

（译例一）当你老了
袁可嘉译

当你老了，头白了，睡意昏沉，

炉火旁打盹，请取下这部诗歌，

慢慢读，回想你过去眼神的柔和，

回想它们昔日浓重的阴影；

多少人爱你青春欢畅的时辰，

爱慕你的美丽，假意或真心，

只有一个人爱你那朝圣者的灵魂，

爱你衰老了的脸上痛苦的皱纹；

垂下头来，在红光闪耀的炉子旁，

凄然地轻轻诉说那爱情的消逝，

在头顶的山上它缓缓踱着步子，

在一群星星中间隐藏着脸庞。

（译例二）当你老了

袞小龙译

当你老了，头发灰白，满是睡意，
在炉火旁打盹，取下这一册书本，
缓缓地读，梦到你的眼睛曾经
有的那种柔情，和它们的深深影子；
多少人爱你欢乐美好的时光，
爱你的美貌，用或真或假的爱情，
但有一个人爱你那朝圣者的灵魂，
也爱你那衰老了的脸上的哀伤；
在燃烧的火炉旁边俯下身，
凄然地喃喃说，爱怎样离去了，
在头上的山峦中间独步踽踽，
把他的脸埋藏在一群星星中。

（译例三）当你老了

飞白译

当你老了，白发苍苍，睡意朦胧，
在炉前打盹，请取下这本诗篇，
慢慢吟诵，梦见你当年的双眼
那柔美的光芒与青幽的晕影；
多少人真情假意，爱过你的美丽，
爱过你欢乐而迷人的青春，
唯独一人爱你朝圣者的心，
爱你日益凋谢的脸上的哀戚；
当你佝偻着，在灼热的炉栅边，
你将轻轻诉说，带着一丝伤感：
逝去的爱，如今已步上高山，
在密密星群里埋藏它的赧颜。

上面三个译文的译者袁可嘉、袞小龙和飞白都是集诗人和文学研究者于一身的翻译家，有着较高的文学造诣和翻译成就，他们的译诗都力求完全忠实于原诗，成功再现了原诗的情感美和语言美，但在用词、句式和节奏上却又各不相同，表现出各自鲜明的创作风格。

不仅诗歌如此，其他文体的翻译也会因译者不同表现出不同的风格，以杨绛的散文集《干校六记》为例。经过对葛浩文（Howard Goldblatt）和章楚（Djang Chu）两个译本的对比分析发现他们的翻译主要具有以下三个方面的差别：

（1）章译本比葛译本更倾向于对文本做明晰化处理，这样的处理有时是权宜之计，但有时却有"蛇足"之嫌。限于篇幅，略举两例。

例 1. 过了一两天，文学所有人通知我，下干校的可以带自己的床，<u>不过得用绳子缠捆好</u>，立即送到学部去。

章译：Two days later, the office of the literature section sent word that those who had gone to cadre schools could bring their own beds and <u>that should be dismantled and tied up properly with twine</u> and delivered to the Research Department immediately.

葛译：A couple of days later someone from the Institute of Literature informed me that it was all right to take one's own bed to the cadre school, <u>provided that it was tied securely with cord</u> and delivered to the Study Division at once.

在读这样的句子时，熟悉历史语境的汉语读者知道这里的床是指那个时代常见的简易小木床，如果要用绳子缠捆，必然是要先拆卸。但对于大多数英语读者来说，"床"这一能指和文中的所指并不一致，很难想象被绳子五花大绑的"床"是什么样的，因此章译把"拆卸"这一环节明晰化，有助于译文读者的理解。

例 2. 我们既不劳体力，也不动脑筋，深惭无功食禄；看着大批有为的青年成天只是开会发言，心里也暗暗着急。

章译：…But after seeing a large group of promising young men and women doing nothing except conducting meetings and making speeches, <u>we could not help but secretly worry about the future of the country</u>.

葛译：…and the sight of all those promising young people doing nothing but holding daily meeting and making speeches <u>filled us with secret anxieties</u>.

章译把"暗暗着急"的内容具体为 the future of the country，虽没有曲解作者的意思，却违背了作者含蓄内蕴的文风，原本深深的哀痛隐身于淡然的辞句，现在却变得直白无味。风格翻译往往是一种"增一分则太多，减一分则太少"的微妙的语际再现功夫。清代文论家刘熙载的主张是该"隐"的就不应当"显"："妙能出之以深隽，所以露中有含，透中有约，令人一见可喜，久读愈有致也。"（《艺概•诗概》）风格之"深隽"难能可贵，翻译时幸勿掉以轻心。

（2）葛译本善用俗语，章译本用词风格偏于中性。

原文	葛译	章译
大暑天	during the dog days of summer	during summer days
有人忽脱口出	someone blurted out	exclaim unthinkingly
大家都会意地笑	The humor was not lost on us, and there was a round of laughter.	Subtle smiles appeared on many faces.
我费尽吃奶力气	I worked with every ounce of energy I could muster.	I dug with all my strength.
担心他们泡在寒森森的冷水里会致病	. . . the men would catch their death of cold from standing in the chilly water	. . . might get sick on account of the chill
大杯小杯	water glasses of every size and description	various sized drinking cups

（3）葛译本用词平易，章译本用词正式。

原文	葛译	章译
不久后下了场大雪	One day not long after that there was a heavy snowfall.	A heavy snow descended a few days later.
冻得瑟瑟发抖	So cold that she was shivering	The chill made her shiver uncontrollably.
猪和狗同嗜	The pigs and the dogs were reduced to eating the same stuff	Dogs and pigs shared the same gastronomic tastes
拼命摇尾巴	Wagging her tail a mile a minute	Wagging her tail vigorously
看表	A glance at my watch	Consulting my watch

上述两个译本风格的差异主要缘于译者本人在语言文化背景上的差异,《干校六记》的两位译者章楚和葛浩文,前者是旅居美国的华人学者,后者是积极从事中国现当代文学作品的英译工作的美国翻译家。作为以汉语为母语的学者,章楚在把汉语作品译介到英语世界时,无形之中被赋予了更多对作品的历史背景和意义进行阐释的自我意识,此其一。其二,译者的用词风格受其词汇量和语言表达能力的影响,这两位译者,一位是以汉语为母语的译者,另一位则以英语为母语,二者对原作风格的再现显然与其英语写作风格一脉相承。相对于原作淡雅细腻又不失诙谐幽默的文笔而言,葛浩文的翻译风格似乎更能体现原作的风格。

译者的风格是一个复杂而有趣的话题,不同文化背景、生活阅历、情趣爱好、年龄层次甚至不同性别的译者在处理相同文本时都可能会表现出不同的特点,即使是同一译者,如果处在不同的年龄段或心境,风格也会有所差异。在这个意义上,我们完全可以说"翻译也是一种创作",在承认文本客观性的同时,我们也不能忽视译者主观色彩在翻译中的作用。正是译者个体特征和情感的投射,译本才获得了异彩纷呈的新生命。

T13.4.4　文风时尚问题

唐代的文论家柳冕说过一段"时序"与"文风"相呼应的话,非常深刻,为后世所称颂。他在与友人论文时说:

> 夫文生于情,情生于哀乐,哀乐生于治乱,故君子感哀乐而为文章,以知治乱之本。屈宋以降,则感哀乐而亡雅正;魏晋以还,则感声色而止风教;宋齐以下,则感物色而亡兴致。教化兴亡,则君子之风尽,故淫丽形似之文皆亡国哀思之音也。……《关雎》兴而周道盛,王泽竭而诗不作,作则王道兴矣。天其或者肇往时之乱,为圣唐之治,兴三代之文者乎?(《唐文粹》,卷八十四,四部丛刊本)

可见文风无不带着时代的烙印,文章的总体风貌会随着时代的更迭而变化,译文风格也是如此。在中国过去一百年的翻译史中,译本风格随着时代的演进而不断地改变,严复和林纾时代的"先秦笔韵"和今天的文风之别自不待言,同是白话文,"五四"时期的文风和今天的文风,显然也有一目了然的差别。

译者在翻译的时候心中是有目标读者的,那就是他同时代的某个读者群体,因此译文要具有让读者易于理解、符合时代审美习惯的语言形式。据鲁迅回忆,他

1903 年编译《斯巴达之魂》时，"当时的风气，要激昂慷慨，顿挫抑扬，才能被称为好文章。我还记得'被发大叫，报书独行，无泪可挥，大风灭烛'是大家传诵的警句"。(《集外集·序言》，收《鲁迅全集》第七卷，人民文学出版社，1984：4)

下面以杰克·伦敦的 *The Call of the Wild* 在中国不同时期出现的两个译本中的片段为例（刘大杰 1953 年的译本及刘荣跃 2001 年的译本）进行对比，以期对两个时期的语言风格有个大致的了解：

> He would lie by the hour, eager, alert, at Thornton's feet, looking up into his face, dwelling upon it, studying it, following with keenest interest each fleeting expression, every movement or change of feature. Or, as chance might have it, he would lie farther away, to the side or rear, watching the outlines of the man and the occasional movements of his body. And often, such was the communion in which they lived, the strength of Buck's gaze would draw John Thornton's head around, and he would return the gaze, without speech, his heart shining out of his eyes as Buck's heart shone out.

刘大杰译文：

他常是一小时一小时地卧在沙登的足下，非常热心，非常警醒地卧着，望着沙登的脸，熟视着，研究着，沙登一丝一毫的来去倏忽的表情，颜面上的一点儿动作，一点儿变化，他都是以极锐利的兴味守望着。或者偶然有时他睡得远远的，或者在横侧面，或者在后方，注视着沙登的轮廓和身体的动作。常常的，巴克注视的力量，会使沙登回过头来，看见他这样也就回他一个注视，一句话也不说，巴克的心，在两眼中照耀出来的时候，沙登的心，也就显耀在两眼上——这就是他们间的互相交流。

刘荣跃译文：

它会一小时一小时地趴在桑顿脚边，热切而机灵，仰望他的脸，凝视着，细看着，每个转瞬即逝的表情，对每个动作或每种特征的变化，它都显得满怀兴趣的样子。偶尔它也会趴在更远一点地方，在他的两边或后面，观察他的轮廓和身子不时的移动。他们经常生活在这种感情的交流中，巴克的注视会使约翰桑顿转过头来，他也注视着它，没有言语，感情像巴克的一样从眼中流露出来。

刘大杰的译文固然有其个人风格的影响，但仍然能看出那个时代共有的文风特征。首先是表现在用词方面：如以"颜面"译 face，以"兴味"译 interest；其次，译文过于拘泥于原文语言形式，有着明显的直译倾向，如把"the strength of Buck's gaze would draw John Thornton's head around, and he would return the gaze, without speech, his heart shining out of his eyes as Buck's heart shone out"译为"巴克注视的力量，会使沙登回过头来，看见他这样也就回他一个注视，一句话也不说，巴克的心，在两眼中照耀出来的时候，沙登的心，也就显耀在两眼上——这就是他们间的互相交流"。这样的文字在当时肯定是可以接受的，但在今天的读者读来难免有诘屈聱牙之感。相比之下，刘荣跃的译文由于符合当代读者的语言审美习惯，读来比较欣畅自然。

Topic13.5　风格翻译需要扎实的审美功力

法国翻译理论家 Vinay 和 Darbelnet（1958）提出，翻译转换（translation shift）有两种，一种是两种语言体系的差异造成的强制性变化，另一种是由于译者的风格和偏好造成的选择性变化。他们认为选择性变化，即文体学因素，应该成为译者关注的重心，也是体现译者翻译能力的重要标志。

西班牙译论家 Anthony Pym 对翻译能力（translation competence）有过这样的定义：一个译者需要两种能力，一种能力是面对原文时能提供几种可能与原文对等的译文，另一种能力是针对脑子里的翻译目的选择其中最好的译文。第一种能力需要具体分析（divergent）的理解力、想象力和创造力；第二种能力需要综合整体（convergent）的理解力去进行批评、分析、比较和判断（*Translation and Text Transfer*, 1992）。风格翻译正是译者综合运用其语言审美能力（包括语言感应力、审美想象力、审美理解力和审美表现力）和语言表达能力来再现原文风格的过程。

在本章节中，我们讨论了翻译风格论中的种种课题，讨论了风格与审美价值之间的关系，提出了对原文审美信息的把握既要通过语言层面逐层扫描的方式来把握清晰可辨的风格标记，又要从超语言层面，如社会文化背景、作家的人文背景和文学流派等方面对影响风格形成的因素进行分析，只有这样才能够对文本的风格有**全面整体的了解**，为风格在译文中的成功再现奠定可靠的基础。我们还应该认识到，**翻译风格不是恒定的**，更谈不上有可以套用的模式，译者对原文风格的不同理解和再现都会直接影响译文风格的表现形式，译者的才情和努力也会决定其风格的再现能力。我们相信，随着译者翻译审美意识的加强，加之近年来国内外翻译风格理论研究的发展，译者的风格意识也必然越来越强，通过无数译者的不懈努力，原文的风格美一定会透过不同语言文化之间厚重的壁垒在译入语中绽放奇丽的光采。

最后，我们要向翻译风格的研究者提出一条风格研究的方法论建议，那就是中国古代文论早已提出的"比对"（古人也说"比况"）法。可以说，"比对"（"比况"）是一切风格研究最基本的方法，离开了比对法，就难以入风格研究之门。本书作者也力求将这个基本方法贯彻全课题的始终。我国宋代大儒家朱熹就提到学问研究中要"比"，即"以彼物比此物"（朱熹《诗集传》卷一，上海古籍出版社，1986），离开了"比对"（大体而言"比对"、"比较"重共相，即 similarity；"对比"、"对照"重异相，即 dissimilarity。朱熹这里说的"比"应包括两方面）则既看不到共同点，又看不到差异，也就是既看不到常规，也看不到对常规的偏离、变异（deviations），那还谈得上什么**风格识别**呢？因此我们必须进行广泛的比对、对比，包括对同一作家的互文比对，对不同作家的人文比对，作家与作家之间的所谓"跨主体性"（inter-subjectivity，即主体性之间的）比对，乃至"跨时期性"（inter-period，即时期之间的）比对，只有在广泛进行比对的基础上，才可以看出"风格差异"的端倪（当然也可以看到相似之处），这是没有问题的。

总之，我们不妨将风格审美规律概括为：**在细节比较中见微，在全局观照中知著**，在见微知著中领悟原著的文、情、志、意，以及高品位的姿质、风采，做到知彼、知己，以期落实风格翻译的最佳对策：**不拘一格，择善从优**，而风格的不拘一格、择善从优需要一种特别的气质、功夫，那就是译者能够吐纳精华的艺术功力，这项功力我国古人称之为："出入说"。"出入说"最早见于庄周。我国清末杰出的文论家王国维用"入乎其内"、"出乎其外"（《人间词话》）来解释风格感应，非常贴切。作品风格是个渺然之境，译者必须先澄心静息，感应体悟作者情思，揣度掂量其寄情托思之文藻，这就是"入乎其内"；"入乎其内"了，感应于心，寄兴于怀，铭记于胸臆，才得"出乎其外"。可见这里"入"（**客体的主体化**）是关键！这，大抵就是**风格翻译的要旨与规律**了。

【思考讨论题】

[1] 你怎么理解"翻译的风格论"?"翻译的风格"与"风格的翻译"是一回事吗?

[2] 为什么说翻译的风格分析——"文本审美信息扫描"是一项基本任务?

[3] 试阐述超语言(超文本)层级风格研究的重要意义。

[4] 你怎么看翻译的"风格取向的原则"问题?风格的翻译为什么除了"择善从优"以外还要强调"不拘一格"?

[5] 为什么说"风格翻译"需要译者有扎实的审美功力?对于"翻译风格"而言,译者是否可以只顾构建自己的翻译风格而不顾原语的风格呢?

Part Fourteen
翻译美学的接受理论

要旨　翻译者面对的是一个具有"限制性和规定性的参照体"（审美客体——原语原作），它的可接受性也是有限制性和规定性的，原作的读者并不是译者所预期的读者群体，因此，**翻译的接受调节几乎是不可避免的——**原因看似很简单：占据"接受制高点"的是读者，而不是译者。翻译美学必须借鉴及发展接受美学的基本理论观点。

Topic 14.1　翻译的"接受调节"不可避免

西方有个常用的格言说，"世界本无偏见，偏见源自世人"（The world is not prejudiced but the people），这前半句话是很有道理的，后半句也不是完全没有道理，偏见基本上是人为的，经不起理性的逻辑分析。其实，真正好的东西，"世人"也是不会盲目地或者永远地加以贬斥的："偏见的世人"只要活在"没有偏见的"世界，也是不会永远"拥抱偏见"的。

所谓"接受理论"（Reception Theory，亦称"接受美学理论"）讲的就是这方面的道理。文学—美学接受理论发轫于 20 世纪 60 年代的德国，其创始人是几位文学研究者尧斯（H. R. Jauss）、伊瑟尔（W. Iser）、费尔曼（M. Furmann）以及后来的本奈（T. Bennet）和费希（S. Fish）等人。接受理论提出来以后即广为传播至全欧及美国，至今方兴未艾，原因是它触及了文学研究和文学批评的重大问题。

接受论者的重要论点之一是文学和文本研究不应该以作家和作品为中心，而应该**以接受者（读者，也有人称之为"受众"）为中心**，必须以对文学和文本的接受以及"文本产生过程的整体性历史观照"为科学依据，来"重写"文学史，而不应执着于作家个人的理念是否深刻、信念是否高尚、功过是非及其历史地位。接受论者认为读者（读者群体）不应该被视为被动的接受者，作品的影响和价值只有放在"读者的天平"上才能准确评估，因为读者从来就不是"沉默的逆来顺受者"，实际上他们正是"文学事实"、文学规范和文学价值的参与制定者及改造者。作家和文学作品在文学史上的沉浮跌宕，实际上是"读者接受那只看不见的推手"在起着推波助澜的主导作用，而一般说来，读者群体（the reading public，简称 RP）也正是时代精神和社会意识的体现者。这中间，帮助读者完成这项功能的"第三者"或曰"中介"就是市场、市场经济。

显而易见，接受理论所提出来的种种因素——读者、读者群体、读者接受、市场、市场经济等等，无不受到"文化制约"（culture-bound），接受的"超文化因素"是不存在的。这就向译者提出一个大问题：翻译必须进行"接受调节"（reception modulation）。

毫无疑问，接受美学的这些基本观点在理论上或有值得商榷之处，但它的基本论点对翻译美学的接受理论具有借鉴意义是毋庸置疑的。实际上，在中外翻译史上，翻译思想的每一次进步、翻译方法论的每一次改革，都与读者群体有关，严格说来，"翻译接受"是推动翻译进步的最有力的推手——欧洲人说的好，"翻译家书斋的窗户和墙壁都是透风的"。

Topic 14.2　"接受"是一个"看不见"的制高点

实际上，文学创作和翻译都有一个常常被人忽视的因素：读者。这实在是一个不小的悖论。文学作品是为读者写的，但却有意无意地将读者置于脑后，此其一。其二，从表面上看，作家和译者历来被人认为是他们的作品的主体，或曰"主宰"，作品之成败端赖作者和译者的"笔下定乾坤"，这显然不无道理：没有作者"下笔"，当然也就无以定"乾坤"。但是，有主体必然就有主体心目中的服务对象——客体；而且作品一旦完成被放上印刷机，**"话事权"就必然从主体转移到了客体**，其结果就是上面那条"成也萧何败也萧何"的悖论。文学史上很多这样的实例：作家本人认为最好的作品竟名落历史的"孙山"，而他们那"看似不起眼的东西"（the seemingly zilch）却使他们名留千古！美国诗人惠特曼（Walter Whitman, 1819–1892）的代表作诗《草叶集》（*Leaves of Grass*），1859 年第三版（包括 124 首诗）问世后，媒体做过一次调查，美国读者最喜欢他的一首诗是《啊，船长，我的船长！》（*O, Captain, My Captain!*），而且历百余年而不衰，然而惠特曼本人最得意之作——他念念不忘的《自己之歌》（*Song of Myself*），却并没有获得读者的青睐。翻译也是如此。中国古典诗歌英译的外国译者自理雅各（James Legge, 1814–1897）以来数以十计，但却以庞德（Ezra Loomis Pound, 1885–1972）所译的一本薄薄的《神州集》（*Cathay*）获得的西方公众和批评界的赞誉为最高（这一点恐怕就连庞德自己也大出所料，因为他自知旁人认为他不懂中文，翻译中的理解谬误必定很多。参见 *Cathay*, London, p.32）。实际上，庞德的制胜之道是紧紧把握了汉诗的**意象之美**。英国诗人艾略特（T. S. Eliot, 1888–1965）据此赞美庞德说，"我们今天能够读到中国诗歌，可以说是庞德的匠心独造。"（引自 *The Chinese Written Character as a Medium for Poetry*, Fordham, New York, 2008, p1）。读者接受之推动翻译不断向前演进的最突出的例证还有很多，最有说服力的莫过于《圣经》的英译。《圣经》是用古希伯来语、亚兰语和希腊语写的。英译《圣经》之壮举始于 1400 多年前，到公元 1611 年的英译《钦定圣经》（*The King James Version*）为止，一共经历了十七次翻译，改译出了六个主要的版本。可以说每次改译都是以读者接受（下至平民上至皇家）为动力，而每次改动也都动用了国家资源，反映出英国宗教、政治、文化和社会价值观的新格局。可以毫不夸张地说，从历史上看，**读者**占有了一个其他一切碍莫能及的**接受制高点**。

　　现在我们来分析一下能推动翻译不断发展的"接受制高点"的力量之所在，即它所深藏的"内张力"是怎样构成的。

T14.2.1　读者的超功利性

　　从整体上讲，读者是超功利的，这时的超功利性基础是人的**审美经验的基本同构**。按一般情况而言，任何一件工艺作品（artifact）在广大读者面前都是"一律平等，概莫能外"的。因此，我们可以说**读者的超功利性是读者接受的力量之本源**。中外文学史上还找不到这样的例子：少数个别人之见能"挟持历史，扫荡乾坤"，得以长久地取"世人公论"（social consensus）而代之，从而对一部作品的历史地位永远一锤定音。但这一点，无名无姓的"读者"却能办到。个中原委就在于，一般说来，由"读者"形成的"世人公论"总是**超功利**的，因而归根结底是公正的。爱尔兰作家 James Joyce 的作品《尤利西斯》（*Ulysses*）于 1922 年在巴黎出版的时候，曾被一些人咒骂为"淫秽的笑谈"（"obscene joke"，*James Joyce*, C. Anderson, 1998:108），甚至有人专为封杀它而将它买下锁藏起来（1998:108）。该书被美国社会查封了二十多年，直到第二次世界大战以后才终于赢得了广泛的"没有偏见的世界"（读书界）的基本认同：真所谓"世人自有公论"。

其实所谓"公论",也就是秉乎理性的逻辑分析和自然感性的**价值认同、审美认同**和本乎人性、超乎功利的**审美经验**的**基本同构**,这一切积极因素总有一天会使读者群体在共同的基础上凝聚起来而取得普遍的共识。中国古代的哲学家孟子对自然感性有过一段精彩的分析:

> 口之于味也,有同嗜也,易牙先得我口之所嗜者也。如使口之于味也,其性与人殊,若犬马之与我不同类也,则天下何嗜皆从易牙之于味也?至于味,天下期于易牙,是天下之口相似也。唯耳亦然。至于声,天下期于师旷,是天下之耳相似也。唯目亦然,至于子都,天下莫不知期姣也,不知子都之姣者,无目者也。故曰,"口之于味也,有同嗜焉,耳之于声,有同听焉,目之于色,有同美焉"。(《孟子告子上》,十三经注疏本)

这个问题我们还可以从反面来看。实际上,世界上没有什么力量可以长期地操控世人秉乎理性的逻辑分析和自然感性而形成的"社会公论",使之功利化。道理也在孟子这一段话里,"天下"的共同的审美经验,是不可能用个别少数人的功利取代的。可以这样说,越是超脱个人功利的作品,越能得到最广大读者的首肯,得到超时空的首肯。司马迁的《史记》就是有力的例证。梁启超称太史公这部书为"千古绝集"(《论中国学术思想变迁之大势》),原因就在于作者"唯史唯从,唯私为忌"。司马迁因为讲实话,受过朝廷的宫刑,他本想自尽,但为历史之"真",忍受了十八年生之屈辱,赢得了跨越千古的"善"与"美"。

事实就是这样,**正是审美价值判断的"非功利性"使读者接受占领了"接受制高点"**,古今中外概莫能外。当然,对这个"接受的制高点"我们应该做具体的历史分析。

T14.2.2 读者群体(RP)的复合性

在任何时代和任何地方,"读者"(或"受众",the recipient)都是一个**非常复杂的复合体**(compound)。据此,翻译美学的接受理论应以接受美学的基本理论原则为理论取向,以读者群体为出发点和研究基础,来构建我们的理论框架。

"读者群体"是一个整体概念,"读者"是这个整体中的代表性个体。首先,从组织成分(组成结构)来看,读者群体由社会上、政治上、经济上、文化上、宗教上有差别的无数个群体组成。社会上究竟有多少个群体呢?事实上无从统计,因为读者群体的**边界**及从高端到低端的**级界**常常不是固定的而是模糊的,原因是群体的成员常常不是固定的而是游移的，不是单一的而是交叉的。读者群体还可以教育程度来划分，我们至少可以将读者群体分为：受最充分教育的读者群、受充分教育的读者群、受基本教育的读者群以及未受基本教育的读者群。当然我们还可以按专业知识将读者群分为富有专业知识的、有一定专业知识的和无专业知识的三个读者群。其次就是读者群体的意识形态、社会政治倾向性分野，这是非常复杂的问题，我们只能以特定历史阶段（或时期）为界，将读者群体分为代表主流意识、代表非主流意识以及无明显倾向等三股并存的成分。最后就是按读者的性别和年龄分档。综上所述，我们可以描绘出读者群体及其特性的解剖图：

"读者群体"（RP）的复合性分析——The Interrelated Components

（实际上各种成分分布是交叉的，界限模糊）

按组织成分分布（Composition）

按教育程度分布（Education）

按专业知识分布（Profession）

按意识形态分布（Ideology）

按性别年龄分布（Sex and age）

一般说来，除性别年龄档外，每一分档中的高端（或近高端）读者，都是最具代表性、最活跃的读者，他们的审美倾向和诉求都很值得译者注意。重要的是，我们要从读者群体的复杂的复合性中认识到其中的**读者审美意识的社会特征、动态性和发展潜势**：

第一，任何一种读者的审美反应（或倾向）都不是一个简单的"翻译现象"，都必须深入分析其群体性和社会性。

毋庸置疑，由于读者群体的交叉复合性，任何时候都不应将读者问题简单化。就翻译而言，由于翻译活动的**必然个体性**，每一种言之成理的翻译思想、观点、对策、基本路径（approach）都不是理论家闭门造车杜撰出来的。很多翻译主张大抵植根于读者群体的反应或审美倾向、审美诉求，有些甚至折射出某一地域的读者的社会生态、读书界乃至社会的意识形态、政治思想倾向，等等。例如 20 世纪后半期出现的"归化 vs 异化"（L. Venuti, 2000）问题、"目的论"（*Skopos*, H. J. Vermeer, 1998）、"文化转向论"（*Cultural Turn*, S. Bassnett; A. Lefevere, 1990, 1993）、"多元系统论"（*Polysystem*, I. Even-Zohar, 1990）以及所谓"规范论"（*Norms*, G. Toury, 1995）等等，大抵是翻译研究者根据彼时彼地读者群体特定的翻译需求和审美诉求提出来的翻译主张。

与此同时，我们也不应将具有明显的地域性的读者审美倾向或审美诉求扩大化、普遍化。当代西方早已处在后现代或后殖民主义时代，其读者群体的审美倾向或诉求带有明显的西方当代的社会生态、经济发展水平、社会思想或思潮的特征，这些都很可能反映在西方翻译理论或翻译观中，我们必须根据具体对象悉心加以具体分析。（J. L. Machor et al, *Reception Study*, 2001: 259–277）例如当代西方有些翻译理论家认为，翻译就是要力求满足高度发达的商业化出版和教育市场的法则，片面宣扬"读者就是上帝"的信条，而忽视翻译艺术本身的特点和发展规律，无异于将译者与读者群体完全对立起来，徒使译者倍感茫然。很显然，有宗教纷争的社会的读者群体与没有宗教纷争的地方的读者群体的审美价值观可能大相径庭。

第二，任何一个读者群体都具有审美两面性：有积极的、建设性的、没有偏见的一面，同时其中可能甚至必然存在它的种种对立面，特别是群体的相对狭隘性。

正因为是这样，读者群体才是一个游移不定的、不断发展变化的、充满生机的能动实体；也正因为这样，它的审美倾向、审美思想、审美判断乃至一般观点、见解等等必然处在对立统一、争斗不息、优胜劣汰的**竞争状态**中。竞争催动自我蜕变，竞争驱动自我发展，从而通过参与，推动社会的发展和变化。例如，严复开始从事学术翻译时是 19 世纪八九十年代，当时的中国知识界就有以吴汝纶为代表的保守派，以康有为为代表的革新派和以谭嗣同为代表的激进派。很显然，当时的保守派读者群体是知识界的主体，有权有势，其中"不乏一呼百应者"。严复不得不以先秦笔韵来翻译，也正是着眼于以西方新思想来逐步感召其时的"一呼百应者"们。荏苒十载至 1908 年左右，中国的翻译业显然有了很大的进步，据 1908 年的上海《小说林》载，1907 年一年内，就有 80 种翻译小说出版，其中英美小说即达 54 种。1908 年秋，严复接受了"上海大英圣书公会"的邀请，为基督教会试译了四章《圣经》。这时的严复已不再提"信达雅"，他在未出版的《天演论·译例言》的"第四款"中阐述了他的原则只是"**求达**"（"为用本同，凡以求达而已"）。这表明，20 世纪初期，他的读者群体已扩展壮大到了社会中下层。时代发展了，价值观改变了，驱使翻译家恪守的翻译思想向前推进了一大步。从与严复同时代的翻译家（如林纾、马君武、张庆桐等人）的行文看，他们已不再追求"秦汉古风"而代之以比较平易的文言文。到辛亥革命的前夕，近乎蛰伏的"桐城派"实际上都已深感"山雨欲来风满楼"，一般文人、译者连用平易的文言文也都被认为是"翻译之忌"，"有识者则已幡然思改革"（鲁迅《中国小说史略》）了。从这里也可以看到读者群体具有对翻译文化不可取代的、强大的推动力，推进翻译审美价值的演进。

　　第三，读者的审美态度、审美判断、审美倾向永远是多维的、多元的、多层次的，实可谓"五味杂陈"，而且，这"杂陈"的"五味"又是发展的，甚至是变化莫测的。

　　上面提到读者群体本身的能动性以及其社会感染力恰恰来自它本身的竞争状态。读者群体是个交叉组合结构，它具有多维的、多元的、多层次的发展内因和趋势，因此我们必须**把握重心、把握焦点、把握主流**。为此翻译家不能不勤力于读者分析。传播学的"受众社会调查"有助于翻译者了解"读者风向"。上世纪 80 年代美国作家 Janice Radway 做过一次文学作品读者的审美倾向、审美趣味调查（载 *Reception Study from Literary Theory to Cultural Studies,* J. l. Machor et al ed., Routledge, NY, 2001）。Radway 向 120 位读者发出的第一个问卷是这样的（2001: 224）：

Question: *Which of the following best describes why you read romances*（以下哪一项最能说明为什么你常读传奇文学）?

a To escape my daily problem（逃避日常的问题）----------------------------------- 13

b To learn about faraway places and times（了解遥远的地方或久远的时代）----- 19

c For simple relaxation（纯粹为了放松自己）----------------------------------- 33

d Because I wish I had a romance like the heroine's（希望得到女主人公得到的那样的爱情）--- 5

e Because reading is just for me, it's my time（阅读是一种自我享受）-------------- 28

f Because I like to read about the strong , virile heroes（希望读到小说中的有男子气概的英雄人物）-- 4

g Because reading is at least better than other forms of escape（阅读至少比其他

逃避现实的方式好一些）--- 5

h Because romantic stories are never sad or depressing（小说中的爱情故事从来就不令人哀伤或感到压抑）-- 10

Radway 另一个问卷是这样的（2001: 241）：

Question: *What qualities do you like to see in a hero*（你希望看到主人公具有什么品质）？

a Intelligence（聪明）-- 30

b Tenderness（温柔）--- 26

c Protectiveness（可靠，值得托付）--- 14

d Strength（强壮）--- 15

e Bravery（勇敢）--- 7

f Sense of humor（有幽默感）--- 19

g Independence（独立性强）--- 0

h Attractiveness（有魅力）--- 10

j Other（其他）--- 0

    Blank（空白）--- 1

就中国读者而言，以上两个调查表的项目设置不一定全面、不一定合适，但这种做法应该说是可取的。当然，任何社会调查都不可能被认定为完全准确地反映社会现实，但它对于帮助翻译者把握读者的脉搏，并将它看作对翻译出版业大体起着一种的"风向标"的作用，这一点是没有问题的。总之，这样的社会调查方式与方法很值得我们借鉴、学习，并在实践中加以改进。

T14.2.3　读者实际上参与了翻译审美的"价值体现"和"价值融合"

从历史上看，翻译业的生产方式（不包括官方的文书翻译和口译）经历了下述三个大阶段的演变，每一次演变都给翻译带来了大发展。

第一阶段是书斋式（Study Mode），翻译是很多古代的翻译大师的创作范式。在西方，古罗马原希腊籍翻译家李维奥斯（Livius Andronicus, 284–204 BC）就是书斋式翻译的先驱。李维奥斯翻译的《奥德赛》（250 BC）完全是在书斋里的独创。

我国翻译史上第一位书斋式翻译大师是东晋的大诗人谢灵运（385—433）。谢灵运是《金刚般若经》的译者和《大般涅盘经》的校译者。西方最早也是最有成就的书斋式翻译家之一是英国的德莱登（John Dryden, 1631–1700）。德莱登的翻译审美实践培育了几代英国的读者，并造就了泰特勒（A. F. Tytler, 1747–1814）的古代西方翻译美学理论——《论翻译的三原则》（1790）。书斋式翻译的最大特点是明显的个人风格，大师离世绝俗，其译文往往具有不同程度的唯美倾向，专注于"自我价值"，但不少确实是很值得称道的精品。

第二个阶段是作坊式（Workshop Mode）翻译。作坊式翻译的特点是分工协作（division and colaboration），这时的翻译项目规模往往比较大、工作量很大，靠个人难以完成，只能按程序操作，因此程序化就成了"作坊翻译"的特点。中国的佛经翻译自玄奘（602—664）组织译场就开始了"作坊时代"。西方的作坊式翻译始于 18 世纪的西班牙，1611 年以前英国的《圣经》翻译实际上也是采取作坊式的，不过规模不算大。

第三个阶段是实业化 / 企业化模式（Industrial/Business mode）应运而生。第二次世界大战以后，翻译进入了实业化时代，翻译与各环节商业链和各门类资讯业建立了十分密切的关系，尤其是通过出版业与读者群体建立了一种"共存关系"。翻译制作也越来越强烈地呈现出实现电子程序化的诉求。

就全局而言，在世界很多地区，尤其是在中国，书斋式、作坊式和实业化这三种翻译运作模式都是并行共营的，当然，现在的书斋式翻译也进入了电子资讯网，与古代脱离读者的象牙塔式的书斋已经不能同日而语了。

翻译生产运作方式的演进给翻译带来的最深刻的变化，就是让读者群体实际上参与了翻译审美价值的形成、发展和融合。翻译家再也不能把自己关在象牙之塔，背对读者，只顾自己埋头实现"自我价值"而充耳不闻读者的呼声了。当年的书斋式大翻译家严复也终于在国民革命以后转身背向"桐城派"，面对课堂里的学子（甚至基督教会的芸芸众生），这着实标志着时代的进步。

从表面上及总的趋势看，翻译思想、翻译理论、翻译对策论及方法论、翻译批评原则等等都是翻译家、翻译理论家"头脑的产儿"（brainchild），实则确是成千上万的读者呼声（readers' voice）从四方八面"冲击"着、"敲打"着理论家的脑袋，终而汇成了一体。理论常常是群体阅读的实践经验在理论家的头脑里几度折射的产物罢了！因此我们说，**读者群体事实上是审美价值的主要体现者和融合者。**

T14.2.4 "读者接受"的"历史性"

所谓"历史性"指特定历史时期的特定的性质、内涵及表现。历史性往往带有特定时代的标志性,它是一种非常必要的跨时空认识论手段。基于以上的分析,我们有理由归结到一点:**"读者接受"具有历史性**,也就是说,"读者接受"这个看似普普通通的词,具有不容忽视的**多重历史内涵**。首先分清主流与非主流是有必要的,在常态社会中主流的读者接受的指标性强,而在非常态社会(社会大动荡期、革命酝酿期)中,非主流读者接受往往具有很高的指标性,并很可能随时势之变从非主流转化为主流。欧洲启蒙时期的星星之火发展成了席卷欧洲的伟大运动,我国清末之民心大变并由此而引起思想、文化价值观的深刻变化都是强有力的例证。

第一,主流的读者群体往往是一定时期**民族文化发展的代言人**

相似的变化也曾经发生在德国。从 18 世纪 70 至 80 年代中期,德国文化思想界发生了以歌德和席勒为代表的长达 15 年的"狂飙运动"(Sturm und Drang),实际上是欧洲启蒙运动**在德国的延续**,这个运动大大强化了德国民族文化的发展,涌现出一批杰出的文化人如赫尔德(J. G. Herder, 1744–1803)、歌德、施莱马赫(F. D. E. Schleiermacher, 1768–1834)、洪堡特(W. Humboldt, 1767–1835)等等,形成了德国具有民族主义新思想的主流读者群体,洪堡特更明确提出语言是"民族身份的标记",实际上世界上不存在没有民族身份标记的语言。

第二,主流的读者群体往往也是一定时期**时代精神的代言人**

《圣经》译本在每一个地区出版发行的背后,都可以听到西方基督教文化前进的脚步声,因此马丁·路德(1483—1546)才喊出一声:"不要忘了我们是德国新一代的读者!"路德亲自翻译了德语的《新约全书》,从而促进了德语的发展。可以说任何领域中的翻译读者、读者群体都不是"铁板一块",已如上述。一般说来,来自社会主流的高素质读者群体(即所谓"精英读者"),必有代表他们的心声和需求的审美态度、审美判断和审美价值观,而这一切也正是他们所代表的社会和时代的心声和需求,这是没有问题的。这就是王国维说的审其态度,观其言语,则"其国民之思想可知矣"(王国维《论新学语之输入》,1905)的意旨所在。

第三,主流的读者群体往往是**历史演进变化和发展的解释者**

与第一条相关的是,我们更要看到读者审美态度、审美判断、审美价值观的变化实际上正是历史演进的线索,是提醒我们辨识**历史发展的路标**,"从扬雄好《易》作《太玄》,郑均'少好黄、老书',王充好道家之学……其实已经暗示了时代思想与学术兴趣的变化"（葛兆光《中国思想史》，第一卷，2009，第 313 页）。翻译也是一样。

第四，主流的读者群体往往是**推动历史发展的主力**

我们可以从《新青年》（创刊于 1915 年）的读者群体后来大都成了中国革命事业的参与者乃至领导人得到启示：先进的读者群体往往是推动历史发展的推手。《吕氏春秋》里有几句相关的话说得很深刻，"闻其声而知其风，察其风而知其志，观其志而知其德"（《季夏记》），其心声如醒世之风，民得其志而随其行、誉其德，"读者群体"的"历史含义"（historical implications）可见一斑！

第五，主流的读者群体往往也曾具有**非主流的历史身份**

这类读者常常具有难得的"过来人"的历史比较眼光，体验过"旧"的人往往更能洞察出"今"。因此，一般来说，他们的审美判断往往比较敏锐，比较可取。我国民国初年的一代新文化创导者如胡适、蔡元培、鲁迅等人提倡白话文往往非常坚决，社会影响力也非常大，原因是他们的古文很好，可以说是"旧文化"的叛逆者。"抚今"与"追昔"往往交错并行，道理就在这里，而且，"追昔"愈深者"抚今"必更切，实非罕见。

Topic 14.3　"翻译接受"的价值论

"翻译的读者接受"也可以简称为"翻译接受"。与一般的文本（文学）接受相比，"翻译接受"有一定的特殊性。翻译是跨语言文化的转换，它是语际的，而不是语内的（如汉语文言文翻成白话文）。因此翻译的读者审美选择比较复杂，涉及双语的意义、语言和文化三个层面。在每一个层面，翻译接受都有其特殊的价值体现，在接受美学中可以称之为"接受的价值论"（regime of reception values）（参见 J. L. Machor, 2001: 294）。翻译美学的接受价值论包括以下要点：

T14.3.1　"翻译接受"必须高度重视意义的审美转换

双语之间的转换离不开意义，因此翻译接受对翻译的意义审美诉求很高。意义失真，当然也就谈不上什么价值，中外皆然。

究竟何谓"失真"？翻译美学认为，意义失真不仅指译者在语言交流中在把握**语义信息**（概念、所指的含义）上有失于准确（恰如其分），而且包括在双语转换中对特定词语承载的**审美信息**的把握缺失（loss in meaning grasp）和表现缺失（loss in meaning expression），其中包括与语言美有关的一切元素，主要有文化信息、情感信息、语言形式美信息及语言陈述的逻辑性等等，其中语义信息把握失真又是最基本的失误。美国英语中有个词组 "the popcorn season"，有人译成了 "玉米丰收季节" 就是概念信息加上文化信息的缺失。实际上这个词组是指 "学生放假期"，popcorn 是爆米花，不是一般的玉米。据说美国每人每年要吃掉 40 夸脱的爆米花，学生放了假，也就难免要大嚼爆米花了。英语中有句常说的话："I never met a man I didn't like"（据说此语出自善于反讽的幽默作家 Russell Baker），有本书将它译成了 "我爱人人"，这与原语有很大的误差，请注意原语的过去式。首先 "喜欢" 与 "爱" 并不等同，另外用英语过去时的这句话暗含反讽的幽默感，直白的意思大概是 "我见过的人都还算不错，至于你……"，按下不表的部分 "你" 就自己去琢磨吧。在汉语中，"我爱人人" 是一种公共道德理念，根本不需要有什么幽默感。

如果语句形式上翻译得很美，但与原意一比，语义失真，那还算不算美？这个问题要做具体分析，基本上应该是按**有得有失**作出适当评价，并历史地看问题。例如中外对佛经和对《圣经》翻译的评价就是采取 "是是是，非是非" 的实事求是的态度。对具体翻译家的作品评估也是这样，例如对庞德的唐诗翻译，西方和中国翻译批评界也都是在赞誉其艺术成就的同时，指出他在意义把握上的不足之处。一般的无心之过，原由不一，是应该与曲意蒙混或故意歪曲分开的。

T14.3.2 "翻译接受" 对语言审美的基本态度：保持相对性

从微观上看，翻译接受对待语言美的价值判断是按层级或维度的，原因是语言美分布在以下层级或维度中，价值评估也必须按微观层级或维度进行。各级基本价值要求如下：

第一，用词适当（Appropriate diction; Appropriateness）

语言用词之美不在词藻华丽，而在适宜、适当，所谓 **"词达而已矣"**，这是儒家的经典主张。董仲舒严厉批评 **"辞丽而义不经"**（"不经" 的意思是不合常理、不合规范）是很有道理的，历来被看作是作家之忌，翻译者也必须引以为训。近年来 "网络语言" 盛行，翻译者当然不宜一味排斥，关键在善于鉴别、严于运用。这一条对汉语、英语都适合。

第二，行文欣畅（Fluent writing ; Fluency）

在中国，要求行文通达欣畅，已是历史传统，文论家形容优美的行文如 **"行云流水"**，就是指有欣畅之美，读之如清风拂面，清泉涤心。明代文论家陆时雍说行文欣畅之美**出于自然，并无定规**，他评论杜甫的诗 "桃花一簇开无主，不爱深红爱浅红"时说"余以为深浅俱佳，惟是天然者可爱"。（陆时雍《诗镜总论》）当代译文中欣畅之敌是文白夹杂、文理不通，语句拖沓、词语乖张，连词误用、虚词缺如，语义晦涩、文气虚浮，强辞悖理、诡辩夺人，最后是洋气十足（如被动句过多、"的的"不休）、语多扭捏。以上十二项，有一二项入魔，行文欣畅之美即可能失之殆尽。这样的译文就不必奢望读者愿意接受了。

第三，脱格有度（Moderate license; Moderation）

所谓"脱格"就是偏离一般的法度或规范。译文脱胎于原文，译文带有一点原语味，欧洲人称为"基因着色"（genetic hue），在所难免。问题是汉语与欧洲语言之间没有亲缘关系。因此，就汉语母语（严谨地说是"以北方话为基础的汉语母语"）而言，这种"非亲缘基因变异"（严谨地说应该是"变化"change，而非"变异"variation）一般只限于可接受的文化着色或审美着色。但如果涉及句法结构，则"变异"已远非"着色"，而是属于语言的结构性异化（alienation）了。语言结构性变异受制于母语句法，这是语言的普遍规律，所以汉语语法学家王力说汉语欧化应该有一个"度"，超过这个"度"，汉语是不能容忍的。这个"度"就是汉语的句法规范。这也应该是翻译接受的一条价值原则。在用词和风格领域，这个"度"显然是比较宽松的。基本句法结构（法度、规范）是语言中最稳定的部分，很难发生"非亲缘基因变异"。

但语言审美有个知己知彼的问题。我们有我们对英语的审美取向，而说英语的人对自己说的英语更有他们自己的审美态度，概莫能外，所以我们不要以己之见加之于人。英国语言学家 Philip Gooden 解释说：

Language is not neutral. Everything that is said or written comes with a *purpose* which may or may not be openly declared by the choice of words, the syntax and the style employed by the user. Language can be a weapon, concealed or on display, blunt or delicate. It may be intended to inform, to seduce, to persuade, to deceive, to inspire, to intimidate . . .

The plainest and briefest bit of written English is premeditated and carries the stamp of the person or group that composed it. This extends as far as advice which seems utterly impersonal. *But even the impersonal is personal. (The Story English: How the English Language Conquered the World*, Quercus, London, 2009: 253）（斜体为本书作者所用）

Gooden 在这里讲的实际上是个我们应该充分注意的"**审美的客观相对论**"问题，这就是说，我们尽可以坚持自己的审美原则，但不能不重视当代英语（其实汉语也一样）有它们自己的交流"purpose"（目的性），而目的性必然是"personal"（个人的）：语言美服从于交流的目的性，而不是相反，而且语言的运用总是"个人"的。这确实不应当忽视。缺乏相对论观念的主观审美态度常常与语言实际差之千里。在中国，连杰出的思想家韩非子都难免犯这种错误。他写的《喻老》充满对老子道家学说和美学思想的主观判断，被王力评为"粗浅而失玄旨"（参见陈鼓应《老子今注今释》，北京，2003: 353–354）。

T14.3.3 "翻译接受"必须拒斥"汉化英语"或"洋化汉语"

以上谈的是读者对汉语的审美要求，基本上是一条：务求汉语纯正可读（pure and readable），而它的标准则是以汉语为母语的人的语感认可和认同，简单地说叫作"母语认同"（Approval by the mother tongue）。英语也一样。除特殊情况外，我们应该用以英语为母语的人所用的英语为标准来做翻译。全世界很多人在学英语，原则上都应该将以英语为母语的人所说的英语作为标准。

现在的问题是：除英、美、加、澳、新以外，世界上还有很多英语品种（English varieties），如南非英语、西非英语、印巴英语、新加坡英语等等被称为英语的"国际品种"（international varieties, D. Crystal, *CEL*, 2008:360），我们可以不可以以这些品种的英语做标准来从事翻译呢？其实这个问题在英美早就有人提出来了（*CEL*, 2008: 360）。英国语言学家提出的意见是：我们应该以"**核心英语**"（Nuclear English, R. Quirk, 1982）为标准，Crystal 引述 Quirk 对"核心英语"的界定时作了如下解释，供我们研究、参考：

> These problems are of recent origin, and are now attracting considerable discussion. One proposal, made by British linguist Randolph Quirk（1920–）argues that the problem of variety would be avoided if the language were specially adapted to produce a "nuclear" English for international use. "Nuclear" English would provide a core of structure and vocabulary from within the range of English. It would eliminate all features that are "dispensable", in the sense that the language has an alternative means available for their expression . . .
>
> To be successful, nuclear English would have to be easier to learn than any variety of "full" English; it would have to meet the communicative needs of its

users; and it would have to be capable of development into an "expanded" form, for more advanced uses. （D. Crystal, *CEL*, 2008:360）

Quirk 提出"核心英语"的概念已近 30 年。"核心英语"迟迟没有面世，在实践上又怎么办呢？很清楚，应该根据约定俗成的原则，用以英语作母语的人的所使用的标准英语为依据。那么，什么又是"所使用的标准英语"呢？答案只有一个，那就是"**择善从优的普遍使用**"：语言有一种在使用竞争中的自洁功能，这种功能来自语言使用者约定俗成的**择善从优**——它是一种良性的语言生存竞争。Philip Gooden 在 *The Story of English: How the English Language Conquered the World*（Quercus, 2009）一书中说：

The great bulk of rules controlling the spoken language are, like the iceberg, hidden from sight. They are also acquired before we begin to be formally taught and they are largely unchanging. The visible bits, which（some）people get so exercised about, can change. Not so much as a result of individual action as *by a collective shift at a moment impossible to pinpoint.* When did "disinterested" stop meaning impartial—its original sense—and switch its meaning to "bored by". Come to that, when and why was that little phrase "bored by" replaced of "bored of"?

For more than five centuries attempts have been made to regularize the language, both spoken and written . . . *Yet the continuing tension between the different camps, the purists and the anything-goers is actually very healthy. It is one of the signs of a living and developing language.* （2009: 237–238）（斜体为本书作者所用）

英语是我们的工作语言，我们使用它，应该尊重它在竞争使用中的"法度和规范"，尊重它的主人的交流语言使用倾向。有人提出中国人可以创造一种像"印度英语"那样的"中式英语"，专供中国人使用，而且更有人说"不要受制于什么'标准英语'了"，等等。毫无疑问，这样的态度是很不妥当的，也不符合语言科学的基本规律。己所不欲勿施于人，我们维护汉语的纯正，也要协助别国、别的民族的人维护他们的母语的纯正。把语言使用的问题扣上"民族主义"的帽子，这样似是而非的做法也是很不妥当的。每一个人都热爱他 / 她的母语，这是他们的天职。

T14.3.4 "翻译接受"必须高度重视文化适应性（Cultural Adaptability）

文化是读者接受中的很重要的问题（Machor, 2001:203），翻译的读者接受对待文化审美的基本态度是在翻译中必须重视文化审美的适应性。具体而言是：

第一，译出时译语对目的语文化必须入乡随俗，期盼和合共荣

"入乡随俗"始见于《战国策》，是我国经典对文化研究的重要贡献，2700多年前的杰出法家管仲就在他的著作中提出"合于乡里"的行为规范（《管子·法法第十六》。"入乡随俗"也是翻译学读者接受的价值标准，指审美态度、审美判断和审美价值观从原语到目的语的本土化。这方面《佛经》（始于147）翻译与《圣经》（始于前285）翻译的经验与教训都很值得我们诚心学习。这两部经典上千年的翻译史都历经了千回百转式的重译、改译，由千百个志士仁人毕其一生的惨淡经营，其实都集中于一个关键、一个焦点：如何使翻译中的**原语文化本土化**（the localization of the SL culture，即将外域文化元素洽洽调和地转化为本土文化元素），**以免遭"拒收"、确保接受**，这其实就是入乡随俗以"和合"、"融合"为主旨的文化交流的基本对策思想。中国的禅宗经典和《新约》（*the New Testament*）正是以入乡随俗为行为指导原则、在遵循"和合"、"融合"的文化交流思想的条件下的读者接受的杰出产物，果然实现了超地域的文化共荣。

第二，译入时译语对待域外原语文化的态度：尊重文化多元性

现在是全球多元文化方兴未艾的时代。**"文化移入伴随文化译入"**将成为一种很重要的文化交流和文化发展形式。我们对待译入文化应该是构建"以我为用"的前提下的多元文化开放局面，因此，读者接受应该充分包容域外文化，尊重文化的多元性。应该说，现在已经不是几十年前"抵制洋货"的时代了，多元文化时代的主调是多元文化的良性竞争，而不是动辄诉诸抵制，抑或相互挞伐。对待多元文化问题，狭隘的民族主义文化审美态度是非常有害的。当然，读者对域外文化的接受往往需要一个过程，这时适当的引导确实是很必要的。

Topic 14.4 翻译的"读者接受观"需要有充分的前瞻性

我们说过翻译事业的发展需要有文化战略考量，这个道理同样适用于我们研究翻译的接受理论。可以说，在当代，翻译读者接受理论之最积极的意义就是它应当是中国翻译读者思想的启蒙者、引导人、向导者、循循善诱的开导者，诚心地帮助中国广大的翻译读者敞开心胸，思考、判断、分析、接受一切利国富民的

新时代的新思维、新理念、新态度。诚然，中国已经将国境开放了很多年，但中国还有许许多多思想禁区，中国没有经历过西方 280 多年的思想启蒙时代，对许多思想、理念、价值都看作是"西方宣传"，不屑一顾，殊不知它们其实是"地球村"行之久远的普世观念，很多地方只是没有做到。比如中国的儒家早就提出过"民为贵，社稷次之，君为轻"，这就是了不起的公民社会理念——虽然，由于历时性限制，他们的这种公民理念不可能很彻底。

20 世纪末期，西方有人认为翻译业已经高度产业化，一切应由市场决定，"读者理论"只应该"反射"翻译读者的回音，被称为"回音论"（Echoism）。由回音再激起市场"反回音论"，如此循环不已，据说这是"翻译企业化的指导原则"，"译者也许应该听听，但也可以置之不理"。这显然是非常消极的翻译接受理论。我们的翻译美学读者接受理论的基本原则和理念应该是非常积极、非常进取的。它是一个全新的研究领域，一个无法回避的课题，期待我们的开拓和建设。

本教程中所揭示的只是一个示意性框架和大略的阐释，在很多方面有待于进一步的研究。特别是，目前很多西方的接受理论研究有很大的进展，但要看到他们中有很多人都受到后现代主义思想的影响，力图解构、消解主体性，强化读者的客体性，这就很可能形成又一种背离客观实际的倾向——只顾读者，不顾原作者（参见 Tony Bennet, *Reception Study,* J. L. Machor, et al, ed., 2001: 61–65）。我们要谨防这种思想方法的偏差。传统的文本观过于强调主体的决定性，忽视了读者的历史性（historicality），但这并不是说一切都要反过来，反客为主或反主为客，显然这都是不对的。《礼记·祭义》说得好，"夫言岂一端而已，夫各有所当也"。"各有所当"应该是比较合理的语言政策。目前的西方接受理论，翻译美学应该有一个比较全面的分析性、批判性介绍，以利我们自己的理论建设。

除了基本理论有待完善化以外，翻译审美接受理论还有很多重要的深层课题亟待系统研究，例如：中国和西方读者的翻译审美接受发展史研究；翻译思想与读者视角中的文本翻译审美价值论；读者的审美价值判断与文化传统的关系；多元文化发展远景中的读者翻译审美接受；翻译审美接受与翻译批评问题，等等。

汉语是近 14 亿人的母语，人类的进步绝对离不开对汉语语言历史文化的研究，离不开与 14 亿人民的全方位交流。汉语是一种与世界上任何一种其他语言殊异的语言，它源远流长，使用从未间断，内部系统不断更新。汉语语音系统和文字系统都具有高度的感性美，因而从源头上就与语言审美紧紧相联。这个特殊性使中国的翻译工作者负有特殊的、重大的责任。任重道远，望大家齐心努力，还翻译学以"美学生命"，实现翻译美学光辉的发展愿景。

【思考讨论题】

［1］为什么说"读者接受"是翻译活动的"制高点"？

［2］你怎么理解读者接受实际上参与了翻译审美价值的多维融合？

［3］你可以接受"汉化英语"或"洋化汉语"吗？为什么？

［4］你怎么理解翻译的读者接受有充分的前瞻性？

［5］还翻译学以"美学生命"——你准备怎么做？

后　记

　　这本教材实际上是一部系统的翻译美学研究课题集，可以用作本科高年级及硕博士研究生教材，也可以用作翻译美学系统研究（systematic studies）的课题分布指引。

　　从近几十年约定俗成的中国传统观念（其实只是一种已"俗成"而并未"约定"的传统观念）上看，翻译学属于语言学，尤其是在教育体制领域、教学组织工作和外语教育思想中，翻译系通常被强行并入或附属于语言学系（院）。然而，近几十年的实践发现，这种"传统观念"和做法对翻译人才的培养和翻译学的发展研究都很不利，因为它形成了一种因袭的、不求甚解的表面见解，而且人云亦云甚至认为"理所当然"，因而严重妨碍人们看到翻译操作的审美本质以及翻译学与美学之间"理论联姻"的客观事实。翻译学与语言学有很密切的关系，这是没有疑问的。但翻译学并不从属于语言学而应属于美学，语言学对翻译学只有认识论和方法论意义。从本体论来看，翻译学理应属于美学。基于此，本书力求以教材的形式对翻译学的"归属"作一个全面的本体论剖析和阐释：应该让翻译学回归美学，这就是结论。实践是检验认知的标准。我们深信，凡是有充分的翻译实践经验的人，凡是深知翻译运筹之甘苦的人，想必都会认同我们这个主张。

　　但是要动摇行之已久、根深蒂固而又不符合客观实事的"传统观念"和因袭体制，却非常不容易。因此我们希望大家都来参与对这个问题的讨论和深入研究，创造条件，实行改革，以利翻译学的健康发展。

　　为此，我们编撰了一套三件式配套丛书，包括：（1）《翻译美学导论》（初阶理论，中国对外翻译出版有限公司第二版，2012 年）、（2）《翻译美学理论》（进阶理论，外语教学与研究出版社第一版，2011 年）和（3）《翻译美学教程》，就是眼前这本教材，其宗旨在于培养学生的双语审美能力和转换能力。这套丛书，涵盖"学习—研究—教学"，希望有助于翻译美学的学习、翻译研究和翻译教学等三个方面的发展、提升和深化，恳切希望获得翻译界、翻译研究界和翻译教学界的理解、批评和指正。

参考书目

一、中文文献

（一）总论、通论

《二十二子》，上海古籍出版社，1986 年影印本。

《老子、庄子》，合订本白话文译及注释，北京出版社，2006 年版。

《荀子·乐论》，见荀子著《荀子》。

《礼记·乐记》，见儒家美学经典《礼记》。

《淮南子》，上海古籍出版社，1991 年影印本。

《文心雕龙》，赵仲邑译注，漓江出版社，1982 年版。

《春秋繁露》，上海古籍出版社，1991 年影印本。

《中国文论：英译与评论》，哈佛大学教程，上海社会科学院出版社，2003 年版。

《中国美学史资料选编》，北京大学哲学系美学教研室编，上下两册，中华书局，
　　1980、1981 年版。

《中国哲学史》，北京大学哲学系著，商务印书馆，1995 年版。

杜齐才：《价值与价值观念》，广东人民出版社，1987 年版。

冯天瑜：《中国文化史》，上海人民出版社，1990 年版。

葛兆光：《中国思想史》（两卷集），复旦大学出版社，2001 年版。

劳思光：《新编中国哲学史》，广西师范大学出版社，2005 年版。

李德顺：《价值论——一种主体性的研究》，中国人民大学出版社，1987 年版。

刘熙载：《艺概》，上海古籍出版社，1978 年版。

王玉樑：《价值哲学》，人民出版社，1998 年版。

吴兴华：《古典文艺理论译丛》，人民文学出版社，1963 年版。

（二）美学概论

［英］鲍桑葵:《美学史》，文化艺术出版社，1987 年版。

［美］彼得·基维主编:《美学指南》（彭锋等译），南京大学出版社，2008 年版。

蔡宗阳等:《中国文学与美学》，（台北）五南图书出版公司，2000 年版。

陈望衡:《中国古典美学史》，湖南教育出版社，1998 年版。

程孟辉等:《西方现代美学》，人民美术出版社，2008 年版。

［德］弗兰克:《德国早期浪漫主义美学导论》（聂军等译），吉林人民出版社，2006 年版。

高建平、王柯平:《美学与文化·东方与西方》，安徽教育出版社，2006 年版。

［德］黑格尔:《美学》（朱光潜译），商务印书馆，1979 年版。

蒋孔阳:《美学新论》，人民文学出版社，1993 年版。

蒋孔阳主编:《中国古代美学艺术论文集》，上海古籍出版社，1981 年版。

金惠敏等:《西方美学史》（四大卷集），中国社会科学出版社，2008 年版。

［德］康德:《批判力批判》（宗白华译），商务印书馆，1964 年版。

［意］克罗齐:《美学原理、美学纲要》，人民文学出版社，1983 年版。

李健夫:《现代美学原理》（修订本），中国社会科学出版社，2002 年版。

李醒尘:《西方美学史教程》，台北淑馨出版社，1996 年版。

李泽厚:《美学四讲》，三联书店，1989 年版。

李泽厚:《走我自己的路》，三联书店，1986 年版。

李泽厚等:《中国美学史》，（台北）汉京文化有限公司，1986 年版。

林语堂:《语言学论丛》，上海开明书店，1933 年版。

潘知常:《中西比较美学论稿》，百花洲出版社，2000 年版。

祁志祥:《中国美学原理》，山西教育出版社，2005 年版。

钱锺书:《谈艺录》，中华书局，1984 年版。

王朝闻:《美学概论》，人民出版社，1981 年版。

王国维:《人间词话》，江苏文艺出版社，2007 年版。

王旭晓:《美学原理》，上海人民出版社，2000 年版。

王振复:《中国美学史教程》，复旦大学出版社，2004 年版。

王子铭:《现代美学基本范式研究》，齐鲁书社，2005 年版。

徐复观:《中国艺术精神》，春风文艺出版社，1987 年版。

叶朗:《中国美学史大纲》，上海人民出版社，1985 年版；台北，1987 年版。

叶朗主编:《现代美学体系》，北京大学出版社，1988 年版。

张法：《中国美学史》，四川人民出版社，2006 年版。

章启群：《新编西方美学史》，商务印书馆，2004 年版。

赵宪章等：《西方形式美学》，南京大学出版社，2008 年版。

周宪主编：《艺术理论基本文献》，三联书店，2014 年版。

朱光潜：《谈美》，广西师范大学出版社，2004 年版。

朱光潜：《文艺心理学》，安徽教育出版社，1996 年版。

朱光潜：《西方美学史》，商务印书馆，2004 年版。

朱光潜：《朱光潜美学文集》（四卷集），上海文艺出版社，1982 年版。

朱立元：《西方美学范畴史》（三卷集），山西教育出版社，2008 年版。

宗白华：《美学散步》，上海人民出版社，2005 年版。

宗白华：《美学与意境》，人民出版社，1987 年版。

宗白华：《艺境》，北京大学出版社，1997 年版。

（三）翻译与美学专论

［德］阿恩海姆等：《艺术的心理世界》，中国人民大学出版社，2005 年版。

从莱庭等：《西方修辞学》，上海外语教育出版社，2007 年版。

［美］大卫·宁等：《当代西方修辞学：批评模式与方法》，中国社会科学出版社，
　　1998 年版。

郭英德：《中国古代文体学论稿》，北京大学出版社，2005 年版。

赖贤宗：《意境美学与诠释学》，北京大学出版社，2009 年版。

雷淑娟：《文学语言美学修辞》，学林出版社，2004 年版。

李元洛：《诗美学》，（台北）东大图书有限公司，2007 年版。

刘宓庆、章艳：《翻译美学理论》，外语教学与研究出版社，2011 年版。

刘宓庆：《翻译美学导论》（第二版），中国对外翻译出版公司，2012 年版。

刘宓庆：《文化翻译论纲》（第二版），中译出版社有限公司，2016 年版。

刘宓庆：《中西翻译思想比较研究》（第二版），中国对外翻译出版公司，2012 年版。

吕叔湘、许渊冲：《中诗英译比录》，台北书林出版公司，1995 年版。

［奥］马赫：《感觉的分析》（洪谦等译），商务印书馆，1997 年版。

毛荣贵：《翻译美学》，上海交通大学出版社，2005 年版。

彭锋：《美学的感染力》，中国人民大学出版社，2004 年版。

蒲振元：《中国艺术意境论》，北京大学出版社，1999 年版。

［美］苏珊·朗格：《情感与形式》，中国社会科学出版社，1984 年版。

汪裕雄：《意象探源》，安徽教育出版社，1996 年版。

［奥］维特根斯坦：《文化和价值》，清华大学出版社，1987 年版。

徐复观：《中国艺术精神》，春风文艺出版社，1987 年版。

［德］尧斯等：《接受美学与接受理论》，辽宁人民出版社，1987 年版。

［英］约翰·罗斯金：《艺术十讲》，中国人民大学出版社，2008 年版。

张宗正：《理论修辞学》，中国社会科学出版社，2004 年版。

二、英文文献

1. Classical Readings

Extracts from "Analytic of Aesthetic Judgment" and "Dialectic of Aesthetic Judgment"
     Critiqueof Judgment, Immanuel Kant*

Extracts from *Aesthetics: Lectures on Fine Arts* G. W. F. Hegel*

On Truth and Lie in an Extra-Moral Sense, Friedrich Nietzsche*

On Taste, by David Hume from *A Treatise of Human Nature*,1978

——以上带 * 者出自 Clive Cazeaux 编 *The Continental Aesthetics Reader*,
Routledge, USA and Canada, 2000，简称 *CAR*

2. General Readings

Philosophical Aesthetics: An Over View, Jerrold Levinson.*

History of Modern Aesthetics, Paul Guyer.*

Aesthetic Experience, Gary Iseminger.*

Definition of Art, Robert Stecker.*

A Treatise of Human Nature, ed P. H. Nidditch, Oxford, 1978.

Philosophical Investigations, L. Wittgenstein, Oxford, Basil Blackwell, 1954.

Lecture on Philosophy, L.Wittgenstein, Blackwell, 1979.

Representation in Art, Alan H. Goldman.*

Expression in Art, Aaron Ridley.*

Style in Art, Stephanie Ross.*

Value in Art, Robert Stecker.*

Beauty, Nick Zangwill.*

Narrative, George M. Wilson.*

Aesthetics and Culture Studies, Deborah Knight.*

——以上带 * 号者均选自 Arnold Levinson 编 *The Oxford Handbook of Aesthetics,* Oxford UP, UK & USA, 2003, 简称 *OHA*.

The Origins of Modern Aesthetics: 1711–35, Paul Guyer.*

Defining Art: Intention and Extension, George Dickie.*

Evaluating Art, Alan Goldman.*

Interpretation in Aesthetics, Laurent Stern.*

Beauty and the Critic's Judgment: Remapping Aesthetics, Mary Mothersill.*

The Philosophy of Taste: Thoughts on the Idea, Ted Cohen.*

The Emotions in Art, Jenefer Robinson.*

Art and the Aesthetic: The Religious Dimension, Nicholas Wolterstorff.*

——以上带 * 号者均选自 Peter Kivy 编 *The Blackwell Guide to Aesthetics*, Blackwell Publishing, 2004, 简称 *BGA*.

A. Goldman, *Aesthetic Value.* Boulder Co: Westview Press. 1995.

Albert C. Baugh. et al., *A History of English Language.* Routledge. 1993.

A. F. Tytler, *Essays on the Principles of Translation,* London, R. Clay & Son, 1953.

Alan H. Monroe and Douglas Ehninger, *Principles and Types of Speech,* Scott, 2007.

Anne Karpf, *The Human Voice*, Bollmsbury, 2006.

Bertrand Russell, *Theory of Knowledge,* Routledge, 1993.

Patricia Bizzell and Bruce Herzberg. eds, *The Rhetoric Tradition: Readings from Classical Books.*1968.

Bob Hale and Crispin Wright, *A Companion to the Philosophy of Language*, Blackwell, 2005.

C. McGinn, *Mental Content,* Oxford: Basil Blackwell, 1989.

Catherine Blyth, *The Art of Conversation, or, What to Say And When,* John Murray, 2008.

Chad Hanson, *Language and Logic in Ancient China.* Ann Arbor: UMP. 1983.

Clive Bell, *Art.* London: Chatto & Windus, 1914.

Cyril Birch. eds., *Studies in Chinese Literary Genre,* Berkeley: UCP. 1974.

Darragh Byrne, et al., *Arguing about Language*, Routledge, 2010.

David Crystal, *The Cambridge Encyclopedia of Language*, Cambridge, 1997.

David W. Carroll, *Psychology of Language*, 4th edition,Thomson, 2004.

Daniel Abondolo, *A Poetic Handbook: Verbal Art in the European Tradition*, Curzon, 2001.

Eric Partridge, *The World of Words*, Longman, 1976.

Eric Partridge, *Dictionary of Historical Slang*, Penguin Books, 1986.

Ernest Fenollosa and Ezra Pound, *The Chinese Written Character as a Medium for Poetry: A Critical Edition,* Fordham University Press, 2008.

Evan Selinger and Robert P. Crease, *The Philosophy of Expertise*, Columbia UP, 2006.

F. Sparshott, *The Future of Aesthetics.* Toronto: UTP, 1998.

Haun Saussy, *The Problem of a Chinese Aesthetics,* USA. Keystone, 1993.

Howard Robinson, *Perception.* T. J. International. Routledge, 1994.

Ian Morries, *Why the West Rules for Now*, Profile Books, 2011.

James I. Golden, *The Rhetoric of Western Thought.* Kendall/Hunt Pub. Co., 1989.

James L. Machor and P. Goldstein, *Reception Study from Literary Theory to Cultural Studies,* Routledge, NY, 2001.

Jerry Palmer, *Taking Humour Seriously,* Routledge, London & NY, 1994.

Li Wei, *The Bilingual Reader*, Second Edition, Routledge, 2007.

Lucy Burke, et al., ed, *The Routledge Language and Cultural Theory Reader,* Routledge, 2001.

Lyle Campbell, et al., *Language Classification*: *History and Method*, Cambridge, 2008.

M. A. K. Halliday. et al., *An Introduction to Functional Grammar.* Hodder Arnold, 2004.

Mathew Potolsky, *Mimesis*, Routledge, 2005.

P.C. Tylor, *Beauty Matters.* Bloomington Indiana: UIP. 2000.

Pauline Yu, *The Reading of Imagery in the Chinese Tradition.*

Ray Jackendoff, *Language, Consciousness, Culture,* MIT Press, 2007.

Philip Gooden, *The Story of English, How the English Language Conquered the World,* Quercus, 2009.

Robert G. Bander, *American English Rhetoric,* Holt. Rinehart & Winston, 1987.

Roger T. Bell, *Translation and Translating: Theory and Practice,* Longman, 1991.

Roman Jakoson, *Language in Literature*, Belknap Press, 1987.

S. During, *The Cultural Studies Reader,* New York: Routledge, 1993.

Susan Bush et al., ed, *Theories of the Arts in Ancient China,* Princeton: PUP, 1983.

T. Eagleton, *The Ideology of the Aesthetic,* Oxford: Blackwell, 1990

Walter Benjamin, *Illumination: Essays and Reflections,* New York: Schocken Books, 1968.

Walter Benjamin, *Reflection: Essays, Aphorisms. Autobiographical Writings,* Schocken